唯物辩证法大纲

李达 主编

人民出版社

目　　录

第四篇　唯物辩证法的规律和范畴

第五篇　当作认识论和逻辑学看的唯物辩证法

引　言

　　我们的时代是帝国主义和无产阶级革命的时代，是资本主义决然死灭和社会主义决然兴盛的时代。"社会的发展到了今天的时代，正确地认识世界和改造世界的责任，已经历史地落在无产阶级及其政党的肩上。"①为了完成这个空前伟大的历史使命，无产阶级就必须有完全科学和彻底革命的世界观作为指导斗争的精神武器。这样的世界观，就是无产阶级的伟大导师马克思和恩格斯创立的唯物辩证法和历史唯物论。

　　一百多年来，无产阶级的革命事业波澜壮阔地向前推进着，马克思主义的革命理论也不断地向前发展着。列宁在帝国主义和无产阶级革命的新条件下创造性地发展了马克思主义，把马克思主义推进到了新的阶段。毛泽东同志又在帝国主义进一步加速崩溃、世界人民的胜利和觉醒不断向前发展的新条件下，把马克思列宁主义的普遍真理同革命的具体实践结合起来，创造性地发展了马克思列宁主义，把马克思列宁主义推进到了又一个新的阶段。毛泽东思想是中国人民革命建设的指南，也是世界各国革命人民的共同财富。在毛泽东同志对马克思列宁主义的全面发展中，哲学的部分占着极其重要的地位。毛泽东同志对中国革命建设和国际共产主义运动的丰富经验作了高度的哲学概括，把唯物辩证法提高到了一个光辉的新境界。毛泽东同志的哲学思想，是唯物辩证法在当代的伟大发展。

　　当前，世界人民的革命浪潮汹涌澎湃，帝国主义已经日薄西山，气息奄奄。在这种空前有利的革命形势面前，以赫鲁晓夫及其继承者为代表的现代修正主义者却被美帝国主义的核讹诈政策吓破了胆，由害怕战争进而害怕革命，由

---

　　① 毛泽东：《实践论》，载《毛泽东选集》第一集，人民出版社1969年横排本，第272页。

1

自己不想革命进而反对人家革命。他们在国内为资本主义复辟开辟道路,在国际上同美帝国主义又勾结又争夺,阻挠民族解放运动和无产阶级革命运动。为了替这种反革命的政治路线制造哲学根据,他们不遗余力地宣扬核武器拜物教,宣扬保命哲学,宣扬矛盾融合论,一句话,宣扬极端腐朽的唯心论和形而上学,反对科学的革命的唯物辩证法,特别是反对毛泽东同志的哲学思想。有些在20世纪30年代反对德波林的斗争中曾经宣传过唯物辩证法的人,现在也投降变节,充当赫鲁晓夫及其继承者的走卒,可耻地贩卖起修正主义的货色来了。这是一股逆流。但是,"蚍蜉撼大树,可笑不自量。"马克思主义是科学真理,真理是驳不倒的。马克思主义一出世就受到各种反动派的攻击,然而它像坚韧的青松一样,不但没有被狂风暴雨所摧折,反而在风侵雨袭中越来越茁壮地滋长,根深叶茂了。现在,马克思主义在一百多年的斗争中已经变成了一株挺然屹立的大树,现代修正主义的蚍蜉们竟想动摇它雄伟的躯干,这不是痴心妄想吗?同他们的愿望相反,他们越是卖力地反对马克思主义,马克思主义就越是在同他们作斗争的过程中得到发展。

宣传和捍卫毛泽东同志的哲学思想,批判现代修正主义,这是马克思列宁主义的哲学工作者的光荣任务。本书的写作,就是为了对这个任务尽一点绵薄的力量。本书曾在武汉大学哲学系作为教材试用过,现在整理出来,仍然是一个初稿,其中的缺点错误是难免的,恳切地希望同志们批评指正!

第 一 篇

马克思主义哲学是
无产阶级革命的精神武器

前言 马克思主义哲学是唯一科学和彻底革命的哲学

　　世界观是人们对整个世界的一般看法。在阶级社会里,每一种世界观都是一定阶级的历史地位和根本利益在意识形态上的集中表现。各个阶级都有自己的世界观,各个阶级都要按照自己的世界观来认识世界和改造世界。不同的世界观之间的斗争,反映着并且服务于不同阶级之间的经济斗争和政治斗争。无论什么人,都具有一定阶级的世界观,都在某种世界观的支配下观察问题和处理问题,不过有些人不一定自觉地意识到这一点,他们的世界观不一定采取系统化和理论化的形式罢了。但是,各个阶级在为自己的利益而斗争的过程中,必然会产生自己的理论上的代言人,即自己的思想家。各个阶级的思想家从本阶级的地位和利益出发,以一定的生产斗争知识和阶级斗争知识为材料,创造出一种系统化和理论化的世界观,来为本阶级服务。这种系统化和理论化的世界观,就是哲学。

　　哲学同各种具体的自然科学或社会科学不同,它所研究的不是各个特殊领域中的特殊问题,而是关于整个世界的最一般的问题。例如,世界是上帝创造出来的呢,还是本来就存在着的呢? 世界是有始有终有边有际的呢,还是无始无终无边无际的呢? 世界是永恒不变的呢,还是发展变化的呢? 人们能不能认识世界呢? 人们的思想是上帝赋予的、是头脑中固有的,还是被外界的事物所决定的呢? 认识世界同改造世界的关系是怎样的呢? 等等,就是哲学所回答的问题。从形式上看,这些问题似乎都很抽象,似乎同人们的实际生活没有什么关系。但是,实际上,人们在生产斗争和阶级斗争中的实际活动,归根到底是同这些问题分不开的。比如说,工人在资本主义制度下,受着资本家的剥削和压迫,生活非常痛苦,他们痛恨这种处境,力图改变这种处境。这时,有的资产阶级的哲家就跑出来对工人说:世界是上帝创造的,上帝创造世界的时候对一切都作了合理的安排,要改变上帝的安排是不可能的;至于你们所感受到的痛苦,不过是你们自己的幻觉,只要你们正确地理解你们的处境,你们就会感到幸福了;你们的一切斗争都是无谓之举。无产阶级的哲学家反驳说:不,世界上根本没有什么上帝,世界是不以任何人的意志为转移的物质世界,这个物质世界不是永恒不变,而是按照一定的客观规律发展变化的;人类社会是物质世界的一部分,也是按照一定的规律发展变化的;资本主义社会不过是社会发展的一个阶段,它必然要让位于更高级的社会发展阶段;因此,无产阶级起来推翻资本主义制度,消灭剥削和压迫,解放自己和一切劳动人民,是天经地义的事情。这两种哲学思想的斗争,不是清清楚楚地反映着资产阶级和无产阶级的斗争吗?几千年来的哲学斗争,从来就是这样同人们的实际斗争紧密地关联着的。在阶级社会里,哲学总是具有强烈的阶级性、党派性,绝对没有什么超阶级、超党派的哲学。反动阶级的哲学家们总是把自己的哲学说成是什么不偏不党的、为全人类服务的哲学,千方百计地掩盖自己的阶级性和党性,以此来欺骗和愚弄劳动人民。马克思主义坚决揭穿这种谎言,指出一切哲学的阶级性和党派性,并且公然申明自己的哲学是为无产阶级服务的哲学。

哲学斗争虽然是阶级斗争的反映,但是这种反映毕竟是通过哲学的特殊形式表现出来的。因此,我们站在无产阶级立场从事哲学斗争的人,必须善于透过哲学问题的外衣看到阶级斗争的实质,必须善于辨别哪一种哲学观点是代表哪一个阶级的利益的,从而决定赞成什么,反对什么。为此,首先就要抓住哲学斗争中重大的基本问题,在这样的问题上划清界限,判断是非。

那么,几千年来哲学斗争中的重大的基本问题是什么呢?根据恩格斯的指示,就是思维对存在(或精神对自然、意识对物质、主观对客观)的关系问题。这个问题包括两个方面:第一方面是思维与存在哪个是第一性的问题。由于对这个问题的相反回答,一切哲学就区分为唯物论和唯心论两大党派。唯物论认为存在是第一性的,思维是第二性的,存在决定思维;唯心论认为思维是第一性的,存在是第二性的,思维决定存在。唯物论是正确的,唯心论是错误的。一般说来,进步阶级拥护唯物论,反动阶级拥护唯心论。第二方面是思维能否认识存在的问题。这个问题是从属于第一个问题的。对于这个问题也有两种相反的回答：一种认为思维能够认识存在，这是可知论；另一种认为思维不能认识存在，这是不可知论。可知论是正确的，不可知论是错误的。一般说来，进步阶级是主张可知论的，而反动阶级则主张不可知论。除了思维对存在的关系问题是哲学斗争中重大的基本问题之外，还有关于世界是否发展、为何发展和如何发展的问题，也是哲学斗争中的重大问题。一种意见认为世界上的一切事物的内部都具有互相对立的成分即矛盾，事物是在内部矛盾的推动下发展变化的；不但有数量的变化，而且有性质的变化。这是辩证法的发展观。另一种意见则认为事物的内部没有矛盾，事物没有发展变化；如果说有发展变化，也只是数量的增减和场所的变更。这是形而上学的发展观。辩证法是正确的，形而上学是错误的。一般说来，进步阶级采取辩证法的发展观，反动阶级则采取形而上学的发展观，特别是在现代哲学中是如此。唯物论和唯心论的界线，可知论和不可知论的界线，辩证法和形而上学的界线，这就是我们在学习马克思主义哲学、运用马克思主义哲学时必须首先划清的几条界线。

　　哲学的发展有几千年的历史。但是在马克思主义出世以前，没有任何一种哲学是真正科学的哲学。这首先是因为这些哲学基本上都是剥削阶级的哲学（起过进步作用的哲学也不例外），剥削阶级的狭隘利益及其阶级偏见决定了他们必然要经常歪曲世界的本来面貌；其次也因为生产规模的狭小和科学知识的欠缺，限制了人们的眼界。因此，马克思主义以前的哲学，即令是那些包含着某些片面的真理性的哲学，在全体上说来也都是不科学的。只有作为无产阶级世界观的马克思主义哲学，才在人类认识史上第一次把哲学变成了一门科学。

　　哲学的发展有几千年的历史。但是在马克思主义出世以前，没有任何一种哲学是彻底革命的哲学。这仍然是因为这些哲学都不过是剥削阶级利益的理论表现。剥削阶级即令处在进步的上升的时期，也只能在一定方面和一定程度上具有革命性，他们总是剥削劳动人民，同劳动人民的利益相对立的。因此，代表他们的根本利益的哲学，也绝不可能是彻底革命的。至于代表反动阶级利益的哲学，当然更谈不上有什么革命性了。只有作为无产阶级世界观的马克思主义哲学，才是自有人类历史以来唯一彻底革命的哲学。

马克思主义哲学的诞生,意味着一切旧哲学的死亡,意味着哲学史上伟大的革命变革,意味着人类认识史的新纪元。我们在学习马克思主义、运用马克思主义哲学时,必须了解马克思主义哲学同一切旧哲学的根本对立。

总之,分清唯物论和唯心论的界线、可知论和不可知论的界线、辩证法和形而上学的界线,分清马克思主义哲学同一切旧哲学(包括那些以新姿态出现的旧哲学)的界线,这些就是贯串于哲学斗争的一切方面的大是大非的问题。本篇的任务就在于论述这些问题。

第一章　哲学的基本问题的第一方面

第一节　唯物论和唯心论的对立

一、划分哲学上两大党派的唯一标准

马克思和恩格斯考察了两千多年来哲学发展的历史,得出结论说:"全部哲学,特别是近代哲学的重大的基本问题,是思维和存在的关系问题。"①用其他的术语说来,就是精神和自然、意识和物质、主观和客观的关系问题。

为什么不是别的问题,而恰好是思维和存在的关系问题成了全部哲学的基本问题呢? 因为第一,作为社会意识的一种特殊形式的哲学与其他各门具体科学不同,它的任务不在于研究特殊领域的特殊规律,而在于研究整个世界的一般规律。自有人类以来,整个世界的一切现象归结起来只有物质和精神两大类。因此,这两大类现象之间的关系如何的问题,就成为一切哲学必须首先回答的最基本的问题。第二,哲学上其他一切问题的解决,都是以如何解决思维与存在的关系问题为出发点的。随着对于这个问题的回答的不同,对其他问题的解决途径和结论也就不同。第三,思维与存在的关系问题也是人们一切实践活动中的基本问题。随着对于这个问题的回答的不同,人们对于认识世界和改造世界的态度和主张也就会不同。任何一个哲学派别为了要贯彻它对于现实世界的态度和主张,为了要按照它的原则来说明世界和改造世界,就不能不首先阐明它对思维与存在的关系问题的见解。可见,思维与存在的关系问题之所以成为全部哲学的基本问题,并不是什么偶然的现象,并不是什

---

① 恩格斯:《路德维希·费尔巴哈和德国古典哲学的终结》,载《马克思恩格斯选集》第4卷,第219页。

么人随意规定的,而是由哲学本身的特殊性质和人类认识史的发展规律所决定的。

思维与存在的关系这个哲学上的基本问题,包括两个互相联系着的方面:第一方面,是思维与存在何者为第一性的问题;第二方面,是思维能否正确地认识存在的问题。关于第二方面,我们将在下一章中论述;这里要说的是第一方面。

究竟是先有存在(物质、自然界)还是先有思维?究竟是存在是第一性的东西还是思维是第一性的东西?究竟是存在决定思维还是思维决定存在?这就叫做哲学基本问题的第一方面。随着对于这个问题的回答的不同,一切哲学就划分为两大党派、两大阵营:凡属主张存在是第一性的东西,因而主张存在决定思维的,属于唯物论的阵营;凡属主张思维是第一性的东西,因而主张思维决定存在的,属于唯心论的阵营。

为什么哲学上的派别只能按照这个标准划分为这样的两派,而不能按照别的标准划分为别样的两派或更多的派别呢?

这是因为,思维与存在的关系问题是全部哲学的最高的、最基本的问题,而思维与存在何者是第一性的问题又是这个基本问题的首要的方面(哲学基本问题的第二方面是从属于第一方面的)。只有对于这个基本问题的首要方面的回答,才体现了各派哲学的实质及其解决一切问题的总原则、总方向。哲学史上的事实表明,各派哲学之间的异常复杂的斗争,归根到底总是离不开这个问题的。尽管各派哲学的差别极其纷繁,然而只要是对思维与存在何者是第一性的问题作了相同回答的派别,它们之间的差别就总是相对地次要的。因此,只有以哲学基本问题的第一方面为标准,把一切哲学派别划分为唯物论和唯心论两大党派,才能准确地把握住各派哲学的实质,清晰地看出两千多年来哲学斗争的基本线索和基本阵势,从而不致纠缠在次要的枝节的问题上,搅乱了阵线,迷失了方向。马克思主义的创始人第一次把思维与存在的关系问题规定为哲学的基本问题,并把这个问题的第一方面规定为划分哲学上两大党派的唯一标准,指出哲学的历史就是唯物论和唯心论两军对战的历史,这对于科学地理解哲学的历史和正确地指导现实的斗争,都具有不可估量的意义。

马克思主义以前的哲学家,从来没有真正找到和明确指出划分哲学上基本党派的正确标准。而现代资产阶级的唯心论者为了掩饰自己的唯心论,更故意回避这个问题,把马克思主义已经明确地提出的这个唯一正确的标准弄乱。例如,有的唯心论者硬说,思维与存在何者是第一性的问题是一个"陈旧"了的问题,应当"以不了了之",应当"一概拒绝";他们捏造出种种新名词、新术语,混淆唯物论与唯心论的界限,冒充所谓超越于唯物论与唯心论之外的"新"哲学。另外还有一些唯心论者,虽然"承认"唯物论与唯心论这两个名词,但是故意把划分唯物论与唯心论的标准搅乱。他们当中有的人说,凡是主张因果论的就是唯物论;凡是主张目的论的就是唯心论。还有一些存心诬蔑唯物论的人更捏造说,凡是主张追求物质享受的就是唯物论;凡是主张信仰"美好世界"、追求"高尚理想"的就是唯心论。这些伎俩,正好表现了唯心论者在哲学基本问题这块试金石面前的惶惧心情。实际上,他们当中没有一个真正避开了哲学的基本问题,他们都不过是用骗人的新名词伪装起来的唯心论者。

辩证唯物论在阐明自己的理论体系的时候,首先就要提出哲学上的基本问题,以划清唯物论和唯心论的界限,排斥一切妥协折中的主张,严正地把自己的阵营和敌人的阵营区别开来。

二、唯物论的根本论纲

现在,我们比较详细地说明一下唯物论和唯心论是怎样解答哲学基本问题的第一方面。

唯物论认为,物质是世界的本源,世界上千差万别的具体事物都是物质的。除了物质以外,世界上什么也没有。至于精神,不过是物质现象在人们头脑中的反映。不是先有精神后有物质,精神产生物质;而是先有物质后有精神,物质产生精神。物质是不依赖于精神而独立存在的,精神却完全依赖于物质,一点也不能离开物质。尽管由于历史条件不同,各派唯物论对这个根本论纲的表述方式有很大的差异,但是这个论纲本身却是一切派别的唯物论的共同出发点。

唯物论的根本论纲,是完全符合于人类在上百万年中的实践经验的。人们在社会实践过程中,随时接触外界事物,即接触种种物质现象。依据实践经验,人们容易理解物质世界是存在于意识之外,并且不依赖于意识的。例如工人用机器和原料生产成品,农民用农具耕种土地,他们从不会怀疑机器、原料、农具、土地等等是离开自己的意识而独立存在的客体,从不会认为这些劳动工具和劳动对象是存在于意识之中的。又如,许多自然科学家在探求自然现象的内部规律性时,事实上也并没有怀疑自己的研究对象是存在于意识之外的客观实在,并没有怀疑自己所发现的自然规律是客观事物的固有联系,并没有认为这些研究对象及其规律性是自己凭空臆造出来的东西(当他们对自然科学的结论作哲学解释的时候又当别论)。所以,唯物论的原理同人们的实践经验完全一致,同人们在长期社会实践中形成起来的素朴信念完全一致。

唯物论的正确性不仅为人们的实践经验所证明,而且为自然科学长期发展的成果所证明。近代和现代自然科学以丰富的材料证明,在人类出现以前,也就是在还没有任何精神现象以前,物质世界早就存在着。地球有几十亿年的历史是在没有人类、甚至没有任何生物的情况下度过的。现代生物学以大量的实验材料证明,精神是人脑的机能,是外界事物在人脑中的反映。如果没有反映者(人脑)和被反映者(客观对象),就不会有精神现象。离开物质的精神是没有的。自然科学的成果,越来越鲜明地证实了唯物论原理的正确性。①

马克思主义哲学把唯物论的一般原理推广到社会现象方面,指出社会生活也分为物质生活和精神生活两个方面。物质生活是人们谋取物质生活资料的活动,精神生活是政治、法律、艺术、宗教等等的活动。物质生活是不依赖于精神生活的东西,是第一性的东西;精神生活是在物质生活的基础上派生出来的东西,是第二性的东西。正像一般的意识是一般的存在的反映一样,社会意识也是社会存在的反映。这个原理,在马克思和恩格斯所首创的历史唯物论中第一次作出了科学的表述和证明。

简括起来,唯物论的根本论纲就是:存在是第一性的,意识是第二性的,意识是存在的反映;不是意识决定存在,而是存在决定意识。马克思主义哲学把这个根本论纲在社会历史领域中推广起来,就是:社会存在是第一性的,社会

---

① 为了论述的便利,这里暂且只说到一切唯物论的共同论纲。至于马克思主义的唯物论同以往的唯物论的原则区别,将在第三章中阐明。

意识是第二性的,社会意识是社会存在的反映;不是社会意识决定社会存在,而是社会存在决定社会意识。

唯物论哲学对于一切问题的见解,都是从这个根本论纲出发的。

三、唯心论的根本论纲

唯心论对哲学基本问题的第一方面又是怎样解答的呢?

同唯物论的解答恰恰相反,唯心论认为精神是世界的唯一本原。世界上的万事万物都只是精神的产物。唯心论有两种基本的形态:客观唯心论和主观唯心论。客观唯心论认为,在世界之先就存在着所谓“绝对观念”或“宇宙精神”,这是一种不依赖于自然界、也不依赖于任何人的“客观”的精神。而物质世界——自然界和人类社会只不过是这种“客观”精神的产物。例如古希腊的柏拉图主义,19世纪德国古典哲学中的黑格尔主义,以及我国宋代程朱理学中所谓“理先气后”、“理在气先”的说法,都是客观唯心论的代表。客观唯心论的所谓“理念”、“绝对观念”、“理”等,实际上不过是用哲学的语言装饰起来了的“上帝”或“神”;客观唯心论不过是被哲学家们精制过的、采取理论形式的宗教教义。主观唯心论认为,客观世界是不存在的。存在的只是“我”的感觉,“我”的观念。日月星辰、山川草木、虫鱼鸟兽等实物,并不是在我们意识之外存在着,而仅仅是在我的观念中存在着。不是外界事物引起了我的观念,倒是我的观念构成了一切事物。例如18世纪初期英国的大主教贝克莱所谓“物是观念的集合”、“存在就是被感知”,20世纪初期奥国哲学家马赫所谓物是“感觉的复合”,物是“具有相对稳定性的感觉复合的思想符号”,20世纪初期的德国哲学家阿芬那留斯所谓“只有感觉才能被设想为存在着的东西”,以及我国宋代哲学家陆九渊所谓“宇宙便是吾心,吾心即是宇宙”,明代哲学家王守仁所谓“意之所在便是物”,都是主观唯心论的代表。主观唯心论把一切事物都看成“我”的感觉,这就必然走向荒谬绝伦的唯我论,即得出世界上除了“我”以外一切都不存在的结论。这实际上成了没有世界的世界观。

客观唯心论和主观唯心论的表现形态虽然不同,但在否认不依赖于精神的物质世界这一点上是一致的。这种观点,同人类的实践经验以及科学研究的成果处于绝对冲突的地位。因此,现代资产阶级的唯心论一般地都不敢公开宣布自己的荒谬观点,而要玩弄许多新名词、新术语,歪曲自然科学的成就,把自己打扮成并不与实践经验和科学成果相抵触的样子,以欺骗人民群众。这种伪装的伎俩,丝毫没有改变唯心论的基本错误。

唯心论的思想在社会历史领域中的表现,就是把人类的历史看作某种先天的原理原则的实现,或者看作杰出人物的意志的产物。不是把社会的物质生活、物质关系看作历史发展的决定力量,而是把精神、意志、动机等等看作历史发展的决定力量。不是把物质生产活动的主体——劳动群众看作历史的创造者,而是把少数具有所谓"批判的头脑"的个人(往往就是持这种见解的哲学家自己)看作历史的创造者。在马克思主义产生以前,人们对于社会历史的说明根本上都是唯心论的。即使在自然观方面采取唯物论立场的哲学家,一进入社会历史领域的研究也都通过这样那样的道路陷入了唯心论。"意见支配世界"这句话,正是他们陷入唯心论的最明显的表现。历史唯心论的观点,同对于整个世界的唯心论观点一样,是完全错误的。

简括起来,唯心论的根本论纲就是:意识是第一性的,存在是第二性的;不是存在决定意识,反而是意识决定存在。这个根本论纲表现在社会历史领域中,就是:社会意识是第一性的,社会存在是第二性的;不是社会存在决定社会意识,反而是社会意识决定社会存在。

唯心论哲学对于一切问题的见解,都是从这个根本论纲出发的。

四、二元论和折中论

对于哲学的基本问题,只有唯物论与唯心论两种相反的解答,第三种解答实际上是不可能的。不过,哲学史上还有表面上好像是第三种解答的流派,这就是所谓二元论和折中论。二元论宣称,物质和精神是两个独立的、互不依赖的实体,二者同是世界的本源。这种流派力图调和唯物论与唯心论,调和科学与宗教。但是实际上,二元论不过是一种不彻底的哲学,它不过是动摇于唯物论和唯心论之间,并没有超越于唯物论与唯心论之上。17世纪法国哲学家笛卡儿就是二元论的著名代表。他主张存在着具有广延属性的肉体实体和具有思维属性的灵魂实体。当他考察自然界的时候,他承认物质是唯一的实体,这时他采取了唯物论的立场；当他考察人类认识的时候，他又主张"天赋观念"，并认为神是决定肉体和灵魂实体的第三种实体，这时他又采取了唯心论的立场。

18世纪德国哲学家康德的哲学也是二元论。如列宁所说："康德哲学的基本特征是调和唯物主义和唯心主义，使二者妥协，使各种相互对立的哲学派别结合在一个体系中。当康德承认在我们之外有某种东西、某种自在之物同我们表象相应存在的时候，他是唯物主义者；当康德宣称这个自在之物是不可认识的、超验的、彼岸的时候，他是唯心主义者。"①

所以，二元论哲学是不彻底的哲学，它们想调和唯物论和唯心论这两个截然对立的哲学，这种企图是徒劳的。

现代资产阶级唯心论在唯物论和自然科学的强大压力下，已经不便于赤裸裸地重复那些早已破产了的唯心论滥调，于是它们就极力宣扬说，唯物论和唯心论都是"片面"的，世界的真正本原既不是物质，也不是精神，而是超越于物质和精神之上的东西，或"中立的"东西。它们给这种所谓"中立的"东西起了许多稀奇古怪的名称，如"要素"、"主体—客体"、"原则同格"、"经验"等等，他们把这些东西吹嘘为哲学上的大"发现"，大"革命"，并说由于这种"发现"和"革命"，它们已经建立了超越于唯物论和唯心论之上的最"新"的哲学。实际上，超越于物质和精神之上的所谓"中立的"东西是根本不存在的。它们的所谓"要素"等等，不过是感觉的别名；它们的所谓"建立在自然科学基础上的"、"最新的"、超出于唯物论和唯心论之上的哲学，不过是改头换面了的老朽不堪的唯心论。这种现代资产阶级的唯心论，迫于科学的压力，有时不得不承认一些科学上证明了的有利于唯物论的事实，有时甚至不得不在个别的地方自相矛盾地剽窃唯物论的论点。它们把极端相反的派别的观点毫无原则地拼凑在一起，以构成自己的体系，这就使得这种哲学成了折中论的杂碎汤。然而这种情况并不能说明它们不是唯心论，而只能说明它们是极其混乱的唯心论。列宁在批判这种混乱的唯心论时指出：这一类的哲学只是"一种讨厌的烂泥，就是哲学上的可鄙的中间党派，它在每一个问题上都把唯物主义派别和

---

① 列宁：《唯物主义和经验批判主义》，载《列宁全集》第14卷，第203页。

唯心主义派别混淆起来。在哲学上企图超出这两个基本派别,这不过是玩弄'调和派的骗人把戏'而已。"①

在马克思主义哲学产生以后,一切调和唯物论和唯心论的企图,其矛头都是针对着马克思主义哲学的。例如老牌和新牌的修正主义者,都把马克思主义的革命灵魂阉割掉,把它和主观唯心论(如新康德主义、马赫主义)混合在一起,并用这种混合物来为帝国主义的利益作论证。但是,对于哲学基本问题的第一方面只可能有唯物论和唯心论两种互相对立的答案,劳神费力地寻找哲学上的"新"路线,或者把这两种对立的路线调和起来,是绝对不可能成功的。

第二节　唯物论与唯心论两军对战的社会阶级根源和认识论根源

一、唯物论与唯心论对立的社会阶级的根源

综上所述,由于对哲学基本问题第一方面的回答不同,一切哲学就分裂为唯物论和唯心论两大营垒、两大党派。这两个互相敌对的党派,几千年来一直进行着激烈的斗争。全部哲学史就是唯物论和唯心论两军对战的历史。

为什么对于一个哲学基本问题的同一个方面会有两种完全相反的回答呢? 为什么哲学流派会分成两个敌对的营垒,相互间进行激烈的斗争呢?

唯物论和唯心论的对立和斗争,有深刻的社会历史的根源,也有深刻的认识论的根源。这里先说社会历史的根源。

唯物论与唯心论的社会历史根源,就在于脑力劳动与体力劳动的分离和社会阶级的分化。

在物质生产力发展水平很低的原始社会中,人们只能生产出维持最低生活需要的物品,没有剩余生产物,因而也就不可能有脑力劳动与体力劳动的分离,不可能有阶级的分化。随着生产力水平的提高,剩余生产物出现了,私有制发生了,社会上出现了阶级的分化和人剥削人的现象。剥削阶级强迫被剥削阶级专门从事体力劳动,自己过着不劳而食的生活。于是剥削阶级中间的

---

① 列宁:《唯物主义和经验批判主义》,载《列宁全集》第14卷,第359页。

一部分人就有可能利用大量的闲暇和金钱来从事脑力劳动,进行研究活动。这就为哲学思想的产生和发展提供了前提。没有这个前提,最初的哲学思想(无论是唯物论或唯心论)就不可能产生。

在无产阶级登上历史舞台以前,除了个别的情形外,劳动阶级没有创造出自己的哲学体系。这一方面是因为他们受着残酷的剥削和压迫,不得不把全部的时间精力花在沉重的体力劳动上,没有系统地学习文化和科学知识的机会;另一方面也因为他们不是新的生产方式的代表者。在这个时期中,一般说来,唯物论或唯心论的哲学都是剥削阶级的意识形态。但是,剥削阶级(及其内部的阶层、集团、派别等等)在其处于上升的时期和没落的时期,情况是不同的。新兴的剥削阶级(或阶层、集团、派别)在还没有取得统治地位的时期,以及取得统治地位的初期,是先进者、革命者。他们的利益同社会发展的客观要求基本一致,他们关心生产力的发展,在一定程度上关心对客观世界的正确认识。因此,这种阶级、阶层、集团或派别就通常采取唯物论作为自己的思想武器。反之,处于没落时期的剥削阶级、阶层、集团或派别,则是阻碍历史前进的衰朽力量。他们的利益同社会发展的客观要求根本抵触,他们所关心的不是生产力的发展,不是对客观世界的正确认识,而是用谎言和伪善来欺骗被统治阶级,阻止他们的觉悟和反抗,以维护腐朽的生产关系,苟延自己的统治地位。因此,这种阶级、阶层、集团或派别就通常采取唯心论作为自己的思想武器。由此可见,唯物论和唯心论的对立和斗争,是社会先进阶级和衰朽阶级的斗争的反映。所以,在阶级社会中,哲学是具有阶级性、党派性的。

哲学是离开经济基础最远的意识形态之一。它同经济基础的关系,需要通过许多中间环节才表现出来,不像政治思想或法律思想那样直接和明显。由于任何一个哲学派别的具体形式都要受到先行的哲学思想以及同时代的其他哲学思想的影响,要受到先行的以及同时代的其他意识形态的影响,还要受到当时的生产规模和自然科学水平的限制,因此,哲学思想对于阶级斗争的反映呈现着十分复杂的情况。例如,基本上属于唯物论的派别,其学说中可能包含着唯心论的因素;基本上属于唯心论的派别,其学说中也可能包含着唯物论的因素;同属于唯物论阵营或唯心论阵营的哲学派别又有着种种不同的具体形式,并且在不同的历史条件下起着不同的作用。但是,诸如此类的复杂情况只是告诉我们,对于历史上的每一个哲学派别必须进行具体的分析,说明它们是怎样反映阶级斗争而又服务于阶级斗争的,而不应当因为哲学的这种特点而模糊了哲学斗争同阶级斗争的基本联系。

在社会发展进入了资本主义时代以后,阶级斗争采取了更加单纯和鲜明的形态。无产阶级同资产阶级的斗争贯穿着全部社会生活。无产阶级通过自己的思想代表提出了反映自己根本利益的最革命最科学的哲学——唯物辩证法和唯物史观,作为思想斗争的武器;反动的资产阶级则依靠腐朽的唯心论作为思想斗争的武器。因此,在现代,辩证唯物论和唯心论的斗争是无产阶级和资产阶级的斗争在思想领域中的反映。

二、唯物论与唯心论对立的认识论的根源

为了要说明在人类认识史上为什么会有唯物论和唯心论的对立,仅仅指出这种对立的社会阶级的根源还是不够的,还应当指出它的认识论的根源。

为什么会有唯物论? 从认识论的角度来看,这是容易理解的。客观世界存在于意识之外,人们能够正确地认识世界和成功地改造世界,这是人类从上百万年的生产斗争和社会斗争(在阶级出现以后是阶级斗争)的实践中千百万次地证明了的客观事实。只要不带唯心论的成见去看问题,只要按照世界的本来面貌去认识世界,人们就很自然地会采取唯物论的观点。唯物论本来就是全部人类的认识所固有的,它在认识中有着不可动摇的客观基础。如果说,在人类认识史上的初期唯物论就已经合乎规律地产生了的话,那么,随着社会的发展和科学的发展,唯物论必将获得日益强固的基础。这就是唯物论所以存在和发展的认识论的根源。

那么,为什么会有唯心论呢? 如果唯心论存在于科学不发达的远古时代还比较容易理解的话,那么为什么在科学昌明的现代,唯心论仍然能够存在,并同唯物论进行激烈的斗争呢? 为什么现在有些科学素养很高的学者们也相信唯心论,宣传唯心论呢? 为什么甚至革命阶级中的人们有时也犯唯心论的错误呢? 这个问题,当然首先应当从阶级斗争中去寻求答案。这就是说,因为反动的剥削阶级需要利用唯心论来为它们的反动统治作辩护,来麻痹革命的人民,来歪曲客观真理;而这种情况又会影响其他的人们,甚至革命阶级中的

某些人们。然而仅仅指出这一方面是不够的。反动统治阶级之所以能够利用唯心论,还因为人们的认识过程本身包含着溜到唯心论去的可能。这就是说,唯心论除了社会阶级的根源以外,还有认识论的根源。只有在揭露唯心论的社会阶级根源的同时又揭露它的认识根源,才能了解它是通过什么途径得出唯心论的结论的,才能有效地战胜它。

列宁在《谈谈辩证法问题》这篇著名论文中,对唯心论的认识论根源作了精辟的分析。他指出:"人的认识不是直线(也就是说,不是沿着直线进行的),而是无限地近似于一串圆圈、近似于螺旋的曲线。这一曲线的任何一个片断、碎片、小段都能被变成(被片面地变成)独立的完整的直线,而这条直线能把人们(如果只见树木不见森林的话)引到泥坑里去,引到僧侣主义那里去(在那里统治阶级的阶级利益就会把它巩固起来)。直线性和片面性,死板和僵化,主观主义和主观盲目性就是唯心主义的认识论根源。"他又说:"哲学唯心主义是把认识的某一个特征、方面、部分片面地、夸大地……发展(膨胀、扩大)为脱离了物质、脱离了自然的、神化了的绝对。"①

根据列宁的指示,我们就可以在人类认识本身中找到唯心论的根源。

第一,人们的意识是客观世界的主观映象,是被移植于人脑中并在人脑中被改造过的物质现象。意识的内容和泉源是客观的,意识的形式是主观的。这就存在着一种可能性,即当人们考察意识现象的时候,只看到主观的方面,忽视了客观的方面;只看到意识的形式,忽视了意识的内容和泉源;只看到映象,忽视了映象反映的客观物质世界,把意识从对物质的依赖关系中抽象出来,把它夸大成为脱离物质的,独立自在的实体。这就陷入了唯心论的泥潭。哲学史表明,当人们把认识过程中的一个成分——感觉夸大成为脱离物质绝对的东西时,就陷入所谓"纯粹的经验论",即主观唯心论。贝克莱、马赫等人就是这样构成他们的体系的。同样,当人们把认识过程中的另一个成分——概念夸大成为脱离物质的绝对的东西时,就陷入客观唯心论。柏拉图、黑格尔等人就是这样构成他们的体系的。不把意识看作客观世界的映象,而把它看成"脱离了物质、脱离了自然、神化了的绝对",看成"现实界的创造主",这正

---

① 列宁:《哲学笔记》,载《列宁全集》第38卷,第411页。

是一切唯心论的共同的基础。

第二,人们的意识对客观世界的反映不是消极的、被动的,而是积极的、能动的,只有当人们通过实践活动去改造客观世界的时候才能认识客观世界,而认识的目的又是改造客观世界。但是,意识的能动作用,毕竟不能不受客观世界的制约,意识的内容仍然只能是客观世界的反映,如果把意识的能动作用夸大到了不受客观世界制约的程度,否认了意识是存在的反映,就会陷入唯心论。这也是一切唯心论的共同基础。

正因为唯心论不仅有它的社会阶级根源,而且有它的认识论根源,因此在认识史上呈现出种种复杂的情况:有时唯心论在总的错误体系中包含着合理的内核(唯心论的错误在于它把认识的某一成分片面地夸大成为脱离了物质的东西,而不在于它论述了这个成分本身。如果撇开这种片面的夸大,那么,它对于这一成分的论述中就仍然可能有合理因素),批判地改造这些合理的内核,就可以成为唯物论的营养材料;有时,由于唯心论攻击了旧唯物论的某些弱点,提出了某些问题,因而从反面刺激和诱发了唯物论向着更高级更完善的方向发展;有时唯心论可以提供反面材料,唯物论在研究了唯心论如何陷入泥坑的道路之后,可以从中汲取理论思维的经验教训,使自己在发展过程中少走弯路。如此等等。总之,唯心论本身虽然是错误的、反科学的思想,但在同唯心论作斗争的时候却不应当采取粗陋的形而上学的态度,而应当采取具体分析的辩证法的态度;不应当只限于简单地宣布唯心论是胡说,而应当研究它何以是胡说,研究它是通过认识过程中的什么环节、什么途径而得出这种胡说的结论的,研究怎样克服它,战胜它。

由此可见,在揭示唯物论与唯心论对立的社会阶级根源的同时,又揭示这种对立的认识论根源,对于正确地理解这种对立的实质和意义,对于发展唯物论和有效地战胜唯心论,是极其重要的。

三、唯物论与科学联盟

唯物论在自己的发生发展的过程中,总是与科学结成联盟的。唯物论不能离开科学,科学也不能离开唯物论。

首先,既然唯物论的实质就在于按照世界的本来面貌来认识世界,而不给以任何虚构的附加,那么,它就必须依赖于各门具体科学的发现,从这些发现中汲取材料。唯物论本身就是各门具体科学研究成果的概括和总结。如果说,科学发展道路上的暂时的困难和空白点是唯心论和宗教谬说的藏身之所的话,那么科学上的每一个新的发现就总是使唯物论的真理性得到新的证实,使唯物论获得更丰富的内容。唯物论的发展,总是同科学的发展水平相适应的。正如恩格斯所说,"甚至随着自然科学领域中每一个划时代的发现,唯物主义也必然要改变自己的形式"。① 古代的朴素唯物论之所以只能基本上建立在对自然的直观的基础上,并且常常以幻想的联系来代替自然界的真实联系,是因为当时还没有严格意义上的科学(只有天文学、数学和力学比较发达,而当时的唯物论者在建立自己的学说时依靠了这些科学成就的)。18 世纪的唯物论之所以具有机械的、形而上学的特点,是因为在当时所有的自然科学中发展到比较完善地步的只有固体力学。而唯物论的最高形式——辩证唯物论之所以只有在 19 世纪 40 年代才能产生出来,则是由于只有在这个时期以研究自然界的种种过程为任务的各门科学(如地质学、动植物生理学、胚胎学、有机化学等)才建立和发展起来,为科学地描绘整个世界的总联系提供了客观的可能。

其次,科学的发展也离不开唯物论的指导。科学的任务是揭示客观现象的固有的必然联系,揭示种种客观过程的内在规律性。它必须严格地承认自己的研究对象的客观实在性,然后才能去研究它们。在研究过程中,它必须坚决排斥任何虚构,按照研究对象的本来面貌去认识他们,否则科学研究就无法进行,科学也就不成其为科学了。而承认外间对象的客观实在性,按照对象的本来面貌去认识对象,正是唯物论哲学的基本要求。因此,只有在唯物论的指导下,科学研究才可能取得成绩,而一切离开唯物论原则的科学研究是注定要走入死胡同的。科学上的任何一个真正的成就,事实上总是在唯物论思想的指导下取得的,不管研究者本人是否意识到了这一点。有些在哲学上反对唯物论、甚至信奉宗教的自然科学家,如果要在科学研究中做出真正的成绩,也不得不在自己的专门领域中违背自己的唯心论或宗教的世界观,不自觉地采

---

① 恩格斯:《路德维希·费尔巴哈和德国古典哲学的终结》,载《马克思恩格斯选集》第 4 卷,第 224 页。

取唯物论的立场。这就是为什么多数的自然科学家在自己的专门领域中都是自发的唯物论者的缘故。当然,自发的唯物论是不巩固的、不可靠的,采取这种立场的科学工作者有可能陷入唯心论的泥坑,从而使科学研究走入歧途,得不到正确的结论;即令得出了正确的结论,也可能在对这些正确结论作哲学解释的时候得出唯心论的胡说。因此,科学要沿着正确的方向发展,就要求科学工作者不停留在自发的唯物论者的水平,而要做自觉的唯物论者,并且是自觉的辩证唯物论者。

由此可见,唯物论同科学本质上是完全一致的。科学只有在唯物论的指导下才能健康地发展,唯物论也只有在不断地概括和总结各门科学的最新成就的基础上才能获得日益丰富的内容和日益坚固的基础。

四、唯心论与宗教联盟

同唯物论的情形相反,唯心论在历史上通常是与宗教结成联盟的。

作为社会意识的不同形式,宗教与唯心论是有区别的。宗教的世界观是独断的、迷信的,它不是要求人们理解它所说的东西,而是要求人们信仰它所说的东西(例如它可以毫无根据地宣传上帝在 6 天之内创造世界的神话),而唯心论则采取理论的形式,它或多或少地要估计到当时科学的成就,并运用逻辑的方法来论证它的主张,而不是赤裸裸地去宣传上帝创世之类的显然荒谬的神话。但是,这种区别是形式方面的区别,二者在实质上是完全一致的。它们具有相同的认识论根源和社会根源,并且起着相同的社会作用。

从认识论的根源看,宗教的特征就在于信仰和崇拜超自然的力量。一切宗教都把幻想出来的超自然的力量——神说成自然界和人类社会的创造主。这实际上正是把人们的表象和概念夸大成为脱离了物质、脱离了自然的神化了的绝对,同唯心论是一样的。另一方面,如果对哲学的基本问题作唯心论的解决,就必然要承认物质世界是被精神的东西"创造"出来的,就必然要得到同宗教的创世说同样荒谬的结论。所以列宁说:"哲学唯心主义是经过人的无限复杂的(辩证的)认识的一个成分而通向僧侣主义的道路。"①哲学唯心

---

① 列宁:《哲学笔记》,载《列宁全集》第 38 卷,第 411 页。

论中的所谓的"绝对精神"、"理念"等等,不过是用哲学的语言装饰起来了的"上帝"而已。认识史表明,唯心论是从宗教观念中发展出来的,它无非是被陶熔了的、被蒸馏了的、被精制了的宗教。

从社会的根源看,"一切宗教都不过是支配着人们日常生活的外部力量在人们头脑中的幻想的反映,在这种反映中,人间的力量采取了超人间的力量的形式"①宗教最初是原始人对于他们所不能理解的、不能支配的外间自然力的恐惧的结果,在阶级社会(特别是资本主义社会)中则首先是被压迫群众对于剥削制度所造成的灾难无能为力的结果。由于人们在统治着自己的外间力量面前软弱无力,找不到摆脱悲惨境况的实际出路,需要用幻想的出路来安慰自己,于是就产生了对于上帝、魔鬼、奇迹等的信仰,把希望从地上移到"天国",从现实移到"来世"。正如马克思所说,宗教是"被压迫众生的叹息"。这种自发地产生出来的宗教,本来既是劳动群众现实苦难的表现,又是劳动群众对现实苦难的抗议。但是到了统治阶级手里,却把抗议的因素完全剔除,把宗教修改得完全适合自己的需要,他们通过宗教教义的宣传,把劳动人民的苦难归结为上帝的惩罚,劝导劳动人民驯顺温良,乐天安命,放弃现实斗争,以便在死后进入"天堂"。剥削制度所造成的客观环境,以及剥削阶级利益的需要,就是宗教这种荒谬绝伦的意识形态得以长期存在的社会根源。显然,这同唯心论长期存在的根源是一致的。

从社会作用方面看,宗教也同唯心论一样,否认客观规律(一切都是"上帝的意志"!),否认科学和知识的力量("彼岸"世界是人的智慧所达不到的!),否认认识世界和改造世界的必要("尘世"生活是短暂的,一切斗争都是无谓之举!)。如果说科学和唯物论是照亮人们前进道路的火炬的话,那么宗教和唯心论就是使人们陷入黑暗深渊的蒙眼布。它们都是阻碍劳动人们进行解放斗争的绊脚石,都是剥削阶级压迫人民的精神武器。②

———————

① 恩格斯:《反杜林论》,载《马克思恩格斯选集》第3卷,第354页。

② 在历史上曾经有过劳动者假托宗教教义来进行革命斗争的事实。但是,决不应该由此得出结论,说宗教本身能够成为劳动群众进行革命斗争的精神武器。因为即令在这种情况下,动员、鼓舞和组织劳动群众进行革命斗争的真正力量仍然是满足劳动群众革命要求的革命政策和革命口号,而宗教不过是这种革命政策和革命口号的一件外衣而已。

由于宗教与唯心论具有共同的本质，因此它们是紧密结合、互相支持的。宗教为唯心论准备精神的地盘，唯心论为宗教设置理论的基础。随着阶级斗争情况的变化，唯心论同宗教联盟的方式也是变化的。在生产力和自然科学水平低下的历史时期，唯心论同宗教的结合是公开的、赤裸裸的，唯心论不过是宗教的婢女，不过是为宗教教义作"论证"的一种方法（欧洲中世纪的经院哲学是最典型的表现）。它们公开反对科学，教会和僧侣们残酷地迫害科学人物。在生产力和自然科学迅速发展的资本主义初期，因为资产阶级既需要宗教来欺骗劳动群众，以巩固它们的统治，又需要科学技术来发展生产力，以攫取最大限度的利润，因此一般说来唯心论就不是公开地拥护宗教，反对科学，而是极力调和宗教与科学、信仰与知识，证明它们都是真理，各有地盘。到了资本主义已经完全腐朽了的现代，唯心论又大声地求救于宗教，要求回到中世纪时代，再充神学的奴仆。现代的唯心论已是赤裸裸地同宗教缔结同盟了。现代资产阶级从巨量的利润中拿出亿万美元来支持教会，支持唯心论哲学的"新"流派，是非常自然的。

宗教和唯心论的未来怎样呢？到了共产主义在全世界获得了胜利的时候，还会不会有宗教和唯心论呢？

先看看宗教的情形。前面分析过，宗教的物质根源在于统治着人们的异己力量，在于由剥削制度所造成的那种人们不能掌握自己命运的情况。宗教本身无非是这种情况的虚幻反映。马克思说："要求抛弃关于自己处境的幻想，也就是要求抛弃那需要幻想的处境。"[①]当人们在实践上消灭了剥削制度，把自己从社会关系的奴仆变成了社会关系的主人的时候，需要幻想的处境就不存在了，"宗教反映本身也就随着消失。原因很简单，这就是那时再没有什么东西可以反映了"[②]。因此，在阶级消灭以后，作为历史现象的宗教是必然要最终走向消灭的。

至于唯心论的情形，就要复杂得多。《关于无产阶级专政的历史经验》一文说："有些人认为唯心论和唯物论的矛盾可以在社会主义社会或者共产主

①　马克思：《黑格尔法哲学批判导言》，载《马克思恩格斯全集》第1卷，第453页。
②　恩格斯：《反杜林论》，载《马克思恩格斯选集》第3卷，第356页。

义社会中消除掉,这个意见显然是不正确的。只要还存在着主观和客观的矛盾,还存在着先进和落后的矛盾,还存在着社会生产力和生产关系的矛盾,那末,唯物论和唯心论的矛盾在社会主义和共产主义社会中也就还存在,还将经过各种各样的形式表现出来。"这就是说,到了共产主义社会,阶级消灭了,因而唯心论的阶级根源也就不存在了;但是这并不等于说唯心论的社会根源就没有了。一万年以后也还将有生产力和生产关系的矛盾,新和旧的矛盾,革新和保守的矛盾;那些站在旧的方面、保守的方面的人,还是会自觉或不自觉地利用唯心论来为自己的观点作辩护的。这是一方面。另一方面,唯心论的认识根源仍然存在,人们主观地、片面地、表面地看问题的可能性仍然存在。因此,即使在共产主义社会里,唯物论和唯心论的斗争仍然不会终结,不过这种斗争不再具有阶级斗争的性质,唯心论也不一定以完整的哲学体系的形态出现罢了。

第二章 哲学的基本问题的第二方面

第一节 可知论与不可知论的对立。可知论的基本观点

一、可知论和不可知论对立同唯物论和唯心论对立的关系

思维对存在的关系问题,除了思维与存在何者是第一性的这个方面以外,还有第二个方面,那就是:"我们关于我们周围世界的思想对这个世界本身的关系是怎样的? 我们的思维能不能认识现实世界? 我们能不能在我们关于现实世界的表象和概念中正确地反映现实? 用哲学的语言来说,这个问题叫做思维与存在的同一性问题"。① 这就是关于世界可知性的问题。环绕着这个问题,有可知论和不可知论两个派别的斗争。凡是肯定思维与存在的同一性,因而主张世界可以认识的,是可知论;凡属否定思维与存在的同一性,因而主张世界不可认识的,是不可知论。

在以往的哲学中,通常把哲学基本问题的第一方面叫做本体论问题,第二方面叫做认识论问题,并认为这是两个不相干的问题,似乎哲学家可以只孤立地发表对于认识论的见解,而不涉及本体论的问题。这是不符合事实的。在马克思主义看来,哲学根本问题的第二方面是从属于第一方面的。事实上,任何哲学派别都必须首先回答第一方面的问题,才可能进而回答第二方面的问题,即是说,必须先对世界的本源是什么的问题有一个主张,然后才能回答世界能否被认识的问题;而对于第二方面的回答,归根到底又必然要回到第一方

---

① 恩格斯:《路德维希·费尔巴哈和德国古典哲学的终结》,载《马克思恩格斯选集》第4卷,第221页。

面,因为任何哲学派别,无论主张世界可知或不可知,归根到底总是为了论证自己的唯物论或唯心论的世界观。因此,关于世界可知不可知的问题,并不是一个可以脱离唯物论和唯心论两大党派的斗争的孤立的问题,也不是一个同它相平行的占有同等地位的问题,而是一个从属于这个斗争、贯穿着这个斗争、体现着这个斗争的题。不过,这个问题也并不完全等同于唯物论和唯心论的斗争。因为在这个问题的范围内如何贯穿和体现唯物论和唯心论的斗争,还有种种复杂的情形,需要作具体的分析。

世界可知论的基本观点就是承认思维与存在具有同一性,即承认世界可以被人们所认识。由于对哲学基本问题的第一方面的回答不同,对世界是什么的理解不同,因而在同是主张可知论的哲学中,也有不同的派别,其可知论的具体内容也是不同的。

二、绝对唯心论的可知论

对于思维与存在同一性问题,恩格斯说:"绝大多数哲学家对这个问题都作了肯定的回答。"[①]列宁认为,恩格斯"在这里所指的不仅是所有的唯物主义者,而且也包括最彻底的唯心主义者,例如,绝对唯心主义者黑格尔"[②]。以下,我们分别说明各派可知论的基本观点。

首先,我们以黑格尔哲学为例,来说明最彻底的唯心论的可知论。

黑格尔是可知论者。他是怎样论证他的可知论的呢? 他认为,在自然界和人类社会出现之前,就存在着一种既不依赖于个别人、也不依赖于全人类的所谓"客观"的精神,即"绝对观念"。这种"绝对观念"是万物的本源,是现实世界的创造主。按照他的描述,"绝对观念"由于本身内部的矛盾而向前发展着,经历了三个阶段,即逻辑阶段、自然界阶段和精神阶段。在逻辑阶段,"绝对观念"是以纯粹的形式发展的,它经历了一系列的发展环节,终于走到了自己的反面,把自己"外化"成了自然界(这时"绝对观念"仍在自然界背后活动,它是自然界的灵魂,而自然界则仅仅是它的躯壳)。"绝对观念"在自然界阶

---

①　恩格斯:《路德维希·费尔巴哈和德国古典哲学的终结》,载《马克思恩格斯选集》第4卷,第221页。

②　列宁:《唯物主义和经验主义》,载《列宁全集》第14卷,第95页。

段又经过了一系列的发展,产生了人类,于是就由自然界阶段进入了精神阶段。"绝对观念"在精神阶段继续发展的结果,终于在黑格尔的哲学中最完满地认识了自己。由此可见,黑格尔既然首先肯定了现实世界无非是"绝对观念"的外部表现,那么他所说的认识世界也就是"绝对观念"自己认识自己,于是世界的可知性就成为不证自明的了。所以恩格斯说:"思维能够认识那一开始就已经是思想内容的内容,这是十分明显的。同样明显的是,在这里,要证明的东西已经默默地包含在前提里面了。"①显然,黑格尔的可知论是建筑在把"绝对观念"当作现实世界的创造主这个荒谬绝伦的前提之上的,他所谓的思维与存在的同一,是同一于思维。即是说,首先是思维"创造"出存在(思维转化为存在),然后才去认识存在(存在转化为思维),这是完全颠倒了世界发展的实际情况的神秘的说法。所以列宁批判他说:"辩证法的拥护者黑格尔不能理解从物质到运动、从物质到意识的辩证的转化——尤其不能理解后一种转化。马克思纠正了这个神秘主义者的错误(或弱点?)。"②实际的情形同黑格尔所说的相反,不是思维首先转化为存在,然后存在才转化为思维,而是首先存在转化为思维,然后思维才转化为存在。

不过,黑格尔关于思维转化为存在的思想也包含着合理的内核,因为人们要改造世界,总是首先要在头脑中拟订出计划和方案,然后才能通过实践把它实现出来,这正是人类的主观能动性的表现,而黑格尔的这一思想正好发挥了这个极重要的方面(当然是在错误的即唯心论的基础上发挥的)。如果对这一思想给以唯物论的改造,那么它对于人们的实践活动的意义是很大的。正是在这个意义上,列宁指出:"观念的东西转化为实在的东西,这个思想是深刻的:对于历史是很重要的。"③

三、旧唯物论的可知论和辩证唯物论的可知论的区别

同唯心论的可知论相反,唯物论是在肯定物质第一性、意识第二性的基础

---

① 恩格斯:《路德维希·费尔巴哈和德国古典哲学的终结》,载《马克思恩格斯选集》第4卷,第221页。

② 列宁:《哲学笔记》,载《列宁全集》第38卷,第314页。

③ 列宁:《哲学笔记》,载《列宁全集》第38卷,第117页。

上解决世界可知性的问题的。唯物论认为,世界是统一于物质的,除了"物质的、可以感知的世界,是唯一现实的"①以外,并不存在另一个"彼岸"世界。而思维并不是离开物质的独立实体,而是物质的最高产物,是人脑的机能。所谓认识世界,就是人们的头脑对外间世界的反映。思维按其本性来说是能够构成客观存在的正确映象的,是和存在具有同一性的。如果思维不能正确地反映存在,人类就不能生存。世界上没有什么原则上不可能被认识的东西,只有现在还没有被认识的东西。凡属与客观存在相符合的认识,都是确实可靠的科学知识。这就是唯物论的可知论。唯物论必然是可知论。唯物论的可知论的正确性,是被人类的全部实践经验和科学发展的历史所充分地证明了的。

但是,马克思以前的唯物论关于世界可知性的论点虽然基本上是正确的,但却是肤浅的、贫乏的、形而上学的。第一,旧唯物论不了解实践是思维与存在同一性的基础,不了解实践在认识过程中的作用。这主要地表现在:它不了解人的思维能力是社会实践的产物;它不了解思维对存在的反映是在实践基础上的积极的能动的反映,而把它理解为消极的直观,即镜面式的反映;它不了解实践是检验思维是否符合于存在的唯一标准。第二,旧唯物论不能把辩证法应用于反映论。这主要地表现在:它不了解认识是一个由浅入深的充满矛盾的辩证法过程,而认为思维对存在的反映是僵死的、不动的、一次完成的,因此,它不懂得认识和实践、感性认识和理性认识、相对真理和绝对真理、真理和错误等之间的辩证关系。因为旧唯物论的世界可知论有这样的缺点,所以,它不能驳倒唯心论和不可知论。至于把世界可知性的问题放在完全科学的基础上加以解决的任务,是由辩证唯物论完成的。

辩证唯物论首先肯定思维依赖于存在。从思维的起源上看,思维本身就是物质世界长期发展过程中的产物,就是人脑这种高度组织起来了的物质的属性。从思维的内容上看,思维是客观物质世界的反映,是被移置于头脑中并被改造过的物质现象。所以,如果没有物质世界,没有人脑这种高度组织起来了的物质,就不可能有思维。这就是思维对于存在的依赖。另一方面,人们的

---

① 恩格斯:《路德维希·费尔巴哈和德国古典哲学的终结》,载《马克思恩格斯选集》第4卷,第223页。

思维不仅可以反映存在,而且在反映了存在之后又能够通过社会的实践,按照既定的目的去改造客观世界。所以,在一定的条件下,存在之被改造也依赖于作为存在之反映的思维。在这个意义上,思维和存在是互相联系、互相依赖的,两者在社会实践的基础上统一起来了。

列宁说:"人的意识不仅反映客观世界,并且创造客观世界。"①这句话精辟地概括了辩证唯物论的可知论。在人的意识中,反映客观世界和创造客观世界是不可分离地结合着的。意识不只是反映客观世界就告完结,更重要的是要在反映客观世界的基础上创造(即改造)客观世界。"反映客观世界",是存在向思维的转化;"创造客观世界",是思维向存在的转化。前者是后者的前提,二者都是在实践的基础上实现的。

人类在社会实践的基础上,不断地认识世界并改造世界,因而对于世界的认识就不断地深化和发展。在世世代代绵延不绝的社会实践过程中,世界是完全可以认识的。

第二节　不可知论的基本观点

一、休谟和康德的不可知论

那么,不可知论的观点又是怎样的呢?不可知论的基本观点,就是否认思维与存在的同一性,否认人们能够认识世界,或者至少是否认人们能够彻底认识世界。

不可知论的主要代表,是18世纪的英国资产阶级哲学家休谟和德国资产阶级哲学家康德。往后的一切不可知论,尽管在细节上有一些补充和发挥,但实际上都没有超出休谟和康德一步。

休谟是断然否认世界的可知性的。他认为,人们通常叫做"外物"的东西,实质上只不过是自己的知觉,即印象和观念。"除了人心的知觉或印象和观念以外,没有任何东西真正存在于人心中,而且外物只是借它们所引起的那

---

① 列宁:《哲学笔记》,载《列宁全集》第38卷,第228页。

些知觉才被人认识的。"①这即是说，人决不能超出自己的印象和观念一步。至于在印象和观念以外还有没有别的东西存在(不管是物质还是精神)，这个问题在原则上是不可能解决的。因为要肯定这个问题或者否定这个问题，都只能依赖经验，而经验本身仍然是印象和观念，仍然不能解决外间世界是否存在的问题。所谓因果性、必然性，不过是人们根据习惯把前后相随的印象或观念缀合起来的结果，不过是"幻觉"，并不是外间世界所固有的客观联系。因此，休谟就得出结论说：唯物论和唯心论都只是假设，要证明唯物论或唯心论的正确同样是不可能的，无论肯定或否定外部世界的存在都是没有根据的。不仅如此，休谟还进一步把作为认识主体的"我"也否认了。他认为，既然通常称为"外物"的东西实际上不过是印象和观念，那么同样，通常称为"我"的东西也不过是印象和观念。所谓"自我"、"心灵"、"人心"、"主体"等等，实际上不过是"一束或一团以不可思议的速度前后相继并处于不断变迁和运动中的纷杂知觉"②。如果说，贝克莱是只承认有"我"，不承认有"物"的话，那么，休谟就比贝克莱更"彻底"，连"我"也否认了。他根本取消了认识对象和认识主体的关系问题，取消了认识问题本身，彻底地否认了世界的可知性。

休谟自称他既不同意唯物论，也不同意唯心论。但是实际上，按照他的观点，必然要得出唯心论的结论。第一，既然认为外物只是"印象和观念"，这就是和贝克莱的"存在就是被感知"完全相同的思想，即主观唯心论。第二，休谟虽然在表面上并没有公开拥护宗教，可是他的全套议论的目的在于证明"自然理性"的无能和"天启真理"的必要，即是说，在于贬损知识而推崇信仰。他自己就明白地表示过："一个有几分正确地了解自然理性的缺点的人，一定会如饥似渴地贪求天启真理。……做一个哲学上的怀疑论者，是准备成为一个健全而有信心的基督教徒的首要步骤。"③这说明他的不可知论不过是隐蔽的唯心论。

康德的不可知论是在休谟的影响下产生的。他与休谟不同，他并不否认在我们之外的客观对象的存在，但是却认为我们关于对象的感觉和表象(他

---

① 休谟：《人性论》第1卷，第1章，第1节。
② 休谟：《人性论》第1卷，第4章，第6节。
③ 休谟：《灵魂不灭论》。

把这称为"现象")是和对象本身(他把这叫做"自在之物")完全不相同的。因为关于对象的感觉和表象不仅取决于对象本身的特性,而且还取决于"自我"的特性。当外间对象作用于"自我"的时候,"自我"就按照自己的特性把获得的印象加工成为同对象的本性不相同的东西了。因此,无论如何,我们只能认识对象的"现象",决不能认识对象本身,即"自在之物"。至于时间和空间,不过是"直观的形式";因果性、必然性等范畴,则是"思维的形式"。它们都不是客观世界所固有的,不是从经验中得来的,而是超经验的、先天的;它们只适用于现象的范围,而不适用于"自在之物"的范围。不是自然界的规律反映在人们的头脑中,而是人们的"悟性"把规律加给自然界。这就是康德式的不可知论的基本思想。

休谟和康德的论点虽然有一些差别,但这种差别只是不可知论者之间的差别。"他们基本上是一致的,就是说,他们都否认自然界的客观规律性。这就注定他们必然得出某种唯心主义的结论。"①

二、帝国主义时代资产阶级哲学的不可知论

到了帝国主义时代,资产阶级的统治已经摇摇欲坠。资产阶级为了麻痹人民群众的革命意志,阻挠人民群众的革命斗争,不得不把历史上最腐朽最反动的思想垃圾收罗起来向人民进攻。这个时期大多数资产阶级哲学的特点之一就是唯心论和不可知论的合流。一方面,它们同贝克莱主义不同,不是公开地、赤裸裸地站在主观唯心论的立场,主张外部世界就是"观念的集合"或"感觉的组合"而是自称为超越唯物论和唯心论之上,主张世界是由既非物质又非精神的"中立的东西"构成的(他们给这种所谓"中立的东西"巧了各种名称,如"要素","自我与环境的不可分割的同格"、"直接存在的东西"、"经验"、"原子式的感性事件"等)。它们宣称主体与客体、思维与存在的关系问题是一个"陈腐"了的问题,是一个"荒谬的"、"毫无意义的"、"根本不应该提出的"问题。他们硬说,除了自己感觉和经验以外,我们没有权利断言任何事物的存在。如果是那样断言了,就是"形而上学"。这样,它们就既不明确地

---

① 列宁:《唯物主义和经验批判主义》,载《列宁全集》第14卷,第166页。

肯定外部世界是精神的,又不明确地肯定外部世界是物质的,而采取了休谟主义即不可知论的立场。但是另一方面,这种超出于唯物论和唯心论之外的愚蠢奢望实际上是不可能实现的,它们要想取消认识论的问题(它们把这吹嘘为哲学上的"革命"!),实际上是取消不了的。它们提出来的"要素"等等所谓"中立的"东西,仔细地考察起来,并不是(也不可能是)中立的,实际上就是感觉的别名。它们每一分钟都站在唯心论的立场同唯物论进行斗争,它们无非是用"新"名词、"新"术语伪装起来了的贝克莱主义。可见,这一类的帝国主义时代的资产阶级哲学就是这样的"半贝克莱主义者,半休谟主义者"①,即唯心论兼不可知论。马赫主义、实用主义、新实在论、逻辑实证论、语义哲学等大大小小的现代资产阶级哲学流派,都是这种唯心论兼不可知论的货色。例如,实用主义的头目詹姆士就曾经这样供认他的不可知论观点,他说:"我自己很不相信我们人的经验就是宇宙里最高的经验,我宁可相信我们人类对于全宇宙的关系,就和我们的猫儿狗儿对于人的生活关系一般。猫儿狗儿常在我们的客厅上书房里玩,它们加入我们的活动,但它们全不懂得我们活动的意义。我们人类的生活,好比一个圆圈,它们就住在这个圆圈的正切线上,全不知道这个圆圈起于何处,终于何处。我们也是这样,我们住在全宇宙圆圈的正切线上。"他又说:"我们在世界上也许是同猫儿狗儿在我们的图书馆中一般,它们看见书,听见人说话,但嗅不出其中任何意义。……猫儿狗儿每日的生活可以证明它们有许多理想与我们相同,所以照宗教经验的证据看来,也很可能相信比人类更高的神力是实有的,并且这些神也朝着人类理想的方向努力拯救这个世界。"②詹姆士的徒孙胡适也按照这种猫儿狗儿哲学的精神,表示不可知论是最富于"科学精神"的(他故意把不可知论这个名词译成"存疑主义",以蒙混视听)。他认为关于"灵魂不朽"的问题,"不能用科学实验来证明它,也不能用科学实验来驳倒它,既然如此,我们只好用实用主义的方法,看这种学说的实际效果如何,以为评判的标准。依此标准看来,信神不灭论的固然也有好人,信神灭论的也未必全是坏人。……总而言之,灵魂灭不灭的问题,于人

---

① 参见列宁:《唯物主义和经验批判主义》,载《列宁全集》第14卷,第107页。

② 詹姆士:《实用主义》第2册,商务印书馆1930年版,第96页。

生行为上实在没有什么重大影响,既然没有实际影响,简直可说是不成问题了。"①詹姆士、胡适一派的实用主义者情愿像猫儿狗儿一样做不可知论者,原因很明显,就是一方面要向"上帝"求救,以挽回本阶级灭亡的趋势;另一方面要愚弄革命的人民,要他们相信社会发展的规律不可认识,从而安于现状,对前途丧失信心,放弃革命斗争。这些现代资产阶级哲学流派宣传唯心论和不可知论,都是为着这个目的。它们的枪口是向着马克思主义哲学和无产阶级革命的。

不可知论是一种极端荒谬的、同科学和实践完全不相容的理论。正如恩格斯所指出的,如果把不可知论应用于生活实践,就会弄到动物学家不知道狗是不是有四条腿,数学家不知道三角形是不是有三条边,就会使人只好停止一切认识活动。② 所以,连休谟本人也不得不承认他的哲学把他"置于那样绝望和孤寂的境地",使他感到"惊慌和迷乱",在实际生活中他不得不忘掉他的哲学,"拿定主意要生活、谈话、行事,像过普通生活的他人一样"③。

把不可知论的谬论驳斥得最彻底的是实践,即人们的生产斗争、阶级斗争和科学实验。恩格斯说:"我们的行动的结果证明我们的知觉是和知觉到的事物的客观本性相符合的。"④生产斗争的历史是人类逐步认识自然的客观规律、并根据这些规律改造自然的历史。从原始人发明用火,到现代人知道利用原子能这一段漫长的岁月中,表明了人类是从不知到知,从知之不多到知之更多,从不完全不确切的知到比较完全比较确切的知。在自然的领域中,所谓不可知的"自在之物"是不存在的。同样,阶级斗争的历史,是人类逐步认识社会发展的规律、并根据这些规律改造社会的历史。近代资产阶级利用资本主义代替封建主义的规律,推翻封建主义社会,建立资本主义社会;现代无产阶级认识了社会主义代替资本主义的规律,因而能够推翻资本主义社会,建立社会主义社会,并逐步向共产主义社会过渡。在社会领域中,所谓不可知的"自在之物"也是不存在的。

---

① 《胡适文存》第1集第4卷,亚东图书馆1940年版,第977页。
② 参看恩格斯:《自然辩证法》,载《马克思恩格斯选集》第3卷,第561页。
③ 休谟:《人性论》第1卷,第4章,第7节。
④ 恩格斯:《社会主义从空想到科学的发展》,载《马克思恩格斯选集》第3卷,第387页。

社会实践的历史,完全证明了世界及其规律的可知性,暴露了不可知论的荒谬。

从上面的分析中可以看到,哲学基本问题的两个方面是互相联系着的:第一,对第一方面的回答是对第二方面的回答的出发点。这就是说,只有从唯物论的观点出发,才可能正确地解决世界的可知性问题;反之,如果从唯心论的观点出发,那就或者要走进否认世界可知性的死胡同,或者只能建立一种神秘的、非科学的世界可知论。第二,对第二方面的回答又必然要反过来影响对第一方面的回答。这就是说,只有坚持世界可知性的原理,才能贯彻唯物论;反之,如果否认了世界的可知性,那就必然要通过这样那样的途径最终地陷入唯心论。

第三章　辩证法与形而上学的对立

第一节　两种对立的发展观

一、关于发展的两种见解

在认识史上,同唯物论与唯心论的斗争、可知论与不可知论的斗争交织在一起的,还有辩证法与形而上学的斗争。辩证法同形而上学是两种对立的发展观。发展观所直接回答的是世界是否发展、为何发展和如何发展的问题,而不是思维对存在的关系问题。但是,绝不能由此得出结论说,发展观同哲学的基本问题没有关系。事实上,任何哲学派别在解决哲学基本问题(无论是它的第一方面或第二方面)的时候,无论采取唯物论的立场或唯心论的立场,可知论的立场或不可知论的立场,都不能不涉及发展观的问题。这个问题的不能回避,正像哲学基本问题本身的不能回避一样。由于发展观的不同,各个哲学派别在解决哲学基本问题时的论证方法和彻底程度也就不同。发展观是构成一个哲学体系的必要的有机的成分,是世界观的一个不可缺少的方面。毛泽东同志把这两种不同的发展观表述为互相对立的宇宙观(即世界观),就表明这两种发展观对立的问题也是哲学上极为重要的问题。所以,我们在论述哲学基本问题之后,必须论述两种发展观对立的问题。

恩格斯在《反杜林论》和《路德维希·费尔巴哈和德国古典哲学的终结》中,列宁在《谈谈辩证法问题》中,都把发展观概括为辩证法和形而上学两种。列宁说:"有两种基本的(或两种可能的? 或两种在历史上见到的?)发展(进化)观点:认为发展是减少和增加,是重复;以及认为发展是对立面的统一(统一物之分为两个互相排斥的对立面以及它们之间的互相关联)。"①前一种观

①　列宁:《谈谈辩证法问题》,载《列宁全集》第38卷,第408页。

点就是形而上学的发展观,后一种观点就是辩证法的发展观。在这一节里,我们将论述这两种发展观的根本对立、这种对立的历史根据以及这种对立同哲学基本问题的关系。

二、两种发展观互相对立的焦点

两种发展观的根本对立,表现在以下三个问题上。

第一,孤立观点和联系观点的对立。

形而上学的第一个特点就是孤立地看问题。在它看来,世界上的事物都是彼此隔离、互不依赖的,任何事物的性质和状况是不受周围环境制约的。例如,欧洲17、18世纪的自然科学家认为,物质运动的各种形式(热、光、电、磁等等)之间、时间和空间之间、物体的质量和运动速度之间、各种化学元素之间、生物和环境之间、各个物种之间,都是没有联系的,都可以孤立地加以考察。17、18世纪的唯物论者认为有一种不受人们的社会物质生活条件制约的抽象的"人性",只要制定一套合乎"人性"的政治制度、法律制度和道德规范,就可以消除迄今为止人类历史上的一切纷乱,建立起完美无缺的"理性王国"。总之,脱离具体历史条件、脱离周围的具体环境来考察事物的观点,只见部分不见全体、只见树木不见森林的观点,就是形而上学的观点。

辩证法同形而上学相反,主张联系地看问题。在它看来,世界上的事物都是互相依赖、互相制约的,如果把任何事物从它所赖以存在的条件中抽取出来孤立地加以考察,就会使它失去原貌,变成不可理解的东西。因此,辩证法要求人们把事物放在一定的时间、地点、条件中来考察,放在同其他事物的联系中来考察,把整个世界理解为一幅各种事物相互联系、相互制约、相互作用、相互转化的图画。现代科学证明了辩证法的联系观点是完全正确的。例如现代物理学证明,时间、空间同物质是相互联系的,时间和空间也是相互联系的,物体的质量同物体的运动速度也是相互联系的,各种能量形式之间存在着极严格的联系。现代化学证明,化学元素的性质同原子核的电荷数具有极密切的依赖关系,各种元素之间可以在一定条件下相互转化。马克思主义的社会科学证明,社会和自然是相互联系的,社会领域中生产力和生产关系、基础和上层建筑之间是相互联系的,一切社会现象都同周围的具体条件联系着。

第二，静止观点和发展观点的对立。

形而上学的第二个特点是静止地看问题。在它看来，自然和社会都是静止不动，一成不变的，如果说有变化，也只是数量的增减和位置的移动，并无本质上的根本变化；一个事物永远只能产生同一事物，而不能转化为性质不同的另一事物。这种观点，在科学研究和实际生活中也有种种表现。欧洲17、18世纪的自然科学家们认为，太阳系中行星运动的轨道是永远不变的，恒星的位置也是永远固定的，地球从它被"创造"出来的时候起就一成不变地保持原状：大陆、海洋、山岭、河流、气候、土壤以及动植物的种类等等，都是从来如此、永远如此的。他们是宇宙不动论者。例如瑞典大生物学家林耐曾经说过："现在自然界中动物和植物的种类的数量和它们由造物主亲手创造出来时的数量相等。"法国哲学家罗比耐认为，矿物、植物、动物以及人类，都是由本质上相同的，具有"生命力"的"胚芽"构成的，它们之间的差异仅仅在于器官的数目、大小、形状以及排列次序的不同，并无性质的不同：从矿物到人乃是一根连续的平滑的直线，中间没有任何飞跃或质变。这可以说是宇宙不动论的最典型的代表。上面提到的形而上学者对"人性"的错误理解，除了说明他们否认事物的相互联系外，也说明他们否认事物的发展变化，因为他们把"人性"理解为永远不变的东西。形而上学者对思维现象的理解也浸透着这种不动论的精神，他们把概念、理论等等看成僵死的东西，到处侈谈"永恒真理"，到处把自己的体系宣布为"绝对真理"。

辩证法同形而上学相反，主张发展地看问题。在它看来，世界上没有一成不变的事物，任何事物都有发生、发展和灭亡的历史，都有自己的过去、现在和未来。科学史证明，如果不把事物当作发展着的过程，而把它当作从来如此、永远如此的东西，那就什么也不能理解。不把太阳系以至银河系当作形成的过程，就不会有科学的天文学；不把地球当作形成的过程，就不会有科学的地质学；不把物种当作千百万年发展变化的产物，就不会有科学的生物学；不把人类社会当作基于生产方式的发展过程，就不会有真正的社会科学。辩证法认为发展是矛盾的斗争过程，其中也包含着新东西产生和旧东西消灭的过程。新生事物是不可战胜的。新生的事物尽管暂时弱小，但是必然要成长壮大起来；衰朽的东西尽管暂时强大，但是必然要走向灭亡。

第三,否认矛盾的观点和承认矛盾的观点的对立。

形而上学的第三个特点,也是最根本的特点,就是否认事物内部的矛盾性。在它看来,事物内部是绝对同一的,不能包含互相对立的成分。它的公式是:"是就是,不是就不是;除此以外,都是鬼话。"①一个事物或者是存在,或者是不存在,而不能既存在又不存在;一个事物或者是某物,或者不是某物,而不能既是某物又不是某物。矛盾只是人们的思维陷入错误的表现,而不是客观事物内固有的东西。这种观点必然导致的结果是:第一,否认事物的质变。因为既然事物内部并不包含着同自己相反的成分或因素,当然没有任何根据设想它会转化成性质根本不同的另一事物。这正是宇宙不动论的根源。第二,把事物变化的原因归结为外部力量的推动。因为事物内部既然是绝对同一的,绝对同一的东西当然不可能成为事物变化的原因,所以形而上学者总是不得不把这种原因归到外部。例如18世纪英国大物理学家牛顿就认为,太阳系的行星之所以沿着一定的轨道运转,是因为"上帝"沿着轨道切线的方向给了行星以"第一次推动"。形而上学者的社会学说以及庸俗进化论在讲到社会变化的原因时,总是用地理环境和气候等等外部的因素来解释,而不是从社会本身的内部原因来解释。

辩证法同形而上学相反,它的最根本的特点就是承认事物内部的矛盾性,承认事物的内部矛盾是事物运动、变化、发展的泉源。在它看来,一切事物的内部都包含着互相对立而又互相依存的方面,即矛盾着的方面。事物所以不断地运动,并从一种质态转化为另一种质态,根本的原因不是外力的推动,而是内部矛盾的推动。科学史表明,物质运动的一切形式都包含着内部矛盾。现代自然科学和社会科学(马克思主义)以及作为两者的概括的哲学科学,表明了自然现象、社会现象和思维现象都是辩证地发展着的,各种现象发展的泉源,都是自己内部所包含着的矛盾。事物发展的根本原因是事物内部的矛盾,即"内因",而不是外力的推动,即"外因"。当然,辩证法并不排除外因,并且还予以足够的重视。但是,辩证法认为内因是事物变化的根据,外因只是事物变化的条件,外因只有通过内因才能起作用。就植物机体来说,机体与周围环

---

① 恩格斯:《反杜林论》,载《马克思恩格斯选集》第3卷,第61页。

境是不可能分离的,外部的空气、阳光、温度、湿度、养分等等,无疑是植物机体得以成长和发展的必要条件。但是,所有这些条件,都只有通过机体本身的内部矛盾即新陈代谢,才能对机体的成长和发展发生作用。如果植物本身失掉了新陈代谢的能力,那么,无论具有何种适当的外部条件,也是不可能成长和发展的。再就人类社会来看,社会存在于自然环境之中,自然是社会的粮食仓、武器库,是社会存在和发展的必要条件。但是,自然环境对于社会发展来说毕竟是外部的东西,它只有通过社会本身内部的矛盾即生产力同生产关系的矛盾、经济基础同上层建筑的矛盾,才能对社会发展起一定的作用。社会之所以由一种经济形态过渡到另一种经济形态,是不能用自然环境来说明,而只能用生产力同生产关系的矛盾以及由此产生的种种矛盾来说明的。在自然环境没有任何显著变化的情况下,社会形态却可以发生极其重大的变化,就是明证。所以,"自然界的变化,主要地是由于自然界内部矛盾的发展。社会的变化,主要地是由于社会内部矛盾的发展,即生产力和生产关系的矛盾,阶级之间的矛盾,新旧之间的矛盾,由于这些矛盾的发展,推动了社会的前进,推动了新旧社会的代谢。"①这种从事物的内部矛盾来考察事物的发展变化的观点,是辩证法的灵魂,对于革命实践和科学研究的意义是不可估量的。

总之,形而上学和辩证法的根本对立的焦点在于:形而上学否认事物内部的矛盾性,因而只看到个别的事物,而看不见它们的相互联系;只看到它们的存在,而看不见它们的产生和消灭;只看到它们的静止状态,而忘记了它们的运动;只见树木而不见森林。这是"片面的、局限的、抽象的"发展观,错误的发展观。而辩证法则承认一切事物具有内部矛盾,并认为事物的内部矛盾是事物发展的泉源,它不但看到个别事物,而且看到事物之间的相互联系和相互制约;不但看到事物的存在,而且看到它的产生和消灭;不但看到事物的数量的变化,而且看到事物的性质的变化。这是科学的、全面的发展观。这两种互相对立的发展观,一直尖锐地斗争着。

---

① 毛泽东:《矛盾论》,载《毛泽东选集》第一卷,第277页。

第二节　两种发展观的斗争

一、两种发展观斗争的历史根据

辩证法的发展观同形而上学发展观的对立和斗争,是有其重大历史根据的。

"在人类的认识史中,从来就有关于宇宙发展法则的两种见解,一种是形而上学的见解,一种是辩证法的见解,形成了互相对立的两种宇宙观。"①但是,在人类认识史的初期,占统治地位的不是形而上学的宇宙观,而是辩证法的宇宙观。这是因为,当人们对自然现象、社会现象和思维现象进行直观时,首先进入眼帘的便是种种联系和种种变化的图画;联系和变化本身要比什么东西在联系和变化更容易引人注意。因此,关于万物相互联系和运动变化的观念,对古代的人们说来是不言而喻的。在这种历史条件下,就很自然地产生了古代的自发的辩证法的发展观。古希腊的杰出的唯物论者和辩证法家赫拉克利特对这种发展观作了"绝妙的说明"②,他说:"世界是包括一切的整体,它不是由任何神或任何人所创造的,它过去、现在和将来都是按规律燃烧着,按规律熄灭着的永恒的活火。"③这当然不是说,在古代没有形而上学思想,没有两种发展观的斗争。例如,古希腊埃利亚派的主要代表人物巴门尼德及其弟子芝诺的学说就是形而上学思想的典型。巴门尼德认为,只有存在,没有非存在;而存在是绝对不变的,它"是整体,是单一,没有尽头,没有运动","没有过去,没有将来,只有现在";运动不过是"虚妄意见"的基础。芝诺更用了诡辩的方法来否认运动的实在性。他们激烈地反对赫拉克利特的自发的辩证法思想。以赫拉克利特为代表的"流动派"与以巴门尼德为代表的"不动派"之间的斗争,就是辩证法的发展观与形而上学的发展观之间的斗争。但是,总的说来,形而上学在当时还是一种未完成的、不占统治地位的发展观,两种发展观的斗争还没有获得充分的展开。作为这一时期的特征的,是自发的辩证法

---

① 毛泽东:《矛盾论》,载《毛泽东选集》第一卷,第275页。
② 列宁:《哲学笔记》,载《列宁全集》第38卷,第395页。
③ 列宁:《哲学笔记》,载《列宁全集》第38卷,第395页。

的世界观。

在欧洲,从 15 世纪的后半期起,情况发生了变化。由于欧洲资本主义生产发展的需要,开始产生了建立在实验基础上的精密的自然科学。这时,人们对于自然现象的研究,不是像古代学者那样依靠笼统的直观,而是把它分成一定的部分和种类来进行研究。这是认识史上的一个进步。因为要确切地了解联系和发展的内容,就要弄清楚是什么事物在联系和发展;要科学地说明世界的总图景,首先要弄清楚构成这幅总图景的各个细节。对自然现象作分门别类的研究,正是达到这个目的的必要步骤,正是自然科学成长发展的必要条件。但是,在从 15 世纪后半期到 18 世纪前半期的大约三百年中,这种研究方法也使人们养成了一种孤立地、静止地、片面地看问题的习惯,又经过 17 世纪的英国经验论哲学家培根和洛克加以理论化和系统化,移到哲学中来,就完成了形而上学的发展观,并成为在一切思想部门中占据统治地位的时代思潮。如恩格斯所说,"这个时代的特征是一个特殊的总观点的形成,这个总观点的中心是自然界绝对不变这样一个见解。"①在这个时期,形而上学战胜了古代自发的辩证法。

但是,随着科学的进一步发展,形而上学也发生了动摇。如果说从 15 世纪后半期到 18 世纪前半期,自然科学主要是搜集材料的科学,即研究既成事物的科学的话,那么从 18 世纪后半期起,自然科学就变成主要是整理材料的科学,即研究事物的相互联系和发展过程的科学了。康德和拉卜拉斯的星云假说论述了天体演化过程,给形而上学的自然观打开了缺口;莱伊尔的"地球缓慢变化说"初步论证了地壳并不是一成不变的,而是有自己的发展历史的。道尔顿和门德列也夫在化学领域中证明了各种化学元素并不是彼此孤立、彼此不相依赖的,而是相互联系的;味勒从无机物中提出了尿酸,证明了有机物同无机物之间并没有不可逾越的鸿沟。尤其重要的是被恩格斯称为 19 世纪初期的"三种伟大发现"的几项科学成果:第一,是施列登和施温的细胞学说。这个学说一方面指出了所有的有机体都是按照一个共同的规律生长发育的,从而推翻了有机体之间没有联系的传统观念;另一方面指出了细胞具有变异

---

① 恩格斯:《自然辩证法》,人民出版社 1971 年版,第 10 页。

能力,因而说明了物种发展变化的道路。第二,是迈尔和朱尔所确立的能量守恒和转化定律。这个定律证明,过去被认为彼此没有联系的各种所谓"力",即机械能、热能、电能、化学能等等,都是物质运动的不同表现形态,都可以按照一定的数量关系相互转化。第三,是达尔文的进化论。这个学说以巨量的材料证明,现存的一切有机体,包括人在内,都不是一成不变、永古如斯的东西,而是少数单细胞胚芽在几百万年的长时期中发展变化的结果。这些伟大的发现,到处都证明自然界中一切事物都是辩证法式地发生,而不是形而上学式地发生的。于是,形而上学已经走完了自己的阶段,应当退出科学的领域而让位于辩证法的发展观了。所有固守着形而上学成见的自然科学家们都在自己的研究领域中遇到了不可解决的困难和迷乱。另一方面,这些伟大的发现也为科学地说明整个世界的联系提供了充分的条件。现在,无需借助抽象的思辨,只要能够在唯物论基础上把现有的科学成果概括起来,就可以制定出一幅科学的辩证法的世界图画。这个伟大的工作,是由马克思和恩格斯奠基的。从这时起,辩证法又战胜了形而上学,人类思维又复归到辩证法。但这并不是简单地复归到古代的自发辩证法,而是在更高的基础上复归到辩证法,即发展到科学的唯物论的辩证法。这是人类思维的伟大飞跃。

应当承认,在一定的历史条件下完成的、作为人类认识史的必经阶段的形而上学,在认识史上是曾经起过一定的进步作用的。因此正如恩格斯所说:"形而上学的思维方式,虽然在相当广泛的,各依对象的性质而大小不同的领域中是正当的,甚至必要的",[①]"在细节上形而上学比希腊人要正确些"。[②]如果人们永远停留在对世界作笼统的直观和一般的猜测的阶段,而不去对世界的个别部分进行精确研究,要建立起揭示事物相互联系及其发展过程的现代科学,要建立科学的世界观,都是不可能的。因此,在人们对世界的各种"细节"还没有弄清楚的时候,把世界的个别部分从其总的联系中、从其发展过程中抽取出来,孤立地、静止地加以考察,从而弄清楚这些部分的既成的属性和形态,这总是为此后进一步研究事物的相互联系和发展过程,提供了材料

---

① 恩格斯:《反杜林论》,载《马克思恩格斯选集》第3卷,第61页。
② 恩格斯:《自然辩证法》,人民出版社1971年版,第30页。

准备,因而较之笼统的直观总是前进了一步。但是,形而上学的合理性和必要性也不过如此而已。当着科学的发展超出了搜集材料和研究既成事物的范围,而走进了说明材料和研究发展过程的广大领域时,形而上学就要陷入不可解决的矛盾之中,而成为一种严重的障碍了。在唯物辩证法产生以后,事物的局部和全体、静止和运动的关系得到了正确的解决,因而,即令在专门对事物的局部的方面和静止的方面进行研究时,也完全不应该以形而上学为指导,而必须以唯物辩证法为指导;至于在处理复杂的科学问题和革命斗争的问题时,当然更必须如此。总之,在唯物辩证法产生以后,形而上学已失去了任何进步作用,成为应当抛弃的反动的东西了。

二、唯物辩证法与现代形而上学的斗争

那么,为什么在唯物辩证法产生以后,形而上学依然存在,并且同唯物辩证法相对抗呢?这首先应当从阶级斗争方面去寻找根源。唯物辩证法并不是随便什么人都可以理解和接受的理论,并不是对于一切阶级都同样有利的理论,"按其本质来说,它是批判的和革命的",它"引起资产阶级及其夸夸其谈的代言人的恼怒和恐怖"①,是毫不奇怪的。而形而上学的本质则是保守的、反动的,它适合于论证反动资产阶级的利益。因此,现代资产阶级必然要抓住形而上学作为反对革命辩证法的武器。

首先,形而上学用孤立的观点看问题,把现象看成同周围的具体条件没有联系的东西,这就给了反动阶级及其代言人以随意歪曲事物的本质的便利。社会现象是极其复杂的,如果不对事物的固有的联系作全面的具体的分析,而是东抽一点,西抽一点,那么,即使为最荒谬的观点找到"例证"也是毫无困难的。例如,现代修正主义者可以把民主同一定的国家制度和社会制度割裂开来,不顾现代资本主义国家中垄断资本残酷压迫、剥削工人阶级的事实,抽掉作为阶级统治的形式的民主的阶级内容,叫嚷所谓"普遍民主",甚至要求社会主义国家给反革命分子以"民主"、"自由";他们也可以抽掉战争的阶级内容,不顾正义战争和非正义战争、革命战争和反革命战争的根本区别,而一般

---

① 马克思:《资本论》第1卷,人民出版社1975年版,第24页。

地反对"战争"(实际上是反对革命的正义的战争);如此等等。这种观察问题的方法,完全歪曲了事物的客观真象,可是这却正好符合于反动资产阶级的利益,正为他们所需要。

其次,形而上学用静止的观点看问题,把事物说成一成不变的东西,这就为反动阶级辩护一切腐朽事物、压抑一切新生事物提供了论据。他们可以根据这种逻辑,把衰朽的资本主义制度、残暴的殖民统治、卑鄙的资产阶级个人主义、欺骗劳动大众的宗教教条等等一切腐朽黑暗的历史垃圾,都说成是万古不变的、神圣不可侵犯的东西,而把铲除这些东西的人民革命斗争说成是"反常"的、违反"自然秩序"的行为。为了论证反动统治的合理性,他们当然要乞援于形而上学的宇宙不动论,而疯狂地反对革命的辩证法。他们对无产阶级宣传说,既然资本主义是万古长存的制度,你们的革命斗争当然是徒劳无益的。

再次,形而上学否认事物的内部矛盾,不从事物内部而从事物外部说明事物变化的原因,这也恰恰适合于反动资产阶级的需要。现代资产阶级反对国际共产主义运动的口头禅之一,就是硬说资本主义国家的无产阶级革命运动和殖民地半殖民地的民族解放运动不是资本主义内部的固有矛盾发展的结果,而是社会主义国家"输出革命"的结果。现代修正主义者极力宣扬阶级调和、"和平过渡",实际上也是从否认资本主义内部的固有矛盾的观点出发的。

正因为这样,现代资产阶级的一切哲学流派,在发展观方面一无例外地都是形而上学。不过,在唯物辩证法出现以后,资产阶级及其代言人不便赤裸裸地宣扬形而上学(因为这显然与现代科学的结论不合),于是便采取了庸俗进化论和诡辩论的形式来反对科学的辩证法。庸俗进化论并不一般地否认事物的运动和变化,但是它却把一切运动和变化归结为量的变化,归结为"平静的"进化,否认质变,否认飞跃。诡辩论并不一般地否认事物的相互联系,但是它反对客观地具体地分析某一具体事物的实在联系,它可以根据资产阶级利益的需要,把事物的零星断片从整个事物的实在联系中抽取出来,随意编造一些实际上并不存在的"联系"。庸俗进化论和诡辩论打着"科学"的甚至"辩证法"的幌子,鱼目混珠地宣扬形而上学,反对革命的辩证法,这比公开的形而上学具有更大的危害性。马克思主义的经典作家为了保卫革命的辩证法,保卫无产阶级的利益,一贯同形而上学、特别是它的现代形态(庸俗进化论和诡辩论)进行了尖锐的斗争。这个斗争同唯物论与唯心论的斗争是密切结合着的,它也是无产阶级同资产阶级的斗争在思想领域中的反映。

在我们革命队伍中,也往往有一些同志的头脑里存在着形而上学思想。这是什么缘故呢?一方面,这是因为受了其他阶级的思想影响;另一方面,也是因为人的认识过程的本性有产生形而上学的可能。例如,人们对于客观事物的认识,总是先认识一个一个的片面,然后才可能进一步认识它的全面;如果人们在没有真正认识事物的全面以前,就把对事物的片面的认识误认作全面的认识,这就陷入了形而上学。又如,为了认识一定事物的变化过程,人们总是首先要认识一定事物的现状(即是说要从事物的相对静止的方面去认识事物),然后才有可能进一步认识这一事物是怎样发展变化的;如果人们在认识过程中把事物的相对静止的状态绝对化了,忘记了事物的发展变化,也会陷入形而上学。由此可见,在革命者的头脑中产生某些形而上学的思想,是难以完全避免的。这种情形,同资产阶级及其代言人有意识地利用形而上学反对革命辩证法的情形,是根本不同的两回事。但是,形而上学的思想毕竟是不利于无产阶级的革命事业的,它会使我们在观察问题和处理问题的时候陷入错误。因此,革命工作者除了必须同现代资产阶级的形而上学进行不调和的斗争之外,还必须努力防止和克服革命队伍内部和自己头脑中的形而上学思想,用唯物辩证法把自己很好地武装起来。

三、发展观与哲学基本问题的关系

辩证法同形而上学的斗争,与哲学基本问题的两个方面都是密切地联系着的。

就哲学基本问题的第一方面看,这种联系主要地表现在:只有同辩证法相结合的唯物论才可能是彻底的唯物论;只有建立在唯物论基础上的辩证法才可能是彻底的辩证法。

历史上有形而上学的唯物论。这种唯物论虽然正确地肯定了物质第一性和意识第二性的唯物论原则,但是它把物质运动简单地归结为机械运动一种形式,因而不能科学地解释物质形态的多样性;它把自然界理解为一成不变的事物的总和,因而无法科学地解释太阳系、地球、有机界以至人类自身和意识自身的起源问题;它不了解事物内部的矛盾性,不能正确地解释物质"自己运动"的泉源问题,因而不得不把物质运动的原因归结到外部力量的推动。这些弱点,使形而上学的唯物论即使在解释自然现象时也不能彻底坚持唯物论,而为唯心论和宗教留下了可乘之隙;至于在解释社会现象时,形而上学的唯物论由于没有辩证法的观点,不了解人类社会这种物质运动形式的特殊性,更是完全背叛了唯物论的原则,陷入了唯心论。可见,如果不是采取辩证法的发展观,而是采取形而上学的发展观,要把唯物论的原则坚持到底是不可能的。

历史上也有唯心论的辩证法,例如黑格尔的辩证法。黑格尔是坚决反对形而上学而主张辩证法的。但是,由于他的唯心论体系,他不能彻底地贯彻辩证法的发展观。例如,他认为自然界没有时间上的发展;认为历史发展到普鲁士国家就达到顶点,不再发展;认为他本人的哲学是绝对真理的发现,人类思维从此应当停止发展。由此可见,黑格尔哲学从辩证法的发展观出发,最后却陷入了形而上学发展观的泥潭。这是他的唯心论体系与辩证方法之间不可解决的矛盾。可见,如果不是在唯物论的基础上,而是在唯心论的基础上建立辩证法的发展观,要把辩证法坚持到底也是不可能的。

再就哲学基本问题的第二方面看,发展观同哲学基本问题的联系主要地表现在:只有把辩证法应用于考察认识问题,才可能科学地说明世界的可知性;同时,也只有彻底地坚持世界可知性的原理,才可能有彻底的辩证法。

历史上有形而上学的可知论(例如旧唯物论的可知论)。这种可知论虽然正确地肯定了思维能够正确地反映存在,但是由于在考察认识问题时不是运用辩证法的原则而是运用形而上学的原则,不了解认识与实践、认识世界和改造世界的辩证关系,不了解思维反映存在是充满矛盾的辩证法的过程,因而它就不能说明思维是如何反映存在的,不能科学地论证世界可知性的原理,不能有效地驳倒不可知论的攻击。这表明,没有彻底的辩证法的发展观,要科学地回答哲学基本问题的第二方面是不可能的。

历史上也有这样的一些人,即使在他们还基本上是辩证唯物论者的时候,由于在世界可知性问题上发生了混乱和动摇,不仅没有把唯物论坚持到底,而且也没有把辩证法坚持到底。普列汉诺夫就是一例。普列汉诺夫曾经在反映论的问题上发生过严重的动摇,提出了极其错误的"象形文字论"(把思维不是看作客观对象的映象,而是看作客观对象的符号),这表明他未能严格地坚持思维是存在的反映的世界可知论原理。由于他具有这种错误的思想倾向,他就不能理解思维的辩证法是存在的辩证法的反映,就不懂得思维的辩证法。他虽然也宣传辩证法,可是他所讲的辩证法只限于存在的辩证法;至于思维的辩证法,他却一字不提。这样,在普列汉诺夫那里,辩证法就没有贯彻到思维领域中去,而只是一种片面的、不彻底的东西。可见,如果不严格地按照可知论的原则来解决哲学基本问题的第二方面,要全面地彻底地坚持辩证法的发展观也是不可能的。

在以上的三章中,我们分别论述了唯物论与唯心论的对立、可知论与不可知论的对立、辩证法与形而上学的对立,论述它们之间的关系。从这些论述中可以看出:科学的唯物论只能是辩证法的唯物论,而不能是形而上学的唯物论;科学的辩证法也只能是唯物论的辩证法,而不能是唯心论的辩证法。唯物论与辩证法的结合,哲学基本问题之辩证唯物论的解决,乃是人类认识史的必然趋势。马克思和恩格斯所创立的唯物辩证法正是唯物论和辩证法的有机统一。它综合了几千年来的人类认识史的积极成果,把世界了解为物质统一体的无限发展过程,揭示了这一发展过程的辩证规律及其在认识领域中的表现形式,这就彻底地粉碎了一切唯心论的、不可知论的和形而上学的错误理论,为无产阶级和一切革命人民提供了一个彻底严整和完全科学的世界观,提供了一个认识世界和改造世界的锐利的精神武器。唯物辩证法是自有人类历史以来的唯一科学的哲学,它的产生是人类认识史上最伟大的革命变革。

下面我们就来论述,唯物辩证法这门哲学科学的对象是什么,它有哪些区别于其他哲学的特征。

48

第四章　唯物辩证法的对象及其一般特征

第一节　唯物辩证法的对象

一、哲学的对象

每一门科学都有自己特有的研究对象。唯物辩证法是一门哲学科学,它也有自己特有的研究对象。在阐明唯物辩证法的内容之前,先应当阐明它的研究对象。

唯物辩证法是哲学和科学长期发展、无产阶级同资产阶级长期斗争的产物。在这个过程中,哲学的对象经历了很大的变化。为了说明唯物辩证法的对象,还需要简略地回顾唯物辩证法产生以前哲学对象的演变过程。

产生于古代的最早的哲学,是当时一切知识的总汇。在古代,由于在个别领域中没有积累足够的经验材料,还不可能产生独立的专门科学。当时的一切知识都是哲学的组成部分。哲学的对象不仅包括了世界观问题,而且还包括了那些应当由后来产生的专门科学来研究的问题。这样的哲学,按其实质来说,是尚未分化各种专门科学的一般科学,是关于整个世界及其个别部分的一切知识、思辨和臆测的汇集。

随着生产斗争和阶级斗争的发展,产生了对世界的个别部分进行详细研究的必要和可能,于是各种专门科学就开始从哲学中分化出来。这对于哲学和科学来说,都是一种重大的进步。这种分化是按照一定的秩序进行的。各门科学从哲学中分化出来的先后,取决于它们的研究对象的复杂程度。最先成为独立的专门科学的是天文学、力学、数学,然后是物理学、化学、生物学,最后是社会科学。这个分化过程远在古代就已开始,但是,就西欧来说,主要地是从 15 世纪后半期开始的。到了 17 世纪,由于资本主义生产的迅速发展对于各种专门科学的迫切需要,这个过程大大加速了。到了18世纪,差不多研究一切基本运动形态的专门科学都从哲学中分化了出来,哲学的对象日益缩小了。

不过,从15世纪后半期到18世纪末的大约三百年中,先后从哲学中分化出来的各种专门科学主要地还是搜集材料的科学,即研究既成事物的科学,它们还不能阐明自己所研究的对象在世界总联系中所占的地位。在这种情况下,哲学就以所谓"科学的科学"的身份出现,想要凌驾于各门科学之上,把各门科学的成果组成一个统一的整体,以说明各门科学之间的联系以及整个世界的一般联系。但是,当时的专门科学并没有为说明这样的联系提供足够的材料。于是哲学就只得用幻想的联系来代替当时还不知道的真实的联系,用逻辑的论断来填补实际材料上的空白。当时的"自然哲学"、"历史哲学"等等,都是通过这样的途径构造起来的。

但是,到了19世纪,专门科学从搜集材料的阶段进入了整理材料的阶段,从研究既成事物的科学转变成了研究发展过程的科学。它们不仅揭示了自己所研究的专门领域中各种过程之间的联系,而且还表明了自己所研究的对象在整个世界的一般联系中所占的地位。这时,不需要依靠主观的思辨和臆想,而只要依靠各门科学所提供的材料,就可以对整个世界的总图景作出系统的说明。在这种情况下,那种凌驾于一切科学之上的、僭称为"科学的科学"的哲学就没有存在的余地了。在全部以往的哲学中,除了关于思维的学说(形式逻辑和辩证法,其中形式逻辑不是哲学)还保存着独立的意义以外,其余一切关于自然和社会的学说都归属于各门实证科学之中了。

那么,从此以后,哲学是不是失去了自己的研究对象,因而无事可做了呢?

不是的。由于科学的发展而变得无事可做的,只是那种僭称为"科学的科学"的旧哲学,即依靠主观思辨和臆测来构成体系的非科学的哲学。至于科学的哲学,即沿着概括各门科学成果的道路来说明世界的总联系的哲学,却正是在这个时候才诞生的。就这个意义说,科学的发展不是使哲学失去了自己的研究对象,而是使哲学真正确立了自己所特有的研究对象。各种专门科学都是研究特殊领域中的特殊规律的,任何一门专门科学都不研究整个世界的最一般的规律。这种最一般的规律,正是哲学的研究对象。

二、唯物辩证法的对象

19 世纪的德国资产阶级哲学家黑格尔曾经在唯心论的基础上对世界的一般规律作了有系统的阐明。这些规律就是对立统一规律、质量互变规律、否定之否定规律。但是,在黑格尔那里,这些规律是被歪曲了的、极其神秘的东西,如恩格斯所说,"是作为思维规律强加于自然界和历史的,而不是从它们当中抽引出来的"①,与其说黑格尔发现了这些规律,不如说他猜到了这些规律。唯物辩证法同黑格尔的唯心辩证法恰恰相反,它是把世界当作独立于人们意识之外、具有客观发展规律的物质统一体来研究的。它所阐明的辩证法规律,不是从头脑中幻想出来然后强加给自然界,而是"从自然界和人类社会的历史抽象出来的"②,它们首先是物质世界的发展规律。至于思维的发展规律,不过是"现实世界的辩证运动的自觉的反映"③。因此,正如恩格斯所指出的,"辩证法就归结为关于外部世界和人类思维的运动的一般规律的科学"④。这就是关于唯物辩证法的研究对象的经典的说明。

把唯物辩证法应用于考察自然界,从而发现唯物辩证法的一般规律在自然界所特有的表现,这就是自然辩证法;把唯物辩证法应用于考察社会历史,从而发现唯物辩证法的一般规律在社会历史领域中所特有的表现,这就是历史辩证法(即唯物史观)。自然辩证法和唯物史观同唯物辩证法是不可分割的。如果唯物辩证法不在自然和社会领域中得到具体的贯彻和发挥,唯物辩证法就不能把唯心论和形而上学从一切方面驱逐出去,就不能确立自己的科学地位。其中,唯物史观的意义尤其重大。这是因为:第一,马克思主义以前的唯物论,即使是比较彻底的唯物论,也只是自然领域中的唯物论,一到了社会历史领域,就都通过这样或那样的途径陷入了唯心论的泥潭。因此,历史领域就成了唯心论的避难所,而旧唯物论则因为不能正确地解释这个领域中的

---

① 恩格斯:《自然辩证法》,人民出版社 1971 年版,第 46 页。
② 恩格斯:《自然辩证法》,人民出版社 1971 年版,第 46 页。
③ 恩格斯:《路德维希·费尔巴哈和德国古典哲学的终结》,载《马克思恩格斯选集》第 4 卷,第 239 页。
④ 恩格斯:《路德维希·费尔巴哈和德国古典哲学的终结》,载《马克思恩格斯选集》第 4 卷,第 239 页。

问题而不能成为完整的科学的世界观。只有唯物史观的发现才打开了这个"禁地",把唯心论从它的最后避难所里驱逐了出去,宣布了唯心论的破产,从而使唯物论在一切领域中树立了自己的权威,赢得了最终的胜利。正如列宁所说:唯物史观的发现是"科学思想中的最大成果"①。没有唯物史观,就没有真正彻底的唯物论,就没有唯物辩证法。第二,马克思主义以前的唯物论,由于在社会历史领域都陷入了唯心论,因而都不可能科学地说明人类社会发展的客观规律,不能给被压迫被剥削的群众指出一条消灭剥削、消灭压迫的现实的道路,只有唯物史观才做到了这一点,才把社会主义从空想变成了科学。因此,对无产阶级和一切劳动群众的解放斗争关系最密切、意义最重大的是唯物史观。恩格斯把唯物史观叫做"我所主张的观点的一个核心问题"②,正是因为唯物史观对于革命实践具有这种最直接的意义。我们有把马克思主义哲学叫做唯物辩证法(或辩证唯物论),有时又把马克思主义哲学叫做唯物辩证法和唯物史观(或辩证唯物论和历史唯物论),这两种提法都是正确的。

对于唯物辩证法的研究对象的上述规定,是唯一科学的规定。这个规定告诉我们:第一,唯物辩证法也和别的科学一样,有它自己的研究对象;并且这个研究对象是物质的现实的世界(包括自然、社会以及作为二者之反映的人类思维),并不是空想的神秘的王国。第二,唯物辩证法又与别的科学不同,它所研究的不是世界的某个部分的特殊发展规律,而是整个世界的最一般发展规律;它同别的科学是不能互相代替的。第三,唯物辩证法与各门自然科学和社会科学具有不可分离的联系,它从各门科学的成果中概括出自己的原理原则,它是人类认识史的总计、总和与结论。

主观唯心论的一切流派都否认物质世界的存在,因而在它们看来,哲学的对象不过是感觉之间的次序和联系;在客观唯心论者看来,哲学的对象是"绝对观念"的发展规律。形形色色的实证论(主观唯心论的现代流派)者更把从来哲学史上所研究的问题都宣布为"虚假问题",而主张哲学的任务只在于对各门科学的成果作逻辑分析,这实际上等于取消了哲学。这些谬说,在唯物辩

---

① 列宁:《马克思主义的三个来源和三个组成部分》,载《列宁全集》第19卷,第5页。
② 恩格斯:《反杜林论》,载《马克思恩格斯选集》第3卷,第50页。

证法关于哲学对象的规定面前都是无法立足的。其次,在马克思主义者的阵营中,也有少数人违背了唯物辩证法关于哲学对象的科学规定,而把唯物辩证法仅仅当作研究概念的科学(而不是当作物质世界和人类思维的最一般发展规律的科学),仅仅当作方法论(而不是首先当作世界观)。这种见解是错误的。

第二节　唯物辩证法的一般特征

一、唯物论和辩证法的统一

唯物辩证法是崭新的哲学。它具有本质上不同于以往任何一种哲学的特征。

唯物辩证法的第一个特征,是唯物论与辩证法的统一。在马克思主义以前的哲学中,除了古代的素朴唯物论同自发的辩证法有一定程度的结合以外,总的说来,旧唯物论的基本缺陷就在于缺乏辩证法。因此,以往的唯物论基本上是形而上学的唯物论,以往的辩证法基本上是唯心论的辩证法,二者都是不彻底的。只有马克思主义的唯物辩证法才在科学的基础上把唯物论和辩证法统一为一个有机的整体。

在唯物辩证法这个完整的哲学体系中,唯物论和辩证法所处理的问题的方面是有差别的。唯物论回答哲学的基本问题,即阐明世界的物质性以及物质和意识的关系问题;辩证法阐明物质世界和人类思维的发展规律问题。但是,如前面所说,唯物论和辩证法在这个体系中又是不可分离地结合着的:唯物论是辩证法的唯物论,而不是形而上学的唯物论,这种唯物论在解决哲学的基本问题的时候是贯穿着辩证法的。例如,它把物质世界看作一个相互联系的统一整体和无限发展的过程,它把意识当作物质世界长期发展的产物,它把意识对存在的反映看作一个充满矛盾的辩证过程,它把实践在认识过程中的意义提到首要的地位,它充分肯定了人的主观能动作用,等等,这都是与形而上学的唯物论根本不同的。同样,辩证法又是唯物论的辩证法,而不是唯心论的辩证法。它在阐明世界发展的最一般的规律的时候是从唯物论的原则出发的。例如,它把辩证法的规律首先当作物质世界(即自然界和人类社会)所固有的规律,而把思维的规律当作外部世界的规律在人们头脑中的反映,它认为辩证法的规律应当从现实中抽引出来,而不应当从头脑中臆想出来,等等,这都是与唯心论的辩证法根本不同的。正因为这样,唯物辩证法才既是科学的唯物论,又是科学的辩证法,才成为正确反映世界最一般发展规律的科学的哲学。

二、科学的世界观和科学的方法论的统一

任何哲学都是世界观和方法论的统一体。无论什么哲学,总是关于世界的某种理论说明,关于世界的某种看法,因此都是世界观;然而,当人们拿着这个理论去观察问题和处理问题的时候,它又是方法论。不管一个哲学家自己对这个问题的解释如何,他的哲学实际上总是世界观和方法论的统一。例如,主观唯心论把事物看作自己的感觉的集合,这是一种极其荒谬的世界观。具有这种世界观的人在观察问题和处理问题的时候,就必然是从主观愿望出发,而不是从客观实际出发,这就是错误的方法论了。

唯物辩证法当然也是世界观和方法论的统一。但是唯物辩证法不是随便一种世界观,而是唯一科学的世界观。它是通过概括各门科学的成果而得出来的关于自然、社会和人类思维的最一般规律的客观知识,是一种正确反映客观实际的科学理论。唯物辩证法所揭示的规律,是“放之四海而皆准”的。例如,无论在什么领域中,物质的东西总是第一性的,意识的东西总是第二性的,意识的东西总是物质的东西的反映;无论在什么领域中,矛盾总是客观存在的,总是事物发展的动力。因此,唯物辩证法的世界观,必然反过来成为在任何领域中观察问题和处理问题的唯一科学的方法。这样,科学的世界观和科学的方法论就成为唯物辩证法区别于以往任何一种哲学的特征之一。一个革命者无论从事革命斗争和科学研究,随时都要把唯物辩证法拿在手里,作为观察问题和处理问题的武器。

就革命斗争方面看,无产阶级政党要引导革命群众取得斗争的胜利,就必须以唯物辩证法的世界观作为指导方法,科学地分析客观形势,估计阶级力量的对比,从而决定自己在一定时期中的纲领、路线、战略、策略。正如列宁所说:“马克思是严格根据他的辩证唯物主义世界观的一切前提确定无产阶级

策略的基本任务的。"①在中国革命的过程中,毛泽东同志严格地依据唯物辩证法的原则,考察了各个不同历史时期的具体情况,制定了正确的路线和策略,引导中国的革命和建设不断地取得胜利。他经常教导革命队伍中的一切人员,要学会唯物辩证法的工作方法。他在指出某些同志路线上、策略上或工作方法上的错误时,总是进一步指出他们在理论上怎样离开了唯物辩证法,以便使全党同志在思想上提高一步。这些都是把唯物辩证法的世界观作为指导革命实践的方法的范例。

从科学研究方面说,任何研究工作都必然要采取一定的方法,而一定的方法是由一定的世界观所决定的。问题只是在于决定科学研究的指导方法的是什么世界观:是科学的世界观还是非科学的世界观。如果自然科学家采取了非科学的世界观作为指导方法,他就不可能得出正确的结论。有些具有错误世界观的自然科学家之所以能够在某些专门领域中作出一些成绩,甚至作出很有价值的贡献,那恰恰不是由于他们贯彻了错误的世界观,而是由于他们在研究这些专门问题时违反了他们的错误的世界观,被迫地、不自觉地站到了唯物论和辩证法的立场上的缘故。一旦他们对研究的成果作出理论解释时,他们就要陷于严重的错误了。至于社会科学,由于它的研究对象具有特殊的复杂性,而研究的结论又涉及阶级利益,就更加离不开唯物辩证法的指导。马克思以前的社会历史理论之所以不能成为真正的科学,就是因为没有唯物辩证法的指导;而"用唯物辩证法从根本上来改造全部政治经济学,把唯物辩证法应用于历史、自然科学、哲学以及工人阶级的政策和策略——这就是马克思和恩格斯最为注意的事情,这就是他们做了最重要最新颖的贡献的地方,这就是他们在革命思想史上英明地迈进的一步。"②

三、理论和实践的统一

唯物辩证法的又一本质特征,是理论和实践的统一。

首先,唯物辩证法是从实践中产生的。唯物辩证法是在人类社会进入了

---

① 列宁:《卡尔·马克思》,载《列宁全集》第21卷,第55页。
② 列宁:《马克思恩格斯通信集》,载《列宁全集》第19卷,第558页。

资本主义高度发展的历史时期,适应着无产阶级反对资产阶级的实践需要而被创造出来的,即是说,是在革命实践的推动之下产生的。唯物辩证法是各门自然科学与社会科学的概括和总结,而各门自然科学和社会科学又是生产斗争和阶级斗争的实践经验的结晶,即是说,唯物辩证法是通过各门具体科学而从实践中概括出自己的原理原则的。由此可见,无论从产生的动力看,从理论的内容和泉源看,唯物辩证法的出现都不能离开实践。没有无产阶级反对资产阶级的实践需要,没有作为实践经验之结晶的各门自然科学和社会科学,就不可能有唯物辩证法。

其次,唯物辩证法是为实践服务的。它不是书斋里的空谈,不是少数人的玩物,而是无产阶级革命的精神武器和科学研究的工具。它一旦产生出来,就要指导无产阶级的革命斗争和各门科学研究,成为改造世界的巨大力量。

再次,唯物辩证法的正确性是在实践中得到检验的。唯物辩证法产生以后的一百多年来,阶级斗争的进程和各门科学的成果都已经灿烂地证实了而且还在继续不断地证实着它的客观真理性。正如毛泽东同志所说:"辩证唯物论之所以为普遍真理,在于经过无论什么人的实践都不能逃出它的范围。"①

最后,唯物辩证法是在实践中不断发展的。唯物辩证法是从革命实践的经验和科学研究的成果中汲取自己的内容的。因此,当革命实践和科学研究日益深入,不断地揭示出世界的新的侧面、属性和规律的时候,唯物辩证法的内容也必然日趋丰富。唯物辩证法自从产生以来,一直不断地发展着:马克思和恩格斯不但创立了唯物辩证法,而且在半个世纪中不断地发展了唯物辩证法;列宁在帝国主义和无产阶级革命时代总结了阶级斗争的经验和自然科学的成果,继续发展了唯物辩证法,把它提到了新的阶段;毛泽东同志又在马克思、恩格斯和列宁所做工作的基础上,综合了中国革命和国际共产主义运动的经验,大大发展了唯物辩证法,把它推到了一个新的阶段。唯物辩证法是永远同实践密切联系着的创造性的科学。世界上一切真正的马克思列宁主义政党和真正的马克思列宁主义者,对于唯物辩证法的发展都在作出自己的贡献。

---

① 毛泽东:《实践论》,载《毛泽东选集》第一卷,第269页。

修正主义者打着"发展"马克思主义的旗号,修正唯物辩证法和整个马克思主义的根本原理,并且反诬真正的马克思列宁主义者是"教条主义者"。这是弥天大谎。诚然,唯物辩证法以至整个马克思列宁主义是需要不断地发展,并且正在不断地发展着的。但是,第一,唯物辩证法和整个马克思主义的基本原理是反映整个世界和人类社会的一般发展规律的东西,是不能推翻的(当然它的内容可以而且应当不断地加以充实);第二,马克思主义的个别原理以及根据这些原理所得出的个别结论当然可以随着历史条件的变化而变化,但是这种变化也必须以阶级斗争和科学研究的实践经验为依据,并受到实践的检验。这即是说,只有严格地遵循理论与实践统一的原则,才谈得到发展马克思主义。而修正主义者所吹嘘的"发展",从根本上违背了理论与实践统一的原则,因而这不是什么"发展",而恰恰是为了资产阶级的利益对马克思主义的最粗暴的篡改。

四、阶级性与科学性的统一

如上所述,一方面,唯物辩证法是为了无产阶级革命需要而被创造出来、并为无产阶级服务的,因而它具有阶级性;另一方面,它又是各门科学成果的总结和概括,因而它又具有科学性。那么,这两方面的关系怎样呢?马克思主义的敌人说,阶级性和科学性是不相容的,唯物辩证法既然是无产阶级一个阶级的世界观,它就不能具有科学性。

马克思主义认为,这种攻击是站不住脚的。

在有阶级的社会里,一切哲学都是一定阶级的根本利益的理论表现,都有阶级性。不具有阶级性的哲学是没有的。但是,阶级性的具体内容是各不相同的:有革命阶级的阶级性,有反动阶级的阶级性。一般说来,历史上处在进步地位的阶级,要求革命的阶级,由于本身的利益同社会发展的客观趋势有不同程度的一致性,对正确地认识客观现实有所关心,因而表现它们的根本利益的哲学也就具有不同程度的科学性。但是,除了无产阶级以外,所有曾经在历史上代表过进步的生产方式的阶级都是剥削阶级,它们即令在最进步的时候,也不得不努力论证剥削的合理性和阶级社会的永恒性(虽然它们可以猛烈地攻击某一种具体的剥削形式和具体的阶级关系),因为至少在这一点上它们就不敢揭露客观真理。这就决定了:马克思主义以前一切代表进步阶级利益的哲学至多只能在某些方面具有某种程度的科学性,而绝不可能成为完全科学的哲学。至于历史上的反动阶级,由于本身的利益同社会发展的客观趋势根本抵触,它们害怕真理,不敢对科学成果和事实材料作出科学的概括,这就决定了代表它们的利益的哲学必然是反科学的谬论。这两种情况都表明,对于马克思主义以前的哲学说来,阶级性和科学性之间确实是存在着无法解决的矛盾的。

但是,对于唯物辩证法说来,却完全是另外一回事。

从唯物辩证法的阶级性方面看,它是无产阶级的世界观,是无产阶级的根本利益的理论表现。但是,无产阶级不是任何别的阶级,而是人类历史上从来没有过的最进步最革命的阶级。它的社会地位决定了它只有消灭一切剥削制度才能解放自己;它在斗争中只会失去一副锁链,而得到的却是整个世界;它的根本利益同社会发展的客观趋势完全一致,同广大劳动人民的利益根本一致;它要彻底地改造世界,就必须正确地认识世界;这就决定了它不仅不需要隐瞒任何事实真相,而且恰恰必须彻底揭示客观真理。因此,作为无产阶级根本利益之表现的唯物辩证法,必然要正确地概括各门科学成就,以便使自己能够正确地反映客观世界的规律性,否则它就不能充当革命斗争中的精神武器。可见,无产阶级的阶级性(即彻底的革命性)不但没有妨碍唯物辩证法的科学性,而且恰恰是使唯物辩证法具有高度科学性的根本保证。

从唯物辩证法的科学性方面看,它是各门科学成果的概括和总结,它正确地反映了世界发展的最一般的规律。然而这些规律所表明的不是别的,正是世界发展的革命进程。正如恩格斯所说:"这种辩证哲学推翻了一切关于最终的绝对真理和与之相应的人类绝对状态的想法。在它面前,不存在任何最终的、绝对的、神圣的东西;它指出所有一切事物的暂时性;在它面前,除了发生和消灭、无止境地由低级上升到高级的不断的过程,什么都不存在。"①"历

---

① 恩格斯:《路德维希·费尔巴哈和德国古典哲学的终结》,载《马克思恩格斯选集》第4卷,第213页。

史上依次更替的一切社会制度都只是人类由低级到高级的无穷发展进程中的一些暂时阶段。"①或者如马克思所说:辩证法"在对现存事物的肯定的理解中同时包含对事物的否定的理解,即对现存事物的必然灭亡的理解;辩证法对每一种既成的形式都是从不断的运动中,因而也是从它的暂时性方面去理解;辩证法不崇拜任何东西,按其本质来说,它是批判的和革命的"②。因此,唯物辩证法的科学性,正好决定了它具有彻底革命的内容。

由此可见,正因为唯物辩证法是具有彻底革命性的无产阶级的哲学(而不是任何别的阶级的哲学),它才能够具有高度的科学性;同样,也正因为唯物辩证法是正确反映世界最一般发展规律的科学的哲学(而不是歪曲世界本来面貌的非科学的哲学),所以它才能够具有彻底的革命性。在唯物辩证法中,阶级性和科学性是完全统一的。正如列宁所说:"这一理论对世界各国的社会主义者之所以具有不可遏止的吸引力,就在于它把严格的和高度的科学性……和革命性结合起来,并且不是偶然地结合起来(即不仅因为学说的创始人兼有学者和革命家的品质),而是把二者内在地和不可分割地结合在这个理论本身中。"③

---

① 恩格斯:《路德维希·费尔巴哈和德国古典哲学的终结》,载《马克思恩格斯选集》第 4 卷,第 212—213 页。

② 马克思:《资本论》第 1 卷,人民出版社 1975 年版,第 24 页。

③ 列宁:《什么是"人民之友"以及他们如何攻击社会民主主义者?》,载《列宁全集》第 1 卷,第 305 页。

第 二 篇

马克思主义哲学是人类
认识史的唯物的辩证的综合

前言　马克思主义哲学是人类认识史的积极成果的批判的总结

　　马克思主义哲学的产生是人类认识史上"空前的大革命"①。马克思主义哲学为无产阶级提供了一个完全科学和彻底革命的世界观,它是与以往任何一种哲学根本不同的崭新的哲学。这种哲学之所以产生,首先是由于资本主义生产方式的内在矛盾以及由此决定的无产阶级反对资产阶级的斗争,按照恩格斯的说法,"它的根源深藏在物质的经济的事实中"②。如果没有无产阶级反对资产阶级的阶级斗争的需要,马克思主义哲学的产生是不可能的。但是,另一方面,马克思和恩格斯要创造出这样一种完全科学的哲学,还"必须首先从已有的思想材料出发"③。如果不批判地改造两千多年来人类认识史上的积极成果,马克思主义的产生也是不可能的。列宁说:马克思主义"吸收和改造了两千多年来人类思想和文化发展中一切有价值的东西"④,马克思主义学说的产生"正是哲学、政治经济学和社会主义的最伟大代表的学说的直接继续"⑤。毛泽东同志也指出:"直到无产阶级运动的伟大的活动家马克思和恩格斯综合了人类认识史的积极的成果,特别是批判地吸取了黑格尔的辩证法的合理的部分,创造了辩证唯物论和历史唯物论这个伟大的理论,才在人类认识史上起了一个空前的大革命。"⑥因此,要了解马克思主义哲学的产生,除了首先要了解它的社会经济的前提以外,还必须了解马克思和恩格斯是怎

---

① 毛泽东:《矛盾论》,载《毛泽东选集》第一卷,第279页。
② 恩格斯:《社会主义从空想到科学的发展》,载《马克思恩格斯选集》第3卷,第404页。
③ 恩格斯:《社会主义从空想到科学的发展》,载《马克思恩格斯选集》第3卷,第404页。
④ 列宁:《论无产阶级文化》,载《列宁全集》第31卷,第283页。
⑤ 列宁:《马克思主义的三个来源和三个组成部分》,载《列宁全集》第19卷,第1页。
⑥ 毛泽东:《矛盾论》,载《毛泽东选集》第一卷,第278—279页。

样综合了人类认识史的积极成果的。

马克思和恩格斯不是作为某种哲学"派别"的创始人，而是作为无产阶级的革命领袖而登上历史舞台的。他们创造新的哲学，不是为了什么"体系"的需要，而是为了无产阶级革命斗争的需要。因此很自然地，他们对待哲学遗产的总的原则，就是无产阶级的党性原则。

要贯彻党性原则，必须坚持唯物论路线。全部哲学的历史就是唯物论和唯心论两大党派斗争的历史。唯物论是唯一正确的路线，一般说来，反映着进步阶级的利益；唯心论是完全错误的路线，一般说来，反映着反动阶级的利益。无产阶级是历史上最进步最革命的阶级，它的根本利益要求彻底揭示世界的本来面貌，而不给以任何的歪曲，因此，只有唯物论的路线才能代表无产阶级的利益。要捍卫无产阶级的利益，就必须在哲学上坚持唯物论的路线，反对唯心论的路线。马克思和恩格斯正是这样做的。正如列宁所说的，"马克思和恩格斯十分坚决地捍卫了哲学唯物主义，并且多次说明，一切离开这个基础的倾向都是极端错误的。"①但是，马克思和恩格斯坚持唯物论的路线，并不是停留在旧唯物论的水平上，并不是简单地重复旧唯物论已经解决了的问题，而是把它向前推进，赋予它一个符合现代科学成果的新形态，并且把它推广到社会历史领域中去。所以列宁又说：马克思的哲学是"比以往一切形式的唯物论主义丰富得不可估量和彻底得无可比拟的现代唯物主义"。②

要贯彻党性原则，必须同整个旧哲学进行全线的斗争。无产阶级的历史任务是实现共产主义，而"共产主义革命就是同传统的所有制关系实行最彻底的决裂；毫不奇怪，它在自己的发展进程中要同传统的观念实行最彻底的决裂"③。作为无产阶级世界观的马克思主义哲学，当然也要同过去的一切旧哲学"实行最彻底的决裂"。在马克思主义看来，以往的一切哲学，包括那些曾经在历史上起过进步作用的哲学在内，都是剥削阶级的世界观，都是以"科学的科学"自命的非科学的哲学，都是少数哲学家及其门徒的私有财产；它们不是、也不可能是劳动群众进行革命斗争的科学武器。因此，对于这样的哲学，

①　列宁：《马克思主义的三个来源和三个组成部分》，载《列宁全集》第 19 卷，第 2 页。
②　列宁：《唯物主义和经验批判主义》，载《列宁全集》第 14 卷，第 355 页。
③　马克思、恩格斯：《共产党宣言》，载《马克思恩格斯选集》第 1 卷，第 271—272 页。

必须从原则上予以彻底否定。马克思主义哲学正是在反对一切旧哲学、埋葬一切旧哲学的斗争中产生出来和发展起来的，正是在旧哲学死亡的废墟上建立起来的。"不破不立"。不从根本上否定一切旧哲学，马克思主义就不可能产生。马克思和恩格斯正是站在这样的立场上，毕生同一切旧哲学进行全线的斗争的。

要贯彻党性原则，还必须对以往的哲学遗产采取辩证法的分析态度。马克思主义哲学是一切旧哲学的彻底否定。但是，这种否定不是形而上学的否定，而是辩证法的否定。这就是说，要对全部哲学遗产进行审查和研究，把它们"一分为二"，区别为精华和糟粕两个部分。对于精华的部分，是当作人类思想的财富继承下来的；但是这种继承也不是简单地原封不动地搬取过来，而是根据无产阶级的利益和当代科学的成果，对它们加以批判和改造，把它们变成具有新质的东西。至于糟粕的部分，是要坚决抛弃的；但是抛弃也不是简单地一笔勾销，置之不理，而是指出它们的错误的阶级根源和认识根源，加以驳倒，并把它们当作"肥料"来利用。列宁曾把认识史比作结果实的树，而把唯心论比作树上的不结果实的花。马克思主义哲学并不斩断这株活生生的人类认识之树，而只是打落树上的空花，切除树上的赘瘤，用富有生命力的营养来促进它的新陈代谢，使它健康地继续发展。正如恩格斯本人所说的；"问题决不在于简单地抛弃这两千多年的全部思想内容，而是要批判它，要从这个暂时的形式中，剥取那些错误的、但为时代和发展过程本身所不可避免的唯心主义形式中获得的成果。"①

在对待马克思主义哲学与以往哲学遗产的关系问题的理解上，必须反对两种错误的倾向。一种是右的倾向，即把马克思主义哲学说成旧哲学的简单继承者，否认马克思主义哲学的产生是旧哲学的终结，是认识史上的大革命，抹杀马克思主义哲学同旧哲学的本质区别。例如有人认为，马克思同黑格尔是"师生关系"，同费尔巴哈是"朋友关系"，因而马克思主义哲学似乎继承了黑格尔的衣钵，同费尔巴哈的哲学也没有原则的区别。这种意见是极其荒谬的。黑格尔的哲学是辩证唯心论，费尔巴哈的哲学是形而上学的唯物论，它们

---

① 恩格斯：《自然辩证法》，人民出版社1971年版，第177页。

都是资产阶级的世界观,同马克思主义哲学是敌对的阶级关系。马克思主义哲学正是从反对它们、战胜它们的斗争中成长起来的。还有人认为,既然马克思主义哲学也使用了某些唯心论哲学使用过的范畴,就表明马克思主义继承了唯心论的传统。这种意见也是完全错误的。实际上,这些范畴在马克思主义哲学中已经经过了根本的改造,它们的内容已经完全不同了。另一种是"左"的倾向,即否认马克思主义哲学与以往哲学中积极成果的任何联系,把两千多年来极其丰富的哲学遗产当作一堆无用的垃圾,不分青红皂白地全盘抛弃,一概骂倒。这种观点表面上似乎特别"彻底",特别"革命";实际上,它割断了认识的历史,把马克思主义哲学说成了凭空创造出来的东西,说成了"离开世界文明发展大道而产生的褊狭顽固的学说"①。这是一种粗鄙的、反马克思主义的观点。

只有既看到马克思主义哲学的产生是人类是认识史上空前的大革命,又看到马克思主义哲学与以往哲学的辩证的联系,才能正确地理解马克思主义哲学的产生。

那么,马克思和恩格斯为了创造无产阶级革命的科学的哲学,从以往的哲学遗产中批判地吸取了哪些"有价值的东西"或"积极的成果"呢?

(一)唯物论。如恩格斯所说:"唯物主义的自然观不过是对自然界本来面目的朴素的了解,不附加以任何外来的成分。"②它是同人类在千百万次的实践中所形成的朴素信念相一致的自然而然的世界观,是任何不受唯心论偏见影响的人类认识所固有的。因此,唯物论在人类认识史上有着深厚的基础和悠久的传统,是唯一正确的路线。只有沿着这条路线前进,才可能得到真理。当然,马克思主义以前的唯物论,无论是建筑在直观基础上的古代朴素唯物论,或者是建筑在力学基础上的近代机械唯物论,由于阶级的和时代的局限性,都不可能具有科学的形态;然而它们所主张的物质第一性、认识第二性这个基本的一般命题却无疑是正确的,它们对于这个命题的说明和论证在今天看来虽然有很多肤浅、幼稚和不确切的东西,但是却包含着一些合理的思想。

---

① 列宁:《马克思主义的三个来源和三个组成部分》,载《列宁全集》第19卷,第1页。
② 恩格斯:《自然辩证法》,人民出版社1971年版,第177页。

马克思和恩格斯正是从以往的唯物论中吸取了这种基本内核，根据当代科学成果加以改造，作为创造新哲学的营养料的。

（二）辩证法。辩证法和唯物论一样，也是"人类的全部认识所固有的"①，它是唯一正确的发展观。只有用这样的发展观去看世界，看人的认识，才能作出科学的说明。这种发展观的传统也是十分悠久的，"不论在中国，在欧洲，在古代就产生了。"②古希腊的自然哲学首先提出了自发的辩证法的世界观；后来的形而上学唯物论者当中也有一些人在某些问题上具有比较丰富的辩证法思想（如斯宾诺莎、狄德罗等人）；而在两千多年的哲学史上有些唯心论者也对辩证法做出了积极的贡献，特别是黑格尔创造了具有丰富内容的唯心辩证法的体系，"对于辩证法曾经给了很重要的贡献"。③"马克思和恩格斯认为，黑格尔辩证法这个最全面、最丰富、最深刻的发展学说，是德国古典哲学最大的成果。"④以往的辩证法思想，虽然或者是自发的，或者是被唯心论的神秘外壳包裹着的，其中包含着许多猜测和臆断、胡说和废话，但是，许多思想是合理的。马克思和恩格斯正是对两千多年来的辩证法思想作了辩证的综合，"特别是批判地吸取了黑格尔的辩证法的合理的部分"⑤，才创造出了崭新的科学形态的唯物辩证法。

（三）逻辑学。马克思主义哲学是关于世界最一般发展规律的科学。作为一门严整的哲理科学，它不仅应当揭示物质世界的辩证法，而且应当揭示思维的辩证法，即是说，应当揭示人们的概念、范畴等等在历史上是怎样发生发展的，各种概念和范畴之间是怎样相互联系和相互转化的，这正是辩证逻辑的任务。黑格尔以前的许多哲学家（特别是亚里士多德）对思维的形式和范畴的关系问题作过许多有益的研究，积累了丰富的资料。而黑格尔更在唯心论的基础上建立了辩证逻辑的体系。马克思和恩格斯正是摧毁了那些思想成果的唯心论的神秘外衣，清除了其中的谬误和混乱，把积极的成分吸取过来加以

---

① 列宁:《哲学笔记》,载《列宁全集》第38卷,第410页。
② 毛泽东:《矛盾论》,载《毛泽东选集》第一卷,第278页。
③ 毛泽东:《矛盾论》,载《毛泽东选集》第一卷,第278页。
④ 列宁:《卡尔·马克思》,载《列宁全集》第21卷,第35页。
⑤ 毛泽东:《矛盾论》,载《毛泽东选集》第一卷,第278页。

改造,建立自己的辩证逻辑体系的。马克思的《资本论》,既是一部政治经济的伟大著作,同时也是一部唯物辩证法的逻辑学。

总起来说,马克思主义哲学从以往的哲学遗产中批判地吸取了的有价值的东西,就是唯物论、辩证法和逻辑学这样三个部分。这三个部分经过马克思和恩格斯的改造和发展,就成了一个有机的统一整体,即唯物辩证法。马克思和恩格斯进一步把唯物辩证法推广于社会历史领域,就成为唯物史观。

本篇的任务不是论述哲学领域中两条路线斗争的历史(这是哲学史这门科学的任务),而是扼要指明在哲学史上有哪些被马克思主义哲学批判地吸取了的"积极的成果",以便使读者了解马克思主义哲学的孕育、诞生以及发展的过程,了解这个哲学是人类认识史的总计、总和与结论。①

---

① 本篇的任务仅在于说明马克思主义哲学的产生,而不是一般地讲哲学史,故凡与马克思主义哲学的产生没有直接关系的哲学思想(例如中国哲学史)概未涉及。这当然不是说这些哲学思想是不重要的。再则,也不能因为马克思主义哲学的思想前提主要是欧洲哲学思想,就误以为马克思主义哲学仅仅是欧洲的产物。人类哲学思想的发展是服从于统一的规律的。马克思和恩格斯对欧洲哲学思想的总结,在实质上也是对人类全部哲学思想的总结。

第一章　唯物辩证法的前史

第一节　原始时代的人类认识

一、原始的思维

人类认识的历史,包括从原始时代起至现在为止的人类对于客观世界的认识的历史。我们追溯唯物辩证法的历史准备时,不能不追溯到原始时代的人类的认识。

从动物状态进化而来的原始人类,在对自然界作长期奋斗的过程(即劳动过程)中,一面改造了自然,一面也改造了自己的生理器官和本性。在共同的劳动中,他们需要语言来交流意图,协同动作。起初是依靠呼喊和手势,后来,这种劳动的呼喊对呼吸器官与发音器官发生了影响,逐渐地促进了喉腔的发展,以至能够发出一个个清晰的音节,并进而产生了语言。劳动和语言促使人的脑髓和整个神经系统逐渐地变得复杂和完善起来,感觉器官也进一步得到发展,于是人对周围世界的反映能力也就增强了。同时,因为有了语言,人们就能够从周围的具体现象中抽出共同的本质的特征,用词把它们标志起来,造成概念。这样,就出现了原始的思维。

原始的思维有两个重要的特征:第一,是人们把自然物或自然现象看作和自己一样的东西(例如说石块能从山上走下,树木受打击也知痛痒等);第二,人们认为一事物能转变为其他事物,自然物的本性能传达于人类(例如澳洲土人称木板为神秘的有生命力的容器,入于女子之腹就怀孕;波奈岛土人禁小儿食小鸟,说是吃了就胆小)。原始人的这种思维,在今天看来当然非常幼稚,但他们把自然界看作活动的、互相转变的世界,这就已经包含着辩证法的世界观的萌芽。

原始思维发展到比较高级的阶段,就表现为万物有灵论。万物有灵论认为万物都有灵魂,把自然现象和自然物的运动变化都看作是灵魂的活动,这是原始思维的高级发展阶段。首先,从前原始人不能分别自然与自己,现在却能够把自己从自然界区别出来。列宁说:"在人面前是自然现象之网。本能的人,即野蛮人没有把自己同自然界区分开来,自觉的人则区分开来了。"①其次,万物有灵论把世界分为肉体与灵魂(即物质与精神),也表现了人类自觉地对自然进行斗争的开始。所以,万物有灵论一方面固然表明了当时的人们对自然力的无力理解,然而另一方面原始思维同本能的野蛮人比较起来毕竟是前进了一步。

二、原始的宗教的世界观

作为原始的思维体系的万物有灵论,往后更演变为原始的宗教世界观。原始的宗教世界观的第一个来源,是由于原始人受自然所支配。在强大的自然力面前,原始人既不能理解,又无能为力,因而对自然力产生了宗教的幻想。第二个来源,是原始人受社会关系所支配。原始时代的生产力极端低下,个人必须依赖氏族才能生存。因此当时的氏族关系、血统关系是生产关系的侧面。氏族的一切习惯对于个人有着强制命令的作用,但个人对于那些习惯的意义却不能理解。例如南洋各地的所谓"答布",原是氏族团体禁止在某种时期猎取某种动植物的意思,含有生产上的规定的作用;但后来人们竟以为这些被禁止猎取的动植物就是精灵恶魔或自己的祖先,因而对它实行宗教的祈祷。第三个来源,是以前存在的万物有灵论。这是宗教的意识形态上的来源。原始人因为受自然力及社会力所支配,自然要根据万物有灵论的见解去说明自然现象及社会现象。原始的宗教的世界观就是这样形成的。

宗教的信仰的最初形态,是对祖先的灵魂的崇拜。崇拜的对象是氏族神、种族神等等。第二种形态,是对自然物的崇拜,即是拜物教。拜物教与对自然现象理解的缺乏有着密切的关系,崇拜的对象是水、火、风、雷、太阳及动植物等等。

如上所述,宗教的本质,是对于超自然力的崇拜,是由于信仰超自然的神力可以支配个人及整个社会而产生的。所以,宗教观念之开始产生于原始时

---

① 列宁:《哲学笔记》,载《列宁全集》第38卷,第90页。

代,是由于对自然力和社会力的不理解所造成的。一方面,随着生产的发展,人类在生产的过程中,对于自然现象的认识逐渐进步,对自然斗争的能力逐渐提高,对自然的支配能力也就不断增大,因而宗教发生的第一个原因——受自然力所支配——的作用就逐渐减弱了。但在另一方面,由于生产力的发达,剩余产物的出现,私有制的形成,奴隶制度的出现,等等,以致对社会力的不可理解的事实,在新的社会条件下仍在继续着;同时,原始时代的万物有灵论的信仰,也仍然深入人心,支配着一部分人的精神。随着原始社会到奴隶制社会的转变,原始的宗教世界观就沿着另一方面而发展,变为与社会的各个发展阶段相适应的各种宗教(如古代奴隶社会的宗教、中世纪封建社会的宗教、现代资本主义社会的宗教)。同时,哲学的世界观也开始出现了。

第二节　古代哲学中的辩证法和唯物论

一、古代自然哲学发生的历史根据

历史上代替原始社会而起的发展阶段,是古代奴隶社会。奴隶制社会比较原始社会,是高级的进步的社会。由于生产力的发展,奴隶主与奴隶的阶级分裂,脑力劳动与体力劳动的对立出现了。剥削阶级的人们不从事物质的生产劳动,依靠体力劳动者所生产的生活资料为生,因此他们就有所谓"必要的闲暇"去专门从事脑力劳动,去做抽象的思索,而考察宇宙如何发生、如何构成的问题了。哲学的世界观,就是在这种前提之下形成的。

古代希腊的自然哲学是反对原始的宗教观念而起的新的世界观。这种新的世界观的出现,除了脑力劳动与体力劳动对立的前提以外,还有其社会的历史的根据。

第一,希腊从公元前 10 世纪以来,已由氏族社会进到奴隶制社会,其社会的经济基础是奴隶主对生产资料和生产者即奴隶的占有。在奴隶制社会的初期,生产力有很大的发展,手工业、农业及航海业的发展,引起了天文学、力学和数学知识的产生和发展。由于生产技术和科学的进步,人们已能逐渐地认识自然现象的规律,而开始用一种与宗教不同的眼光去说明世界了。正如恩格斯所说,最早的希腊哲学家,同时也是自然科学家。

第二，手工业与农业发展的结果，商业也跟着发展起来。古希腊的自然哲学家，大都居住于小亚细亚沿岸商业发达的都市。住在这种地方的商人们，常常回航于地中海及黑海各地，从事于许多种类不同的商品的交换。他们对于商品的注意，不是商品的自然性质，而是买价与卖价的差额。他们习惯于把各种分量不同的商品换算为货币，而比较其数量的多少。因此，他们自然地养成了抽象思维的习惯和能力。而且，商人们活动的范围愈趋扩大，他们的精神眼界也愈趋扩大。他们接触了许多不同的民族，得到了许多生产技术和科学知识。这就为哲学思想的产生提供了必要的经验材料。

在古代自然哲学中，包含了丰富的自发的辩证法和朴素的唯物论因素，这是当时工商业奴隶主民主派的世界观。工商业奴隶主重视生产，要求发展科学。反对宗教迷信，是当时社会上的进步力量。他们的进步的世界观与反动的奴隶主贵族的唯心论世界观进行了尖锐的斗争。

二、泰勒斯与赫拉克利特的自然哲学中的辩证法

现在我们就古代自然哲学家当中叙述几个代表人物及其学说，简要地指出他们的自发辩证法和素朴唯物论的思想。古代自然哲学的创始者，是"伊奥尼亚"哲学家泰勒斯。泰勒斯的学说的特征，就是对于宇宙如何发生的问题，作了自然的解释。他反对原始的宗教观念，想从单一的物质的本原出发去说明世界。他认为水是万物的始基，水产生万物，万物又复归于水，甚至生命也是由水产生的。这种见解把无限多样性的自然现象看作是统一的东西，认为一切事物和现象都可以互相转变，所以，泰勒斯的哲学见解既是原始的自发的唯物论，同时也包含了辩证法的萌芽。

古代的另一主要的自然哲学家是赫拉克利特。赫拉克利特哲学的意义，是初步猜测到了辩证法的基本原理。他认为宇宙万物的根源是火，他说："这个世界对一切存在物都是同一的，它不是任何神所创造的，也不是任何人所创造的；它过去、现在和未来永远是一团永恒的活火，在一定的分寸上燃烧，在一定的分寸上熄灭。"①列宁认为这是对辩证唯物论原则的绝妙说明。他认为由

———————

① 《古希腊罗马哲学》，三联书店版，第26页。

火变成万物,又由万物变成火的过程是不停地进行的,因此,世界是在永远不停地变化着。他说:"走向同一条河流的人,经常遇到新的水流。因此,人不能两次踏进同一条河流。"①这种认为万物不断变化的思想是可贵的。不仅如此,他还初步猜测到事物变化的原因是对立面的斗争,并且斗争的结果可以使对立面互相转化。他说:"战争是万物之父,也是万物之王。它使一些人成为神,使一些人成为人,使一些人成为奴隶,使一些人成为自由人。"②他还说:"应当知道,战争是普遍的,正义就是斗争,一切都是通过斗争和必然性而产生的。"③"冷变热,热变冷,湿变干,干变湿。"④

承认事物内部存在着矛盾,并把矛盾的斗争看作事物运动的泉源,这个辩证法的根本思想,在哲学史上是由赫拉克利特第一个表述出来的,所以列宁称他是"辩证法的奠基人之一"⑤。

三、德谟克利特和伊壁鸠鲁的唯物论

古希腊唯物论的最著名的代表是德谟克利特。

德谟克利特的时代,唯心论已经出现。德谟克利特提出他的"原子论"的唯物论,同唯心论进行了尖锐的斗争。他认为,物质世界是永恒存在的,无不能生有,有也不能变为无。一切事物都不是神灵创造的,而是由不同大小、不同形状的原子的种种结合产生的。各个原子没有性质上的不同,只有形状、次序、位置的不同。宇宙万物都是原子结合的种种特殊形态。原子的结合就形成物体,原子的分离就使物体灭亡。他甚至认为,"灵魂"也是由极其精细的、火焰般的原子构成的。

德谟克利特认为运动和物质是不可分的。在"广袤的虚空"中,原子受必然性所制约,永远在上下运动着,互相碰撞,互相排斥,因而构成物质世界的一切多样性。他认为"在自然界中存在的只有原子和虚空。"⑥原子是存在,虚空

---

① 《古希腊罗马哲学》,三联书店版,第27页。
② 《古希腊罗马哲学》,三联书店版,第23页。
③ 《古希腊罗马哲学》,三联书店版,第26页。
④ 《古希腊罗马哲学》,三联书店版,第30页。
⑤ 列宁:《哲学笔记》,载《列宁全集》第38卷,第390页。
⑥ 《古希腊罗马哲学》,三联书店版,第21页。

是非存在,原子与虚空,表现了存在与非存在的统一,这是他关于物质世界的根本见解。

德谟克利特认为运动和物质不能分离,而物质是永恒的,因而运动也是永恒的,它在时间上没有开端,也没有终止。在希腊哲学史上,德谟克利特是最先提出空间和时间概念的人。他反对唯心论的目的论,承认自然界的客观规律性。他说过:"只找到一个原因的解释,也比成为波斯人的王还好。"①在这里,他已企图在物质世界本身中去探求现象的因果联系了。

德谟克利特在认识论上的贡献也是很重要的。首先,他认为人们之所以获得对物体的认识,是由于物体中源源不绝地流射出的一种极微小的粒子("偶像")作用于人们的感官的结果。这种猜测在今天看来虽然是幼稚的,但却是唯物论的,因为他明确地肯定了人们的认识依赖于客观对象。其次,他还模糊地猜测到感性认识和理性认识的区别。他说:"有两种形式的认识:真理性的认识和暧昧的认识。属于后者的是视觉、听觉、嗅觉、味觉和触觉。但真理性的认识和这根本不同。当暧昧的认识已经不能在最微小的领域内再看、不能再听、不能再嗅、不能再尝、不能再触摸,而知识又要求精细时,于是真理性的认识就参加进来了,它具有一种更精致的工具。"②

德谟克利特只承认"原子"有形状、次序和位置的不同,而不承认有重量和性质的不同,这种物质观和运动观带有机械论的色彩。他认为只有形状、大小是原子所固有的,是所谓"按照真理的存在",而色、香、味、声、冷、热等等则不是原子所固有的,只是所谓"按照意见的存在",这就给唯心论留下了可乘之隙。他把必然性同偶然性机械地对立起来,在正确地强调了必然性的同时,却错误地否认了偶然性,竟把"偶然的"同"无原因的"等同了起来。他虽然猜测到了感性认识同理性认识的区别,却未能正确地理解这种区别,他并不是把理性认识理解为对感性认识进行抽象的结果,而只是把它理解为一种原则上可以感知的、但比较精细的对象作用于人的结果,即仍然不理解感性认识同理性认识的质的区别。不过,尽管如此,德谟克利特的"原子论"总的说来毕竟

---

① 《古希腊罗马哲学》,三联书店版,第 103 页。
② 《古希腊罗马哲学》,三联书店版,第 106 页。

是古代哲学斗争中唯物论路线的代表,他所代表的方向是正确的。也正因为如此,他不仅在当时受到唯心论者的疯狂反对(柏拉图主张烧毁他的全部著作),而且两千多年来一直受到唯心论者的贬斥和诬蔑(如列宁所说,黑格尔对待德谟克利特就像后母对待继子一样),甚至现代资产阶级的唯心论还对他大肆攻击,就像攻击一个活着的敌人一样。只有马克思主义的经典作家才客观地估计了他对人类认识史的贡献。

继承和发展了德谟克利特的原子论学说的古代唯物论者是伊壁鸠鲁。

伊壁鸠鲁对德谟克利特哲学的发展,主要地表现在以下几点上:第一,德谟克利特只承认原子有形状、次序和位置的不同;伊壁鸠鲁则进一步承认了原子有重量和性质的不同。这是对原子量的天才猜测。如恩格斯所说:伊壁鸠鲁"已经按照自己的方式知道原子量和原子体积了"①。第二,德谟克利特认为原子在不受外力影响的情况下,只能作直线下落运动;而伊壁鸠鲁则认为原子在下落过程中由于自身内部的原因,可以发生脱离直线的偏斜运动,正因为这样,原子才可以互相碰撞、互相结合,从而生出万物。这是关于事物运动的原因在事物内部的辩证法观点的表现,同时也是对唯心论的有力打击。第三,德谟克利特机械地理解必然性,否认了偶然性的存在;伊壁鸠鲁纠正了这个缺点,指出了偶然性的客观存在。第四,德谟克利特错误地把认识的对象分为"按照真理的存在"和"按照意见的存在";伊壁鸠鲁纠正了这个错误,指出色、香、味等等也是对象本身固有的属性。第五,德谟克利特把感性认识和理性认识了解为互不相关的、只有"粗""细"之分的两种认识,并且有低估感性认识作用的倾向;伊壁鸠鲁则虽然仍从"偶像论"的观点看待认识问题,但他却能够指出感性认识是理性认识的基础,理性认识是对感性认识进行研究和解释的结果。他认为感性认识本身无所谓错误,错误只发生在对感性认识所作的判断和解释之中。这表明他已经模糊地觉察到感性认识和理性认识的辩证关系,比德谟克利特前进了一步。第六,伊壁鸠鲁还朴素地猜测到自由和必然的关系,他认为要"实现必要的愿望",就要"服从自然界"。这在当时不能不说是难能可贵的见解。

---

① 恩格斯:《自然辩证法》,人民出版社1971年版,第28—29页。

由于伊壁鸠鲁坚持和发展了德谟克利特的朴素唯物论,有力地打击了唯心论和宗教谬说,所以他也像德谟克利特一样,不仅在当时,而且在现代也还受到唯心论者的仇视和攻击。马克思在他的博士论文中,对伊壁鸠鲁的贡献作了充分的估价,并且称他为希腊最伟大的启蒙运动者。

四、古代自然哲学的积极意义

古代的朴素唯物论和自发辩证法不是建筑在概括各门科学成果的基础之上,而是建筑在对整个自然界进行直观的基础之上的。毫无疑问,这些古代哲学家的论点都带有猜测的性质,他们对具体问题的论证中有许多的胡说和废话,在今天看来当然十分幼稚。然而这在当时是不可避免的。因为古希腊是人类的童年时代,当时还没有实验科学,当时的人们,包括最出色的学者在内,还不知道今天的小学生所知道的许多科学结论。但是,如果因此而轻视他们的贡献,那就不对了。他们的伟大贡献,就在于在人类认识的万里长征中迈出了正确的一步(这比沿着错误的道路走一千步、一万步要好得不可比拟)。这主要的表现在:

第一,尽管他们把一切事物的本源归结为某种具体的实物(如水、火、原子等等)是错误的,但是他们坚持从物质世界本身说明物质世界的方向是正确的。这是同一切唯心论和宗教谬说针锋相对的唯物论的路线。在这一点上,他们比近代和现代的任何一种流派的唯心论者正确得多。

第二,尽管他们对事物发展的具体规律的说明是幼稚的、肤浅的甚至错误的,但是他们把世界了解为相互联系、相互转化的整体,从事物内部去探求事物发展的原因的思想是极为宝贵的。这是同形而上学针锋相对的辩证法的世界观。在这一点上,他们比近代和现代的那些具有科学知识的形而上学者高明得多。

恩格斯说得非常精辟:"在希腊人那里——正因为他们还没有进步到对自然界的解剖、分析——自然界还被当作一个整体而从总的方面来观察。自然现象的总联系还没有在细节方面得到证明,这种联系对希腊人来说是直接的直观的结果。这里就存在着希腊哲学的缺陷,由于这些缺陷,它在以后就必须屈服于另一种观点。但是在这里,也存在着它胜过它以后的一切形而上学敌手的优点。如果说,在细节上形而上学比希腊人要正确些,那末,总的说来希腊人就比形而上学要正确些。"①这就是马克思和恩格斯重视古希腊的自然哲学的理由。

五、苏格拉底和柏拉图哲学中的逻辑学

在古希腊,同唯物论相对立,唯心论也产生了。古代唯心论是奴隶主贵族的世界观。公元前5世纪,希腊奴隶制的发展已经达到了顶点,奴隶主民主派同奴隶主贵族之间的斗争日益尖锐。斗争的结果,奴隶主民主派失败,奴隶主贵族取得了胜利。奴隶主贵族是极其反动的阶层,他们根本不关心生产的发展,只关心如何维持他们的政治统治。因此,他们十分仇视对于自然现象的研究,仇视唯物论,而拼命地利用各种宗教迷信和神权思想来愚弄人民,证明他们的统治的合理性,他们的世界观也就必然是唯心论的。这种唯心论,总的说来是反动的谬说,是认识史上的逆流,同古代唯物论不可同日而语。但是,由于这些唯心论在论证他们的谬说的时候也不能不运用一些论辩的艺术,因而也就在客观上对思维的辩证法作了一些研究,接触到一些逻辑问题。从这一点上说,他们的学说中也有某些可以批判地利用的成分。他们当中最著名的代表,是苏格拉底和柏拉图。

苏格拉底是奴隶制民主制的死敌,是一个反动分子。他坚持上帝创世的谬说,硬说神的意志是万物之源;他坚持唯心论的目的论,认为自然界的一切都是按照上帝的"目的"安排好了的(例如人之所以长眼睛是因为上帝要让人能看见东西等等);他反对研究自然界,认为这是对神的侮辱(他的名言是:"我只知道一件事,那就是我什么也不知道");他认为人们唯一应该研究的只有"自我",即道德问题、伦理问题,他把认识完全封闭在主观领域之内。他的这一套谬论显然是完全错误和极其反动的。但是,为了论证这些谬论,驳倒他的论敌,他创造了一套论辩方法,在这里面包含着某种主观辩证法的因素。

首先,他通过"讥讽"的方法对听讲者提出许多问题,使他陷入自相矛盾,因而承认自己"无知";其次,通过"助产术"的方法,帮助听讲者自己产生新的

---

① 恩格斯:《自然辩证法》,人民出版社1971年版,第30页。

思想;然后,通过"归纳"的方法,从对于个别事物的分析和比较中揭示出一般的本质;最后,通过"定义"的方法,将所得到的一般概念的意义明确地规定下来。苏格拉底的这种论辩方法,在一定程度上体现了概念之间的相互联系和相互转化,初步提出了一般和个别的关系问题,对思维的规则也作了一定的研究。这些东西对于人类认识的发展曾起过一定的积极作用。

柏拉图是苏格拉底的学生和继承人,是古代唯心论路线的最大代表。他同苏格拉底一样,是奴隶主民主制和唯物论的凶恶敌人。他硬说,我们所感觉到的物质世界不是真实的存在,而是另一个永恒存在的"理念世界"的"投影"。人的灵魂在进入肉体之前,本来是居住在"理念世界"中的;不过在进入肉体之后,就把"理念世界"中的事情"遗忘"了。因此,他认为人们要获得知识,不应当去研究"卑污的"物质世界,而应当去"回忆"自己的灵魂在"理念世界"中所经历的一切。这些说教当然是极其荒谬的。但是,柏拉图因为把"理念"当作认识的对象,他就十分重视概念在认识中的作用问题。他认为在考察任何问题时,必须以对立的概念把相反的意见表达出来,在论辩中探求真理,这一点却包含着合理的因素。这种论辩的艺术在古代世界的辩证法的发展中起了很大的作用。正因为在论辩中需要不断地揭露和克服思维的矛盾,因而就促进了对于思维规则和方法的研究,推动了逻辑学的发展。柏拉图继承了苏格拉底对辩证法和逻辑学的研究,进而探讨了概念和判断,研究了归纳法和演绎法,研究了范畴的分类,等等,因而对逻辑学的发展作出了一定的贡献。

六、亚里士多德的逻辑学

亚里士多德是古希腊最大的学者。他研究了哲学、逻辑学、心理学、自然科学、历史学、政治学、伦理学、美学等许多学问,并且是其中许多门学问的创始人。他在哲学上的贡献主要是在逻辑学方面。在他的逻辑学中,"他到处,在每一步上所提出的问题正是关于辩证法的问题"[1],他"研究了辩证思维的

---

[1] 列宁:《哲学笔记》,载《列宁全集》第38卷,第417页。

最主要的形式"①,所以他被称为古代最大的思想家。

在哲学观点上，整个地说来，亚里士多德动摇于唯物论和唯心论之间。他把精神叫作形式。他主张物质和形式，对于实物的形成，都是必要的，两者具有不可分离的关系，没有物质就没有形式，没有形式就没有物质。他承认物质是客观世界的基础，可是又主张形式是客观世界生成发展的原因，是支配物质并推动物质的东西。在他看来，物质和形式，都不是被创造的永恒的东西。但物质是未完成的东西，是被动的东西，是可能性，形式是完成了的东西，是能动的东西，是现实性。形式作用于物质，就使物质由被动而能动，由可能性转为现实性，因此物质和形式的统一过程，就是事物的运动发展过程。亚里士多德认为形式是世界发展的第一原因、第一推动力，它是绝对不变的。这种形式的实质，就是宇宙精神，就是神，也就是世界发展的终极目的。所以，亚里士多德虽然动摇于唯心论和唯物论之间，最终还是倾向于唯心论。

但是，亚里士多德对于唯物论和辩证法的发展是作出了贡献的。

亚里士多德对柏拉图的"理念"说的批判，具有重大的意义。他指出，柏拉图的所谓"理念世界"完全是一种虚构，这种虚构的实质就在于把本质从具有本质的事物中分离出来，变成了独立的实体。因此，柏拉图的"理念"说不仅没有使事物得到说明，反而使需要说明的事物增多了一倍。亚里士多德对柏拉图的这个批判，实质上是对一切唯心论的批判，它揭示了一切唯心论的共同的认识根源。这种有利于唯物论的见解，至今还保存着它的价值。②

亚里士多德在探讨逻辑学的问题上作出了巨大的贡献。他认为只有经过逻辑证明的知识才是可靠的知识，所以他把逻辑作为人们获得科学知识的工具。亚里士多德的《工具论》是一部流传最广的逻辑著作，在这本书中，他叙述了人类思维的各种形式，把概念、判断、推理作了透彻的分类，提出了三段论的格和式，制定了三段论的主要规则，并且还研究了下定义的方法。在《形而上学》一书中，提出了思维规律即矛盾律和排中律，也蕴含地提出了同一律。他的许多重要命题在逻辑学的发展中一直保存下来，直到现在还有重要的价

---

① 恩格斯：《反杜林论》，载《马克思恩格斯选集》第3卷，第59页。
② 参见列宁：《哲学笔记》，载《列宁全集》第38卷，第313页。

值。亚里士多德系统地研究了形式逻辑,使它成为一门科学。他是形式逻辑的奠基人。

在亚里士多德的逻辑中,把思维形式作为事物存在形式的反映,认为必须把二者密切地联系起来考察。列宁说:"亚里士多德处处都把客观逻辑和主观逻辑混合起来,而且混合得处处都显出客观逻辑来。"①这是亚里士多德的逻辑的第一个特点。

其次,在亚里士多德的逻辑中表现了他那种对思想活生生的泉源进行探索的才能,马克思把他比作"才能出众的探宝者"。亚里士多德的范畴论就是这种生动探索的很好说明。他研究了一切存在的最基本的形式和最普遍的关系,列举了十种范畴:实体、数量、性质、关系、地点、时间、形态、领有、能动、被动,而且探索了各种范畴的相互关系,指出"实体"是基本范畴,是自然界中独立存在的东西,其余九种是确定实体的各种不同的方面和状况的附属范畴,亚里士多德就是这样来把握范畴间普遍联系的辩证法的。

亚里士多德逻辑的第三个特点是注重演绎法,注重于从普遍抽引出特殊与个别。他虽然提出了归纳法,并认为归纳法和演绎法不可分割、互相补充,但他认为只有一般的知识才是可靠的知识,知道了一般就可以知道特殊,而有了特殊的知识还不能得到一般的知识。

以上所述,说明了在亚里士多德的逻辑中主观逻辑和客观逻辑是一致的,到处都有活生生的探索,到处都提出了辩证法的问题。虽然他的哲学观点最终是唯心论的,他的逻辑学最终是形而上学的,但他对于思维辩证法和逻辑学的研究,却留下了许多功绩。

第三节　中世纪哲学中积极的成分

一、中世纪阿拉伯哲学中的唯物论

自从日耳曼人征服了古代世界,而历史的车轮由奴隶制社会进到封建社会以后,古代世界所发展起来的哲学与科学就横被摧残了。封建的中世纪

---

① 列宁:《哲学笔记》,载《列宁全集》第38卷,第416页。

（大致从公元 5 世纪末到 14、15 世纪）的前几百年是相对停滞的时代。这个时代的欧洲诸国的占统治地位的意识形态是基督教的神学。在神学的支配之下，科学和哲学大受压迫，许多有价值的文化都被破坏了，哲学变成了神学的奴仆。可是在欧洲诸国受了压迫的古代世界的科学和哲学，却流传于信奉伊斯兰教的阿拉伯诸国而被保存着。

到了 8 世纪，各种封建势力的野蛮的侵略、征服及移民等，已经告了一个段落，经济的发展及对哲学与科学的研究逐渐恢复。这是在阿拉伯诸国开始的。阿拉伯诸国，在 8 世纪至 11 世纪之间，是经济上、文化上最进步的国家。阿拉伯的学者们，在数学、天文学、物理学、化学、医学等科学的方面都有过许多重要的贡献。至于阿拉伯人的哲学，首先是希腊哲学的注解，主要的是对亚里士多德哲学的注解。阿拉伯人对于哲学的研究，到了 11、12 世纪最为隆盛，当时最著名的哲学家，要推伊朋—西拿和伊朋—路西德。

伊朋—西拿是中世纪时代中亚细亚的卓越的学者和哲学家。在解决哲学基本问题时，他是一个二元论者。他继承和发挥了亚里士多德哲学中的唯物论因素，认为万物都是由物质所组成，是永恒存在的。物质本身和物体形式统一不可分，没有脱离物质的抽象的物体形式。但是他又承认世界上有"真主"的存在，世界有两个本原，即物质实体和精神实体。

他特别注意研究亚里士多德的逻辑学，认为亚里士多德的逻辑学是研究哲学的工具。他自己也留下了许多关于逻辑学的思想。他坚持思想体系的逻辑严密性，坚持精确的论证方法，认为逻辑的范畴和结构应该符合客观现实。他又注解了亚里士多德关于因果性、实体及普遍性的学说。

他还对人类的知识作了分类。在他看来，人类的一切知识可以分为两大类：第一是理论哲学，属于这一类的东西，是物理学、数学、地质学；第二是实践哲学，属于这一类的东西是逻辑学、经济学、政治学。

伊朋—路西德是中世纪阿拉伯著名的思想家。在他的时代，封建教会已开始崩溃，教会国家也开始瓦解。他的哲学反映了当时社会的经济情况，表现了唯物论的倾向。伊朋—路西德和伊朋—西拿一样，是亚里士多德哲学的注解者。当时有人说，亚里士多德解释了自然，而伊朋—路西德解释了亚里士多德。但是，伊朋—路西德绝不是简单地注解亚里士多德的学说，他的主要功绩在于发展了亚里士多德的唯物论思想。

伊朋一路西德认为,运动是永恒不断的,因为每一个新的运动都是由以前的运动所引起的。由于运动才有时间的存在。人们只能从运动中测量时间。伊朋一路西德所理解的运动是物质的运动,而不是别的。没有物质就没有运动。物质世界在时间上是无始无终的,在空间上是有限的。至于物质,在他看来,其中存在着各种形式;这些形式是被包含着的萌芽状态的普遍的可能力。这种物质的可能力的放射,就创造出多种不同的物质世界。在这种见解上,他是主张物质的永恒性的,物质不能产生也不能消灭。基于这一点,他推翻了"真主"从"无"中创造出世界的宗教信条。此外,他又否定个人的灵魂不灭,而采取人类种族不灭的见解。在宗教论方面,他反对可兰经的原则,承认宗教与科学的分歧,这是后来的二重真理论的先驱。

伊朋一路西德去世以后,阿拉伯的科学与哲学趋于没落,由阿拉伯人发展了的科学与哲学就流入西欧,而由西欧学者去研究了。

二、唯名论与二重真理论的积极意义

当阿拉伯人盛行着亚里士多德的哲学的研究时,西欧方面还受着基督教神学的思想统治,基督教神学的典型形式是经院哲学。经院哲学是用来为基督教教义作论证,为对上帝的信仰建立哲学基础的。它证明世界是由上帝创造的,人要受上帝的意志所支配。这样就把哲学变成了神学的侍婢。经院哲学抹杀了亚里士多德哲学中的唯物论成分,利用和夸大了其中的唯心论。经院哲学的方法是利用了亚里士多德的三段论法,其研究的范围是基督教的宗教思想,其研究的根据是书本教条,此外对于任何自然现象的研究、对于经验与观察,都是拒绝的。经院哲学使人的理性完全屈服于盲目的信仰,压制人的思想自由,阻碍科学的发展。

随着封建社会的瓦解,经院哲学也开始崩溃,而分化为唯名论与唯实论两派了。唯实论追随柏拉图的见解,把概念说成离开客观事物而独立存在的东西。唯名论则认为只有个别事物才是真实存在的,而人们的概念则只是事物的名称或符号,它不仅不能离开个别事物而独立存在,而且也不能反映个别事物的特性,它纯粹是思维的产物。这两种对概念的解释固然都是不正确的,但是唯名论认为个别先于一般(指概念)而存在,却是中世纪哲学中"唯物主义的最初表现"。①

唯名论与唯实论的斗争,反映了封建制度崩溃时期中的新旧势力的矛盾(即新兴的工商业者阶级与封建领主之间的矛盾)。到了 13、14 世纪,这个矛盾更加扩大起来,就表现为意识形态领域中的科学与宗教的矛盾。为调和这种矛盾,就产生了二重真理论的哲学。二重真理论,主张划分知识与信仰的领域,建立了如下的命题:由神学(宗教)的见解看来是真理,由哲学的见解看来是虚伪;反之,由哲学的见解看来是真理,由神学的见解看来是虚伪。这种二重真理论,在当时宗教势力统治下,使科学在一定的程度上摆脱教会的控制而获得独立的发展,同时因为在以这个问题为中心而进行的论争中提出了新的问题和新的解决方法,也促进了哲学的发展。所以,二重真理论虽然本身并不是正确的理论,但在当时的具体历史条件下所起的作用却是积极的、进步的。

第四节　西欧资产阶级革命时期资产阶级哲学中的积极成分

一、16、17 世纪英国的唯物论

历史的车轮进到 16、17 世纪,欧洲开始由封建社会过渡到资本主义社会,资产阶级作为一个新兴的革命阶级登上了历史舞台。社会生活中的这种重大的变化,引起了意识形态领域中的重大变化。在中世纪,为封建统治服务的宗教支配了精神生活的一切方面,人们如果稍微触犯了宗教教条,就要受到残酷的刑罚。但是,到了 16、17 世纪,由于封建主义生产关系的解体和资本主义生产关系的发展,自然科学终于冲破宗教的罗网而突飞猛进地发展起来了。哥白尼的太阳中心说、刻卜勒的行星运动定律、伽利略的力学原理,标志着这个时期自然科学的重大成就。与此同时,地理上也有了伟大的发现。在这些成就的基础上,代表新兴资产阶级利益的思想家们就开始对宗教实行批判,并建立新的哲学体系了。英国的唯物论,就是这种哲学体系的代表之一。

---

① 马克思、恩格斯:《神圣家族》,载《马克思恩格斯全集》第 2 卷,第 163 页。

由于当时的资产阶级的力量比较软弱,也由于当时的自然科学还处在搜集材料的阶段,英国唯物论还不能摆脱宗教的束缚,并且具有明显的形而上学性。但是,它毕竟给了宗教和经院哲学以沉重的打击,为人类认识开辟了前进的道路。

英国唯物论的第一个代表人物是弗兰西斯·培根。他是"英国唯物主义和整个现代实验科学的真正始祖"[1]。

培根尖锐地批判了统治欧洲近一千年之久的经院哲学。他认为,要使人类免除灾难和痛苦,就要去获得真正的知识;为了获得真正的知识,决不能像经院哲学那样盲目地引证"圣经",而必须老老实实地研究自然界。他指出,必须破除妨碍科学发展的种种偏见(他把这些偏见称为"幻象"),以便在"人的理性中创造一个世界的模型,它要像世界的本来面目,而不是像个人的思维所妄想的那样"(《新工具》)。

培根对知识的起源问题作了唯物论的解答。他认为,人们的一切知识都来源于感觉,而感觉是客观世界的反映。要取得知识,首先就要用实验的方法去取得感性经验。他与狭隘的经验论者有所不同,他并不是主张简单地搜集事实,加以罗列,而是主张对事实进行分析、比较、加工,得出定理。他把当时自然科学不自觉地采用着的方法加以系统化、理论化,变成了自觉的方法论,即实验归纳法。这对于推动当时科学的发展是起了重大作用的。

培根的主要缺点在于:他的唯物论具有神学的不彻底性。他一方面强调科学的重要性,另一方面又承认有神学的真理;在认识论上,他对理性认识的作用估计不足。他片面地强调了归纳,忽视了演绎。他是唯物论的经验论的代表。

英国唯物论的另一个代表人物是霍布士。

霍布士的主要功绩在于把培根的学说进一步系统化了,并且消除了它的神学的不彻底性。他认为,世界是物体的总和,物体的基本特性是广延,凡不具有广延的就是不存在的;上帝既然不具有广延,就是不存在的。霍布士根本不承认"宗教的真理",他要求完全废除神学。

---

[1]　马克思、恩格斯:《神圣家族》,载《马克思恩格斯全集》第2卷,第163页。

在认识论方面，他认为实验归纳法并不是万能的，在几何学和社会学这样的科学中就不适用。他主张在这样一些科学中以演绎法代替归纳法。这种见解，在某种意义上对培根的片面强调归纳法的缺点有所纠正。

但是，霍布士的唯物论具有极端的机械性。他把一切事物都归结为物体，一切运动都归结为机械运动，把几何学的方法说成研究一切科学的方法。他虽然提出以演绎法补充归纳法，但他所理解的演绎法也仅仅是指数学上的计算方法，他并未真正了解归纳和演绎的相互关系。

英国资产阶级在 1688 年实现了同封建贵族的妥协，稳定地取得了政权。这次妥协在意识形态上的表现，就是洛克的哲学。洛克是培根、霍布士的唯物论传统的继承者，但他在一系列的问题上都表现出妥协和折中的特点。

洛克的主要贡献在于，详细地论证了知识来源于经验的原理，发展了培根的唯物论的经验论。他认为，人的心灵最初好像一块白板，一切观念都是后天获得的。人们从外界环境中所获得的感觉经验是知识的唯一来源，人的一切心理活动无非是变相的感觉。他的名言是："感觉中没有的东西，理智中也不能有。"他尖锐地批判了"天赋观念"说。他说，如果观念是天赋的，那么所有的观念就应该为一切人所具有；可是生而盲目的人并没有颜色的观念，无知的小孩并没有同一律和矛盾律的观念，善和恶的观念在各个人的心灵里也大不相同，这就可见"天赋观念"说是虚妄的。洛克的这种见解打击了唯心论，给了 18 世纪的法国唯物论以很大的影响。

但是，洛克的错误也是很多的。他虽然正确地论证了知识起源于经验，但他把经验分成外部经验（他认为这是由外物作用于感官而引起的）和内部经验（他认为这是主体内部的感受，如愿望、痛苦、快乐、爱、恨等等），把二者都看成知识的来源，这就向唯心论敞开了大门。他还错误地把事物的性质分为"第一性的质"（指广延、形状、运动、不可入性等等）和"第二性的质"（指颜色、声音、气味等等），认为"第二性的质"不是客观事物所固有的，而是人的心灵附加到事物上面去的。这也是向唯心论的让步。正因为洛克的哲学具有妥协折中的特点，因此它同时成了近代唯物论和唯心论两大党派的理论渊源。他的"一切知识来源于感觉"这个命题，一方面被 18 世纪的法国唯物论者继承下来，作了唯物论的发挥；另一方面又被贝克莱、休谟抓住利用，发展成为主观唯心论的体系。

洛克以后,英国哲学上比较有积极意义的是托兰德的唯物论。托兰德反对几何学的物质观,主张运动和时空是物质的固有属性。与霍布士不同,他认为物体的空间位移只是物质的一种运动形态,而不是唯一的运动形态。这是可贵的思想。不过,托兰德仍然不能把物质理解为无限发展的过程,他的唯物论仍然是形而上学的。

二、17 世纪西欧大陆各国的哲学

17 世纪西欧大陆各国哲学的主要代表,是法国的笛卡尔、荷兰的斯宾诺莎和德国的莱布尼茨。

17 世纪的法国比英国落后,资产阶级在反封建的斗争中具有较大的妥协性。笛卡儿的二元论哲学就是这种妥协性的反映。

笛卡儿在自然科学的领域中是一个机械唯物论者。他认为物质是唯一的客体,物质的本质属性就是广延,物质的唯一运动形式是空间移动,他用力学原理来解释生命现象,把动物也理解为机械。他的主要贡献是第一次提出了运动量守恒的思想。他认为,宇宙间的运动量(物质粒子的质量与粒子运动速度的乘积)是一个常数,这个思想是能量守恒和转化定律的先驱,是唯物论的自然科学基础之一。此外,他第一次创立了变数的数学——解析几何,把辩证法引入了数学领域,也是一个重要的贡献。

笛卡儿在认识论的领域中是唯心论的唯理论的代表。他认为,感性认识是不可靠的,要取得可靠的知识,就要从那种绝对不能怀疑的命题出发,用严格的逻辑方法,推出一个知识系统。他认为以往千百年来被人们当作真理写在书上的那些知识都是可以怀疑的,只有"我在怀疑"这件事是无可怀疑的,也就是说"我在思想"是无可怀疑的;既然我在思想,那么"我存在着"也是无可怀疑的;于是他就把"我思,故我在"作为他的认识论的基本出发点,提出了"天赋观念"的理论。显然,这些都是十足的唯心论。但是,笛卡儿强调理性的作用,认为一切传统的教条和偏见都应该放到理性的法庭上来加以审判,这对于摧毁经院哲学的统治,威力是很大的。

斯宾诺莎是荷兰的杰出的唯物论者。他以泛神论的形式宣扬了唯物论,

打击了唯心论和宗教谬说。他的哲学的中心概念是"实体"。他认为,"实体"是一切具体事物(他称之为"样态")的基原。实体是自己存在的,不需要别的东西作为它存在的原因;实体在时间上和空间上都是无限的,它具有无限多的属性。他把这样的"实体"叫做"神"或"上帝"。其实,他所说的"神"或"上帝"就是指的自然界。尤其重要的是,他认为广延和思维是同一个实体的两种不同的属性,这就克服了笛卡儿的二元论,打击了唯心论。不过,他认为自然界的万物都能思维,陷入了物活论,这却是错误的。

斯宾诺莎在认识论方面是唯物论的唯理论的代表。他反对笛卡儿的"天赋观念"说,认为只有天赋的认识能力,没有天赋观念;观念只能是人对自然界的认识。他认为理性具有无限地认识客观事物的能力,极力推崇理性的作用。这些都是有积极意义的。但是他片面地推崇理性认识,贬低感性认识,竟认为感性认识是模糊的、不可靠的认识,认为理性认识可以不以感性认识为基础而直接把握"实体",这却是错误的。

斯宾诺莎的哲学总的说来是形而上学的,但是也包含着一些辩证法的因素。例如他在论述"实体"和"样态"的关系时,实质上论述了一般和个别的辩证关系。他对必然和自由的辩证关系也有某些理解,懂得人们只有对客观事物的联系和秩序有明确的认识才能获得自由。不过他对必然的了解具有机械论的性质(否认偶然性),对自由的了解也带有消极的、思辨的色彩(仅指个人在克服情欲之后的幸福)。

17 世纪的德国是一个落后的封建国家,资产阶级的力量极为软弱,他们不敢公然反对贵族,总想在同贵族妥协的条件下实现一些改革,使资本主义得到发展。莱布尼茨就是这样一个软弱的资产阶级的思想代表。一方面,为了迎合贵族的利益,他极力反对唯物论、无神论,企图把宗教同科学调和起来,这就决定了他是个唯心论者;另一方面,发展资本主义的利益又使他要求改变现状,这又决定了他有某种辩证法的思想。

莱布尼茨认为构成万物的本原是所谓"单子"。按照他的解释,"单子"是由上帝"发射"出来的绝对单纯的精神实体,每一个"单子"都是一个独立自在的整体,没有通向外界的"窗户";"单子"没有广延性,不存在于空间之中,也不可以分割;"单子"有自己活动的能力;每一个"单子"都是互不相同的,但所有的"单子"却能够行动一致，表现出宇宙的"和谐"状态，这种"和谐"是由上帝安排好了的，所以叫做"先定的和谐"。显然，这些都是极端神秘的唯心论的说教。但是，莱布尼茨的"单子论"中也有合理的内核，那就是关于"单子"的能动性的思想。笛卡儿把物质粒子当作惰性的、自己不能运动的东西，莱布尼茨却指出，自己不运动的东西就不能成为世界的本原。这确实抓住了形而上学唯物论的弱点。列宁说："莱布尼茨通过神学而接近了物质和运动的不可分割的(并且是普遍的、绝对的)联系的原则。"①正是指的这一点。莱布尼茨不依赖牛顿而独立创造了无限小的数学，即微积分学，对于数学的辩证法的展开上有很大贡献。此外，莱布尼茨对逻辑学做了研究，在其著作《单子论》中表述了传统逻辑基本规律之一的充足理由律，他还是数理逻辑的奠基人之一。他在认识上是唯心论的唯理论的又一代表。他在反驳洛克的"感觉中没有的东西，理智中也不能有"这句经验论的名言时，以嘲讽的口吻写道："理智本身除外。"这对于经验论的片面性是一个很尖锐的批判。但是他的唯理论本身也是片面的，他并不能科学地说明感觉和理智的辩证关系。

三、18 世纪法国唯物论

18 世纪的法国，资产阶级的经济势力已经强大起来，而当时的封建制度严重地束缚了资本主义生产力的发展，因此资产阶级与封建统治阶级之间的矛盾十分尖锐，已不能用妥协的办法来解决了。因此当时法国的资产阶级是很革命的，他们向封建制度进行了猛烈的斗争。资产阶级的斗争的精神武器，是完全抛弃了宗教外衣的反宗教、反唯心论的无神论、唯物论。

18 世纪法国唯物论者的代表人物是狄德罗、拉·美特利、爱尔维修、霍尔巴赫等人。当时的自然科学已经比 16、17 世纪发展到了较高的水平。力学已经很发达了，并在科学中占有特殊重要的地位；数学方面，在当时开拓了解析几何学、微积分学等新的领域，给研究物体运动提供了工具；物理学方面也有很大的成绩；医学上也有进步，医学家们反对过去医学中的迷信，而努力用力学和数学的原理来说明人体的一切过程了。此外，由于望远镜和显微镜的应

---

① 列宁：《哲学笔记》，载《列宁全集》第 38 卷，第 427 页。

用,人们所能直接观察的自然现象的领域也扩大了。18世纪法国唯物论是在总结当时自然科学成果的基础上产生的。

法国唯物论者主张自然是物质的、永久存在的、唯一的实体,它既不能被创造,也不能被消灭。他们肯定了物质与运动是不可分的,即没有不运动的物质,没有无物质的运动。物质之所以是运动的,是因为它有内在的能动性。正因为他们提出了而且坚持了这一点,因此就不需要在这个世界之外去找一个推动世界运动变化的"第一推动者"。他们认为自然界的一切现象都受最严格的因果律所支配,并用这种唯物论的决定论来反对唯心论的目的论。因此法国唯物论者在对自然的说明上是彻底唯物论的。

法国唯物论者虽然知道物质是运动的,但不了解运动形态的多样性,而把运动仅仅了解为物体在空间中的位移。他们承认自然界的因果必然性,但却排斥了偶然性。他们也不了解事物运动的泉源在于事物的内部矛盾,不了解事物由低级到高级的发展。他们把物质的一切运动形态还原为力学的、机械的运动形态。

法国唯物论者对思维与存在的关系问题作了唯物论的解决,即主张永恒存在的物质是根本的东西,精神即思维是从物质产生的,而不是相反。既然如此,自然也就没有什么不依存于肉体而独立存在的灵魂或精神实体,这样就不仅反对了唯心论,而且也克服了笛卡儿的二元论。但是人的意识、思维是怎样从永恒存在的物质中产生的呢? 法国唯物论者对于这个问题不能给以科学的解释。因为当时的自然科学,特别是生物学知识毕竟还远没有达到足以解决这个问题的水平,而他们又不理解劳动在意识产生中的决定作用,这就使得他们不能正确地解决意识怎样从物质产生的问题。拉·美特利与狄德罗对这个问题也曾做过努力的探讨。拉·美特利把人类比拟为最复杂最精密的机器,而思维则是这种机器的机能。狄德罗把人类当作"禀受感性和记忆的器具",用鸡蛋孵化为小鸡(由无感觉的物质块演化为有感觉的生物)作为一个比喻,借以说明意识由物质产生的过程。这些见解虽然幼稚,但他们力图从物质的运动引出感觉,把感觉解释为是运动着的物质的性质之一,确是唯物论的见解,方向是正确的。

法国唯物论者在认识论方面继承并发展了洛克的感觉论。他们认为认识必须开始于感觉,而感觉是外物作用于感官的结果,是客观物质世界的反映。客观物质世界是完全可以认识的。他们认为事物的一切性质都是客观的,从而批判了洛克把事物的性质分为"第一性的质"和"第二性的质"的错误观点。

法国唯物论者不仅坚持了感觉来源于客观世界的唯物论立场,并且还正确地肯定了一切理性思维都是在感觉的基础上产生的。他们认为,如果没有感觉,就没有抽象的思维活动。这样就不仅反对了笛卡儿的"天赋观念"说,同时也克服了洛克在认识论上的不彻底性。但是他们都不了解感觉与思维、感性认识与理性认识之间的辩证关系,特别是不了解人的社会性和历史发展,不了解实践在认识中的作用。他们认为感觉是最单纯的意识要素,由感觉的结合而生表象,由表象的结合而生概念。他们在认识论方面,也贯穿了机械论。

法国唯物论者从唯物论的世界观和认识论中直接作出了彻底的无神论的结论。他们认为世界是自己存在的,根本没有上帝,他们对神学理论和宗教信条作了尖锐的批判。但他们不了解宗教的社会根源,而认为宗教的产生只是由于人们的愚昧无知,因而认为只要依靠宣传教育就可以消灭宗教。这显然是错误的。

从上述的说明看来,法国唯物论整个说来是形而上学的、机械的唯物论。然而在法国唯物论者拉·美特利、狄德罗、爱尔维修和霍尔巴赫等人的哲学思想中,也包含有辩证法的因素,其中以狄德罗的哲学表现得比较显著。狄德罗认为自然界不断地在运动着,运动是物质本身所固有的。他进而把这种辩证法思想运用于研究有机界,认为有机界中的一切,都在不断地变化着,由低级到高级,组成了一条不可分割的生物发展的链条,而物种的变异是由客观条件的变化所决定的,这样就否定了物种不变的形而上学观点。恩格斯曾经对狄德罗的辩证法思想作了很高的评价,指出狄德罗的《拉摩的侄子》是当时的"辩证法的杰作"①。

在社会伦理观点上,法国唯物论者认为,人要求得幸福,必须用好制度代替坏制度。而社会制度的性质是以社会的政治组织为转移的,社会的政治组

———————————

① 恩格斯:《反杜林论》,载《马克思恩格斯选集》第3卷,第59页。

织又是由当时的法律所产生的,归根到底也就是由社会中占统治地位的思想所产生的。这种唯心论的社会观,与其唯物论的自然观是互相矛盾的。

第五节　德国古典哲学中的辩证法和唯物论

一、德国古典哲学的历史根据

德国古典哲学,是指从 18 世纪中叶到 19 世纪中叶的德国哲学。这个哲学,分为前后两个部分。前一部分是从康德到黑格尔的唯心论哲学,后一部分是费尔巴哈的唯物论哲学。

这个时期的德国经济政治情况,比较英法两国落后。英国资本主义发达最早,在 17 世纪时已经实现了资产阶级革命,在 18 世纪后期,已经开始了工业革命。18 世纪的法国,则已经爆发了资产阶级革命,建立了资产阶级国家。而德国当时还是手工业生产,封建生产关系占统治地位,境内各小邦各自分离,还没有成为统一的国家,所以不论在经济上或政治上都异常落后。资产阶级在经济上还不成熟,在政治上还不能成为对抗封建制度的统一力量,因此非常软弱,不得不与占统治地位的封建贵族相妥协。当"法国革命像霹雳一样击中了这个叫做德国的混乱世界"①时,德国资产阶级也曾感到兴奋,希望能在德国实现政治上、经济上的资产阶级革命,但当法国人民群众的革命斗争愈趋激烈时,他们又感到恐惧,由同情革命而转为反对革命了。德国资产阶级一方面要求反对封建制度,在政治上和经济上有一定程度的进步要求;另一方面又害怕对社会进行根本的革命改造,害怕群众的革命运动,向封建势力屈从和妥协;因而作为资产阶级意识形态的德国哲学也就具有进步的和保守的两个方面的矛盾。马克思曾说德国古典哲学的代表之一的康德哲学是"法国革命的德国理论"②,恩格斯也指出,19 世纪的德国和 18 世纪的法国一样,哲学革命充当了政治革命的序幕,但是这两种革命却是非常不同的③。这就是说,德

---

①　恩格斯:《德国状况》,载《马克思恩格斯全集》第 2 卷,第 635 页。

②　马克思:《法的历史学派的哲学宣言》,载《马克思恩格斯全集》第 1 卷,第 100 页。

③　参见恩格斯:《路德维希·费尔巴哈和德国古典哲学的终结》,载《马克思恩格斯选集》第 4 卷,第 210 页。

国古典哲学曾感受过法国资产阶级革命的影响,反映了德国资产阶级反封建的进步要求,这表现在辩证的方法方面;但是德国资产阶级对封建势力的妥协和对革命的反对态度,又表现在唯心论的体系方面。正如恩格斯所指出的:"在从康德到黑格尔的德国哲学中,德国庸人的面孔有时从肯定方面表现出来,有时又从否定方面表现出来。"①

德国古典哲学也直接承受了17—18世纪以来某些先进的哲学思想的影响,一些卓越的思想家如笛卡儿、斯宾诺莎、莱布尼茨等的辩证法思想,都是德国古典哲学的先导。如恩格斯所说,"每一时代的哲学作为分工的一个特定的领域,都具有由它的先驱者传给它而它便由此出发的特定的思想资料作为前提。因此,经济上落后的国家在哲学上仍然能够演奏第一提琴:18世纪的法国对英国(而英国哲学是法国人引为依据的)来说是如此,后来的德国对英法两国来说也是如此。"②

德国古典哲学一方面反映了封建制度崩溃的倾向,反映了法国革命斗争的经验;另一方面又或多或少地综合了当时自然科学的知识,例如天文学、地质学、力学、化学、生物学等等,这也是德国古典唯心论哲学具有进步的一面的原因。

以上是德国古典哲学的历史根据。

二、康德哲学中的辩证法

康德是德国古典哲学的创始者,又是所谓"批判哲学"的创始者。他的哲学活动的第一期(18世纪50、60年代)主要的是研究自然哲学,创立了地球自转由于潮汐而逐渐迟缓的假说和太阳系起源于原始星云的假说。在其哲学活动的第二期即所谓批判期,他创造了先验的唯心论哲学体系,企图调和唯物论与唯心论、经验论与唯理论、知识与信仰。

康德首先承认客观物质世界的存在,即所谓"物自体"(即"自在之物")的存在,主张一切认识是由"物自体"作用于人的感官而产生的。这是他的哲

---

① 恩格斯:《致康·施米特》,载《马克思恩格斯选集》第4卷,第485页。
② 恩格斯:《致康·施米特》,载《马克思恩格斯选集》第4卷,第485页。

学中的唯物论的因素。但他又认为"物自体"世界是人所不能认识的,人的感觉只能认识客观物质世界的表面现象。时间和空间不是客观物质世界存在的形式,而是人生而有之的先验直观形式,人必须通过时间和空间这种先验直观形式,才能感知客观事物。康德认为认识的进一步是把从感性获得的材料置于因果性和必然性等逻辑范畴中,使感性材料具有秩序和规律性。这些逻辑范畴也不是客观的,而是人所固有的先验的思维形式。以上的认识过程都只能认识事物的现象,而当人们要超过事物的现象以认识世界的本质即"物自体"时,就不可避免地陷入自相矛盾中了,康德将这些矛盾称为"二律背反"。这些"二律背反"是:世界是有限的,世界是无限的;世界上的一切都是由单一的东西构成的,世界上没有单一的东西;世界上有自由,世界上没有自由;世界上存在着绝对的必然性,世界上没有绝对的必然性。这些不可解决的矛盾说明了客观世界是人所不能认识的,于是康德最终陷入了唯心论和不可知论。康德这样限制人类认识能力的目的在于限制科学知识,给宗教信仰留出地盘。康德哲学的折中论和二元论的性质主要地表现在这里。

在康德哲学中也包含了一些辩证法的因素。他早期提出的太阳系起源的假说,是以发展的观点来说明自然界。这个假说,给形而上学的自然观打开了一个大缺口。康德在以"二律背反"来论证他的不可知论时,也在一定程度上不自觉地揭示了范畴间的矛盾和人类思维中的矛盾的必然性,这对以后唯心辩证法的发展起了一定的推动作用。不过,康德的哲学总的来说是一个形而上学的体系,他从来没有自觉地表述过辩证法的思想。正是在这个意义上,恩格斯认为"要从康德那里学习辩证法,这是一个白费力气的和不值得做的工作"[①]。

三、黑格尔哲学中的辩证法

黑格尔是德国古典哲学的最大代表,他创造了哲学史上最庞大的客观唯心论的哲学体系,并且第一个全面地、系统地阐述了唯心论的辩证法。处在18世纪和19世纪交替的资产阶级革命的时代,作为资产阶级哲学家同时又

---

① 恩格斯:《自然辩证法》,人民出版社1971年版,第31页。

是普鲁士官方哲学家的黑格尔,在他的哲学中,表现了反动的方面与进步的方面,唯心论的体系与辩证的方法之间的矛盾。

黑格尔主张存在和思维两者统一于绝对观念,因而在唯心论的基础上解决了思维与存在的同一性问题。

黑格尔认为,思维并不是人类的思维,而是在世界存在以前即已存在的一种精神或理性,即所谓"绝对观念",它在世界以前早已存在,是世界的本体,是一切事物的泉源。

黑格尔认为,绝对观念处于不断的发展过程中,这种发展过程分为三个阶段:逻辑阶段、自然阶段和精神阶段。逻辑阶段是人类社会和自然界产生以前的阶段。在这个阶段里,绝对观念作为纯粹抽象的概念、范畴在发展转化。在这阶段的最后,绝对观念就否定它自身而向着相反的方向发展,即从思维"外化"为自然界,到达于自然阶段。人类出现以后,绝对观念就转入了精神阶段,于是摆脱了自然物质的形式,回复到了与它相适合的精神形式,在这里,绝对观念就通过"艺术"、"宗教"和"哲学"三种形式完全认识了自己,而黑格尔的哲学是绝对观念的最后完成和最高体现,是哲学史发展的最高峰。绝对观念在这里就完全认识了自己,终结了自己的发展。黑格尔认为绝对观念先于物质世界而存在,其实质是同上帝创世说一样的。黑格尔的哲学其实也就是装扮成哲学的神学。

黑格尔的哲学虽然是唯心论的,但是在这个体系里面却包含着非常丰富的"合理内核",这便是以唯心论观点表述的辩证法。黑格尔研究了精神现象学、逻辑学、自然哲学、历史哲学、美学和哲学史等等,在这些领域中,黑格尔都找出了贯穿于其中的发展线索,这就永远结束了那种认为自然、历史和人的思维都是永不发展的形而上学的见解。黑格尔企图在这些发展过程中,通过一切表面的偶然现象,找出它内部的规律性来。尽管由于他个人及其时代知识的限制,以及他的唯心论立场的限制,他只能提出这个任务,而并没有完成这个任务,但是他的哲学中的这些合理因素对于唯物辩证法的产生是具有重大的意义的。

黑格尔哲学中的"合理内核",主要如下:

首先,黑格尔天才地猜测到了思维规律和客观现实规律的一致性。黑格尔既然认为思维和存在是同一的,客观存在是绝对观念的产物、绝对观念的体现。因此,他就自然会把思维规律说成就是客观存在的规律,即自然与人类社会的规律。在他的逻辑学中,不仅研究了思维规律和思维形式,而且把思维规律推广到客观世界,并从逻辑上来研究客观世界的普遍规律。这是黑格尔颠倒了思维和存在的关系的结果。列宁在《黑格尔逻辑学一书摘要》中指出:"黑格尔确实证明了:逻辑形式和逻辑规律不是空洞的外壳,而是客观世界的反映。更正确些说,不是证明了,而是天才地猜测到了。"①

其次,黑格尔表述了运动,变化、发展和联系的思想。黑格尔认为任何概念和范畴都是不断地在运动、变化和发展着的,它们之间具有内在的必然的联系,由一个必然地转化、过渡到另一个。列宁指出:"黑格尔在一切概念的更换、相互依赖中,在它们的对立面的同一中,在一个概念向另一个概念的转化中,在概念的永恒的更换、运动中,天才地猜测到了的正是事物、自然的这样的关系。"②黑格尔将自然、历史及精神的世界都想象成为一种不断运动、变化和发展的过程。在《精神现象学》里,黑格尔提出了认识的主观能动性,批判了对认识过程的形而上学的理解,还提出了历史的东西和逻辑的东西的一致性;在《历史哲学》里,他把历史的发展过程看作是各个历史阶段前后相随的统一的过程。恩格斯说:"黑格尔第一次——这是他的巨大功绩——把整个自然的、历史的和精神的世界描写为一个过程,即把它描写为处在不断的运动、变化、转变和发展中,并企图揭示这种运动和发展的内在联系。"③

再次,黑格尔提出了辩证法的三个规律:

从量转化为质和从质转化为量的规律;

对立的相互渗透的规律;

否定之否定的规律。

依照恩格斯的说明,这三个规律是被黑格尔以唯心论的方式当作思维规律来表述的。第一个规律表述在《逻辑学》的存在论中;第二个规律表述在《逻辑学》的本质论中;第三个规律是整个体系构成的根本规律。黑格尔的错

---

① 列宁:《哲学笔记》,载《列宁全集》第38卷,第192页。
② 列宁:《哲学笔记》,载《列宁全集》第38卷,第210页。
③ 恩格斯:《社会主义从空想到科学的发展》,载《马克思恩格斯选集》第3卷,第420页。

误是在于:"这些规律是作为思维规律强加于自然界和历史的,而不是从它们当中抽引出来的。从这里就产生出整个牵强的并且常常是可怕的构造:世界,不管它愿意与否,必须符合于一种思想体系,而这种思想体系自身又只是人类思维某一特定发展阶段的产物。如果我们把事情顺过来,那末一切都会变得很简单,在唯心主义哲学中显得极端神秘的辩证规律也立刻就会变成简单而明白的了。"①

此外,黑格尔还揭示了认识的过程是不断地由抽象到具体的过程;揭示了本质和现象、偶然性和必然性、自由和必然等范畴之间的辩证联系,等等。所以,虽然黑格尔的辩证法是唯心论的,是概念的辩证法,但是他"在概念的辩证法中天才地猜测到了事物(现象、世界、自然界)的辩证法"②,而且这种辩证法是异常丰富的。正因为黑格尔的唯心辩证法具有这样一些积极的成分,所以它能够成为马克思主义哲学的先导。

四、黑格尔学派的分裂和费尔巴哈唯物论的出现

黑格尔死后,革命的风暴席卷全欧,英国工人的宪章运动正在扩大,法国的资产阶级革命局势动荡不安,工人阶级也爆发了几次起义,其他许多国家都有了资产阶级革命的趋势。这种国际的革命形势,影响了德国的资产阶级和无产阶级。德国资产阶级想建立民主共和国,工人阶级也酝酿起义,要求自己阶级的解放。德国资产阶级为了实现民主共和国,开始展开了对封建制度和宗教思想的斗争。这种斗争,首先在黑格尔的学派中反映了出来。资产阶级激进派采取黑格尔哲学的进步的、革命的方面,保守派采取其保守的、反动的方面,作为各自的理论斗争的武器。前者是青年黑格尔派,即黑格尔左派,这一派的代表人物是施特劳斯、布鲁诺、鲍威尔、费尔巴哈等人;后者是老年黑格尔派,即黑格尔右派,这一派的代表人是欣利哈斯、哈布列尔等人。黑格尔右派为德国的封建王朝和教会作辩护,黑格尔左派反对封建制度和基督教。最初,两派之间的论战以及左派内部的论战,都曾经停顿在唯心论的领域。后

---

① 恩格斯:《自然辩证法》,人民出版社1971年版,第46页。
② 列宁:《哲学笔记》,载《列宁全集》第38卷,第210页。

来,左派内部也发生分裂,费尔巴哈脱离了黑格尔的唯心论,转向于唯物论。

费尔巴哈恢复了唯物论的权威,这在马克思主义以前是划时代的贡献。费尔巴哈主要的唯物论著作,是在 1841 年发表的《基督教的本质》、1842 年发表的《哲学改革的临时纲要》和在 1843 年发表的《未来哲学原理》。费尔巴哈在这些著作中,宣传唯物论、无神论,反对唯心论、有神论。

费尔巴哈在哲学的基本问题上,主张物质第一性,意识第二性。他断言:"思维与存在的真正关系只是这样的:存在是主体,思维是宾词。"①费尔巴哈认为,物质的自然界是唯一的现实世界,人是自然界的产物,反映自然界的人的意识和思维,也是物质的器官即头脑的产物,除了自然界和人以外,别的一无所有。费尔巴哈提出了唯物论的时空观,他认为时间和空间不是如康德所主张的所谓感性直观的先验形式,而是物质存在的"根本条件"、"存在的形式";空间和时间也是思维形式,是正确地反映了客观存在的思维形式。他认为物质不但是存在着,并且是在时间和空间中运动着和发展着。这种主张,当然是正确的。但是他所说的运动和发展是力学的、机械的。

费尔巴哈把他的哲学叫做"人本主义"。他认为人是自然的物质的存在物,人的精神和思维是与人的物质存在不可分的,没有脱离人的肉体而单独存在的灵魂。这种人本主义把人看作是生物学上的人,即脱离了具体的历史和社会关系的人。所以,它虽然是唯物论的,却是对于唯物论的肤浅的不确切的表述。

费尔巴哈坚持了唯物论的认识论原理,反对康德的不可知论。他指出,人恰巧具备理解世界的全貌、理解它的整体所必需的那样多的感觉。认识的历史证明认识的范围在不断扩大,我们还没有认识到的东西,我们的后代一定会认识到。所谓认识世界,就是认识世界的规律。费尔巴哈认为自然界的一切都处在相互作用中;一切都是相对的;一切都同时是结果和原因;自然界中的一切都是全面的和相互的,而这种现实界的规律也就是思维的规律。但他对于因果性、规律性的理解仍然是形而上学的。

费尔巴哈的唯物论的认识论路线是由物质到感觉,由感觉到思维。他坚

---

① 《费尔巴哈哲学著作选集》上卷,三联书店 1961 年版,第 115 页。

持唯物论的感觉论,认为认识是从感觉和经验开始的,感觉反映了人与外部世界的联系,而理性则是把从感觉中获得的分散的和单个的材料按照自然的原则联系起来的产物。费尔巴哈虽然承认感性和理性都是客观世界的反映,但是他不懂得从感性认识到理性认识是一个过程,并且是一个辩证法的过程;不懂得个别和一般的关系,以及抽象在认识过程中的作用。他把人类已有的全部知识的总和作为认识的真理性的标准,却不懂得人的生产斗争、阶级斗争和科学实验的实践是认识的基础和真理性的标准。费尔巴哈的认识论是没有实践观点的。

费尔巴哈应用他的唯物论,对唯心论和宗教进行了不断的斗争。他指出唯心论和宗教是唯物论的两个敌人,二者是互相保护和支持的。它们的共同出发点是把人类的思维、精神从物质存在中抽象出来作为第一性的东西,而以为物质存在是归宿于精神的。他认为黑格尔哲学中的"绝对观念"的实质,就是以精神和理性的形式表现出来的宗教上的神。至于宗教上的神,在他看来,只是人的本质的幻想的反映而已。神是人类的镜子,是人类的投影,所以宗教的本质即是人类的本质。人依照自己的形态去创造神。费尔巴哈认为,宗教是"天上的唯心论",即"想象的唯心论";唯心论是"地上的宗教",即"理性化了的有神论"。所以,要否定唯心论,也就要否定上帝,"上帝只是唯心论最初的创始人"①。费尔巴哈就是这样高举了唯物论和无神论的大旗,反对了唯心论和有神论。但是,费尔巴哈并不了解宗教的社会阶级根源,他对宗教的批判仍然是不彻底的;而且,费尔巴哈并不希望废除一切宗教,而是要以新的宗教来代替旧的宗教,这个新的宗教即是他所说的性爱、友谊、同情、舍己精神等,换句话说,就是要以他的哲学来代替宗教。

列宁曾指出,费尔巴哈的唯物论和以往一切唯物论一样,存在着三个根本的缺点:"(1)这种唯物主义'主要是机械唯物主义',它没有顾及化学和生物学(现时还应加上物质电理论)的最新发展;(2)旧唯物主义是非历史的、非辩证的(而是形而上学的,即反辩证法的),它没有彻底而全面地遵循发展观;(3)旧唯物主义者抽象地了解'人的本质',而不是把它看作(具体历史条件下

① 《费尔巴哈哲学著作选集》上卷,三联书店1961年版,第144页。

一定的)'一切社会关系'的'总和',所以他们只是'解释了'世界,但是问题在于'改变'世界,也就是说,他们不懂得'革命实践活动'的意义。"①

　　费尔巴哈的唯物论虽然有上述三个缺点,但它毕竟是马克思主义哲学的直接先导。马克思和恩格斯正是通过费尔巴哈而走向辩证唯物论的。

---

① 列宁:《卡尔·马克思》,载《列宁全集》第21卷,第34页。

第二章 唯物辩证法的创立和发展

第一节 唯物辩证法创立的历史根据

一、19世纪前半期资本主义社会经济上的矛盾

唯物辩证法是无产阶级及其政党的世界观,它是在资本主义生产方式的内部矛盾鲜明地暴露出来了的时代、适应着无产阶级革命斗争的需要而诞生的。

资本主义生产方式的根本矛盾就是生产社会化和资本主义私人占有之间的矛盾。这个矛盾是贯穿于资本主义生产方式的始终的;但是在资本主义生产方式发展的初期,表现得还不明显。到了19世纪前半期,这个矛盾就在各先进的资本主义国家(特别是英国)鲜明地暴露出来了。

这个根本矛盾的第一个表现就是雇佣劳动与资本的对抗,即无产阶级与资产阶级的对抗。当时的劳动群众,因为不堪资本主义的剥削,不能不团结起来去反抗资本主义。例如:1816年英国劳动群众举行了破坏机器的大暴动;1819年曼彻斯特劳动者在要求选举权的名义下举行了一次大示威运动;1831年和1834年法国里昂劳动者举行了两次大起义;1837年至1844年,英国劳动者举行了声势浩大的宪章运动;1844年德国西里西亚纺织工人开始了第一次起义。这些劳动者的运动,都以劳动问题为中心,他们的要求虽然仍局限于经济方面,还没有涉及资本主义制度本身,但对于资本主义的剥削的反抗,却已经明显地开始了。从这时以后,无产阶级已开始了由"自在"的阶级到"自为"的阶级的转变过程。

资本主义生产方式的根本矛盾的另一表现,是各个企业的有计划地组织与全社会生产的无政府状态之间的矛盾。例如:1815年英国发生的经济危机;1825年英国和大陆发生的经济危机;1836年在资本主义各国发生的经济

危机；1847年发生的世界性的经济危机；这些周而复始的经济危机，搅乱了各种产业部门间的均衡，很明显地暴露了资本主义生产的无秩序。这些经济危机，把财富和生产手段集中于一极，把贫穷和困苦集中于另一极，使千百万无产者遭到严重的灾难，使社会生产力受到极大的破坏。

这些矛盾的尖锐化和鲜明化，说明了资本主义的生产关系已经从生产力发展的动力变成了生产力发展的桎梏，预示着社会革命的时候已经到来了。

二、19世纪前半期资本主义社会政治上的矛盾

上述的经济矛盾表现在政治领域中，就是资本主义生产关系的不平等的实质与资产阶级"民主"国家的"平等"外貌之间的矛盾。这个矛盾，在资产阶级取得统治地位以前，是被掩盖着的。18世纪法国的启蒙学者们，为了动员人民群众为推翻封建制度、建立资本主义制度而斗争，曾经宣传理性是万事万物的唯一裁判者。凡是与所谓"永久理性"相矛盾的一切社会制度与国家制度，都应当废弃，而代之以"合理的社会"与"合理的国家"。据说这"合理的社会"与"合理的国家"是约定了依据"自由、平等、博爱"的原则去建立的。所以当时的劳动人民和资产阶级结成革命的联合战线，推倒共同的敌人即封建主义制度，以期实现自由平等的要求。但是，在革命胜利以后，资产阶级便爬上了统治阶级的地位，使政治的上层建筑适合于他们的经济要求，制定了种种适合于自己阶级利益的法律，把形式上的自由和平等当做"民主主义"宣布了。结果，所谓"自由"，在资产阶级方面，是对于劳苦大众的剥削与压迫的自由；在劳苦大众方面，是"离开财产的自由"，是贡献剩余劳动或挨饿的"自由"。所谓平等，也只是商品的等价交换，即形式上的平等、实际上的不平等。于是从来资产阶级及其辩护者（即启蒙学者）所梦想的"理性的王国"实现了。个人的支配欲，变成了资产阶级的原则和理论，变成了资产阶级的法律制度。革命的观念，兴奋了一般大众的精神；现实的货币，充满了资产阶级的腰袋。"总之，和启蒙学者的华美约言比起来，由'理性的胜利'建立起来的社会制度和政治制度竟是一幅令人极度失望的讽刺画。"①这幅讽刺画教育了无产阶

---

① 恩格斯：《社会主义从空想到科学的发展》，载《马克思恩格斯选集》第3卷，第408页。

级,使无产阶级认识到,所谓"民主国家"不过是资产阶级的国家,不过是资产阶级用来维护资本主义生产关系和镇压无产阶级反抗的工具。因此,为要反对剥削、反对压迫,就不仅要进行经济斗争,而且要进行政治斗争,即进行反对资产阶级国家的斗争。

在 19 世纪前半期,产业革命在英国已经完成,在法国正在完成的过程中。至于德国,产业革命刚刚开始,封建制度还占据统治地位。俄国更是落后,还停顿在农奴制与封建专制主义的阶段。在国际关系上,资本主义经济与封建主义经济,以德国为境界线而斗争。同时,专制主义政治与民主主义政治,也以德国为境界线而争霸。德国在当时,是两种经济体系与政治体系的交叉点。再就当时各国内部的政治情形说,英法的资产阶级革命已经完成,俄国的资产阶级革命还未提上日程,唯有德国正处在资产阶级革命的前夜。德国无产阶级身受封建主义和资本主义的双重压迫,革命性极为坚决;同时又有英法两国的革命经验可资借鉴。这种情况,决定了当时的德国必然要成为革命运动的中心,并且德国的资产阶级革命一定要成为无产阶级革命的直接序幕。

总之,当时政治领域中的矛盾,决定了无产阶级一定要起来推翻资产阶级的政权,实现无产阶级革命和无产阶级专政,并且这个历史任务首先要落在德国无产阶级身上。

三、19 世纪前半期意识形态上的矛盾

为了解决无产阶级革命的实践任务,就需要一种能够正确地反映客观矛盾、预察事变前景的科学的革命理论,作为战斗的无产阶级的精神武器。但是,当时的一切现存理论,都不能满足这个要求。这就产生了理论和实践之间的矛盾。

当资产阶级还是一个革命阶级的时候,资产阶级的意识形态曾经在反对封建制度的历史任务中起过一定的积极作用。但是,即使在当时,它也总是把资本主义制度美化成最合乎"人性"的、永恒的"天国",极力掩盖无产阶级同资产阶级的矛盾。当资产阶级战胜了封建制度、夺得了自己的政治统治之后,资产阶级的意识形态更成为专门反对无产阶级、阻挠革命变革的反动的东西了。

　　例如,作为西欧早期革命资产阶级世界观的机械唯物论,在反封建的斗争中曾经起过精神武器的作用。但是就在当时,它的形而上学的发展观和社会历史领域中的唯心论,也是为论证资本主义制度的合理性服务,为掩盖无产阶级和资产阶级的矛盾服务的。当资产阶级登上了政治统治的宝座以后,这种理论就丧失了作为革命斗争的精神武器的作用。德国古典哲学是软弱的德国资产阶级的意识形态,在反封建的斗争中的积极作用本来已经非常有限,至于要它充当无产阶级革命斗争的精神武器,当然更是不可能的。

　　英国的古典政治经济学是资本主义上升时期的产物。在这个时期,阶级斗争还没有发展到直接威胁资产阶级的根本利益的程度,因此,资产阶级的经济学者还能够比较客观地研究事实,因而发现了"劳动价值说"(亚当·斯密),并且意识到阶级利害关系的对立、工资与利润的对立,利润与地租的对立(李嘉图)。但是,即使在这个时期,由于古典经济学者的资产阶级立场的限制,由于他们的唯心论和形而上学观点的束缚,他们把资本主义的生产方式当成了永恒的社会制度,把资本主义的经济规律当成了绝对的自然规律,因而并不能揭示价值的实质和阶级对立的意义。至于到了英法两国的资产阶级夺得了政权,而无产阶级的革命斗争直接威胁着资产阶级的根本利益的时候,资产阶级的政治经济学就变成了纯粹为资产阶级的狭隘利益辩护的、毫无科学意义的庸俗经济学了。

　　至于批判和暴露资本主义罪恶的学说,是19世纪初期英法的空想的社会主义。空想的社会主义者,虽然意识到了资本主义社会阶级的对立,却不能认识这个对立的本质,也不能提出解决这个矛盾的主力,不能认识无产阶级的历史的使命。他们以个人的创造活动来代替社会的革命活动,按照他们自己所设计的方案来创造有关新社会组织的理论;用宣传和示范的方法来代替革命的阶级斗争的方法;而且他们将改革社会的希望寄托于"资产阶级放软心肠和解囊施舍",所以空想社会主义者的理论完全是脱离实践的,它只是不成熟的阶级关系的理论表现。

　　由此可见,当时的一切现存理论,都是与当时的经济状况和政治形势所规定的实践任务格格不入的。它们或者为资本主义辩护,或者虽然对资本主义持批判态度,但却不能揭示资本主义的实质,它们都不能充当无产阶级革命斗争的思想武器。在这种情况下,一种崭新的、为无产阶级革命实践服务的科学理论的出现,就成为历史的必然了。于是,无产阶级的伟大代表马克思和恩格斯从无产阶级革命斗争的迫切需要出发,总结了当代工人运动的经验,批判地继承了以往理论遗产中的积极成分,概括了当时各门科学的成就,创立了崭新的科学的哲学——唯物辩证法。

这就是唯物辩证法产生的历史根据。以下再说明它形成的具体过程。

第二节　唯物辩证法创立的过程

一、费尔巴哈唯物论的缺陷的克服

马克思主义哲学的直接先导,无疑地是黑格尔的辩证法和费尔巴哈的唯物论。但是,马克思主义的唯物论,是克服了从来一切形而上学的唯物论,特别是费尔巴哈唯物论的缺陷,并由自然领域扩张于历史领域的唯物论,是辩证法的唯物论。马克思主义的辩证法,是批判地摄取了从来一切哲学中的辩证法、特别是黑格尔辩证法的成果,并综合了现代自然科学和社会科学的各种结论的辩证法,是唯物论的辩证法。所以费尔巴哈的唯物论和黑格尔的辩证法,虽然是唯物辩证法的直接先导,而唯物辩证法却并不是两者之机械的综合。为要说明这一点,不能不进而说明马克思和恩格斯改造费尔巴哈的唯物论和黑格尔的辩证法的过程。

马克思在柏林大学求学的时代,钻研了黑格尔的哲学,在同一时期,恩格斯也研究了黑格尔哲学。他们两人感受着当时欧洲和德国的革命形势的影响,而他们所研究的哲学,又是"法国革命的德国理论",所以他们当时的政治的立场,是民主主义的;哲学的立场,是辩证唯心论的。可是,正在这个时候,黑格尔哲学体系开始崩溃了。1841年费尔巴哈的《基督教的本质》一书发表了,马克思和恩格斯同时研究了这部书,对这部书作了很高的评价。恩格斯说:"这部书的解放作用,只有亲身体验过的人才能想象得到。那时大家都很兴奋:我们一时都成为费尔巴哈派了。马克思曾经怎样热烈地欢迎这种新观点,而这种新观点又是如何强烈地影响了他(尽管还有批判性的保留意见),

这可以从《神圣家族》中看出来。"①

但是，马克思和恩格斯之受费尔巴哈的影响，只是暂时的，大约在1842—1844年之间。到了1845年《关于费尔巴哈的提纲》写成时，他们已超越费尔巴哈而前进，而费尔巴哈就终止于1843年所达到的境界而停步不前了。

马克思和恩格斯改造费尔巴哈的唯物论的工作，是在他们受着费尔巴哈的影响的时期进行的。他们最初接受费尔巴哈的影响，大体上是费尔巴哈唯物论的认识论的某些基本原理，以及反对宗教唯心论的某些主要论点。但他们并不是无条件地接受费尔巴哈的论点的，他们批判了这个哲学的形而上学性，特别是批判了费尔巴哈在历史领域中的唯心论观点。

马克思和当时隐居在德国农村的费尔巴哈不同，他是当时德国政治革命的领导者。他在接受了费尔巴哈的影响，决定地成为唯物论者以后，其注意的中心问题，是政治的问题，是政治的批判。所以他在1842年3月20日写给卢格的信中说："在这篇论文里，我不免要谈到宗教的一般本质；在这个问题上，我同费尔巴哈有些争论，这个争论不涉及原则，而是涉及对它的理解。"②他又在1843年3月13日写给卢格的信中说："费尔巴哈的警句只有一点不能使我满意，这就是：他过多地强调自然而过少地强调政治。然而这一联盟是现代哲学能够借以成为真理的唯一联盟。"③在这里已经表明了要研究哲学，必须研究政治，研究人类的历史。但是，费尔巴哈的哲学只是自然观方面的唯物论，并且是人本主义的唯物论，他本人只进行哲学活动，不进行政治活动。他不懂得政治，也不懂得历史，因而他在历史领域中违反了他自己的唯物论，陷入唯心论，这是他的哲学的根本缺陷。所以，马克思集中注意于批判费尔巴哈哲学中关于历史的唯心论见解，把唯物论贯穿于历史的领域。他在1844年写的《黑格尔法哲学批判导言》中说："人就是人的世界，就是国家，社会。国家、社会产生了宗教即颠倒了的世界观，因为它们本身就是颠倒了的世界。"④又说：

①　恩格斯：《路德维希·费尔巴哈和德国古典哲学的终结》，载《马克思恩格斯选集》第4卷，第218页。
②　《马克思致阿尔诺德·卢格》，载《马克思恩格斯全集》第27卷，第424页。
③　《马克思致阿尔诺德·卢格》，载《马克思恩格斯全集》第27卷，第442—443页。
④　马克思：《黑格尔法哲学批判导言》，载《马克思恩格斯全集》第1卷，第452页。

"对宗教的批判就变成对法的批判,对神学的批判就变成对政治的批判。"①在这里表明了马克思对宗教的批判已经超过了费尔巴哈。

其次,在《神圣家族》中,马克思虽然称赞了费尔巴哈的"一切天才发现",同时也批判了费尔巴哈唯物论的形而上学的直观的性质。如恩格斯所说:"对抽象的人的崇拜,即费尔巴哈的新宗教的核心,必须由关于现实的人及其历史发展的科学来代替。这个超出费尔巴哈而进一步发展费尔巴哈观点的工作,是由马克思于1845年在《神圣家族》中开始的。"②

到了1845年《关于费尔巴哈的提纲》写成以后,马克思已经大大地超过费尔巴哈,而到达于历史唯物论了。

费尔巴哈的人本主义把人和自然作为哲学的对象。然而费尔巴哈所说的人,并不是现实的人,而是抽象的人、生物学意义上的人。他所说的自然,也只是一个空洞的名称。按照他的学说,人和自然的关系是建立在自然的基础之上的。他只把自然看作感官的对象,不看作感性的活动,即不把自然看作可以改造的对象。他虽然把感觉理解为自然在头脑中的反映,但它只是一种消极的受动的反映,不是积极的能动的反映,即看不到主观能动性。因此马克思说:"从前的一切唯物主义——包括费尔巴哈的唯物主义——的主要缺点是:对事物、现实、感性,只是从客体的或者直观的形式去理解,而不是把它们当作人的感性活动,当作实践去理解,不是从主观方面去理解。"③"费尔巴哈不满意抽象的思维而诉诸感性的直观;但是他把感性不是看作实践的、人类感性的活动。"④"他在《基督教的本质》中仅仅把理论的活动看作是真正人的活动,而对于实践则只是从它的卑污的犹太人活动的表现形式去理解和确定。所以,他不了解'革命的'、'实践批判的'活动的意义。"⑤

马克思在批判费尔巴哈的缺点时,特别着重主张革命的实践的活动在认识论中的重要作用,因为这种实践是认识的基础和认识的真理性的标准。把

---

① 马克思:《黑格尔法哲学批判导言》,载《马克思恩格斯全集》第1卷,第453页。

② 恩格斯:《路德维希·费尔巴哈和德国古典哲学的终结》,载《马克思恩格斯选集》第4卷,第237页。

③ 马克思:《关于费尔巴哈的提纲》,载《马克思恩格斯全集》第3卷,第3页。

④ 马克思:《关于费尔巴哈的提纲》,载《马克思恩格斯全集》第3卷,第4—5页。

⑤ 马克思:《关于费尔巴哈的提纲》,载《马克思恩格斯全集》第3卷,第3页。

革命的实践这个概念引入唯物论的认识论,这是马克思主义哲学的伟大功绩。

其次,费尔巴哈所谈到的宗教问题是社会的上层建筑中的问题,这样,费尔巴哈就把他的人本主义扩展到社会历史方面来了。他的人本主义所抓住的人,既然是抽象的人、生物学上的人,这样人与人的关系也只能是自然关系;在他看来,这种自然关系的纽带就是人的本质,而人的本质是"一种内在的、无声的、把许多个人纯粹自然地联系起来的共同性。"①这种共同性只能是性爱、友谊、同情等等。这种性爱、友谊、同情等等就是费尔巴哈想用来代替旧宗教的新宗教。但在任何社会中,抽象的人是没有的,只有现实的人,只有作为特定时代的处在特定的生产关系中的人;人与人之间的一切关系的基础是生产关系(在阶级社会中是阶级关系),宗教就是生产关系的歪曲的幻想式的反映。费尔巴哈把宗教还原于世俗基础,这是正确的。但是费尔巴哈不懂得这个世俗基础实质上是人类社会、阶级社会,而宗教世界是世俗世界(即人类社会)脱离它自身飞上重霄以后形成起来的独立王国。因此为要批判宗教世界,就必须批判这个世俗基础(即人类社会),揭露世俗基础的矛盾,然后才能排除这些矛盾。"用排除这种矛盾的方法在实践中使之革命化"。② 这就是说,世俗基础的矛盾即阶级矛盾消灭了,宗教世界也将逐步归于消灭。正如《提纲》所说:"自从在世俗家庭中发现了神圣家族的秘密之后,世俗家庭本身就应当在理论上受到批判,并在实践中受到革命改造。"③

《提纲》又说:旧唯物论"认为人是环境和教育的产物,因而认为改变了的人是另一种环境和改变了的教育的产物",但旧唯物论者对这一问题并没有也不能予以说明。所以《提纲》接着说:"环境正是由人来改变的,而教育者本人一定是受教育的。""环境的改变和人的活动的一致,只能被看作是并合理地理解为革命的实践。"④由此可见,马克思在写《关于费尔巴哈的提纲》的时候,批判了费尔巴哈关于历史的唯心观点,建立了关于历史的唯物观点。前者是旧唯物论,后者是新唯物论。旧唯物论是资产阶级的唯物论,它的立脚点是

---

① 马克思:《关于费尔巴哈的提纲》,载《马克思恩格斯全集》第3卷,第5页。
② 马克思:《关于费尔巴哈的提纲》,载《马克思恩格斯全集》第3卷,第4页。
③ 马克思:《关于费尔巴哈的提纲》,载《马克思恩格斯全集》第3卷,第4页。
④ 马克思:《关于费尔巴哈的提纲》,载《马克思恩格斯全集》第3卷,第4页。

资产阶级社会;新唯物论是无产阶级的唯物论,它的立脚点是共产主义社会。旧唯物论仅仅用各种方式说明世界,而新唯物论不单是要说明世界,最重要的在于要改造世界。

《关于费尔巴哈的提纲》不但全面地克服了旧唯物论的一切缺陷,而且建立了崭新的世界观。

二、黑格尔唯心辩证法的改造

现在再说到马克思和恩格斯在唯物论的基础上,批判地改造黑格尔唯心辩证法的过程。

我们已经知道,黑格尔的庞大的哲学体系,是以丰富的哲学史的知识做背景,并企图把当时自然科学与社会科学的成果概括于其中的唯心论的辩证法体系。但是黑格尔的辩证法为什么是唯心论的而不能是唯物论的呢? 这个问题的说明,是理解关于黑格尔辩证法为什么必然要被否定的前提。

黑格尔的哲学所以是唯心辩证法的主要理由,第一,是当时德国社会状况的影响。如前段中所述,黑格尔时代的德国资本主义比较落后,德国资产阶级的势力比较薄弱。当时英法诸国所已实现的资本主义,在德国资产阶级心目中,还是将来应当实现的理想。所以作为德国资产阶级代言人的黑格尔只能在观念的世界中思辨地追想先进的资产阶级的历史。这种事实,对于黑格尔唯心辩证法的生成,给了决定的影响。因此,第二,在黑格尔的时代,资本主义社会的固有矛盾还没有充分地暴露,还没有进入腐朽的阶段。黑格尔把资本主义社会看作人类史上最成熟、最高级的阶段,而不能展望资本主义社会的前途。所以他的绝对的唯心论,站在精神发展的完结的立场、认识的辩证法的停滞的立场。第三,黑格尔时代的自然科学的发展水平,还未能提供足够的材料来证明自然界的辩证性质,还不能从自然科学的成果中唯物地概括出辩证法的一般原理,因而只能透过唯心论的窗户去窥测自然界的客观辩证法。

基于上述的理由,黑格尔就在头脑中构思着当时科学所没有阐明的世界的现实联系,把观念所导出的思辨的公式嵌入现实世界,把现实世界弄成神秘的东西。因此他把他的体系独断地说成是绝对观念的实现、绝对真理的总体,这就造成了他的体系与方法的矛盾。

黑格尔的体系与方法的矛盾之科学的解决，就是打破那非科学的体系，救出那有积极意义的方法。这种工作，是由马克思和恩格斯所完成的。

黑格尔辩证法之唯物论的改造工作，大概可以分为下述四项：

第一，黑格尔哲学把思维夸大成为独立的实体和现实世界的创造主。现在，这个哲学所颠倒了的存在与思维的关系，必须使它再颠倒过来，即是要把存在看作本源，把思维看作存在的反映。马克思说："我的辩证方法，从根本上来说，不仅和黑格尔的辩证方法不同，而且和它截然相反。在黑格尔看来，思维过程，即他称为观念而甚至把它变成独立主体的思维过程，是现实事物的创造主，而现实事物只是思维过程的外部表现。我的看法则相反，观念的东西不外是移入人的头脑并在人的头脑中改造过的物质的东西而已。"①

第二，正因为黑格尔哲学是唯心论的，所以他就在精神界、在概念的运动中去探求万物发展的辩证法的根源，这是用头向下倒立的辩证法。现在要把它颠倒过来，使它用脚向下竖立，要在物质过程中去探求万物发展的辩证法的根源。所以马克思指出："辩证法在黑格尔手中神秘化了，但这决不妨碍他第一个全面地有意识地叙述了辩证法的一般运动形式。在他那里，辩证法是倒立着的。必须把它倒过来，以便发现神秘外壳中的合理内核。"②思维的辩证法与物质世界本身的辩证法虽然在形式上有所区别，但这两种辩证法在本质上是完全一致的，前者是自发的、客观的，而后者则是自觉的、主观的。主观辩证法是客观辩证法的自觉的反映，主观辩证法必须符合客观辩证法。

第三，黑格尔的唯心论体系认为世界的发展因"绝对真理"的发现而告终结，这完全是与辩证法相矛盾的。马克思否定了这种形而上学的独断，把认识了解为无限发展的过程。

第四，黑格尔在他的哲学中虽然重视了实践的作用，但它完全脱离了社会的物质生产和阶级斗争，把实践当作抽象的精神的劳动或活动。马克思在唯物论的基础上把实践当作社会的生产斗争和阶级斗争，当作认识论的基础，因而把黑格尔的实践概念改造为历史的社会的范畴。

---

① 马克思：《资本论》第 1 卷，人民出版社 1975 年版，第 24 页。
② 马克思：《资本论》第 1 卷，人民出版社 1975 年版，第 24 页。

马克思和恩格斯对于黑格尔辩证法之唯物论的改造，表现于1842—1845年的诸著作中。关于黑格尔辩证法的批判之展开，首先是1843年的《黑格尔法哲学批判》，其次是1844年的《黑格尔法哲学批判导言》和《经济学—哲学手稿》，以及1845年的《神圣家族》。至于在1845—1846年发表的马克思和恩格斯合著的《德意志意识形态》中，唯物辩证法更是已经完全地展开了。

三、辩证的唯物的自然观的形成

马克思和恩格斯最初是当时德国政治革命的领导者，他们的哲学实践的活动，首先是从政治实践的领域、社会历史的领域中开始的，就是说，他们的哲学活动和政治活动是结合在一起的。他们的哲学活动的路线，可以从他们在1842年以后若干年的著作中看出来。但是他们是以什么哲学观点和方法进行活动的呢？这是应当加以说明的。

根据恩格斯所写的《反杜林论》、《路德维希·费尔巴哈和德国古典哲学的终结》、《自然辩证法》以及其他许多著作看来，马克思和恩格斯自从接受了费尔巴哈的唯物论的影响成为唯物论者以后，他们的唯物论是辩证法的。因为费尔巴哈否认黑格尔的唯心论，就连他的辩证法也完全抛弃了，为了倒脏水把婴儿也倒掉了。在这一方面，马克思和恩格斯从来没有同意过费尔巴哈那种简单的、粗陋的否认一切的做法，他们救出了黑格尔的辩证法。所以列宁引述恩格斯的话说："当时几乎只有我和马克思两人决心拯救自觉的辩证法"（使其不致与包括黑格尔主义在内的唯心主义同归于尽），"使其成为唯物主义自然观。"[1]由此可见，恩格斯所说的"唯物主义自然观"是辩证法的，即是辩证的唯物的自然观。

在马克思主义以前，所有的唯物论和唯心论的自然观都是形而上学的。根据恩格斯的说明，18世纪的法国唯物论主要是机械唯物论，它含有两个局限性：第一，在当时的自然科学中，只有固体力学达到了比较完善的地步；化学还在比较幼稚的状态，还信奉燃素说；生物学还处在襁褓之中，对于动植物的有机体还只作过极粗浅的研究，当时人们还用纯粹的机械的因素加以解释。

---

① 列宁：《卡尔·马克思》，载《列宁全集》第21卷，第35页。

这样,18世纪唯物论者就专用力学的尺度来说明自然界中的化学和有机体的过程,这就构成了这种唯物论在当时不可避免的局限性。第二,18世纪唯物论者不能把世界理解为一种过程,理解为一种处在历史上不断发展中的物质。这是跟当时的自然科学水平以及与自然科学相联系的形而上学思维方法相一致的。他们当时也曾知道自然界是处在永久的运动之中,但是他们却把这种运动理解为永远停留在同一地点上、导致同一的结果的循环运动。这就是形而上学的发展观。18世纪法国唯物论的这种局限性在当时是不可避免的。①

自然观方面的这种局限性甚至在大辩证法家黑格尔那里也是有的。因为黑格尔把自然界看作是观念的外化,认为自然界在时间上没有发展,只是在空间上展开自己的多样性,这种自然观仍然是形而上学的。

19世纪40年代前后,费尔巴哈在反对黑格尔的思辨哲学的斗争中,发表了唯物论的自然观。但是这种自然观仍然是形而上学的,因为他长期隐居在穷乡僻壤,不能够摄取当时自然科学所提供的关于自然界辩证法的丰富资料,来充实他的唯物论的内容,仍然因袭了法国唯物论者关于自然的见解,不能在18世纪法国唯物论的基础上前进一步。这正是费尔巴哈唯物论的严重缺陷。

在自然科学发展的历史上,从18世纪后半期到19世纪40年代,自然科学已经由搜集材料的阶段进到整理材料的阶段,建立了一些以研究发展过程为特点的实证的自然科学,如地质学、胚胎学、动植物生理学与有机化学等,并且细胞学说(1839—1840)与能量守恒和转化定律(1842)也已被发现了。这些自然科学提供了非常丰富的并且与日俱增的材料,证明自然界中的一切事物都是辩证式地发展着,而不是按照形而上学式地发展着的。所以,恩格斯说:"现代唯物主义概括了自然科学的最新成就,从这些成就看来,自然界也有自己的时间上的历史,天体和在适宜条件下存在于天体上的有机物种一样是有生有灭的;至于循环,即使它能够存在,也具有无限加大的规模。在这两种情况下,现代唯物主义都是本质上辩证的,而且不再需要任何凌驾于其他科学之上的哲学了。"②由此可见,根据恩格斯的追述,马克思和恩格斯在

①　参见恩格斯:《路德维希·费尔巴哈和德国古典哲学的终结》,载《马克思恩格斯选集》第4卷,第224页。

②　恩格斯:《反杜林论》,载《马克思恩格斯选集》第3卷,第65页。

1842—1846 年创立唯物辩证法的过程中,根据当时自然科学提供的资料,首先形成了辩证的唯物的自然观。这种辩证的唯物自然观的形成就表明着自然观的革命变革的开始。但是恩格斯接着说:"当自然观的这种变革只能随着研究工作提供相应的实证的认识材料而实现的时候,一些在历史观上引起决定性转变的历史事实已经老早就发生了。"①这就是说,自然观方面的革命的开始虽然先于历史观方面的革命,但自然观方面的革命的完成却在历史观方面的革命之后。为什么会这样呢? 就是因为要完成一个辩证唯物的自然观的严密体系,需要大量的实证科学的材料,而这种材料只是在后来才逐步地充实起来的(例如达尔文的进化论在当时还没有发表)。

把辩证法贯彻于唯物自然观,这就形成了马克思主义的哲学唯物论。列宁说:"马克思认识到旧唯物主义的不彻底性、不完备性和片面性,因此确信必须'使社会科学适合于唯物主义的基础,并根据这个基础加以改造'。"②又说:"马克思加深和发展了哲学唯物主义,使它成为完备的唯物主义哲学,把唯物主义对自然界的认识推广到对人类社会的认识。马克思的历史唯物主义是科学思想中的最大成果。"③

以下,我们说明马克思和恩格斯发现唯物史观的过程。

四、唯物史观创立的过程

马克思和恩格斯在订交合作(1844 年 8 月)以前,他们的哲学活动是沿着政治活动的方向前进的。他们所采取的途径虽然不同,而所得的结论却是一致的。

1842 年马克思在《德法年鉴》和《莱茵报》所发表的各种政治论文,主要的是反对普鲁士和整个德国的那种精神上、政治上和经济上的反动统治。例如,在《评普鲁士最近的书报检查令》和《"莱比锡总汇报"的查封》等论文中,马克思反对专制的书报检查法,反对反动派对于人民的言论自由和思想自由的压迫;在《第六届莱茵省议会关于出版自由和公布等级会议记录的辩论》一

① 恩格斯:《反杜林论》,载《马克思恩格斯选集》第 3 卷,第 65 页。
② 列宁:《卡尔·马克思》,载《列宁全集》第 21 卷,第 36 页。
③ 列宁:《马克思主义的三个来源和三个组成部分》,载《列宁全集》第 19 卷,第 5 页。

文中,他分析了德国社会的阶级结构以及普鲁士专制国家的作用,揭露了反动的省议会的等级局限性和它对封建贵族的屈从态度;在《关于林木盗窃法》和《摩塞尔记者的辩护》等论文中,马克思研究了所谓"林木盗窃法"和摩塞尔河地区农民的情况,站在政治上、经济上受压迫的贫苦群众的立场,为他们的物质利益进行辩护。

　　马克思在《莱茵报》期间,感到对于经济问题和社会主义问题研究的迫切需要,所以在1843年3月被迫退出《莱茵报》以后,就到布鲁塞尔和巴黎着手研究政治经济学、空想社会主义和法国革命史等。同时,他和法国的民主主义者、社会主义者、德国秘密团体"正义者同盟"的领导人以及许多法国工人秘密组织的领袖们建立了联系,经常出席德法两国工人和手工业者的集会;并和当时的许多进步人士结识,就许多理论问题和政治问题与他们交换了意见。马克思根据这一期间理论研究的收获和实践活动的经验,写成了《论犹太人问题》、《黑格尔法哲学批判导言》,发表在他所主编的《德法年鉴》上。在《论犹太人问题》中,提出了"政治解放"和"人类解放"的根本区别,"政治解放"是指资产阶级民主主义革命,而"人类解放"则是指推翻人类所受的一切社会压迫和政治压迫的社会主义革命。在《黑格尔法哲学批判导言》中,指出了无产阶级是实现人类解放的主要社会力量,并强调理论与实践的统一。他说:"哲学不消灭无产阶级,就不能成为现实;无产阶级不把哲学变成现实,就不可能消灭自己。"①又说:"哲学把无产阶级当作自己的物质武器,同样地,无产阶级也把哲学当作自己的精神武器"②。"批判的武器当然不能代替武器的批判,物质力量只能用物质力量来摧毁;但是理论一经掌握群众,也会变成物质力量。"③从上面这些论文来看,马克思在这个时候已经是无产阶级的革命理论家了。特别值得我们着重注意的是马克思在《德法年鉴》时代初步发现了唯物史观,并描绘出这一历史观的轮廓。他追述研究黑格尔的法哲学和写作《黑格尔法哲学批判》这一著作的情况时说:"我的研究得出这样一个结果:法的关系正像国家的形式一样,既不能从它们本身来理解,也不能从所谓人类

① 马克思:《黑格尔法哲学批判导言》,载《马克思恩格斯全集》第1卷,第467页。
② 马克思:《黑格尔法哲学批判导言》,载《马克思恩格斯全集》第1卷,第467页。
③ 马克思:《黑格尔法哲学批判导言》,载《马克思恩格斯全集》第1卷,第460页。

精神的一般发展来理解,相反,它们根源于物质的生活关系,这种物质的生活关系的总和,黑格尔按照 18 世纪的英国人和法国人的先例,称之为'市民社会',而对市民社会的解剖应该到政治经济学中去寻求。"①

恩格斯在同一期间,沿着和马克思不同的途径也达到了和马克思上述的结论相同的结论,这可以从恩格斯发表的一系列的政治论文中看出来。他最初发表的两篇论文是《乌培河谷来信》和《普鲁士国王弗里德里希·威廉四世》。前者揭露了德国资产阶级和僧侣的蒙昧和伪善,揭露了工人和手工业者惨遭剥削的贫困生活;后者展开了对反动的普鲁士国家制度的斗争,同时还尖锐地抨击了国王弗里德里希·威廉四世所鼓吹的"基督教德意志国家"的思想。1843 年 11 月,他到当时资本主义最发达的英国的曼彻斯特以后,一方面研究古典的政治经济学和空想的社会主义,同时又通过访问工厂和工人区,参加各种群众大会和工人集会,了解工人的生活条件和劳动条件,了解工人的斗争和宪章运动,从而也了解了英国的社会关系和政治关系,并结识了宪章运动的革命活动家;在伦敦时,还与"正义者同盟"的领袖建立了联系。这些实践活动和理论研究的成果,表现在那个时期的许多著作中。在《国内危机》、《各个政党的立场》等文中,他评述了英国的政治斗争,揭露了各个政党的阶级性。在《英国工人阶级状况》一文中,他分析了大工业的发展日益使得工人陷于贫困,分析了工人在社会生活中的地位,指出工人阶级的宪章运动能够获得成功。在《伦敦来信》中,他分析了英国复杂的阶级斗争的情况,描写了工人的斗争以及英国的宪章派和社会主义者的活动,指出无产阶级不仅是贫穷受苦的阶级,而且是最进步、最有前途的阶级。在《政治经济学批判大纲》这一经济学著作中,恩格斯以社会主义的观点,批判地研究了资本主义社会的经济制度和资产阶级政治经济学的基本范畴,奠定了批判资产阶级政治经济学的基础,同时也奠定了从被剥削被压迫群众的立场批判资本主义社会的基础。在几篇关于英国状况的文章中,恩格斯分析了英国的产业革命及其所引起的社会变化和政治变化,批判了英国的政治制度,揭露了英国宪法的虚伪性和资产阶级民主制的阶级本质。恩格斯后来在谈到他研究英国经济和英国阶级斗

---

① 马克思:《政治经济学批判序言》,载《马克思恩格斯选集》第 2 卷,第 82 页。

争对于他的观点的形成的影响时说:"我在曼彻斯特时异常清晰地观察到,迄今为止在历史著作中根本不起作用或者只起极小作用的经济事实,至少在现代世界中是一个决定性的历史力量;这些经济事实形成了现代阶级对立所由产生的基础;这些阶级对立,在他们因大工业而得到充分发展的国家里,因而特别是在英国,又是政党形成的基础,党派斗争的基础,因而也是全部政治历史的基础。"①

恩格斯的这一段话和马克思在《德法年鉴》时代作的结论大体上是一致的。但是恩格斯十分谦逊,他把唯物史观的发现归功于马克思,而认为他自己只作了很少的贡献。

马克思和恩格斯订交合作以后,两人在1845年写了《神圣家族》一书。在这部书中,已提到生产方式在社会发展中的决定性作用,提到了人民群众是人类历史的真正创造者,提到了在资本主义制度下无产阶级能够而且必须自己解放自己。这些都是历史唯物论的最基本的原理。

马克思和恩格斯对唯物史观学说的展开,详见于他们合著的《德意志意识形态》之中。在这部著作中,他们提出了并论证了人们的社会存在决定人们的社会意识的原理;指出了生产方式在人们的社会生活中的决定作用;阐述了生产力和生产关系发展的最一般的客观规律,并简要地分析了顺次转变的各个时代的社会经济形态的基本特点。在分析历史发展最一般的规律时,阐明了各个时代的政治的思想的上层建筑由各该时代的经济基础所规定的原理,揭露了国家是经济上占统治地位的阶级的权力工具,因而指出阶级斗争是历史发展的原动力。在这部著作中,他们着重地论证了无产阶级革命必须夺取政权,在这些论证中已经包含着无产阶级专政学说的萌芽。并且他们还指出了无产阶级革命和从前一切革命的根本差别:从前的一切革命都是用新的剥削制度代替旧的剥削制度,而无产阶级革命是要根绝一切剥削制度,并且消灭无产阶级本身。他们在论证无产阶级革命的必要性时着重指出:"革命之所以必需,不仅是因为没有任何其他的办法能推翻统治阶级,而且还因为推翻统治阶级的那个阶级,只有在革命中才能抛掉自己身上的一切陈旧的肮脏东

---

① 恩格斯:《关于共产主义者同盟的历史》,载《马克思恩格斯选集》第4卷,第192页。

西,才能建立社会的新基础。"①

从以上的简述来看,我们可以知道关于唯物史观的基本内容,已经在《德意志意识形态》中完全展开了,至于在《政治经济学批判序言》中所论述的唯物史观的一般原理,可说是马克思和恩格斯在《德意志意识形态》中及其以后的许多著作中所表述的关于历史理论的总结论。

以上,我们叙述了唯物史观创立的过程。唯物史观的创立,开辟了历史科学的新纪元。它是人类科学思想中的最伟大的成果。

五、唯物史观的创立和哲学革命的实现

在马克思主义以前的历史科学领域中,存在着两个主要的缺点:第一,从前的一切历史理论,只是从人们的思想动机来考察历史的动力,不能认识社会的物质生产的发展程度是它的根源,也不能掌握社会发展的客观规律性。第二,从前的一切历史理论,把历史的动力归因于伟大人物的伟大意志、伟大精神,因此把历史描写为帝王将相英雄豪杰的历史,而与广大的人民群众全无关系。因此,它们至多只是搜集了片断的未加分析的事实,描述了历史过程的个别方面。但总起来说,这种理论把历史现象看作是极端复杂混乱的东西,一切都由偶然性支配着,没有什么联系,没有什么必然性和规律性。因此在马克思主义以前,没有真正的历史科学。只有到了19世纪上半期,大工业的生产发展了起来,资本主义社会暴露了它本身的矛盾(主要是劳资矛盾)的时候,马克思和恩格斯坚决地站在无产阶级的立场,考察了历史领域中的新事变,创立了科学的历史观——唯物史观的时候,情况才起了根本的变化。唯物史观的创立,第一次使我们能以自然历史的精确性去考察群众生活的社会条件和这些条件的变更,指出了对各种社会经济形态的产生、发展和衰落过程进行全面而周密的研究的途径,即将一切社会矛盾归结为社会各阶级的生活和生产条件,揭示了物质生产力的状况是一切思想和趋向的根源。唯物史观也指出了历史是人民群众自己所创造的,并揭示了以科学态度来研究历史的途径,即把历史当作一个虽然复杂矛盾但是有规律的统一过程来研究的途径。这样一

---

① 马克思、恩格斯:《德意志意识形态》,载《马克思恩格斯全集》第3卷,第78页。

来,就把唯心论从它最后的隐藏所——社会历史领域中驱逐出去了。唯物史观的创立,实现了社会历史研究领域中的革命变革。

唯物史观的创立,揭示了历史的辩证法,建立了科学的历史观。科学的自然观和科学的历史观的统一,就形成了唯物辩证法的世界观,因而实现了哲学领域中的革命变革。

唯物史观阐明了历史发展的最一般规律、阶级斗争的规律,由一种社会形态顺次转变到比较高级的社会形态的规律。马克思应用唯物史观的原理分析了资本主义的经济形态,发现了剩余价值(初次发表于《雇佣劳动与资本》一书中),揭露了资本主义社会必然为社会主义、共产主义所代替的规律。由于有了唯物史观和剩余价值两大发现,社会主义便由空想变成了科学。由于哲学(唯物辩证法与唯物史观)、政治经济学和科学社会主义这三个部分的有机统一,便形成了伟大的、划时代的、完整的马克思主义,它为世界无产阶级革命提供了行动的指南。

第三节　唯物辩证法的发展

一、马克思和恩格斯对唯物辩证法的发展

从前节的说明中,我们可以看出,唯物辩证法是在哲学斗争的过程中锻炼出来的。哲学斗争是政治斗争的反映。这个命题,是我们理解唯物辩证法的创立和发展的关键。马克思和恩格斯自从运用新的唯物论进行哲学活动的时候起,就在哲学的两条战线上进行了不懈的斗争。一方面,进行反对代表大小资产阶级的意识形态的唯心论的斗争,即对于施特劳斯、斯蒂纳、鲍威尔的唯心论的斗争,特别是对于黑格尔的唯心论的斗争。另一方面,进行反对旧唯物论的斗争。这些是可以从《论犹太人问题》、《黑格尔法哲学批判》、《黑格尔法哲学批判导言》、《经济学—哲学手稿》、《神圣家族》、《关于费尔巴哈的提纲》、《德意志意识形态》等著作中看出来的。特别是后两部著作,充分展开了唯物辩证法。

大体上,我们可以说,截至 1845—1846 年《德意志意识形态》这部著作写成之时为止,是唯物辩证法确立的时期。而唯物辩证法的确立,是在反映政治

斗争的哲学上两条战线上的斗争中锻炼出来的。同时,我们必须知道,马克思和恩格斯的哲学斗争,是与经济学及社会问题的具体研究相结合而隶属于政治斗争的。从这个时期以后,是唯物辩证法发展的时期。而唯物辩证法以后的发展,仍与继起的各阶段上反映新政治斗争的哲学斗争——两条战线上的斗争——相联系。例如 1847 年马克思对于蒲鲁东的唯心论的斗争;19 世纪60 年代马克思和恩格斯对于福格特和摩莱肖特等庸俗唯物论的斗争;1877 年恩格斯对于杜林的机械论的斗争;19 世纪 60 年代以后马克思和恩格斯对于拉萨尔的唯心论的斗争;1886—1888 年恩格斯对于新康德主义、新休谟主义的斗争等等,都是唯物辩证法对唯心论和旧唯物论的哲学斗争。这一类哲学的斗争,反映着无产阶级与资产阶级、小资产阶级的政治斗争,同时促进了唯物辩证法的发展。在这一类哲学斗争中,马克思和恩格斯在其一切的著作中发展了历史的辩证法(即唯物史观)与自然的辩证法。

发展了历史辩证法(即唯物史观)的著作,首先是《共产党宣言》。恩格斯在 1883 年写的《宣言》的德文版序中,认为《宣言》中所始终贯彻的基本思想是唯物史观。其次是《资本论》。《资本论》暴露了资本主义社会的发生发展及其没落的规律,阐明了人类社会之辩证法的发展。就哲学的观点说来,《资本论》不但是经济著作,而且是哲学著作、历史著作。如列宁所说:《资本论》"第一次把社会学置于科学的基础上,确定了社会经济形态是一定生产关系的总和,确定了这种形态的发展是自然历史过程"。"自从《资本论》问世以来,唯物主义历史观已经不是假设而是科学地证明了的原理"。① 《资本论》是资本的逻辑学,是唯物辩证法在社会领域中应用的范本。列宁在《哲学笔记》中指出:"虽说马克思没有遗留下'逻辑'(大写字母的),但他遗留下《资本论》的逻辑,……在《资本论》中,逻辑、辩证法和唯物主义的认识论(不必要三个词:它们是同一个东西)都应用于同一门科学"。② 再次,是关于无产阶级专政学说的创立和发展。在《共产党宣言》中,马克思和恩格斯提出了无产阶级要推翻资产阶级的统治和夺取政权的主张,1851 年又总结了 1848 年革命

---

① 列宁:《什么是"人民之友"以及他们如何攻击社会民主主义者?》,载《列宁全集》第 1 卷,第 122 页。

② 列宁:《哲学笔记》,载《列宁全集》第 38 卷,第 357 页。

以后的经验,提出了无产阶级专政的学说。1871年巴黎公社革命以后,马克思认为巴黎公社是无产阶级专政的最好形式。无产阶级在推翻资产阶级以后,必须打碎资产阶级的国家机器,建立起巴黎公社那样的国家机器,才能实现工人阶级的经济解放,达到社会主义的胜利。在《哥达纲领批判》中,马克思第一次提出了在资本主义和社会主义之间,存在着一个过渡时期,过渡时期的国家是无产阶级的革命专政。因此无产阶级专政不仅是推翻资本主义的手段,而且是建成共产主义的手段。在《哥达纲领批判》中,完全地展开了无产阶级专政的学说。还有恩格斯在1884年写成的《家庭、私有制和国家的起源》这一著作中,研究了原始社会的基本特征,阐明了它的内部结构,指出私有制、阶级和国家是在社会经济发展到一定阶段上产生的,并且将来一定要走向消灭。关于社会史前状态,在1847年以前几乎还无人知道。直到恩格斯根据摩尔根等人所供给的材料对于原始社会作出了科学的说明以后,才补充了当时马克思主义在说明原始社会时的不足之处。这样,唯物史观这个关于人类社会的发展过程和发展规律的学说就完满无缺了。

展开了自然辩证法的著作,主要是《自然辩证法》(在《反杜林论》和《路德维希·费尔巴哈和德国古典哲学的终结》中,也说到这一方面)。

当马克思和恩格斯创成唯物辩证法这一科学的哲学时,对于自然现象的研究还有很大的空白,例如在生物学方面。直到1859年达尔文的进化论出现以后,才初步填补了这个空白。达尔文的进化论指出,包括人在内的一切生物有机体,都是由单细胞的胚芽经过长期发展才产生的,但是关于人类起源的问题,在当时还是不能理解。1871年达尔文所著《人类起源》一书的出版,在关于人类起源的科学发展中起了非常重要的作用。但是达尔文没有彻底解决人类是怎样从动物界分化出来,以及人类社会是怎样产生的问题,因为他是以纯粹生物学的观点来进行研究的。直到1876年恩格斯的《劳动在从猿到人转变过程中的作用》一文写成后,才真正从原则上解决了人类、人类意识以及人类社会的起源的问题。恩格斯指出,由猿转变为人的主要因素是人所特有的劳动。"劳动创造了人本身"[1],创造了人类的语言和思维,促使人类社会的产生

---

[1]　恩格斯:《自然辩证法》,人民出版社1971年版,第149页。

和发展。《劳动在从猿到人转变过程的作用》这一篇论文在《自然辩证法》这一著作中占着特别重要的地位。《自然辩证法》总结了当时自然科学领域中的一切积极成果,批判了自然科学领域中的唯心论和形而上学的错误,指出了自然界的辩证发展规律,全面地论述了唯物辩证法的自然观。

如恩格斯所说,到19世纪30年代,自然科学处于强烈的酝酿过程中,这一过程已经达到相对的带有明确性的完善地步。当时已经搜集了前所未有的大量的新的认识材料,有可能在这一大堆混乱的相继发现中建立起一种联系,从而建立起一个条理来。① 于是根据已有的实证自然科学如力学、物理学、化学和生物学等,就不仅能够把自然界各个领域内所有各个过程间的联系揭示出来,而且能够把那种使各个领域结合为一个整体的联系揭示出来,这样,依靠经验性自然科学本身所提供的材料,就能够对发展着的自然界的总情景作出系统的说明了。因此,辩证的自然观就得到更加充实和发展,即是说,自然观的革命完成了。

尽管在这时自然科学领域里还有空白点,但这并不妨碍人们对于自然界取得一个完整的认识。而且随着自然科学日趋专门化和精密化,这些空白点都将逐渐填补起来。自然科学的新发现,将不断地证明唯物辩证法的正确性,并丰富它的内容。同样,社会历史也是不断向前发展的,随着社会主义革命和社会主义建设的发展,随着殖民地半殖民地国家民族解放运动的发展,唯物辩证法也必然要不断地向前发展。

二、列宁对唯物辩证法的发展

恩格斯逝世以后,发展了马克思主义哲学的人是列宁。

西欧各国从1871年巴黎公社革命结束直到1904年为止,是所谓资本主义和平发展的时期。在这个时期中,各国无产阶级先后争得了政治权利,无产阶级可以选派自己的代表参加资产阶级国会,进行斗争。他们组织了自己的政党、工会、学校、合作社等,还发行了自己的报章杂志,并向资产阶级政府争

---

① 参见恩格斯:《路德维希·费尔巴哈和德国古典哲学的终结》,载《马克思恩格斯选集》第4卷,第226页。

得了改善自己阶级的生活条件的权利。马克思主义在国际工人运动中取得了完全的胜利,并且广泛地传播起来了。"聚集和团结无产阶级的力量、准备无产阶级去作未来的战斗的过程,慢慢地、但是一往直前地进展着。"①各国资产阶级鉴于无产阶级势力的强大,就计划出向无产阶级进攻的策略,除了公开镇压以外,还派遣别动队混进工人队伍并收买工人中的落后分子,使他们变成工人贵族,来分化无产阶级的阵营。于是,各国的无产阶级政党就出现了机会主义的领导者,"他们把为伟大战斗准备力量的时期说成是放弃这种战斗。他们把改善奴隶状况以便反对雇佣奴隶制度说成是奴隶们为了换取几文钱而出卖自己的自由权。他们怯懦地宣扬'社会和平'(即同奴隶制度讲和平),背弃阶级斗争等等。在充当议会议员的社会党人中间,在工人运动的各种官僚以及'富有同情心的'知识分子中间,他们有很多信徒。"②这样的实际斗争,在理论斗争、哲学斗争领域中的反映,就是资产阶级除了直接地、正面地攻击马克思主义以外,还用修正主义、机会主义、社会改良主义,以及其他一切带引号的"社会主义"来冒充马克思主义;这些主义的哲学观点,是唯心论及其许多变种,即新康德主义、新贝克莱主义、新休谟主义、马赫主义以及对于唯物辩证法的种种曲解。这许多唯心论及其变种在工人运动中喧嚣一时,十分猖獗。1897 年出现的伯恩斯坦、考茨基的修正主义,就是以新康德主义和马赫主义为理论根据的。这些叛徒们竟然宣称马克思主义没有自己的哲学基础,叫嚷要"回到康德去","要把马克思主义同新康德主义、马赫主义结合"起来。这种修正主义,首先在德国和奥国的社会民主党中取得支配地位,往后波及英、法、意等国的工党和社会民主党之中,变成了国际工人运动中一股大逆流。它在俄国也成为最时髦的思潮。这些唯心论及其变种,有一个共同的特点,就是把哲学限制在认识论的领域,就认识论的领域来向唯物论挑战,它们所采用的精神武器,主要是所谓物理学的唯心论。

这就是列宁时代的哲学斗争的基本形势。

列宁从青年时代起,就参加了无产阶级的革命运动,他对于马克思主义有

① 列宁:《马克思学说的历史命运》,载《列宁全集》第 18 卷,第 583 页。
② 列宁:《马克思学说的历史命运》,载《列宁全集》第 18 卷,第 583 页。

广博的、精湛的研究,认为马克思主义的哲学是无产阶级革命斗争的最犀利的精神武器。他为了捍卫和发展马克思主义哲学,对于各种形式的修正主义,对于各种变相的唯心论,作了长期的、不调和的斗争。

列宁的哲学活动,开始于19世纪90年代,他的批判的矛头,主要地指向民粹主义和各派修正主义,如合法马克思主义、经济主义、孟什维主义等。在这段时期,他所写的各种批判的著作,捍卫并丰富了马克思主义哲学,为马克思主义思想在俄国的传播扫清了道路。

1905年俄国资产阶级民主革命失败以后,一切反动势力向马克思主义猖狂进攻。资产阶级的学者、作家和记者,都想方设法要"驳倒"马克思主义,特别是马克思主义哲学——辩证唯物论。革命队伍中蜕化变质的分子,也背叛了马克思主义,在哲学上采取修正主义的立场,出现了取消派、召回派、孟什维克派、马赫派、"造神派",宣传最反动的哲学观点,如新康德主义、马赫主义、信仰主义和公开的僧侣主义。这类的宣传,成了普遍的现象。在这反动年代里,列宁认为,保卫马克思主义、保卫党的理论基础、保卫党的世界观,在思想领域中成了首要的任务。因此,列宁在1908年写成了《唯物主义和经验批判主义》一书,粉碎了资产阶级思想家和修正主义者对马克思主义哲学的进攻。

《唯物主义和经验批判主义》这部著作的伟大的历史意义可以分为两个方面来说明。第一,它展开了马克思主义的认识论。列宁首先在这部著作中指出了哲学上的基本问题即物质和意识谁是第一性的问题是从古以来认识论上的基本问题,由于对这个基本问题的解答不同,哲学就划分为唯物论和唯心论两个对立的阵营。并指出:从物质到感觉和思维,与从感觉和思维到物质,这是认识论上两条根本对立的路线。前者是唯物论的路线,后者是唯心论的路线。他揭穿了那些自命为认识论上"新"路线的代表的经验批判论、经验一元论等流派的实质,指出他们同康德主义、贝克莱主义和休谟主义一样,都是坚持从感觉和思维到物质的认识论路线的唯心论流派。列宁的这一批判,对于马克思主义者同现代资产阶级唯心论的斗争,具有原则的意义。另一方面,列宁还指出,真正要把唯物论的认识论贯彻到底,就必须在认识论的领域中贯彻辩证法。他批判了形而上学唯物论在这个问题上的根本缺陷,并教导说:和在其他一切科学领域中一样,在认识论上,也要作辩证法的考察。这就是说,不要把我们的知识当作完成的不变的东西,而是要探求怎样从不知产生出知识,并使不完全不确切的知识变为较完全较确切的知识,因而唯物地解决了相对真理和绝对真理的辩证关系的问题、真理的实践标准的问题,阐明了物质、运动、时间、空间以及因果性等范畴,驳倒了一切唯心论及其变种对于这些问题的曲解。列宁把唯物论的认识论原则应用于社会历史方面,严厉地批判了经验批判论和经验一元论把社会存在同社会意识等同起来的主观唯心论的错误,阐明了社会存在和社会意识的辩证关系。他说:"一般唯物主义认为客观真实的存在(物质)不依赖于人类的意识、感觉、经验等等。历史唯物主义认为社会存在不依赖于人类的社会意识。"①列宁深刻地提出了哲学党派性的问题,说明现代的唯物论属于无产阶级的党派,现代的唯心论属于资产阶级的党派。他深恶痛绝地反对那种妄图超越唯物论和唯心论之上或者调和唯物论与唯心论的所谓中间派或无党派的资产阶级哲学。列宁的这些深刻英明的思想,是对马克思主义哲学的划时代的贡献。

第二,《唯物主义和经验批判主义》这部著作,总结了自然科学上的最新发现,丰富了辩证唯物论。19世纪末年以来,自然科学上许多新的发现,打破了从前物理学上的传统的形而上学观念。从前的物理学认为物质有不变的性质(如不可入性、惰性、质量等),认为原子是一种不能再分割的物质粒子,由于电子和放射性的发现,这种关于物质结构的传统观念打破了。于是那些不懂得唯物辩证法、受了唯心论影响的物理学家就认为"物质消灭了",物理学的"危机"到来了,形成了物理学的唯心论。马克思主义的敌人,利用关于科学上的最新发现之唯心论的解释,来攻击马克思主义的唯物论,大声叫嚣着"物质消灭了","唯物论也消灭了"。列宁为了粉碎这类敌人的攻击,唯物地概括了自然科学这些最新的成就,指出自然科学中所发生的急剧的变革,不仅不否定主张世界物质性的唯物论,并且进一步证实了唯物论的正确,加深了关于物质及其特性的观念,丰富了唯物论的内容,并且赋予了唯物论以新的形式。列宁还指出,自然科学家只有自觉地成为辩证唯物论者,才能在自然科学研究的领域中开辟广阔的新途径。

---

① 列宁:《唯物主义和经验批判主义》,载《列宁全集》第14卷,第344页。

列宁的这部著作,不仅清除了一切唯心论派别对马克思主义哲学所作的种种"修正"和曲解,捍卫了马克思主义的哲学,并且总结了恩格斯逝世以后革命斗争的新经验和自然科学上的新发现,发展了马克思主义哲学。这部著作在反动的年代里,奠定了布尔什维主义的理论基础,是人类智慧的宝库。

《哲学笔记》是列宁钻研哲学问题所作的大量笔记的汇集,包括对几十种哲学著作的摘要和批注。这部笔记虽然并不是准备公开发表的著作,但是却记录了列宁对一系列重大哲学问题的极其深刻和丰富的思想,是马克思主义哲学发展史上一部具有重大意义的文献。这部笔记的一小部分写于1895年,大部分则是1914年到1916年写的。列宁非常重视唯物论的辩证法,认为辩证法是马克思主义的灵魂。他的一切著作,都是应用辩证法分析革命问题的榜样。1914年第一次帝国主义战争爆发以后,无产阶级直接冲击资本主义的革命斗争已经迫在眉睫。关于帝国主义矛盾的问题、各国的政治经济发展不平衡的问题、突破帝国主义锁链的薄弱环节的问题、社会主义在一个国家内胜利的问题、无产阶级专政的理论问题、民族问题、殖民地问题,以及反对修正主义者拥护帝国主义战争的问题,等等——所有这些急需解决的重大问题,都是马克思、恩格斯时代所没有出现过的新问题。为要认识并解决这些问题,必须熟练地运用马克思主义辩证法,进行具体的、深刻的分析。列宁正是为了这个紧迫的革命任务而用极大的努力研究哲学问题,写成了这部《哲学笔记》。

《哲学笔记》的中心问题是辩证法。在《笔记》中,列宁着重钻研了黑格尔的哲学著作,在唯物论的基础上,剥取黑格尔的神秘主义外壳中的辩证法,加以改造。他一面摘录黑格尔著作中含有合理内核的片断,一面作出自己的论断。列宁研究了辩证法的三大规律,提出辩证法的十六要素,分析了三大规律的各个基本环节。他主张对立统一规律是辩证法的核心,其他两个规律都可以根据这个规律去说明,所以他说:"辩证法就是研究对象的本质自身中的矛盾"。① 又说:"统一物之分为两个部分以及对它的矛盾着的部分的认识……,是辩证法的实质"。② 这些原理对于帮助广大的革命干部和革命人民掌握马

---

① 列宁:《哲学笔记》,载《列宁全集》第38卷,第278页。
② 列宁:《哲学笔记》,载《列宁全集》第38卷,第407页。

克思主义辩证法的精神实质,起了极大的作用。

列宁认为,辩证法也就是认识论。他说:"辩证法是人类的全部认识所固有的"。① 因而断言:"辩证法也就是(黑格尔和)马克思主义的认识论"。② 因此,在《哲学笔记》中,除了辩证法问题以外,认识论问题也是一个重点。列宁着重说明了从物质到意识的认识过程的辩证法,是辩证法的反映论。他特别用很多篇幅,研究了黑格尔对康德的不可知论的批判,论证了世界及其规律的可知性。他指出了唯物论的认识论的许多基本原则,如实践是认识的基础,实践是检验认识的客观标准,认识是从生动的直观到抽象的思维,并从抽象的思维到实践的辩证过程,认识不是直线而是螺旋状的曲线,等等。这些原则,都是研究唯物论的认识论所必须遵守的。

列宁认为,辩证法又是逻辑学,他给逻辑学的本质作了科学的规定:"逻辑不是关于思维的外在形式的学说,而是关于'一切物质的、自然的和精神的事物'的发展规律的学说,即关于世界的全部具体内容及对它的认识的发展规律的学说。换句话说,逻辑是对世界的认识的历史的总计、总和、结论。"③ 从这个规定的内容来看,它和关于辩证法的规定是符合的。列宁还谈到逻辑学和认识论的关系,他说:"逻辑学是和认识论一致的"。④ "逻辑学是关于认识的学说,是认识的理论。"⑤因此,他认为:在《资本论》中,逻辑学、辩证法和唯物论的认识论"不必要三个词:它们是同一个东西"⑥。列宁关于逻辑学、辩证法和认识论三者的同一性的指示,以及逻辑的东西和历史的东西的一致、理论与实践的一致的指示等等,对于马克思主义哲学的发展具有极其重要的意义。

总起来说,《哲学笔记》是辩证法的宝库,其中每一个原理都需要作专门的研究。

此外,列宁为反对民粹主义的主观社会学而写的《什么是"人民之友"以

---

① 列宁:《哲学笔记》,载《列宁全集》第38卷,第410页。
② 列宁:《哲学笔记》,载《列宁全集》第38卷,第410页。
③ 列宁:《哲学笔记》,载《列宁全集》第38卷,第89—90页。
④ 列宁:《哲学笔记》,载《列宁全集》第38卷,第186页。
⑤ 列宁:《哲学笔记》,载《列宁全集》第38卷,第194页。
⑥ 列宁:《哲学笔记》,载《列宁全集》第38卷,第357页。

及他们如何攻击社会民主主义者?》(1894年),为反对第二国际修正主义思潮而写的《帝国主义是资本主义的最高阶段》(1916年)和《国家与革命》(1917年)等著作,都捍卫和发展了唯物史观。

列宁的哲学的斗争,反映了他从前世纪末年参加无产阶级革命斗争并领导这个斗争的数十年的历史经验。他的哲学的斗争与他的革命的政治斗争联系着,他之促进唯物辩证法的发展,与他对于帝国主义时代的战争形势的分析,与他对于俄国的社会主义革命的理论的指导相联系,并且他还摄取了当时自然科学的新成果,充实了唯物辩证法,使唯物辩证法发展到了新的高级的阶段,这就是马克思主义哲学上的列宁阶段。

列宁逝世以后,斯大林继承了列宁的事业,粉碎了列宁主义的敌人托洛茨基派和布哈林派的进攻,捍卫了列宁主义。他根据列宁的遗教,领导苏联共产党和苏联人民建立了世界上第一个社会主义国家,并且依靠自己的经济力量和国防力量,击败了希特勒法西斯主义者的进攻,保卫了社会主义的祖国。在这些艰巨复杂的斗争中,他创造性地运用了唯物辩证法,发展了无产阶级革命和无产阶级专政的理论。他的哲学专著《无政府主义还是社会主义?》、《辩证唯物论与历史唯物论》、《马克思主义与语言学问题》以及《苏联社会主义经济问题》等书的关于哲学的部分,或者是尖锐地批判了马克思主义的敌人对唯物辩证法的歪曲和攻击,或者是纠正了革命队伍内部在理论问题上的错误认识,或者是以简洁通俗的形式阐明了唯物辩证法和唯物史观的基本原理,这些著作在捍卫和宣传马克思主义哲学的基本原理方面都作出了重大的贡献。斯大林的著作尽管包含着一些不正确和不完善的论点,但是总的说来仍然是马克思主义的不朽文献。

三、毛泽东同志对唯物辩证法的发展

继列宁之后,把唯物辩证法推进到一个光辉的新阶段的,是毛泽东同志。

19世纪中叶以来,中国在资本帝国主义的侵略下变成了半封建半殖民地。中国人民为推翻帝国主义、封建主义的统治而进行的斗争,许多帝国主义国家为争夺这个最大的国际市场而进行的斗争以及由此引起的中国封建阶级、买办阶级之间的斗争,使旧中国成了近代东方许多矛盾的焦点。帝国主义

和封建主义的联合压迫,给中国人民带来了深重的灾难,迫使中国人民不能不艰苦卓绝地进行谋求解放的斗争,前仆后继地寻找救国救民的真理。经过了八十年的奋斗和摸索,中国人民终于在十月革命之后找到了马克思列宁主义这个最好的科学武器,建立了自己的战斗司令部——中国共产党。中国共产党把马克思列宁主义的普遍真理同中国革命的具体实践结合起来,就使中国革命的面目为之一新,结果就在中国埋葬了帝国主义及其走狗的统治,建立了社会主义的中华人民共和国。马克思列宁主义在中国这样一个地域辽阔、人口众多、敌人强大、情况复杂的东方大国中取得伟大胜利的经验,必然要使马克思列宁主义理论得到具有普遍意义的发展。

中华人民共和国成立以后,中国进入了社会主义革命和社会主义建设的新时期。党在这个时期的任务,就是要解决工人阶级同资产阶级、社会主义道路同资本主义道路之间的矛盾,把中国建设成为一个具有现代农业、现代工业、现代国防和现代科学技术的伟大的社会主义国家,同时大力支持各国人民的革命斗争,为实现一个没有帝国主义、没有资本主义、没有剥削制度的共产主义世界而斗争。中国共产党在运用马克思列宁主义的普遍真理解决这一新的更为艰巨的任务的过程中,正在不断地取得伟大的胜利,积累着丰富的经验。这些经验,也必然要给马克思列宁主义理论的宝库添加新的财富。

第二次世界大战以后,国际共产主义运动中的一小撮修正主义者背叛革命,背叛马克思主义,向无产阶级猖狂进攻。在斯大林逝世以后,赫鲁晓夫修正主义集团篡夺了苏联共产党的领导,全面地修正了马克思列宁主义的根本原理,提出了系统的修正主义纲领和路线,为资本主义在苏联的复辟开辟道路,反对各国人民的革命斗争。为了保卫马克思列宁主义的革命学说,击退现代修正主义的逆流,中国共产党和各国的马克思列宁主义者一道,同现代修正主义展开了大论战。这次具有空前规模的世界性的大论战,也必然要使马克思列宁主义理论推进到新的境界。

上述这些斗争的舵手,就是毛泽东同志。这些斗争的理论结晶,就是毛泽东思想。毛泽东思想是在帝国主义走向崩溃和社会主义走向胜利的时代,在中国人民的伟大革命斗争中,把马克思列宁主义的普遍真理同革命和建设的具体实践结合起来,总结了国际国内无产阶级斗争的历史经验,创造性地发展了的马克思列宁主义。毛泽东思想是中国人民进行革命和建设的行动指南，是反对帝国主义和现代修正主义的强大的思想武器。

毛泽东同志对马克思列宁主义的发展是全面的，其中对马克思列宁主义的理论基础——唯物辩证法的发展占着突出的地位。这里不可能系统地论述毛泽东同志对唯物辩证法的光辉贡献，只能就几个最重要的方面作一些简略的说明。

第一，毛泽东同志把党内正确路线同错误路线的斗争提到哲学的高度，作了系统的解决，为坚持正确路线、反对错误路线提供了锐利的武器和可靠的保证。

共产党是革命的向导。党要把革命引向胜利，就要有正确的路线。这是革命成败的关键。党的正确路线，只有严格依据无产阶级的科学的世界观，把马克思列宁主义的普遍真理同本国革命的具体实践结合起来，才可能产生。如果背离了无产阶级的科学的世界观，党就不可避免地要发生路线错误，把革命引向碰壁。中国共产党内一直存在着以毛泽东同志为代表的正确路线同以"左"右倾机会主义者为代表的错误路线的斗争。这种斗争归根到底是无产阶级世界观同资产阶级（或小资产阶级）世界观的斗争，是唯物辩证法同主观主义（唯心论和形而上学）的斗争。"左"右倾机会主义的路线曾经在1927—1934年间占据过统治地位，使中国革命遭到严重的挫折；直到1935年1月确立了毛泽东同志在全党的领导地位以后，中国革命才在正确路线的指引下从胜利走向胜利。长期的革命经验证明，不彻底击败机会主义的错误路线，就不可能取得革命的胜利；要彻底击败机会主义的错误路线，就必须挖掉机会主义的老根，即用唯物辩证法的武器彻底清算主观主义的思潮。毛泽东同志的伟大著作《实践论》和《矛盾论》，出色地完成了这个艰巨的任务。

《实践论》从马克思主义认识论的角度批判了主观主义的两种表现形式——教条主义和经验主义，澄清了在党内许多同志中长期认识不清的一些根本性的问题，这些问题主要是：（1）正确的思想是从哪里来的？教条主义者实际上认为，正确思想是从头脑里随便创造出来的，或者是从书本上抄来的。因此他们制定政策的时候从来不是从实际出发，而是从自己的主观愿望出发，或者从书本上的某些现成的公式出发；被他们俘虏的经验主义者也相信他们的这一套。《实践论》指出,正确的思想只能从实践中来,即从生产斗争、阶级斗争和科学实验中来;不亲身参加具体的革命实践,不从实际出发,要取得正确思想是不可能的。(2)判定思想正确与否以什么为标准? 教条主义者实际上认为,思想的正确与否是依引证经典著作词句的多少而定,是依主观上觉得如何而定的。因此他们尽管在实践中一再碰壁,还是硬说自己的路线是百分之百的正确。经验主义者也附和了这种看法。《实践论》指出,真理的标准只能是革命的实践。只有当人们在实践中实现了预定的目的时,人们的思想才被证明为正确,在实践中一再碰壁的思想只能是错误的思想。(3)如何处理感性认识和理性认识的关系问题? 教条主义者实际上认为理性认识不依赖于感性认识。因此他们从来不肯下苦工夫搜集中国政治、经济、军事、文化等各方面的材料,从中引出必要的结论,而是凭热情和感想办事。经验主义者则实际上认为感性认识无需上升到理性认识,因此他们不肯也不善于在理论的指导下总结经验,得出规律性的认识,而满足于狭隘的局部的经验。《实践论》指出,感性认识和理性认识是统一的认识过程中的两个阶段,理性认识依赖于感性认识,感性认识有待于上升到理性认识,只抓住一个片面是不能取得正确认识的。(4)如何对待认识的发展? 教条主义者和经验主义者都不了解认识要随着实践的发展而发展,他们或者是当客观过程向前推移转变了的时候还使认识停留在旧的阶段,犯右倾的错误;或者是当客观过程还没有推移转变的时候使认识超过了一定的发展阶段,犯"左"倾的错误。《实践论》指出,人们的认识必须同一定的具体发展阶段相一致,即求得主观和客观、认识和实践、知和行的具体的历史的统一。一切唯心论和机械唯物论、机会主义和冒险主义,都是以主观和客观相分裂、认识和实践相脱离为特征的。《实践论》以理论和实践相统一的思想粉碎了一切机会主义的理论和实践相脱离的思想,大大提高了全党的马克思列宁主义水平。

《矛盾论》从马克思主义辩证法的角度批判了教条主义和经验主义,着重解决了下列问题:(1)矛盾的普遍性和矛盾的特殊性的关系问题。《矛盾论》指出,矛盾存在于一切事物之中,并且贯穿于每一过程发展的始终,这是矛盾的普遍性;然而每一过程以及每一发展阶段的矛盾又有质的不同,这又是矛盾的特殊性。矛盾的普遍性即寓于矛盾的特殊性之中。因此,研究任何问题时,必须以关于矛盾普遍性的认识为指导,深入地具体地分析特殊事物的矛盾特殊性,找到普遍和特殊的联结,并反过来丰富和发展关于矛盾普遍性的认识。教条主义者和经验主义者都不懂得普遍和特殊的辩证关系,或者是忘记了矛盾的普遍性,或者是忘记了矛盾的特殊性,他们都不肯或不善于在普遍真理的指导下对具体情况进行具体分析,因而不可避免地陷入主观性、片面性和表面性。(2)矛盾的同一性和斗争性的关系问题。《矛盾论》指出,矛盾双方具有斗争性和同一性的关系,即互相排斥而又互相联系(互相依赖并在一定条件下互相转化)的关系,研究问题时必须同时把握这两重关系。主观主义者在看到斗争性的时候看不到同一性(例如"左"倾机会主义者在民主革命时期对民族资产阶级"一切斗争,否认联合"),在看到同一性的时候看不到斗争性(例如右倾机会主义者对民族资产阶级"一切联合,否认斗争"),结果使自己的认识脱离了客观实际。(3)对抗和非对抗的区别问题。《矛盾论》指出,必须善于区别对抗性矛盾和非对抗性的矛盾。对抗性的矛盾要采取外部冲突的形成才能解决(例如推翻反动统治阶级的革命斗争),非对抗性的矛盾则不采取外部冲突的形式(例如党内正确思想和错误思想的矛盾在开始的时候或在个别问题上);当对抗性矛盾和非对抗性矛盾在一定条件下互相转化了的时候,解决矛盾的形式也应当随着转化。主观主义者不懂得这种区别,他们或者用非对抗的斗争形式来处理对抗性的矛盾,或者用对抗的斗争形式来处理非对抗性的矛盾,或者当矛盾性质转化了的时候不知道相应地改变处理的方法,结果就不能不犯"左"的或右的错误。《矛盾论》以"一分为二"的辩证法思想武装了全党,击破了主观主义思潮。

毛泽东同志的这两部伟大著作,用马克思列宁主义的世界观武装了全党,给全党同志提供了一个观察革命问题的望远镜和显微镜,提供了一个鉴别真马克思主义和假马克思主义、正确路线和错误路线的试金石,因而从根本上摧毁了一切形态的机会主义,为党的马克思列宁主义的正确路线奠定了牢固的基础,为中国革命的胜利提供了可靠的保证。

《实践论》和《矛盾论》不仅是反对教条主义和经验主义的强大武器,同时也是反对修正主义的强大武器。因为修正主义的认识根源也是主观和客观相分裂、认识和实践相脱离。

第二,毛泽东同志第一次系统地、深刻地、简要地、通俗地阐明了马克思主义哲学,并把它具体化为党的工作方法,使它成为广大革命群众能够直接掌握的尖锐武器。

马克思主义哲学只有为广大革命群众所掌握,才能变成强大的物质力量。马克思主义哲学的通俗化、群众化,是一项极其重大的任务。马克思和列宁都十分重视这个问题,曾考虑过写一本通俗简要地论述马克思主义辩证法的小册子,作为教育广大工农群众和党的干部的材料,但是没有来得及实现。毛泽东同志的《实践论》《矛盾论》《关于正确处理人民内部矛盾的问题》《人的正确思想是从哪里来的?》等著作,把这个具有伟大意义的任务完成了。这些著作对马克思主义哲学的基本理论作了全面的、严整的、集中的论述,使人读了能够有系统地掌握马克思主义哲学;这些著作不但概括了人类几千年来的认识成果,概括了马克思主义经典作家的基本观点,而且概括了中国革命和世界革命的极其丰富的经验,因而对马克思主义哲学作了全面的发展,论述得特别深刻;这些著作的篇幅都不大,而且用的是人民群众的生动活泼的语言,富于形象性,结合了群众的切身经验,使人感到亲切易懂。不仅如此,毛泽东同志还把马克思主义认识论的原理具体化为党的工作方法,即群众路线的工作方法。他指出:"在我党的一切实际工作中,凡属正确的领导,必须是从群众中来,到群众中去。这就是说,将群众的意见(分散的无系统的意见)集中起来(经过研究,化为集中的系统的意见),又到群众中去做宣传解释,化为群众的意见,使群众坚持下去,见之于行动,并在群众行动中考验这些意见是否正确。然后再从群众中集中起来,再到群众中坚持下去。如此无限循环,一次比一次地更正确、更生动、更丰富。这就是马克思主义的认识论。"①这样,唯物辩证法这个人类认识的最高成果,就经过毛泽东同志这位巨匠之手,真正变成每一个工人、农民、战士、知识分子和革命干部都可以直接掌握的尖锐武器了。现在,在中国,已经形成了学习毛泽东哲学思想的高潮,广大群众不仅在课堂里和学习时间里,而且在车间里、田头上,在生产和工作的休息时间里,都可以同马克思主义哲学见面,都可以从马克思主义哲学那里找到解决问题的立场、

① 毛泽东:《关于领导方法的若干问题》,载《毛泽东选集》第3卷,第854页。

观点、方法，他们已经能够或者正在学会把自己的工作放在唯物辩证法的指导之下。马克思主义产生以来，哲学同群众的结合还从来没有这样紧密，哲学所发挥的物质力量还从来没有这样强大。这是马克思主义哲学发展史和无产阶级革命运动史上空前未有的新局面、新境界。这种新局面和新境界的出现，无疑是毛泽东同志的伟大的功绩。

第三，毛泽东同志在指导中国民主革命的过程中，把唯物辩证法应用于以农民为主要群众、以反帝反封建为直接任务的独特条件之下，创立了一整套关于殖民地半殖民地革命问题的学说，光辉地发展了唯物辩证法。

旧中国是一个半封建半殖民地的东方大国。在这样的国家中通过什么途径才能实现社会主义，这是在以往的马克思列宁主义著作中找不到现成答案的问题。如列宁在 1919 年 11 月所说，这样的任务是"全世界共产主义者所没有遇到过的任务"，这些任务的解决方法"无论在哪一部共产主义书本里都找不到"，只能"根据自己的经验来解决这个任务"①。毛泽东同志把马克思列宁主义的普遍真理同中国革命的具体实践结合起来，完满地解决这个极其艰巨的任务。他运用唯物辩证法的原理，具体地分析了中国社会各阶级（以及其中的各阶层）的经济地位和政治态度，分析了中国社会的各种复杂的矛盾，从而正确地规定了中国革命的纲领、路线、战略、策略。他指出："中国共产党领导的整个中国革命运动，是包括民主主义革命和社会主义革命两个阶段在内的全部革命运动；……只有认清民主主义革命和社会主义革命的区别，同时又认清二者的联系，才能正确地领导中国革命。"②因此，必须一方面坚持革命发展阶段论，把民主革命阶段和社会主义革命阶段的任务明确地区别开来，另一方面坚持不断革命论，把这两个阶段的革命密切联系起来，在民主革命阶段就尽一切可能为将来进行社会主义革命准备条件，以便在民主革命取得全国胜利以后，不停顿地立即展开社会主义革命。他指出，无产阶级（经过共产党）的领导权是保证民主革命彻底胜利和由民主革命转变为社会主义革命的关键；统一战线、武装斗争和党的建设是取得民主革命胜利的三大法宝。在统

---

① 列宁：《在全俄东部各民族共产党组织第二次代表大会上的报告》，载《列宁全集》第 30 卷，第 138、139 页。

② 毛泽东：《中国革命和中国共产党》，载《毛泽东选集》第 2 卷，第 614 页。

一战线问题上,他指出农民是无产阶级的坚固的同盟者,城市小资产阶级也是可靠的同盟者,必须同他们建立最密切的联盟;民族资产阶级是一个具有革命性和动摇性的两面性的阶级,必须对他们采取又联合又斗争的政策,对他们的反帝反封建的一面实行联合,对他们的动摇性和妥协性进行斗争。由于实行了这样的统一战线政策,就使得党在各个革命阶段能够最大限度地孤立敌人,壮大人民的力量。在武装斗争的问题上,他突出地强调武装斗争在中国革命中的决定性的作用,提出了在农村中建立革命根据地,以农村包围城市,最后夺取全国胜利的路线;他以极大的精力研究了革命战争的问题,提出了一整套在殖民地半殖民地条件下同帝国主义及其走狗进行武装斗争的战略战术,提出了一整套使主要是由农民组成的人民军队高度无产阶级化和革命化的建军理论,使当初数量很小、装备很差的人民军队在斗争中越战越强,终于战胜了数量庞大的、武装到牙齿的反革命军队。在党的建设问题上,他提出了既要弄清思想、又要团结同志的党内斗争方针,创造了整风运动的党内斗争形式,提高了全党的马克思列宁主义的思想水平,保证了党在政治上、思想上和组织上的巩固。毛泽东同志的这些贡献,不但保证了中国民主革命的胜利,同时对于正在争取革命胜利的世界各国人民也具有普遍的意义。

毛泽东同志在解决上述这些极其复杂的问题的时候,完全是以马克思主义的世界观和方法论为指导的。他的一切政治、经济、军事、文艺等等方面的著作,处处都贯穿着唯物辩证法的精神,都是唯物辩证法的活的范本。因此,他在光辉地发展马克思列宁主义关于殖民地半殖民地革命的理论的时候,也光辉地发展了唯物辩证法。这些发展,集中地表现在他的《实践论》和《矛盾论》这两篇伟大的著作中。

第四,毛泽东同志在新中国成立以后,把唯物辩证法应用于新的历史条件,第一次提出了关于社会主义革命和社会主义建设的完整学说,从而发展了唯物辩证法。

在国际共产主义运动史上,曾经发生过无产阶级取得政权之后又出现资本主义复辟的情况(通过武装进攻或"和平演变")。于是,无产阶级在取得政权之后如何巩固和发展革命成果,防止资本主义复辟,就成为各国共产党人必须解决的,关系到共产主义事业最终胜利的严重问题。毛泽东同志以前的马克思主义者都没有系统地解决这个问题。毛泽东同志运用唯物辩证法这个科学武器，总结了中国社会主义革命和社会主义建设的实践经验，并且研究了国际的主要是苏联的正面和反面的经验，在他的《关于正确处理人民内部矛盾的问题》和其他著作中，完满地解决了这个问题，批驳了现代修正主义的谬论，也澄清了革命队伍中的错误认识。

毛泽东同志指出，对立统一规律这个宇宙的根本规律，对社会主义社会也同样适用。在社会主义社会里，在完成了生产资料所有制的社会主义改造以后，阶级矛盾仍然存在，阶级斗争并没有熄灭。在整个社会主义阶段，贯穿着无产阶级与资产阶级两个阶级、社会主义和资本主义两条道路的斗争。为了保证社会主义建设和防止资本主义复辟，必须巩固无产阶级专政，在政治战线、经济战线和思想文化战线上把社会主义革命进行到底；同时迅速地发展生产力，在不太长的时间里赶上和超过发达的资本主义国家，建立起现代农业、现代工业、现代国防和现代科学技术，为社会主义奠定雄厚的物质基础。毛泽东同志还特别指出，在社会主义社会里，社会矛盾分为两类，即人民内部矛盾和敌我矛盾，而人民内部矛盾是大量的。对人民内部矛盾应当用民主的方法处理，对敌我矛盾应当用专政的方法处理。只有分清两类不同性质的矛盾，采取不同的方法加以正确处理，才能够团结百分之九十以上的人民，战胜那些只占人口百分之几的敌人，巩固无产阶级专政。

基于上述的指导思想，毛泽东同志为我国社会主义革命和社会主义建设制定了一系列具体的方针政策，诸如：鼓足干劲，力争上游，多快好省地建设社会主义的总路线；以农业为基础、以工业为主导的发展国民经济的总方针；为由集体所有制向全民所有制的过渡准备条件的人民公社的组织形式；以不断地组织革命的阶级队伍、打击资本主义势力为目的的社会主义教育运动；以促进社会主义文化的繁荣为目的的"百花齐放，百家争鸣"的方针；调动一切积极因素，化消极因素为积极因素，为社会主义服务的方针；为逐步消灭脑力劳动与体力劳动的差别作准备的知识分子劳动化和劳动人民知识化的方针；为密切党群关系、防止官僚主义而实行的干部参加劳动的制度；为巩固国防、加强人民军队革命化而实行的一整套建军原则；为保证社会主义国家永不变色而提出的培养和造就千百万无产阶级接班人的条件和办法；等等。只要坚决地按照毛泽东同志所提出的这些原则办事，就能够避免资本主义复辟，巩固社会主义的成果，并为逐步过渡到共产主义准备条件。为了反对现代修正主义对国际共产主义运动的破坏，中国共产党根据毛泽东同志的思想提出了关于国际共产主义运动总路线的建议。毛泽东同志的这些思想是前无古人的，这是他在新的历史条件下以伟大的革命勇气和严谨的科学精神把唯物辩证法贯彻到底的结果，这是他对国际共产主义运动和马克思列宁主义理论宝库的独特的光辉贡献。

实践出理论。千百万人民群众的革命斗争的经验必然要通过伟大的革命领袖之手而集中起来，成为伟大的理论。这是不依任何人的意志为转移的客观规律。毛泽东同志在运用唯物辩证法创造性地解决当代革命斗争中的极其复杂的新问题的过程中，必然要以新的内容独立地推进唯物辩证法，把它提到新的阶段。毛泽东同志的哲学思想是迄今以来人类历史上一切先进思想的概括和总结，是千百万人民群众革命斗争经验的结晶，是唯物辩证法在当代的伟大发展。毛泽东同志的哲学思想同他的整个革命理论一起，正在越来越广泛地掌握千百万革命人民的心灵，在世界上各个角落里点燃革命的火炬，为他们指出正确的方向。

第 三 篇

世界是物质统一体的无限发展过程

前言　唯物辩证法是彻底的物质一元论

以上两篇论述了唯物辩证法是一门什么性质的科学,它的研究对象是什么,它有些什么特征,它对无产阶级的实践活动有什么意义,它是怎样产生、怎样发展的,以及我们应当以什么态度来学习它等等问题。从本篇起,我们开始论述唯物辩证法这门科学的理论内容。

唯物辩证法的研究对象是世界的一般发展规律,很自然地,它首先就要回答世界的本原问题,即"世界是什么?"的问题。

对于世界的本原问题,实际上只能有两种回答。一种回答是:世界的本原是意识,世界上形形色色的现象都是意识的产物。这是唯心论的回答。另一种回答是:世界的本原是物质,世界上形形色色的现象都是物质的种种形态,连意识也是物质的产物。这是唯物论的回答。如前面两篇分析过的,只有唯物论的回答才是正确的回答。

但是,马克思主义以前的唯物论是有严重缺陷的。就朴素唯物论来说,它的主要缺陷在于直观性、自发性。它的理论基本上不是从经过实践检验的具体科学成果中总结出来的,而是从对自然现象的笼统观察中猜测出来的。因此,它对唯物论观点的具体论证不能不包含着许多胡说和废话。就形而上学的唯物论来说,它的主要缺陷在于缺乏辩证法。它的结论基本上是从古典力学的成果中概括出来的。它错误地把当时自然科学关于物质结构的观念同哲学上的物质概念混为一谈,把当时自然科学关于空间和时间的物理特性和几何特性的观念同哲学上的空间、时间的概念混为一谈,把物质的运动归结为机械运动一种形式;它错误地否认了千差万别的物质形态的相互联系和相互转化,否认了物质世界由低级到高级的发展;它对意识的起源和本质的解释也是肤浅的、不确切的。而无论是朴素唯物论或形而上学唯物论,在说明社会历史

139

现象的时候都陷入了唯心论。旧唯物论的这些严重缺陷,使它们不能对唯物论的基本原则作出科学的、经得起实践考验的证明,在许多方面不能把唯物论贯彻到底。当唯心论用曲解新的科学材料的手法来攻击唯物论的时候,它们就往往无力抵御,要打败仗。

只有马克思主义的唯物论,即辩证法的唯物论,才综合了人类认识史上一切积极成果和各门科学的可靠结论,对世界的本原问题作出了完全科学的回答。它以无可辩驳的巨量科学材料为根据,确切地证明了以下的原理:

(1)物质是世界的唯一本原。世界上除了物质以外什么也没有。物质的唯一特性就是客观实在性,即离开人的意识而独立又能为意识所反映。物质的具体形态是无限多样的,物质的物理的或化学的结构是无限复杂的,决不能把物质归结为某一种或某几种特定的形态或特定的结构。自然科学在物质形态或物质结构方面的任何新发现,决不能改变世界存在于人们的意识之外这个事实,决不能推翻世界的物质性。

(2)运动是物质的根本属性。没有不运动的物质,也没有无物质的运动。运动的形态是无限多样的,决不能把物质的运动归结为机械运动一种形式或任何一种别的形式。各种运动形态是相互联系并在一定的条件下相互转化的。整个物质世界是一个由低级到高级、由简单到复杂的无限发展过程。

(3)空间和时间是物质存在的形式。没有不存在于空间和时间中的物质,也没有不以物质为内容的空间和时间。空间和时间的物理特性和几何特性是多种多样的,决不能把它们归结为古典力学或欧几里得几何学所描述的那样一种特性。自然科学在空间和时间的特性方面的任何新发现,决不能推翻空间和时间的客观性。

(4)意识绝不是可以离开物质而独立存在的实体,绝不是物质世界的创造主。意识是物质世界发展到一定阶段的产物,是高度地组织起来了的特殊物质——人的头脑的机能,是客观物质现象在人的头脑中的反映。意识一点也不能离开物质。意识的存在丝毫不能推翻世界的物质统一性;恰好相反,意识本身只能从统一的物质世界的无限发展中才能得到科学的说明。

上述这些,可以归结为两个基本原理:一个是世界的物质统一性的原理,一个是世界的无限发展的原理。用一句话概括起来,就是:世界是物质统一体的无限发展过程。

这就是唯物辩证法在世界本原问题上的根本观点。这是彻底的物质一元论的观点。它完全克服了旧唯物论的片面性和不彻底性,为整个世界提供了一幅严整的科学图画,使唯心论的一切谬说归于破产。

本篇的任务在于论述这个根本观点。

第一章 物质、运动、空间与时间

第一节 物 质

一、物质的范畴

人们在社会实践的过程中,每日每时都要通过自己的肉体感官接触外界的种种事物。这些事物的性质和状态是千差万别的。但是,所有这些事物都有一个共同的本质的特性,那就是它们都存在于人们的意识之外,同时又是人们感觉的泉源。如果把一切事物的特殊性质和特殊状态撇开,单把这一共同的本质的特性抽象出来,我们就得到一个概括一切事物的哲学范畴,这个范畴就是物质。列宁给物质下了一个经典式的定义:"物质是标志客观实在的哲学范畴,这种客观实在是人感觉到的,它不依赖于我们的感觉而存在,为我们的感觉所复写、摄影、反映。"①换句话说,物质就是离开意识而独立又能为意识所反映的客观实在。

唯物辩证法的物质范畴,是哲学史和科学史长期发展的结晶。

马克思主义以前的唯物论,很早就提出了物质的范畴,并把物质看作世界的唯一本原。这个基本思想无疑是正确的。但是,由于历史条件和科学知识水平的限制,它们都不能对物质范畴的内容作出完全科学的规定。它们的共同缺陷,就在于把物质本身同物质的某种具体形态混为一谈,把物质的一般属性同物质在某种特定状态下的特殊属性混为一谈。例如,古代的朴素唯物论把物质归结为某一种或某几种实物(在希腊是水、火或空气,在中国是金、木、水、火、土,在印度是地、水、风、火,等等);机械唯物论把物质归结为"不可分

---

① 列宁:《唯物主义和经验批判主义》,载《列宁全集》第14卷,第128页。

割的"最小粒子。这些论断都不能摆脱物质的具体形态的束缚,到达于高度的抽象,从而把握住一切事物的共同本质。这个弱点,使它们不能对千差万别的客观现象(特别是社会现象)作出科学的解释,不能对自然科学上的重大发现作出正确的说明,不能对唯心论的攻击作出有效的驳斥。只有唯物辩证法才总结了哲学和科学长期发展的成果,克服了以往唯物论的局限性,制定了完全科学的物质范畴。这个范畴抓住了一切物质现象的普遍的本质,即它们的客观实在性。因此,它不仅适用于自然现象,而且也适用于社会现象。只有从这个时候起,才为唯物论奠定了一块不可动摇的基石。

正因为物质范畴对于唯物论具有基石的意义,所以一切唯心论者总是把攻击的矛头对准物质范畴。在唯物辩证法产生以前是这样,在唯物辩证法产生以后也还是这样。17 世纪的英国大主教、主观唯心论者贝克莱在总结反对唯物论的经验时写道:"无神论和反宗教的一切渎神体系是建立在物质学说或有形实体学说的基础上的,……物质的实体对于各个时代的无神论者是一个多么伟大的朋友,这是用不着多说的。他们的一切怪异体系之依存于物质的实体,是如此明显,如此必要,以致一旦把这个基石抽掉,整个建筑物就一定倒塌。"因此,他认为:"物质只要被逐出自然界,就会带走很多怀疑论的和渎神的体系,带走无数的争论和纠缠不清的问题,……这些争论和问题使神学家和哲学家经常感到烦恼。"①应当说,这个唯物论的死敌确实抓住了问题的关键,他赤裸裸地道出了一切唯心论者对于物质的仇恨和恐惧的心情。事实上,贝克莱本人和一切唯心论者的终身"事业",无非就是妄图把物质"逐出自然界",从而"抽掉"唯物论的基石。贝克莱千百次地叫嚷:"物质是根本不存在的,甚至连在想象中也不存在的东西",是"无"。他费尽心机地妄想证明:"存在就是被感知",物就是"观念的集合"。在唯物辩证法的科学的物质范畴制定以后,现代主观唯心论者们仍然继承着贝克莱的衣钵,用新名词、新术语把自己装扮起来,对自然科学的新发现做出歪曲的解释,用千百种调子继续对物质范畴进行疯狂的攻击。例如经验批判论者马赫硬说:物质不过是"具有相对稳定性的感觉复合的思想符号"。实用主义者杜威说:"世界是我的观念,

---

① 转引自列宁:《唯物主义和经验批判主义》,载《列宁全集》第 14 卷,第 15—16 页。

我的活动,我的经验。"逻辑实证论者维特根斯坦说:"世界是我的世界。死了之后,世界不是改变了而是停止了。"他们异口同声地断言,物质是"多余的假设",是"可有可无的东西";承认物质,就是"形而上学的独断",就是"没有逻辑根据的荒谬思想"。显然,这些主观唯心论者反对物质范畴的挣扎是徒劳的,因为他们的论断是同人类实践的全部经验和各门科学的成果根本不相容的。

客观唯心论者也反对唯物论的物质范畴。一般说来,客观唯心论者在表面上并不反对承认"客观"世界,并不反对使用"物质"这个名词。他们也主张自然界不依赖于"我"的观念。但是,他们却主张自然界依赖一种据说是不属于任何人的"客观"的精神(例如,在柏拉图那里是"理念",在黑格尔那里是"绝对观念",在我国宋代程朱学派那里是"理")。实际上,精神是人脑的产物,是客观实在的反映,所谓不依赖于物质的"客观"的精神,完全是一种虚构。客观唯心论者的这种虚构,不过是把人的概念夸大成为脱离物质的独立实体,夸大成为现实事物的创造主,从而否认物质是世界的唯一本原而已。可见,客观唯心论虽然在形式上同主观唯心论有所不同,但在否认不依赖于意识的客观实在,即反对唯物论的物质范畴这一点上,是同主观唯心论毫无区别的。

二、物质范畴同物质结构观念的区别和联系

为了正确地理解唯物辩证法的物质范畴,必须把物质范畴同关于物质结构的观念区别开来。有两个不同性质的问题:一个问题是,有没有离开意识而独立又为意识所反映的客观实在? 这是一个哲学问题。唯物辩证法肯定地回答这个问题,并用"物质"这个范畴来标志这种客观实在。另一个问题是,物质按其物理结构说来是怎样的? 这并不是一个哲学问题,而仅仅是一个自然科学的问题。自然科学关于物质结构的学说就是回答这个问题的。

自然科学关于物质结构的学说,是相对的、可变的,是必然要随着自然科学的发展而日趋深化的。在这一方面,比较不完善的观念为比较完善的观念所补充或修正的过程是没有止境的。在 18 世纪到 19 世纪末(1896 年以前)的这段时期中,自然科学认为原子是组成物质的最小粒子,是永恒不变的、不可分割的"宇宙之砖",并且认为一切物体(从天体到原子)的运动都服从于力学的规律。这就是世界的机械图画。

19 世纪末(1896—1897),物理学作出了两个划时代的发现:电子和放射性现象。这两个发现证明,原子并不是什么最小的粒子,并不是什么永恒不变和不可分割的"宇宙之砖",而是由原子核和电子组成的;而电子的本性也不是机械的,而是电磁性的。于是,旧的世界的机械图画的不完善性就暴露出来了(新的发现所推翻的只是把原子看作不变的和不可分割的最小粒子的那个观念,至于原子是组成物质的单位这一点,仍然是正确的),世界的电磁图画补充和修正了世界的机械图画。

到了 20 世纪 20 年代,世界的电磁图画的不完善性又暴露出来了。因为在世界的电磁图画中,电子仍然被想象为按照力学的规律围绕着原子核旋转的普通球体(原子的模型被设想为太阳系的缩影)。但是,进一步的研究发现了电子的衍射现象,表明了电子并不是普通的球体,而是具有二象性(微粒的特性和波的特性)的微观客体;电子的运动服从于本质上不同于古典力学的量子力学规律。以后又相继发现,原子和原子核等微观客体也都具有二象性,也都服从于量子力学的规律。于是世界的量子力学的图画又补充和修正了世界的电磁图画。

但是,近二十年来,量子力学也逐渐显露出它的不完备性。不包括在量子力学范围内的更为复杂的现象(原子核过程、核内过程等等)正在被揭示着,量子力学的世界图画又正在被更新的世界图画所补充和修正。

从以上的简略叙述中可以看出,人们对于物质的物理结构的认识,是一个由浅入深、由片面到更多的方面的无限发展过程。每一种关于物质结构的观念或学说,都只能达到为一定的历史条件所规定的界限,都只是人类认识的无限长途中的一个里程碑。随着自然科学的发展,比较片面和比较不深刻的观念为比较全面和比较深刻的观念所代替,不是什么不可理解的事情,而是认识运动的必由之路。从唯物辩证法的观点看来,那种试图发现"最终的"物质实体的设想是没有根据的。当 19 世纪的自然科学把原子看作"最终的"物质实体时,恩格斯就指出:"原子决不能被看作简单的东西或已知的最小的实物粒子。"[1]电子和放射性的发现灿烂地证实了恩格斯的预见。当 20 世纪初期的自然科学把电子看作"最终的"物质实体,并认为当时对电子的认识已经穷尽

————————

[1] 恩格斯:《自然辩证法》,人民出版社 1971 年版,第 247 页。

了电子的一切特性时，列宁又指出："电子和原子一样，也是不可穷尽的"。①现代科学越来越深刻地揭示出电子的复杂的特性，例如，它的质量会随着运动速度的改变而改变，它同时具有微粒的特性和波的特性，它具有磁矩和自旋，等等。显然，不仅在20世纪初期，就是在今天，对于电子的认识也仍然没有穷尽电子的一切特性。同时，继发现电子之后，自然科学还陆续发现了质子、中子、中微子、正电子、各种类型的介子、光子等许多种基本粒子，②发现它们各自的复杂特性，发现了它们之间相互联系和相互转化的复杂关系。现代科学还发现，物质除了"实物"的形态之外，还有"场"的形态。显然，这一方面的发现也绝不会达到止境。这一切，都灿烂地证实了列宁的预见。

如果说，自然科学关于物质的物理结构的观念是相对的、有条件的、可变的，那么，哲学上关于物质的范畴又是怎样的呢？能不能说，物质的范畴也是相对的、有条件的、可变的呢？不，不能这样说。这是因为，物质的范畴回答的不是任何别的问题，而仅仅是有没有离开意识而独立又为意识所反映的客观实在的问题。正如列宁所说，"物质概念，除了表示我们感觉到的客观实在之外，不表示任何其他东西。"③物质在意识之外存在着的事实，是不会由于自然科学上的任何新发现而改变的。因此，尽管自然科学关于物质结构的观念正在随着新的发现而不断地变化，物质的范畴却是永远不会过时的。

由此可见，作为划分唯物论和唯心论的标准的，不是关于物质的结构如何的问题，而只能是关于有没有在意识之外的客观实在的问题。列宁说得好："唯物主义和唯心主义是依如何解答我们认识的泉源问题即认识（和一般'心理的东西'）同物理世界的关系问题而区分开来的，至于物质的构造问题即原子和电子问题，那是一个只同这个'物理世界'有关的问题。"④例如，一个根据现代物理学的观点来认识物质结构的自然科学家可能是一个唯物论者（如果他认为原子和电子等等是在意识之外的客观实在的话），也可能是一个唯

---

① 列宁：《唯物主义和经验批判主义》，载《列宁全集》第14卷，第277页。

② 基本粒子是现代物理学的术语。其所以叫作基本粒子，是因为现在的认识水平，还不能发现它们具有什么明确的结构或更小的组成部分。但是，这些粒子中的任何一种都不是"最终的"实体，它们之间有着极其复杂的相互联系和相互转化的关系。就这个意义说，它们又不是基本的。

③ 列宁：《唯物主义和经验批判主义》，载《列宁全集》第14卷，第282页。

④ 列宁：《唯物主义和经验批判主义》，载《列宁全集》第14卷，第274页。

心论者(如果他认为原子、电子等是"精神"、"意志"等的产物的话)。

把物质的范畴与物质结构的观念区别开来,对于坚持唯物论的路线、揭破唯心论的攻击,具有十分重大的意义。现代唯心论者攻击唯物论的重要手法之一,就是故意把哲学上关于物质的范畴同自然科学上关于物质结构的观念混为一谈,硬说唯物论是必然地同某种不变的世界图画联系着的。于是,当自然科学上的新发现引起了旧的物质结构观念的改变时,他们就宣称物质本身"消灭"了,物质的范畴"过时"了,唯物论被"驳倒"了。有些自然科学家由于不了解物质范畴同物质结构观念的区别,也把物质结构观念的改变误认为物质的客观实在性的改变,不自觉地陷进了唯心论的泥坑。这种情形,在近代哲学史和科学史上是屡见不鲜的。

例如,当19世纪末叶发现了电子,因而改变了关于物质结构的机械观念时,唯心论者就作出了"物质消灭了"的结论。这个荒唐的结论是怎样作出来的呢? 原来他们的手法就在于把物质结构的观念同物质范畴混淆起来。18世纪以来流行的关于物质是由原子构成的,而原子具有固定不变的质量和不可分割性等等的观念,本来只是关于物质的物理结构、物理特性的观念,而且是一个远不完善的观念,本来是同物质是否存在于意识之外这个哲学问题无关的。可是唯心论者却故意要把事情说成是这样:仿佛唯物论的哲学就是建筑在这种观念的基础之上的,似乎原子的物理属性(而且是按照牛顿力学所理解的那些属性,例如不可入性、固定质量等等)就是唯物论所说的"物质"的一般属性。现在既然电子不具有原子的物理属性(例如电子没有固定不变的静止质量),就说明电子是非物质的东西。既然原子是由非物质的电子组成的,可见"原子非物质化了","物质消灭了","唯物论被驳倒了"。唯心论者就是这样宣布他们对唯物论的"胜利"的。

又如,当20世纪20年代发现了电子和其他一些微观粒子不仅具有微粒的特性,而且具有波的特性时,唯心论者又一次唱起了"物质消灭了"的滥调。按照他们的说法,波不是意识之外的客观实在,而是主观的东西,是"我们知识的不完善的波",是"无知的波"。既然电子和其他微观粒子具有波的特性,就证明了它们只存在于我们的"智慧"之中。唯心论者琼斯发表谬论说,微粒是物质的"后代",波是精神的"后代";而波是"控制"着微粒的,可见精神是

"控制"着物质的。于是唯心论者又轻而易举地宣布他们"驳倒"了唯物论。

总之,每当自然科学上有一次比较重大的发现,因而引起了关于物质结构观念的某种改变时,唯心论者总是要乘机叫嚷一阵,宣称物质的"消灭"和唯物论的"破产"。

但是,唯心者的这些喧声究竟有什么根据呢? 一点根据也没有。只要把物质的范畴同物质结构的观念区别开来,就足以揭穿唯心论的全部"论据"的荒谬性。试问:辩证的唯物论究竟在什么时候断言过它的理论是奠基于某种不变的物质结构观念之上的呢? 从来也没有这样断言过。相反地,它断言:"物质的唯一'特性',就是:它是客观实在,它存在于我们的意识之外。哲学唯物主义是同承认这个特性分不开的。"[1]至于"承认某些不变的要素,'物的不变的实质'等等,并不是唯物主义,而是形而上学的即反辩证法的唯物主义"[2]。难道原子是客观实在,电子就不是客观实在吗? 难道宏观物体存在于意识之外,微观物体就不存在于意识之外吗? 难道自然科学上的任何一个新发现能够推翻物质存在于意识之外这个基本事实吗? 只要这样提出问题,唯心论者的一切伪科学的"论据"就无法立足了。实际上,正如列宁在批判马赫主义时所深刻地指出的:物质结构观念的改变,并不意味着物质的"消灭"和物质范畴的"过时",而只是意味着人们在一定的历史条件下认识物质结构的界限正在消失(即人的认识正在深化);并不是"驳倒"了唯物论,而只是暴露了形而上学的即反辩证法的唯物论的缺陷;并不是"证实"了唯心论的"正确",而正是证实了辩证唯物论的正确。在辩证唯物论的真理面前,唯心论者企图利用物质结构观念的变化来否认物质的客观实在性,来驳倒唯物论,完全是枉费心机的。

唯物辩证法强调物质范畴同物质结构观念的区别,并不是否认二者的联系。相反地,正确地解释二者的联系也是非常重要的。这种联系主要地表现在:第一,只有当人们对于物质结构的认识达到了一定深度的时候,才可能制定出科学的物质范畴。第二,唯物辩证法的物质范畴的科学性,将继续被关于物质结构的新发现所不断地证实;它的内容也将继续被关于物质结构的新发

---

① 列宁:《唯物主义和经验批判主义》,载《列宁全集》第 14 卷,第 275 页。

② 列宁:《唯物主义和经验批判主义》,载《列宁全集》第 14 卷,第 275 页。

现所不断地丰富。第三,自然科学对于物质结构的研究,也只有在把物质了解为离开意识而独立又能为意识所反映的客观实在时,才可能沿着正确的方向前进,才可能避免走上唯心论和形而上学的迷途。

三、物质同物质形态的区别和联系

为了正确地理解物质范畴,还必须把物质同物质的具体形态区别开来。

前面提到过,旧唯物论的物质观的根本缺陷,就在于不能摆脱物质的特定形态的束缚,以致在不同的程度上把物质同物质的某种具体形态混为一谈。这个缺陷使它们不能科学地解释自然科学上的新发现,有效地抵抗唯心论的袭击。那么,在唯物辩证法看来,应当怎样理解物质同物质的具体形态的关系呢?

唯物辩证法认为,一切事物各有区别于其他事物的特殊本质,这种特殊的本质使它们成为具有特定形态的具体事物;然而一切事物又都有一个共同的本质,这就是它们的客观实在性。物质就是撇开一切事物的具体形态,单单抽取它们的共同本质而得到的一般概念,或哲学范畴。物质是一切事物的共同本质,而一切事物则是物质的种种具体形态。因此,物质和物质具体形态的关系,是一般和个别的关系。物质是一般,物质的具体形态是个别。一般即寓于个别之中,物质即寓于物质的种种具体形态之中。离开了物质的具体形态,就无所谓物质。不研究个别的物质形态,就不能认识物质。恩格斯说:"要不研究个别的实物和个别的运动形式,就根本不能认识物质和运动;而由于认识个别的实物和个别的运动形式,我们也才认识物质和运动本身。"[1]

因此,当我们说到"物质是感觉的泉源"时,并不是说作为哲学范畴的物质是可以由感觉所直接把握的东西,而只是说一切可感觉的东西按其最一般的共同本质说来都是物质。人们可以直接感觉到的东西是物质的种种形态,即特定存在着的物质;至于物质本身,却正是从这些具体形态中抽象出来的一般概念,因此,"物质本身是纯粹的思想创造物和纯粹的抽象",而"不是感性地存在着的东西"[2]。人们每日每时都可以感觉到各种物质的具体形态,但是

---

① 恩格斯:《自然辩证法》,人民出版社 1971 年版,第 214 页。
② 恩格斯:《自然辩证法》,人民出版社 1971 年版,第 233 页。

任何人都不可能感觉到一般的物质。正像人们可以吃到桃、杏、桔、梨等等具体的水果,却不可能吃到一般的水果一样。

有些唯心论者说,既然物质本身是感觉不到的东西,那么这就是"根本不存在的东西",就是"空洞的抽象"。这是毫无根据的。诚然,物质本身是抽象,但是这并不是空洞的抽象(如"上帝"的抽象那样),而是科学的抽象,它正确地反映了一切事物的客观存在着的共同本质,具有极其丰富的内容。唯物辩证法与经验论不同,它并不认为只有可以为感觉所直接把握的东西才是存在着的。试问,难道可以因为人们只能吃到桃、杏、桔、梨而不能吃到一般的水果,就断言水果是"根本不存在的东西",是"空洞的抽象"吗?唯心论者的这种说法歪曲了一般和个别的正确关系,否认了科学概念的客观内容。实际上,一般是通过个别而存在的,它无非是个别东西的共同本质。正像"水果"即寓于桃、杏、桔、梨等之中一样,"物质"也是寓于各种具体的物质形态之中的。通过从感觉上把握桃、杏、桔、梨等等,就可以从思维上把握水果的概念;同样,通过从感觉上把握物质的种种具体形态,也就可以从思维上把握物质的范畴。

由此可见,物质同物质形态是不能混同的。物质的具体形态是无限多样的,正是这种多样性构成了丰富多彩的物质世界;然而物质本身却只有一个特性,那就是独立于意识之外而又能为意识所反映。物质范畴是最高的哲学范畴。

第二节　运　动

一、物质和运动的不可分割性

上一节我们说明了什么是物质。现在我们进一步说明物质的存在形式,即运动、空间与时间。本节先说明运动。

唯物辩证法认为,物质是运动的主体,运动是物质的存在形式和固有属性。整个世界就是物质的运动或运动着的物质。物质和运动是不可分割地联系着的,"没有运动的物质是和没有物质的运动是同样不可想象的"[1]。

物质和运动的不可分割性,表现在两个方面:一方面是没有离开运动的物

---

① 恩格斯:《反杜林论》,载《马克思恩格斯选集》第3卷,第99页。

质,另一方面是没有离开物质的运动。

首先,全部科学成就证明:物质是永恒地运动着、变化着、发展着的,不可能有离开运动的物质。

宇宙间的无数星系在形成着、变化着、毁灭着;一切天体都按照一定的规律运转着,组成物体的分子、组成分子的原子、组成原子的电子和原子核都在运动着;原子核内的质子和中子,以及微观世界中的其他粒子,也在不停地运动着。生物机体内部的新陈代谢不断地进行着,物种不断地进化着。人类社会的生产斗争、阶级斗争(在无阶级的社会中是先进与落后、革新与保守等等的斗争)和其他种种形式的活动不停地进行着,低级的社会经济形态向高级的社会经济形态过渡着。一切的物质形态,无不处在运动之中。

而且,某种特定的物质形态之所以成为特定的物质形态,正因为它具有某种特定的运动形式。恩格斯说:"运动着的物体性质是从运动的形式得出来的。"①毛泽东同志也说:"人的认识物质,就是认识物质的运动形式"。② 太阳系之所以为太阳系,正因为太阳及其行星按照天体力学所揭示的规律运动着;微观客体之所以为微观客体,正因为它按照量子力学所近似地描述的规律运动着;生物之所以为生物,正因为在它的体内进行着新陈代谢;人类社会之所以为人类社会,正因为在它的内部进行着生产力和生产关系、基础和上层建筑的矛盾运动。如果某种特定的运动形式结束了,与它相应的物质形态也就不再是这种特定的物质形态了。

由此可见,从宇宙天体到微观世界,从无机界到有机界,从一般生物到人,从自然到社会,所有一切领域中的一切物质形态,没有不是处在永不停息的运动之中的。运动并不是物质的偶然的、外在的、可有可无的属性,而正是物质的固有的、内部的、根本的属性。运动是物质的存在形式。正如恩格斯所总结的:"无论何时何地,都没有也不可能有没有运动的物质。"③

其次,全部科学成就也证明:离开物质的运动同样是不可能的。

---

① 恩格斯:《自然辩证法》,人民出版社 1971 年版,第 226 页。
② 毛泽东:《矛盾论》,载《毛泽东选集》第一卷,第 283 页。
③ 恩格斯:《反杜林论》,载《马克思恩格斯选集》第 3 卷,第 98—99 页。

"物质是一切变化的主体。"[1]任何领域中的任何形式的运动,都有它的物质主体。机械运动的主体是宏观物体;热运动的主体是分子;电运动的主体是电子;光运动的主体是光子;化学运动的主体是原子;生物学运动的主体是活的有机体;社会运动的主体是处在一定生产关系中的人。总之,只要说到运动,就是物质在运动。脱离物质的所谓"纯粹"的运动是不可能的。

在认识史上常常有这样的情形:人们发现了某种特殊形式的运动,可是暂时还不知道这种运动的特殊的物质主体是什么。例如曾经有一个时期人们发现了电和光的运动形式,却不知道它们的物质主体是什么。这种情形往往被唯心论者作为设想没有物质的运动的借口。其实,既然物质总是要通过它的运动形式来表现,那么,在认识过程中首先认识到一定的运动形式,然后才进一步认识到这种运动形式的物质主体,是完全可以理解的。事实上,人们只要发现了某种特殊形式的运动,经过或长或短的时间总会揭示这种运动的物质主体的。例如人们在认识了电和光的运动形式之后,终于发现了它们的物质主体是电子和光子。

由此可见,只有物质才是运动的主体,离开物质的运动是没有的。

唯物辩证法关于物质和运动的不可分割性的原理,越来越为发展着的自然科学所证实。现代自然科学不断地从各个不同的侧面揭示了物质和运动的具体联系,从而越来越深刻地表现了物质和运动的不可分割性。例如,狭义相对论所表述的质量与运动速度关系的定律表明,物体的质量会随着运动速度的改变而改变;运动的速度愈高,物体的质量也愈大[2]。又如,狭义相对论所表述的另一个重要定律,即质量能量关系定律表明,任何物质客体都具有质量,同时又具有与一定的质量相对应的能量;质量和能量的任何一项发生了变

---

[1] 马克思、恩格斯:《神圣家族》,载《马克思恩格斯全集》第 2 卷,第 164 页。

[2] 质量与运动速度关系的公式是:$m = \dfrac{m_0}{\sqrt{1 - \dfrac{v^2}{c^2}}}$

式中的 m 代表物体的运动质量,m_0 代表物体的静止质量,v 代表它的运动速度,c 代表真空中的光速,从公式中可以看出,物体在一般速度时质量的变化是很难观测到的;可是当运动速度接近光速时,质量的变化就非常显著。例如,当电子的速度达到 $0.98c$ 时,它的质量就会等于静止质量的 5 倍。

化,其他一项必然相应地发生变化①。当然,应当指出,这里的"质量"概念不能和"物质"概念等同,"能量"概念也不能和"运动"概念等同,这里所说的运动也只是指物理形式的运动,而不是指一般的运动。物质与运动的一般联系要比这两个公式所表述的复杂得无比,丰富得无比。但是,质量毕竟是只有物质才能具有的特性(精神是不能具有"质量"的),能量则是运动的尺度,而物理运动又是运动的一种特殊形式。上述的公式毕竟深刻地揭示了物质与运动在一定方面的具体联系,因此,上述公式的发现,仍然应当认为是对唯物辩证法关于物质与运动不可分割的原理的有力的证明。

唯物辩证法关于物质与运动不可分割的原理,是经过哲学和科学的长期发展检验过并且证明了的真理。一切离开运动来考察物质或者离开物质来考察运动的观点,都是错误的。

形而上学的唯物论在这个问题上的错误,就在于设想离开运动的物质。当然,形而上学唯物论的哲学家当中有些人(例如托兰德、狄德罗、霍尔巴哈)并没有简单地主张有不运动的物质;相反地,他们还发表过运动和物质不可分离的见解。但是,因为他们都不了解物质运动的泉源,而且又都把运动仅仅归结为机械运动一种形式,因而都不能揭示物质与运动之间的真实联系,不能正确地说明为什么不能有不运动的物质。这样,他们虽然提出了正确的哲学论断,却不能科学地说明这种论断。而且,按照这样的观点逻辑地推演下去,还必然走到原来结论的反面,最终陷入设想不运动的物质的境地。至于有一些受形而上学唯物论支配的自然科学家,则更是直接设想不运动的物质。他们把物质看成不能自己运动的、死板的、有惰性的质量,要使这样的质量运动起来,就必须有外力的推动。如果这种观点在解释地球上个别宏观物体的机械

① 质量能量关系的公式是:$E = mc^2$

式中的 E 表示物体所具有的总能量,m 表示物体的质量,c 表示真空中的光速。根据质量与速度关系的公式,物质的质量是随着运动速度的改变而改变的,因而物体的能量也必然随着运动速度的改变而改变。这就是说,如果物体在静止时的能量 $E_0 = m_0c^2$ 的话,那么,当物体的运动速度为 v 时,它的能量就会增大,如下式:$E = mc^2 = \dfrac{m_0c^2}{\sqrt{1 - \dfrac{v^2}{c^2}}}$

运动时还可以言之成理的话,那么,一超出这个范围,就必然要碰到不可克服的矛盾了。例如著名的自然科学家牛顿在解释行星围绕着太阳运转的现象时,就不能说明本来不运动的星球为什么会围绕着太阳运转起来。为了解决这个矛盾,他不得不假定"第一推动力"的存在,从而最终陷进了唯心论。恩格斯在批判 19 世纪的形而上学者杜林时一针见血地指出:"物质的不动的状态,是最空洞的和最荒唐的观念之一,是纯粹的'热昏的胡话'。"①

唯心论在这个问题上的错误,则在于设想没有物质的运动。唯心论者当中有些人并不否认运动,但是否认运动的主体是物质。例如黑格尔认为运动的主体是"绝对观念";马赫主义者认为运动的主体是感觉、表象、概念,并千百次地宣称,"什么在运动"这个问题是"无聊的问题",是应当拒绝回答的,只要承认"在运动着",就足够了。② 这一类的荒谬说法在哲学史上是不胜枚举的。现代的唯心论较之古老的唯心论的"新颖"之处,就在于借歪曲自然科学新发现的办法,来反刍没有物质的运动的谰言。

在 19 世纪末和 20 世纪初出现的"唯能论",就是这种企图的典型代表之一。"唯能论"的创始者是德国化学家奥斯特瓦尔德。他认为,以物质为世界终极要素并不能说明世界的本性,只有"能"才是唯一的实在。他说:"所谓物体性质者,乃表示物体直接或间接与吾人之感觉器官发生之关系是也。但吾人感觉器官之作用,实不外乎彼与外界发生之能之交替而已。故物体之一切性质,亦可以能之作用解释之。"③因此,他认为无论是自然现象、社会现象或精神现象,都是能的变化形态,都"可以能之作用解释之"。这样,世界就不是物质的世界,而是能的世界了;第一性的东西就不是物质,而是不依赖于物质的能了。但是,能是运动的尺度。承认有不依赖于物质的能,也就是设想没有物质的运动。列宁说得好:"想象没有物质的运动的这种意图偷运着和物质分离的思想,而这就是哲学唯心主义。"④

"唯能论"者为了论证他们的观点,十分热衷于歪曲自然科学的新发现。

① 恩格斯:《反杜林论》,载《马克思恩格斯选集》第 3 卷,第 99 页。
② 参见列宁:《唯物主义和经验批判主义》,载《列宁全集》第 14 卷,第 282—283 页。
③ 奥斯特瓦尔德:《化学原理》,商务印书馆 1963 年版,第 8 页。
④ 列宁:《唯物主义和经验批判主义》,载《列宁全集》第 14 卷,第 283 页。

例如,狭义相对论所揭示的 $E=mc^2$ 的公式本来是描述质量和能量的相互联系的公式,这个公式的意义不外乎说明,具有多少质量的物质必然相应地具有多少能量。但是,"唯能论"者却硬把这个公式解释成为物质与能"互相转化"的公式,硬说这个公式证明物质可以转化为能(物质消灭了!),能可以转化为物质(物质从乌有中产生了!)。

又如,1932 年发现了一个电子和一个正电子(即"电子偶")在互相碰撞时转化为一对光子的现象,以及相反的过程。于是"唯能论"者又歪曲地解释说,这证明了物质转化为能,能转化为物质。因为在他们看来,光子并不是物质,而只是纯粹的能。但是,这种说法是站不住脚的。光子和电子偶一样,是独立于意识之外并为意识所反映的客观实在;光子不仅具有能量,而且具有质量(只不过没有静止质量罢了)。电子偶和光子对的相互转化,只不过是物质的不同形态之间的相互转化,完全不是什么物质和能之间的互相转化。

又如,近代物理学发现了核反应过程的所谓"质量亏损"现象。例如铀原子核经过裂变后,就成为氪原子核和钡原子核,同时放出各种具有很大能量的射线①。如果仅仅计算裂变前后原子核的质量,那么就会发现,作为裂变产物的氪原子核和钡原子核的质量之和小于原来的铀原子核的质量。即是说,经过裂变,铀原子核的质量有一部分是"亏损"了。那么,这一部分"亏损"了的质量到哪里去了呢?"唯能论"者解释说,这一部分质量转化为能(即各种射线)了。他们又想借此重弹"物质转化为能"的旧调,并宣称质量守恒定律和能量守恒定律被"推翻"了。但是,"唯能论"者的这个论据也是不能成立的。如果我们不是片面地只计算裂变后新原子核的静止质量,而是把裂变过程中放出的各种射线的运动质量也计算进去,那么就会发现,铀原子核的质量与裂变后各种产物的质量之和是相等的。所谓"质量亏损",实际上不过是铀原子核的一部分静止质量转化成了各种射线的运动质量而已,并不是什么"亏损"。整个裂变过程仍然是严格地遵守着质量守恒定律的。同时,裂变过程中所产生的各种射线的能量,也不是像"唯能论"者所说的那样是由"亏损"了的那一部分质量"转化"而成的,而是由铀原子核的核内能的一部分转化而成

①　这些射线是:α 射线(氦原子核流)、β 射线(电子流)和 γ 射线(光子流)。

的。在裂变过程中,铀原子核的核内能的一部分转化为氪原子核和钡原子核的核内能,另一部分则转化为各种射线的放射能,裂变前后的能量总和是相等的,是符合于能量守恒和转化定律的。

由此可见,唯物辩证法关于物质与运动不可分割的原理,是为哲学和科学的长期发展所证明了的客观真理。近代科学的每一个重大发现,都灿烂地证实了这个真理,而给了一切违反这个真理的思想以有力的驳斥。

二、运动的绝对性和静止的相对性

唯物辩证法认为物质和运动是不可分割的,运动是物质的根本属性和存在形式,那么,这是不是否认静止呢?

不,唯物辩证法并不否认静止。它认为,绝对地运动着的事物也具有相对地静止的一面。

事物的相对静止的一面,主要地表现在如下两种情形中:

第一,事物虽然无时无刻不在运动,但是某一具体事物在某种场合下却可以不具有某种特定的运动形态。在这种情况下,事物在这一方面就表现出静止的面貌。例如,地面上的建筑物对地面而言,轮船上的设备对轮船而言,都没有发生机械运动,在这一点上,它们是静止的。不过,这种静止只是相对的,不是绝对的。因为这些物体(建筑物、轮船上的建筑物)虽然没有作机械运动,但是它们内部的分子在振动着,原子内部和原子核内部在经历着复杂的物理变化,而且,这里的所谓没有作机械运动,也仅仅是就一定的观察系统(在物理学上叫做"参考系")而言,就它们同一定客体的相对关系而言,并不是绝对地没有作机械运动(地面上的建筑物随地球一起围绕着太阳转动着,轮船上的设备随着轮船一起在水面上运行着)。由此可见,静止是相对的,而运动则是绝对的。

第二,事物虽然无时无刻不在运动,但是事物的运动并不是在任何情况下都引起事物的质的变化。而当事物的运动还没有引起事物的质的变化的时候,某一事物仍然是某一事物。在这种情况下,这个事物就显出静止的面貌。例如,当一个原子的核内的质子数没有变化时,它就仍然是一定的化学元素的原子,而不是别种元素的原子,在这个意义上就可以说它是静止的;又如,当资本主义社会还保持着资产阶级专政的国家政权时,它就仍然是资本主义社会,而不是别种性质的社会。在这个意义上就可以说它是静止的。但是,在这个意义上的静止也是相对的。在原子的化学性质没有改变的情况下,它的内部并不是没有任何变化的,例如它吸收光或者放出光,它失去自己壳层中的电子或者夺得其他原子的电子等等,这都是运动;而且归根到底,这个原子还要在一定条件下转化为别种化学元素的原子。同样,在资本主义社会的根本性质没有变化的情况下,它的内部也不是没有任何变化的,生产在进行着,生产关系在再生产着,阶级斗争在进行着,上层建筑中的各种因素在不断地变化着,这都是运动;而且归根到底,资本主义社会终将被无产阶级革命所消灭,并为社会主义社会所代替。可见,在这个意义上,静止也是相对的,而运动则是绝对的。

由此可见,无论就上述的何种意义说,静止都只是有条件的、暂时的、相对的,都只是运动的一种特殊状态,而运动本身则是无条件的、永恒的、绝对的。恩格斯说:"个别的运动趋向于平衡,总的运动又破坏平衡。"①

静止并不是单纯消极和保守的因素,而是事物存在和发展的不可缺少的条件。首先,正因为事物有相对静止的一面,事物才成其为具有确定性质和确定形态的事物,才可能存在和发展,才可能被人们认识和利用。如果只有运动,没有任何静止,一切变成倏忽即逝的、没有任何确定性的、不可捉摸的东西,任何事物的存在和发展都将成为不可能,人们认识和利用事物也将成为不可能了。正如恩格斯所说:"物体相对静止的可能性,暂时的平衡状态的可能性,是物质分化的根本条件,因而也是生命的根本条件。"②其次,正因为事物有相对静止的一面,它才能够在自己存在的时期中为抵抗旧事物的复辟提供条件,为过渡到更高级的新事物准备前提。例如,巩固无产阶级专政和社会主义制度,就为防止资本主义复辟提供了条件,也为过渡到共产主义的高级阶段准备着前提。如果没有社会主义时期的相对的稳定性,就不能达到这样的目的。再次,正因为事物有相对静止的一面,事物的运动才成为可以衡量和计算的东西。物理学上为了要计算物体的空间位移,就必须选择一个物体作为参

---

① 恩格斯:《反杜林论》,载《马克思恩格斯选集》第3卷,第101页。
② 恩格斯:《自然辩证法》,人民出版社1971年版,第224页。

考系,而选择参考系之所以可能,正是因为物体本身有相对的静止。恩格斯说:"运动应当从它的反面即从静止找到它的量度"①,说的正是这种情形。

由此可见,运动和静止是对立的,又是统一的。没有绝对的运动,就无所谓相对的静止;没有相对的静止,也无所谓绝对的运动。绝对的运动和相对的静止相结合,构成了唯物辩证法的完整的运动观。不断革命论和革命发展阶段论相结合,就是这种运动观的具体运用。

形而上学的错误,就在于把相对的静止夸大成为绝对的东西,否认了运动的绝对性,这样,在形而上学者那里就出现了所谓绝对不变的天体,绝对不变的物质"要素",绝对不变的物种,绝对不变的社会制度,绝对不变的人性,等等。这种观点是同人类的全部实践经验和科学成果不相容的。

相对主义的错误,则在于根本不承认任何静止。古希腊哲学家克拉底鲁认为万物只是一种不可名状的旋风。中国的庄子主张:"方生方死,方死方生,方可方不可,方不可方可。"惠施主张:"日方中方睨,物方生方死。"这都是相对主义和诡辩论的典型。按照这种观点,必然要否认事物的质的规定性,否认事物之间的质的差别,甚至根本否认任何确定事物的存在。这样,人们认识事物和利用事物就根本不可能了。显然,这种观点也是同人类的全部实践经验和科学成果不相容的。

三、运动的基本形式及其互相关系

唯物辩证法的运动范畴是极广泛的范畴。恩格斯说:"运动,就最一般的意义来说,就它被理解为存在的方式、被理解为物质的固有属性来说,它包括宇宙中发生的一切变化和过程,从单纯的位置移动起直到思维。"②运动的形式同物质的形态一样,是无限多样的。不同的运动形式,构成了各门科学的研究对象。科学地划分各种运动形式,探求各种运动形式之间的区别和联系,是哲学科学的重要任务之一。

根据当前的科学发展水平,可以把无限多样的运动形式按其复杂的程度

---

① 恩格斯:《反杜林论》,载《马克思恩格斯选集》第3卷,第101页。
② 恩格斯:《自然辩证法》,人民出版社1971年版,第53页。

和发展的顺序划分为五种基本形态：一、客体在空间中的位置变动（这是力学的研究对象）；二、波和粒子的运动（这是物理学的研究对象）；三、原子的化合和分解运动（这是化学的研究对象）；四、有机体的运动，即同化与异化，遗传与变异（这是生物学的研究对象）；五、社会运动，即生产力和生产关系、基础和上层建筑的发展变化（这是社会科学的研究对象）。这五种运动形式是基本的，每一种基本的运动形式又包括无限多样的具体形式（例如就客观物体的机械运动看，就可以区分为直线运动和曲线运动，等速运动和变速运动，变速运动中又有匀变速运动和非匀变速运动、加速运动和减速运动）。运动的基本形式愈高级，其中所包括的具体形式也更加复杂多样。运动的形式像物质的形态一样，是不可穷尽的。随着科学的不断发展，无限多样的运动形式必将被不断地揭示出来，运动形式的分类也会越来越精确。

毛泽东同志说："所有这些物质的运动形式，都是互相依存的，又是本质上互相区别的。"[1]

首先，各种运动形式并不是彼此孤立的，而是互相依存的。各种运动形式的互相依存表现在：第一，高级运动形式依赖于低级运动形式，它是在低级运动形式的基础上产生、并把低级运动形式包括在自己之内。例如，社会的运动形式不能离开生物学的运动形式，因为作为社会运动的主体的人是生物界长期发展的产物；生物学的运动形式不能离开化学的运动形式，因为没有化学的变化就不可能产生生命，也不可能实现有机体的新陈代谢；化学的运动形式不能离开物理学的运动形式，因为没有热、电、光的作用以及原子内部的结构变化，就不可能有原子的化合与分解；而一切运动形式都离不开客体在空间中的位置移动，"一切运动都是和某种位置移动相联系的"。[2] 第二，低级运动形式当其作为高级运动形式的基础而被包括在高级运动形式之内时，它的作用也依赖于高级运动形式。因为高级运动形式中，低级运动形式虽然仍旧保持着自己的特性，但是所处的条件已经完全不同，因而起作用的方式也就有所变化。例如，有机体体内的化学过程虽然仍旧保持着化学运动形式的特性，但是

---

[1] 毛泽东：《矛盾论》，载《毛泽东选集》第一卷，第284页。
[2] 恩格斯：《自然辩证法》，人民出版社1971年版，第53页。

因为它处在完全不同于无机界的条件之下,因而起作用的方式也就不同于在无机界中起作用的方式。恩格斯曾说:"生理学当然是有生命的物体的物理学,特别是它的化学,但同时它又不再专门是化学,因为一方面它的活动范围被限制了,另一方面它在这里又升到了更高的阶段。"①第三,各种运动形式可以在一定的条件下互相转化。一方面,从宇宙发展的长河看,各种运动形式是按照由低级到高级、由简单到复杂的秩序逐步展开的。例如在地球上首先是力学的、物理的和化学的运动,然后是生命的运动,最后出现了人,出现了社会的运动,体现了由低级运动形式向高级运动形式的转化。另一方面,在各种运动形式同时存在的情况下,彼此间也可以互相转化。例如,"物体的机械运动可以转化为热,转化为电,转化为磁;热和电都可以转化为化学分解;化学化合又可以反过来产生热和电,而有电作媒介再产生磁;最后,热和电又可以产生物体的机械运动。"②如此等等。以上种种,都表现了各种运动形式的互相依存的关系。

其次,各种运动形式固然是互相依存的,但又是本质上互相区别的。唯物辩证法不允许把不同质的运动形式混淆起来,不允许把高级的运动形式归结为低级的运动形式。当然,高级运动形式总是包括低级运动形式,但是低级运动形式在高级运动形式中并不起主导的、决定的作用,而只起辅助的、次要的作用。高级运动形式之所以为高级运动形式,并不是因为它包括低级运动形式,而是因为它具有自己的质的特殊性。例如,生命的运动形式无疑地包括化学的、物理的和机械的运动形式,但是生命之所以为生命,决不能用化学的、物理的和机械的运动形式来说明,而必须用生命本身所特有的本质——新陈代谢来说明。恩格斯说:"这些次要形式的存在并不能把每一次的主要形式的本质包括无遗。终有一天我们可以用实验的方法把思维'归结'为脑子中的分子的和化学的运动;但是难道这样一来就把思维的本质包括无遗了吗?"③

人类的认识和科学发展的过程,反映了各种运动形式的相互关系。按认识的顺序说来,人们首先总是从对简单的运动形式的认识开始,逐步发展到对高级运动形式的认识;人们对高级运动形式有了较深入的认识之后,一方面以

① 恩格斯:《自然辩证法》,人民出版社 1971 年版,第 234 页。
② 恩格斯:《自然辩证法》,人民出版社 1971 年版,第 61 页。
③ 恩格斯:《自然辩证法》,人民出版社 1971 年版,第 226 页。

这种认识为基础,继续进一步认识更高一级的运动形式;另一方面又以这种认识为指导,反过来加深对低级运动形式的认识。当各种运动形式被分门别类地研究到相当程度的时候,就很自然地产生对各种运动形式相互联系与相互转化的认识。因此,科学史的进程是同人们对物质运动形式的认识进程相一致的。各门科学按它产生的先后排列起来,首先是天文学和力学(以及作为二者的工具的数学),其次是物理学,再次是化学,再次是生物学,最后是社会科学。各门科学在出现以后,不仅向纵深的方向发展,而且还向横的方向扩张,不断丰富自己的内容。这样,在每门科学的总名称下,又不断地出现了无数的专门科学。新兴的中间科学(又称边缘科学)的出现,进一步证明了各种运动形式并不是由不可逾越的鸿沟分隔开来的,而是互相联系、互相渗透和互相转化的。这是对各种运动形式辩证统一的极好的证明。

形而上学唯物论者不懂得运动形式的质的区别与联系,否认了运动形式质的多样性和不同运动形式的相互转化,把一切运动都归结为机械运动。"它用位置移动来说明一切变化,用量的差异来说明一切质的差异,同时忽视了质和量的关系是相互的"。① 这种运动观是片面的、错误的。现代资产阶级的反动哲学家,例如社会达尔文主义者、新马尔萨斯主义者,承袭并改装了这种形而上学观点,把社会这种高级运动形式归结为生物学的运动形式,用生物学的规律去解释社会现象,从而为资本主义的剥削与奴役作辩护。

四、运动的守恒性

唯物辩证法认为,物质是既不能被创造,也不能被消灭的;作为物质存在形式的运动也是既不能被创造,也不能被消灭的。恩格斯说:"既然我们面前的物质是某种既有的东西,是某种既不能创造也不能消灭的东西,那末运动也就是既不能创造也不能消灭的。只要认识到宇宙是一个体系,是各种物体相互联系的总体,那就不能不得出这个结论来。"②这就是运动守恒的原理。这个原理,是物质守恒原理的逻辑的继续。如果否认这个原理,就必然要得出物

---

① 恩格斯:《自然辩证法》,人民出版社 1971 年版,第 231 页。
② 恩格斯:《自然辩证法》,人民出版社 1971 年版,第 54 页。

质可以创造或消灭的唯心论结论。

运动守恒的原理包含着两方面的意义:其一是说,任何一种运动形式在转化为各种运动形式的时候,运动的总量是不变的。这是这个原理的量的方面。其二是说,任何一种运动形式,都具有转化为别种运动形式的永不丧失的能力。这是这个原理的质的方面。把这两个方面统一起来说,就是:任何运动都不会从乌有中产生,也不会转化为乌有;客观存在着的是各种运动形式之间相互转化的无限过程。

关于运动守恒的基本思想,早在 17 世纪就已经由笛卡儿从逻辑上推导出来了,他指出,宇宙中存在的运动的量(die Menge)是永远一样的。① 18 世纪 40 年代,俄国学者罗蒙诺索夫进一步阐发了这个思想,他写道:"所有在自然界中遇到的变化都是这种情形:从一个物体中分出多少东西来,就有多少东西加到另一个物体中去,……这普遍的自然定律也可以推广到运动规律中去,一个物体以力作用于另一物体时,自己失去了多少东西,那么,从它那里得到运动的另一个物体便将得到那样多。"到了 19 世纪 40 年代,这个思想在德国学者迈尔和英国学者焦耳那里得到了实验上的证明,并以"能量守恒和转化定律"的形式表述出来。能量守恒和转化定律证明,自然界中任何一种物质运动形式都可以在一定条件下转化为别种物质运动形式,而在转化的前后,总的能量是不变的。例如,426.9 千克一米的机械能,总是产生 1 大卡的热能;反之,1 大卡的热能也总是产生 426.9 千克一米的机械能。其他一切不同形式的能——电磁的、原子和原子核内的、化学的、生物的等等之间在互相转化的时候,转化前后的能量总和总是一个恒量。无论什么形态的能量都可以用同一种单位来计量。能是运动的尺度。能量的守恒就证明了运动的守恒。能量守恒和转化定律是自然界的普遍规律,是唯物辩证法的自然科学基础之一。因此,它被恩格斯称为"伟大的运动基本规律"②。

运动的守恒性不仅应当从量的方面去理解,而且应当从质的方面去理解。这是恩格斯根据辩证唯物论的原则第一次指出来的。他指出,物质不仅可以

---

① 参见恩格斯:《自然辩证法》,人民出版社 1971 年版,第 54 页。
② 恩格斯:《反杜林论》,载《马克思恩格斯选集》第 3 卷,第 53 页。

从一种形态转化为另一种形态,而且必然从一种形态转化为另一种形态;物质从一种形态转化为另一种形态的能力是永远不会丧失的。如果认为物质在其发展的长河中只有一次把无限多样的运动形式展现出来,而在这一次以前和以后则只限于单纯的机械运动,那就无异于主张物质是要消灭的而运动是暂时的了。这显然是极其荒谬的,因此,他指出运动守恒的原理"不能仅仅从数量上去把握,而且还必须从质量上去理解"。①

唯心论用各式各样的诡辩来宣扬运动可以被创造或消灭的荒谬思想。"宇宙热寂论"就是这些诡辩中最典型的一种。这种理论的宣扬者根据热力学的第二定律②断言:既然一切运动形式最后都会转化为热,而热最后又必然会均匀地分配到宇宙间的一切物体上,因此总有一天整个宇宙会达到一种绝对静止的死寂状态。要想使宇宙重新运动起来,只有依靠造物主的推动才行。实际上,这种伪科学的理论是站不住脚的:第一,热力学的第二定律并不是适用于任何范围的最普通的自然规律。它只适用于有限的封闭系统,而不适用于无限的宇宙。把宇宙看作一个封闭系统;而把这个系统同热力学上所谓孤立系统等同起来,这在方法论上是完全错误的。把局部的自然规律夸大成为最普遍的自然规律,是没有任何根据的。第二,现代科学已经发现了同热的扩散相反的过程,即能的集结过程,这就从正面驳倒了宇宙"热寂"的神话。正如恩格斯所断言的,物质既然在过去曾经自己创造出条件,把大量的运动转化为热,那么在亿万斯年之后,这样的条件必然会被物质自己重新创造出来,从而使散射到太空中的热转化为其他的运动形式,并在这种形式中重新集结和活动起来。③

第三节　空间与时间

一、空间和时间是运动着的物质的存在形式

以上我们说明了运动与物质的关系,现在再说明空间和时间与运动着的

---

① 　恩格斯:《自然辩证法》,人民出版社1971年版,第22页。

② 　这个定律的内容是:在封闭的系统内,如果不从外部加入某种形式的能量,则热量总是从温度较高的物体转移到温度较低的物体,直到均匀地分配到各个物体上面为止。

③ 　参见恩格斯:《自然辩证法》,人民出版社1971年版,第22—23页。

物质的关系。

列宁说:"世界上除了运动着的物质,什么也没有,而运动着的物质只有在空间和时间之内才能运动。"①这就是说,空间和时间是运动着的物质的存在形式。正像运动与物质是不可分割的一样,空间和时间与物质也是不可分割的。

空间和时间与物质的不可分割性,首先表现在没有离开空间和时间的物质。

自然界的一切物质客体,从宇宙天体到微观粒子,都具有一定的广延性(长、宽、高)和一定的形状,都处在一定的位置,对其他客体都有一定的距离和排列次序(前后、左右、上下);任何物质的运动首先就包含着位置的变动。任何社会组织都有一定的规模,都处在一定的地理位置;生产斗争和阶级斗争都在一定的环境中进行。因此,当说到某物存在着的时候,就要问它是在什么处所存在着,具有什么形状,具有多大的体积或规模。不能设想一个运动着的物质客体存在着,但是不存在于任何处所,不具有任何形状,不具有任何体积或规模。② 可见,运动着的物质是不能离开空间的。

同样,任何物质客体的存在都具有一定的持续性;物质客体的运动、变化、发展都是前后相随,连续更替,按照一定的顺序展开的。因此,当说到某物存在着的时候,就要问它是在什么时候存在着,存在了多久。不能设想一个物质客体存在着,但又不存在于任何时候,不经历任何时间。可见,运动着的物质是不能离开时间的。

恩格斯指示说:"一切存在的基本形式是空间和时间,时间以外的存在和空间以外的存在,同样是非常荒诞的事情。"③

然而,这种同唯物辩证法不相容的荒唐见解,在哲学史和科学史上却是常有的。

例如,黑格尔不承认自然界有任何时间上的发展、有任何前后的连续性,

---

① 列宁:《唯物主义和经验批判主义》,载《列宁全集》第 14 卷,第 179 页。
② 几何学上有所谓没有面积的点、没有宽度的线、没有厚度的面,但这并不是现实地存在着的客观物质,而仅仅是思维创造的抽象。
③ 恩格斯:《反杜林论》,载《马克思恩格斯选集》第 3 卷,第 91 页。

只承认相互间的并存性。在他看来,自然界不过是"绝对观念"在自我发展过程中"外在化"的表现,只不过是"绝对观念"在自我发展过程中为自己建立的一系列的"寓所",这些"寓所"只能并列地存在着,在空间上展示出自己的多样性,而不能在时间上有所发展。因此,自然界只运动于空间之中,而不运动于时间之中。显然,黑格尔的这种观点是极其荒唐的,是同现代科学所揭示的自然发展史完全不相符合的。

又如,杜林断言,世界曾经有一个阶段处在绝对不变的状态,因此在这个阶段上,世界虽已存在,但却没有时间,世界是处在时间之外的。杜林的这个见解是极端荒谬的。因为如果世界曾经处于一种绝对不发生任何变化的状态,那么,它怎么能从这一状态转到变化呢?绝对没有变化的、而且从来就处于这种状态的东西,不能由它自己去摆脱这种状态而转入运动和变化。因此,使世界运动的第一次推动一定是从外部、从世界之外来的。这种"第一次推动"只是代表上帝的另一种说法罢了,是地地道道的唯心主义谬论。杜林的这种荒唐见解,遭到了恩格斯的严厉批判。①

又如,马赫断言,"不必设想化学元素是在三维空间中的。""正如没有任何必要从音调的一定的高度上去设想纯粹思维的东西一样,也没有任何必要从空间即可以看到和触摸到的东西上去设想纯粹思维的东西。"马赫所谓"纯粹思维的东西",指的是分子、原子、电子等等不能在通常条件下直接感觉到的东西。他硬说,既然这些东西无非是"纯粹思维的东西",那么就完全没有必要"作茧自缚",去"设想"它们是存在于空间之中的。列宁对这种谬论给予了毁灭性的批判。②

又如,现代唯心论者还用歪曲地解释量子力学的某些成就的办法,来宣扬微观客体存在于空间、时间之外的谬论。量子力学揭示了微观客体的"测不准关系"。"测不准关系"表明,不能同时准确地测定微观粒子的空间位置(坐标)和冲量。当我们测定粒子的空间位置越准确的时候,我们测定粒子的冲量就越不准确;反过来也是一样。这种情况是同古典力学所描述的宏观客体

---

① 参见恩格斯:《反杜林论》,载《马克思恩格斯选集》第3卷,第92页。
② 参见列宁:《唯物主义和经验批判主义》,载《列宁全集》第14卷,第183页。

的情况不相同的。于是唯心论者就由此作出结论说,微观客体根本不存在于空间和时间之中。"测不准关系"的发现人海森堡本人就宣称:"在量子力学中,根本没有谈到从客观上来确定空间和时间的事件。但是,这种见解是不能成立的。微观粒子是否具有同宏观客体同样的时间特性,能不能在古典力学的意义上同时准确地测定微观粒子的位置和冲量,这是一回事;微观粒子是否存在于空间和时间之中,这是另一回事。不能把这两件不同的事情混为一谈。从不能同时准确地测定微观粒子的位置和冲量的事实中,并不能得出微观粒子根本不存在于空间和时间之中的结论。"①

空间和时间与物质的不可分割性,还表现在没有离开物质的空间和时间。

空间和时间是物质的存在形式,是以物质为内容的,空间和时间的特性也是随着物质形态的变化而变化的。当说到空间和时间的时候,就要问是什么东西的空间和时间。离开物质的空间和时间是不可能的。

唯物辩证法关于空间和时间不能离开物质的思想,已经被自然科学的成果所光辉地证实。

19世纪30年代,俄国数学家洛巴切夫斯基创立了不同于传统的欧几里得几何学的非欧几里得几何学。他证明,在同一平面上,通过某一点,至少可以对已知直线引出两条平行线;他还证明,三角形三内角之和小于180度。到了19世纪50年代,德国数学家黎曼又证明,在同一平面上,通过某一点,不能对已知直线引出平行线,并证明三角形三内角之和大于180度。这些发现说明了什么呢?说明了空间的特性是依赖于物质的状态的。欧几里得几何学所

---

① "测不准关系"是由科学实验确定了的事实。但在对这一事实的物理意义和哲学意义的解释上,却存在着根本的分歧。以波尔和海森堡为代表的哥本哈根学派是用实证论的即唯心论的精神进行解释的。他们从测不准现象中得出结论说,微观客体的状态仅仅是由观察者及其所使用的仪器决定的,而与微观客体本身的客体特性无关,并且他们还进一步根本否认了微观客体的客观存在,否认了微观客体的客观规律性(他们认为"测不准关系"也不是客观规律,而是观察者关于微观客体的"消息的记录")。许多站在辩证唯物论立场上的自然科学家,如布洛欣采夫、福克,以及站在自发的唯物论立场的自然科学家,如波姆、德布洛依等,都反对哥本哈根学派的唯心论解释,他们一致肯定的论点是:一、"测不准现象"是不仅仅由仪器决定的,而是由微观客体同仪器的相互关系决定的,它反映了微观客体的特性(至于这种反映是否完善,各派是有争论的);二、微观客体是客观存在的,是具有客观规律的,这些客观的规律是可以认识的(至于这些规律是在目前被认识还是有待于认识,各派是有争论的)。

反映的是地面狭小范围内空间的特性;洛巴切夫斯基的非欧几何学所反映的是广大的宇宙空间的特性;而黎曼的非欧几何所反映的则是非固体的物质形态的空间特性。它们对于各自的领域都是正确的,它们都反映了空间对物质的依赖关系。

爱因斯坦的相对论进一步揭示了空间和时间对运动着的物质的依赖关系的具体形式,以及空间与时间的联系的具体形式。狭义相对论证明,空间和时间的特性是相对的,是随着物质运动速度的变化而变化的。物体在低速运动时,它的空间广延性和时间持续性的变化极其微小,实际上可以略去不计;但是当物体以接近光速的速度运动时,物体沿运动方向的空间广延性就会缩小①,内部过程的时间持续性就会延长②。把上述原理应用于重力场的研究,就得出广义相对论。广义相对论指出,重力场的时空特性是依赖于物质的质量的分布的:质量愈大,分布愈密,重力场愈强,则空间的"曲率"愈大(即与欧几里得几何所反映的空间特性的差距愈大),时间的流逝愈慢。

以上这些重大科学成就,都证明了离开物质的空间和时间是没有的。

把空间和时间理解为离开物质并与物质并存的独立实体,是形而上学唯物论的时空观的基本特点。这种时空观的萌芽在古希腊的德谟克里特那里就已经出现。德谟克里特认为,空间是无物的"虚空",而原子在"虚空"中运动。这种观点,在牛顿那里达到了登峰造极的地步。在牛顿看来,空间是贮藏物质的空虚的"容器",时间是绝对均匀流逝的持续性,二者都是与物质过程无关的独立实体。空间和时间的特性是绝对不变的,空间的特性服从于欧几里得几何学,时间的特性则服从于数序规律。牛顿把这样理解的空间和时间叫做"绝对空间"和"绝对时间"。在非欧几里得几何学和相对论产生以前,这样的时空观在物理学中占据了统治地位,直到 20 世纪初期才根本动摇。

---

①　狭义相对论对这一原理的表述是:物体以相对速度 v 运动时,沿运动方向的长度 L' 总是小于物体在相对静止时的长度 L。二者的关系式是:$L' = L\sqrt{1 - \dfrac{v^2}{c^2}}$

②　狭义相对论对这一原理的表述是:物体以相对速度 v 运动时,其时间的单位 t' 总是大于物体在相对静止时的时间单位 t。二者的关系式是:$t' = \dfrac{t}{\sqrt{1 - \dfrac{v^2}{c^2}}}$

形而上学唯物论的时空观之所以长期占据统治地位，是有它的认识论根源的。第一，这种时空观符合于所谓"健全的常识"。人们在日常生活中，不会接触广大的宇宙空间，不会接触微观世界的现象，也不会接触接近光速的运动，人们往往容易直观地把物质仅仅理解为可以直接凭借肉体感官感触到的宏观物体，因而设想没有物质的空间和时间（例如，如果一间房子里的家具器物全部被搬走了，"常识"就会认为这间房子"空"了，没有物质了；可是这间房子的空间还存在，时间也还在一分一秒地流逝，这就很容易形成没有物质的空间和时间的观念）。第二，在宏观物体的低速运动中，空间和时间随着物质的运动而产生的变化是极其微小的、可以略去不计的。在这种场合下，不考虑空间、时间同运动着的物质的联系，在实际计算中并不会产生什么有害的后果。因此，在这种情况下，形而上学唯物论时空观的错误就不容易暴露出来，正像一般形而上学世界观的错误在"家事"范围内不容易暴露出来一样。这些，就是形而上学唯物论时空观所以长期存在的认识论的根源。

由此可见，离开空间和时间的物质是没有的，离开物质的空间和时间也是没有的，空间和时间是同运动着的物质不可分割的，空间和时间是运动着的物质的存在形式。

二、空间和时间的客观性

从空间和时间是运动着的物质的存在形式的原理中，必然要得出这样一个结论："唯物主义既然承认客观实在即运动着的物质不依赖于我们的意识而存在，也就必然要承认时间和空间的客观实在性。"[①]如果承认了物质本身是意识之外的客观实在，却又不承认作为物质的存在形式的空间和时间的客观实在性，那是无论如何说不通的。因此，很自然地，凡是稍微彻底一点的唯物论哲学，都是承认空间和时间的客观实在性的。

但是，我们说空间和时间具有客观实在性，并不是说空间和时间也和物质本身一样是一种独立的实体。前面提到过的牛顿的错误，正在于他把空间和时间当成了不依赖于物质并和物质相并列的独立实体。这样，他虽然也主张

---

① 列宁：《唯物主义和经验批判主义》，载《列宁全集》第14卷，第178页。

空间和时间的客观实在性,可是他并不能说明空间和时间何以具有客观实在性。在唯心论的攻击面前,他是无力抵挡的。正确的唯物论观点与此不同,它认为空间和时间之所以具有客观实在性,正因为它们是物质的存在形式。

唯心论否认意识之外的客观实在,因此必然也否认空间和时间的客观实在性,把空间和时间看作依赖于意识的东西。例如,黑格尔从世界是"绝对观念"的实现的前提出发,断言在自然界出现以前就存在着所谓绝对的时空观念;人们的时空概念不是反映着客观存在着的时空,而是接近于绝对的时空观念。这是客观唯心论的见解。又如,马赫从"物体是感觉的复合"的前提出发,断言空间和时间仅仅是"感觉系列的调整了的体系",是"判定方位的感觉";不是物存在于时空之中,倒是时空存在于人的感觉之中。这是主观唯心论的见解。这两种见解在本质上是一致的,即都否认空间和时间具有不依赖于意识的客观实在性。但是,这种论点同自然科学所证明了的事实是不相容的。正如列宁指出的:"地球存在于任何社会出现以前、人类出现以前、有机物质出现以前,存在于一定的时间内和一定的(对其他行星说来)空间内。"[1]仅仅这一点就足够证明唯心论的上述议论完全是无稽之谈。

唯心论者否认时空的客观实在性的重要手法之一,就是把自然科学关于时空的物理特性和几何特性的概念同哲学上的时空概念混淆起来。

有些唯心论者以自然科学关于时空特性概念的发展变化为理由,来否认时空的客观实在性。这种手法,同他们以物质结构观念的变化为理由来否认物质本身的客观实在性的手法如出一辙。例如著名的马赫主义者、法国物理学家彭加勒主张,既然自然科学关于时空特性的概念是相对的、经常变化的,因而这就证明了"不是自然界把它们(按:指时空概念)给予我们,而是我们把它们给予自然界,因为我们认为它们是方便的。"[2]他认为,时间是由人的"心理"创造出来的。比方说,如果两个表的快慢不一致,那么要确定哪一个表正确,就只能看哪一个表对我们有利些、方便些;至于说到哪一个表客观上正确些,那是毫无意义的。[3] 在他看来,空间也同样只是一种先天的形式,是由于

---

[1]　列宁:《唯物主义和经验批判主义》,载《列宁全集》第14卷,第191页。

[2]　列宁:《唯物主义和经验批判主义》,载《列宁全集》第14卷,第187页。

[3]　参见彭加勒:《科学的价值》,第228页。

"肌肉不断反复"而产生的,是为了满足人们的"方便"才创造出来的,它只是一种单纯的"数的关系","不具有物理性质"。① 另一个马赫主义者、英国的数学家兼哲学家毕尔生也以时空特性概念的相对性为理由,宣称"我们不能断定空间和时间是真实的存在,因为它们不是存在于物中,而是存在于我们感知物的方式中"②。其他的主观唯心论者也异口同声地重复着诸如此类的滥调。

但是,主观唯心论者的这种滥调是不值一驳的。不错,自然科学关于时空特性的观念确实是在逐渐地变化着,从亚里士多德到牛顿,从牛顿到爱因斯坦,时空的观念经历了巨大的变化;许多过去被认为是正确的观念后来被证明是陈旧了、过时了,它们被新的观念所代替了。这是科学史上的事实。但是,这个事实意味着什么呢? 不过是意味着人们对于时空的物理特性和几何特性的认识正在逐步深化,正在越来越接近于客观地存在着的时空罢了。怎么能够从这个事实中得出结论,说空间和时间没有客观实在性呢? 列宁说得好:"人怎样依靠各种感觉器官感知空间,抽象的空间概念怎样通过长期的历史发展从这些知觉中形成起来,这是一个问题;不依赖于人类的客观实在是不是符合于人类的这些知觉和这些概念,这完全是另外一个问题。"③把这两个不同性质的问题混为一谈,在逻辑上是站不住脚的。事实上,"正如关于物质的构造和运动形式的科学知识的可变性并没有推翻外部世界的客观实在性一样,人类的时空观念的可变性也没有推翻空间和时间的客观实在性"④。

唯心论者一方面以时空特性概念的可变性为理由来否认时空的客观实在性,另一方面又以时空特性概念在一定时期中的相对稳定性为理由来否认时空的客观实在性。康德就是一个典型。他抓住时空特性的概念从亚里士多德到牛顿的两千多年没有发生根本变化的事实,来证明空间和时间只是"感性直观的先天形式"(不是物质的存在形式),是和"自在之物"(物自体)完全没有关系的纯粹主观的东西。那么,为什么不能取消这种先天形式呢? 他回答

① 参见彭加勒:《科学的价值》,第273页。
② 转引自列宁:《唯物主义和经验批判主义》,载《列宁全集》第14卷,第187页。
③ 转引自列宁:《唯物主义和经验批判主义》,载《列宁全集》第14卷,第191页。
④ 转引自列宁:《唯物主义和经验批判主义》,载《列宁全集》第14卷,第179页。

说,因为它们是我们所必需的,没有这种"先天形式"就不能认识现象。这就是康德的主观唯心论的观点。洛巴切夫斯基所创立的非欧几里得几何学沉重地打击了康德的这种谬论。因为按照康德的说法,空间和时间既然只是"直观的先天形式",那就应该是永远不变的了;可是非欧几里得几何学却证明了空间的特性是随着物理条件的变化而变化的,这就从根本上推翻了康德的论据。爱因斯坦的相对论的出现,更进一步地证明了空间和时间对于物质的依赖关系,从而使康德的上述观点失去了任何立足的余地。

三、空间和时间的无限性

唯物辩证法认为物质世界是无限的,因而作为物质的存在形式的空间和时间也是无限的。正如恩格斯所说:"自然界和历史的这种无限的多样性具有时间和空间的无限性"。[①]

空间的无限性实际上就是物质在广延性方面的无限性。显然,物质的任何一种具体形态的广延性都是有限的、有边有际的。但是,由有限的、有边有际的具体物质形态所组成的整个宇宙的广延性却是无限的、无边无际的。没有固态物质的地方有液态物质或气态物质,没有固态、液态或气态物质的地方有超固态或超气态(即等离子态)物质。人们可以发现每一种具体事物的边际,但是人们永远不会发现整个宇宙的边际。宇宙是无所谓边际的。这就是空间的无限性的含义。

时间的无限性实际上就是物质在持续性方面的无限性。显然,物质的任何一种具体形态的持续性都是有限的、有始有终的。但是,由有限的、有始有终的具体物质形态所构成的整个宇宙的持续性却是无限的、无始无终的。从任何一个事件出发,无论向前追溯多少年,总还有别的事件发生过,总不会遇到时间的"起点",无论往后延续多少年,总还有别的事件将要发生,总不会遇到时间的"终点"。人们可以发现每一种具体事物的始终,但是决不会发现整个宇宙的始终。宇宙是无所谓始终的。这就是时间的无限性的含义。

恩格斯说:"时间上的永恒性、空间上的无限性,本来就是,而且按照简单

---

① 恩格斯:《自然辩证法》,人民出版社 1971 年版,第 215 页。

的字义也是:没有一个方向是有终点的,不论是向前或向后,向上或向下,向左或向右。"①

因为无限的空间和时间是由有限的空间和时间组成的,而有限的空间和时间都是具体的、特殊的、具有自身的特点的,因此,不应当把空间和时间的无限性理解为相同要素的简单的代数和。空间和时间的无限性的实质,在于它表现了具有无限丰富的具体内容的、不断发展着的物质世界的不可穷尽性。

唯物辩证法关于空间和时间的无限性的原理,正在被不断发展着的自然科学证实着。根据现代天文学已经揭示的材料,我们的太阳不过是具有一千五百多亿颗恒星的银河系中的一颗恒星,而银河系又不过是已发现的一亿个恒星系中的一个。随着科学技术的进步,人们关于空间的眼界日益扩大着。如果说人们在古代只能依靠肉眼看到比较狭小的宇宙空间的话,那么在现代,依靠射电望远镜的帮助,已经可以观测到距离地球一百亿光年之远的类星体了。然而这也不是宇宙的"边际"。随着技术的进步,人们还将认识更广大的空间,并且将永远不会发现宇宙的"边际"。同样地,随着自然史的研究的深入,人们关于时间的眼界也日益扩大着。如果说人们在古代还只能凭着有限的材料设想有限的时间的话,那么在现代,随着天体演化学、地质学等各门科学的发展,人们已经可以对几亿年、几十亿年、甚至上百亿年以前的过程进行研究了。然而这也不是宇宙的"开端"。随着科学材料的日益丰富,人们还将追溯到更加遥远的过去,并且将永远不会发现宇宙的"开端"。这一切都为时间的无限性原理提供着新的证明。

值得注意的是,人们在系统地接受唯物辩证法的教育以前,往往容易根据"常识"把空间和时间想象为有限的东西。人们在日常生活中所接触的种种具体事物都是有边有际,有始有终的,因此,人们往往容易由此推想出整个宇宙也是有边有际、有始有终的,对于空间、时间的无限性反而觉得不好理解。但是,在科学问题上,"常识"并不总是可靠的(例如,在哥白尼以前,谁要是断言地球和其他行星围绕着太阳运转,那一定会被认为是非常荒谬的),正确的道路只能是依据严格的科学结论。而且,上述的推论在逻辑上也是不正确的,

---

① 恩格斯:《反杜林论》,载《马克思恩格斯选集》第3卷,第89页。

因为从特殊事物的有限性的前提中,并不能推出整个宇宙的有限性的结论。

　　承认空间和时间的无限性,是坚持唯物论路线的必要条件。离开了这个原理,就要为唯心论和宗教谬说大开方便之门。事情是很清楚的:如果说空间是有限的,就等于说物质世界是有边际的,那么,在物质世界的"边际"之外是什么呢? 当然只能是非物质的东西了。同样,如果说时间是有限的,就等于说物质世界是有始终的,那么,在物质世界"开始"之前和"终结"之后又是什么呢? 当然也只能是非物质的东西了。由此可见,只要一离开了时间无限性的原理,就不可避免地要承认在物质世界以外还有一个非物质的世界,就不可避免地要承认上帝的存在。

　　用否认时间无限性的办法来为上帝安置藏身之所,正是唯心论常用的手法之一。在自然科学的发现越来越使得上帝在现实世界中失去立足余地的近代和现代,这种情形表现得更加明显。

　　康德在时间的无限和有限的问题上,提出了著名的"二律背反"说。他认为,说世界在时间上有开端或者没有开端,在空间上有界限或者没有界限,是同样可以证明的,反过来也可以说是同样荒谬的。他企图以此证明,理性根本无法解决时空的无限或有限的问题。实际上,康德在这里认为是理性的矛盾的东西,正是客观世界本身固有的矛盾,是无限和有限的辩证关系的表现。一切具体事物、过程、现象在空间上和时间上是有限的,但是由无数有限的具体事物、过程、现象的总和所构成的整个宇宙在时间上和空间上又是无限的。康德把无限和有限绝对地对立起来,把二者看成没有联系的范畴。他不了解无限即寓于有限之中,无限通过有限而存在,他不懂得无限同有限的辩证关系。

　　杜林为了论证他的所谓世界在时间上有起端的荒谬思想,把康德的上述"二律背反"的论据的前半截(即关于世界在时间上有开端、空间上有限的证明)剽窃过来,算作自己的"创作"。他也"承认"世界在时间上是"无限"的,但是按照他的说法,这种"无限"正像数学上的无限系列一样,应该有一个"起点",否则就会遇到所谓"算完无限系列"的困难。恩格斯揭穿了这种毫无根据的说法。他指出,世界的无限性同数学上的无限系列是不能混同的。数学总是从有限的东西出发推到无限的东西,因此数学上的无限系列当然应该有起点;世界的无限性却是另外的一回事,它根本不需要从有限的东西出发推到无限,根本不存在所谓"算完无限系列"的问题。

现代唯心论利用科学上某些还没有得到确切解释的问题,来宣扬宇宙有限的谬论。现代天文观测发现了所谓"红移"现象(即银河系以外的类星体所发射的能量波的谱线向红端即波长较长的方向移动的现象)。一部分宇宙学者认为,这种现象说明河外类星体正在以接近光速的速度远离地球而去,因而提出了一种假说:我们观察所及的宇宙早期的密度和温度非常高,后来温度逐渐降低,密度逐渐减小,体积逐渐膨胀。另一部分宇宙学者则不同意这种解释,认为"红移"现象可能是由一些还没有弄清楚的其他原因造成的,并不能说明我们观察所及的宇宙在膨胀。这本来是一个自然科学问题,是可以而且应该探讨的。但是,有些唯心论者却把我们观察所及的这一部分宇宙同整个宇宙混为一谈,抓住宇宙学的一个学派的观点加以歪曲,硬说整个宇宙正在"膨胀",这就荒谬绝伦了。显然,"膨胀"这个概念只对有限的、有边有际的东西才有意义,而对无限的、无边无际的整个宇宙是毫无意义的。说整个宇宙在"膨胀",就是把宇宙有限作为当然的前提,而这正是唯心论和宗教所需要的结论。实际上,"宇宙膨胀论"作为一种自然科学的假说,即使将来被科学实践证明为正确的理论,也得不出整个宇宙有限的结论;因为它讨论的并不是整个宇宙,而只是我们观察所及的宇宙,即整个宇宙的一个极小的部分。整个宇宙的无限性还是不可动摇的。

与时空的无限性和有限性密切关联着的问题,是时空的连续性和非连续性(即间断性)的问题。特定的空间和时间总是同某种具体的物质运动联系着、并且有自己的特点的。例如,各种特定的空间会有密度、曲率等等的差异,各种特定的时间会有流逝快慢的差异。因此,特定的空间和时间只是在一定的界限之内才是连续的;超出一定的界限,就不再是这样的空间和时间,它们的连续性就终止了。这就是空间和时间的非连续性。但是,某种特定的空间和时间的终止,并不等于一般的空间和时间的终止,在一种特定的空间和时间终止了的地方,另一种特定的空间和时间紧接着就开始了,其间并没有任何空间上和时间上的"空隙";因此,就一般的空间和时间说,又是永远不会间断的。这就是空间和时间的连续性。空间和时间的非连续性是有条件的,因而是相对的;空间和时间的连续性则是无条件的,因而是绝对的。

四、空间的三维性和时间的一维性

以上我们就空间和时间的共同点作了分析，现在再来分析它们的区别点。

空间和时间都是物质的存在形式，但它们是物质的两种不同的存在形式。它们的区别点在于：空间是三维的，时间是一维的。

空间的三维性表现在：任何一个现实地存在着的物质客体，都具有一定的长度、宽度、高度；任何一个物质客体同其他物质客体的位置关系，都只能是上下、左右、前后。用几何学的术语表示起来，就是：通过空间中的任何一点，都可以而且也只能引出三条互相垂直的直线；或者反过来说，确定空间中某点的位置的坐标系总是由三条互相垂直线（X 轴、Y 轴、Z 轴）组成的。空间不能多于三维，也不能少于三维。现实的空间必然是三维的。

时间和空间不同，它只有一维。时间的一维性表现在：它只按照由过去到现在、由现在到将来的方向前进，而不能按照别的方向前进。时间是一去不复返的，这种不可复返性是由事物的发展过程的不会绝对重复所决定的。事物的发展永不停息，作为事物发展过程的持续性的时间也永远向前流逝。时间不能多于一维，也不能少于一维。现实的时间必然是一维的。

现代物理学中常常使用"四维世界"的概念。这是什么意思呢？是不是说空间有四维呢？不是的。"四维世界"的概念所表示的，不过是事物存在于三维的空间和一维的时间之中的事实罢了。实际存在着的事物不仅存在于三维的空间中，而且还存在于一维的时间中。例如，对于航空线的交通管理员说来，单单知道飞机的空间位置的坐标是纬度 X、经度 Y、高度 Z，是没有意义的；只有当他同时也知道时间的坐标 T，即知道飞机是在什么时候处在上述的空间位置时，他才能获得关于这架飞机的飞行情况的观念。可见，飞机的飞行不是仅仅在三维的空间中进行的，而是在由三维空间和一维时间所构成的四维的时空连续区中进行的，它的飞行轨迹是这个四维的时空连续区中的一个连续的曲线。"四维世界"的概念，正好证明了唯物辩证法关于时空是运动着的物质的存在形式的原理，以及空间的三维性和时间的一维性的原理。

唯心论者异想天开地去设想三维空间以外的空间。他们为什么要这样做呢？因为他们也知道，只有三维的空间是现实的空间，这个现实的空间已经被物质占满了，要想在这里为"上帝"、"宇宙精神"之类的东西找一块容身之地是越来越困难了。因此，他们只好到三维空间以外去找出路。他们硬说，既然物质只能存在于三维空间之中，不能存在于三维以外的空间之中，那么三维以外的空间就应该是"上帝"的天地，"上帝"就是在这样的"空间"里操纵物质世界的一切的。但是，这样的"空间"究竟到哪里去找呢？除了在唯心论者的幻想里可以找到以外，是任何地方也找不到的。

当理论物理学和数学中引进了"多维空间"的概念时，唯心论者如获至宝，以为找到了"科学论据"。实际上这个"论据"是帮助不了他们的。"多维空间"是怎么一回事呢？是不是说现实的空间果然不止三维呢？完全不是的。例如，物理学上的所谓"相空间"，是表示物质体系的个别质点除了具有位置的坐标以外，还有动量的坐标。动量根本不是空间，这是很显然的。又如，色度学中的所谓"颜色空间"，是把每种基本的颜色当作这种"空间"的一个"维"（这样，有多少种基本颜色就可以有多少"维"），并用这样的"多维空间"来表示被考察的客体的色调。很显然，颜色根本不是空间，颜色的"维"数同空间的维数完全是两回事。因此，"多维空间"的概念只具有比喻或模拟的性质，它并不表示现实的空间是多于三维的。大家都知道，当我们用一定长度的线段（加上代表方向的箭头）来表示一定大小和一定方向的力的时候，并不是说力果真就是一个线段。同样，当自然科学用"空间"来表示动量、颜色等等的时候，也绝不是说动量、颜色等等果真就是空间。唯心论者的这个"论据"，完全是文字游戏，是经不起驳斥的。

以上，我们从各个方面阐述了空间和时间的范畴，现在总起来说几句：三维的空间和一维的时间是运动着的物质的存在形式。空间和时间的物理特性和几何特性是随着物质运动的情况而变化的，人们关于空间和时间的特性的概念也是随着认识的发展而变化的；但是空间和时间的客观实在性却是永远没有变化的。任何特定的空间和时间都是有限的；但是由无穷多的特定空间和时间所组成的整个宇宙的空间和时间却是无限的。特定的空间和时间之间被它们各自的特点分割开来，因而是非连续的；但是非连续的空间和时间又被它们所共有的一般特性联结起来，因而又是连续的。这里所说的不变性、无限性和连续性都是无条件的，这是空间和时间的绝对性；这里所说的可变性、有限性和非连续性都是有条件的,这是空间和时间的相对性。空间和时间的绝对性和相对性是互相依存的,绝对性即寓于相对性之中。这就是唯物辩证法的时空观。

总括以上三节的内容,我们可以把物质、运动、时间、空间四个范畴联系起来,得出如下的结论:物质是运动于空间和时间之中的、离开人们的意识而独立又能为意识所反映的客观实在。

第二章 世界的物质的统一性和发展的无限性

第一节 世界是物质的统一体

一、世界的物质统一性原理的意义

以上我们论述了什么是物质、什么是物质的根本属性和存在形式,现在论述唯物辩证法在世界本原问题上的两个最根本的原理,即物质统一性的原理和无限发展的原理。本节先论述世界的物质统一性原理。

凡属比较彻底的哲学,对于世界的统一性问题都是肯定地回答的。彻底的唯物论或彻底的唯心论都认为世界只有一个本原,没有两个本原;只有一个统一的世界,没有两个不同的世界。这是很自然的。如果一种唯物论哲学,一方面主张世界是物质的,另一方面又承认有另一个不依赖于物质的精神世界,那就不是彻底的唯物论了;同样,如果一种唯心论哲学,一方面主张世界是精神的产物,另一方面又承认有不依赖于精神的物质世界,也就不是彻底的唯心论了。所以,任何哲学派别,只要是彻底地对待哲学的基本问题,就必然要达到世界的统一性的思想。问题是在于:统一于什么? 如何证明这种统一?

世界统一于什么呢? 在这个问题上,唯物论同唯心论的回答是根本相反的。

彻底的唯心论承认世界是统一的。但是它说,世界之所以是统一的,是因为宇宙万物都是精神的产物。例如黑格尔就是这样看的。他认为,世界是"绝对观念"的发展过程,世界上形形色色的现象无非是"绝对观念"在不同发展阶段上的种种表现;独立于"绝对观念"之外的物质世界是不存在的。

彻底的唯物论的观点与此相反。唯物论认为,世界是统一的,但是其所以是统一的,并不是由于世界上的一切事物似乎是精神的产物,而仅仅是因为它们都是物质的种种形态。除了统一的物质世界以外,并没有、也不可能有什么不依赖于物质的精神世界。世界是物质的世界,物质是世界的一切(精神只不过是高度组织起来了的物质即人脑的机能)。世界的统一性在于它的物质性。

毫无疑问,世界的物质统一性的原理是唯一正确的原理。

但是,如何证明这个原理的正确性呢?

马克思主义以前的唯物论虽然正确地坚持了世界的物质统一性的思想,反对了唯心论和二元论,但是,由于受到当时自然科学发展水平以及形而上学思想方法的限制,它们都还不可能对这个正确的思想作出科学的、令人信服的证明,因而很难驳倒唯心论。在社会历史领域内,旧唯物论更是自己背叛了自己。

还有一些想当唯物论者的折中论者,也企图证明"彼岸世界"的不存在,但是他们所采取的证明方法却是完全错误的。杜林就是一个典型的例子。他说,世界之所以是统一的,是因为世界上的一切都存在着;他又说世界之所以是统一的,是因为我们可以把世界当作统一的东西来思维。正如恩格斯所指出的,这样的证明是完全站不住脚的。第一,单单指出世界上的一切都存在着,并没有说明任何问题。因为存在可以是物质的,也可以是精神的(精神也是存在着的!),说世界的统一性仅仅在于存在,并不能从唯心论和宗教那里赢得一寸地盘,这种说法是唯心论和宗教也可以接受的。第二,说世界的统一是因为我们可以把它当作统一的东西来思维,这更是荒谬的唯心论的说法。事实上,只有客观上本来统一的东西,我们才有理由把它作为统一的东西来思维;本来不统一的东西,是决不会因为我们把它作为统一的东西来思维就真正统一起来的。

由此可见,世界的物质统一性原理的证明不是轻而易举的。正如恩格斯所说的,"世界的真正的统一性是在于它的物质性,而这种物质性不是魔术师的两三句话所能证明的,而是由哲学和自然科学的长期的和持续的发展来证明的。"①只有唯物辩证法才概括了哲学和科学长期发展的战果,特别是19世

---

① 恩格斯:《反杜林论》,载《马克思恩格斯选集》第3卷,第83页。

纪以来的科学成果,对世界的物质统一性原理作出了令人信服的证明。

那么,唯物辩证法是怎样证明世界的物质统一性原理的呢?

二、自然界的物质统一性

我们周围的世界包括自然界和人类社会两大领域。唯物辩证法首先指出,整个自然界是物质的,非物质的超自然的世界是没有的。

在天文学、地质学和其他有关的自然科学还不发达的时代,人们中间很自然地流行着关于"两个世界"的偏见。这种偏见认为,在人们所居住的这个物质的"地上"世界之外,还有一个由"上帝"、"灵魂"等等居住的非物质的"天上"世界。于是,唯心论和宗教就利用人们知识上的这种缺陷,利用科学暂时还没有解决的问题,大肆宣扬神秘主义。例如,它们硬说,地球是上帝选定的"宇宙中心",而人是上帝安放在地球上的灵物。它们又说,"地上"世界同"天上"世界是根本不同的两个世界,"地上"世界是不完美的,"天上"世界是完美的。如此等等。但是,科学的发展终于粉碎了这些谬论。哥白尼证明,地球并不是什么"宇宙中心",而只是围绕着太阳运转的普通星球之一。伽利略、开卜勒、牛顿等人的工作,进一步揭示了整个太阳系是按照统一的自然规律运行的。现代科学依靠光谱分析、对宇宙射线的研究和对陨石的化学成分的研究,证明了一切观察所及的天体都是由普通化学元素或基本粒子构成的,辽阔的太空充满着实物粒子或场。这些事实令人信服地表明,整个宇宙天体完全是物质的,根本没有什么非物质的"天上世界"。

如果说,随着科学的发展,唯心论否认宏观世界的物质统一性的谬论已经越来越失去了立足之地的话,那么,从19世纪末和20世纪初以来,唯心论却在自然科学对微观世界的研究中极力寻找它们的避难所。例如,当现代物理学发现了一系列基本粒子时,唯心论者就以这些粒子的特性不符合于传统的机械的物质结构观念为理由,否认它们的客观实在性。这一点我们在前面已经批判过了。又如,当现代物理学发现了"场"的时候,唯心论者又以场具有不同于实物粒子的若干物理特性为理由,否认场的物质性,并从而否认整个微观世界以至整个世界的物质性。诚然,场和实物粒子在物理特性上是有差别的,但是这种差别丝毫不能证明场是非物质的东西。唯物辩证法早就指出过,物质的物理特性如何同物质是否存在于意识之外是两个不同的问题,不能混为一谈。何况现代物理学已经越来越清楚地证明,场和实物粒子是不可分割地联系着的,每一个粒子都有相对应的场,每一个场也都有相对应的粒子;场的激发就表示粒子的产生,场的激发的消失就表示粒子的消失。现代物理学用"量子场"这个概念来表示粒子和场的这种不可分割的联系,并以量子场的各种受激态来说明处在各种不同状态下的基本粒子系统。这就表明,场同实物粒子一样是物质的东西,它无非是物质的一种特殊形态而已。由此可见,唯心论者利用物理学在微观世界方面的新发现来否认世界的物质性的企图,每一次都遭到了失败。科学的发展日益证明,不管微观世界的情况多么特殊,它们在物质性这一点上同宏观世界是毫无区别的。

　　有机界是同无机界有重大区别的领域。在这里活动着的是有生命的物体。长期以来,人们不了解生命的本质,于是唯心论和宗教就宣称,有机体是非物质的本原即"灵魂"或"生命力"的寓所,是上帝用来"创造"生命的材料。这种观点不但为唯心论的哲学家们和僧侣们所宣扬,而且也为那些受唯心论影响的自然科学家们所附和。但是,科学的发展终于证明了,生命并不是非物质的东西,而是蛋白体的存在形式,这种存在形式的特点就在于通过同化作用和异化作用同周围的物质环境进行新陈代谢,从而不断地更新自己的化学成分。当新陈代谢进行着的时候,生物就活着;新陈代谢一停止,生物就死亡。正如恩格斯所说:"无论在什么地方,只要我们遇到生命,我们就发现生命是和某种蛋白体联系的,而且无论在什么地方,只要我们遇到不处于解体过程中的蛋白体,我们也无例外地发现生命现象。"①而蛋白体无非是由与构成无机物的化学元素同样的化学元素(氧、碳、氢、氮、硫、磷、钾、铁、镁、钙、钠、氯等)组成的,是地球上的物质长期的化学演化的结果,是以核酸和蛋白质为主要成分的、包括许多大分子的复杂的物质体系。这些成就表明,生命完全是物质的东西,根本不需要用什么神秘的精神力量来说明它。

　　由此可见,整个自然界,从宏观世界到微观世界,从无机世界到有机世界,都是统一于物质的。所谓"上帝"、"灵魂"等等超自然的神秘力量是没

―――――――――

　　①　恩格斯:《反杜林论》,载《马克思恩格斯选集》第3卷,第121页。

有存在的余地的。

三、人类社会是物质世界的高级发展阶段

如果说,自然界的物质统一性已经由唯物辩证法根据大量的自然科学成果作出了证明的话,那么人类社会的情形又是怎样的呢?

人类社会是一个同自然界有重大区别的特殊领域。在自然界中起作用的是盲目的无意识的力量,在社会中起作用的是自觉的有意识的人。人们的一切社会行为都是在某种动机、目的或理想的推动之下进行的。如果仅仅从表面上看问题,就会得出结论说,社会领域中的一切过程都是由人们的意识所决定的。但是,马克思主义的唯物史观证明了这种唯心论的看法是完全错误的。诚然,人们的一切活动都是有意识地进行的,但是意识并不是人类社会的基础,并不是人类社会存在和发展的最后原因。唯物史观指出,人类社会的基础是人们在生产物质生活资料的过程中所结成的生产关系。这种生产关系是不依任何人的意识为转移的物质的关系。它的物质性表现在:第一,每一代人在开始从事生产活动的时候,所碰到的总是在以前已经形成了的生产关系,任何人也不能按照个人的主观愿望来随意选择生产关系;第二,每一个人的生产活动虽然是有目的有意识的,但是任何人都不会意识到自己的生产活动将会造成什么样的总的社会结果,将会形成什么样的生产关系,将会引起生产关系的何种变化;第三,生产关系的发展变化以及由一种生产关系到另一种生产关系的过渡是一种自然历史过程,它不取决于任何个人的主观愿望,而取决于生产力发展的水平和要求。因此,尽管进行生产活动的个人是有意识的,而作为这种活动的总结果的生产关系的形成却是不依赖于人们的意识的。而建筑在生产关系的基础之上的政治的、法律的和意识形态的上层建筑,归根到底是由生产关系的性质所决定的。人类社会就是基于生产关系的一种特殊的物质性的客体。它的发展规律完全可以用自然科学式的精确眼光来加以研究,正如自然界的物质客体一样。

由此可见,尽管人类社会是一个具有重大特殊性的领域,它仍然是物质世界的一部分,是物质世界的高级发展阶段。人类社会同自然界在物质性这一点上是共同的。

总之,唯物辩证法已经证明,整个世界(包括自然界和人类社会)是物质的统一体。除了这个离开人们的意识而独立并能为人们的意识所反映的物质世界以外,再也没有别的什么非物质的世界。这就是唯物辩证法关于世界的物质统一性的原理。

第二节　世界是无限发展的过程

一、世界无限发展原理的意义

现在再来论述世界无限发展的原理。

承认世界是物质的统一体,这是一切彻底的唯物论的共同原则。仅仅承认这一点,还不能把辩证唯物论同形而上学唯物论区别开来。因为这个共同的原则并没有回答物质世界是否发展的问题,而这个问题正是辩证唯物论同形而上学唯物论的分水岭。在形而上学唯物论看来,物质世界是静止不动、停顿不变的;如果说有变化,也只是在有限的循环圈内的重复运动,而不是由低级到高级的无限发展。辩证唯物论反对这种看法,它指出世界不仅是物质的统一体,而且是无限发展的过程;一切现存的事物,包括人们的意识在内,都是这个统一的物质世界长期发展的产物;物质世界的发展不是简单的循环和重复,而是由低级到高级、由简单到复杂的无限过程。只有既承认世界的物质统一性,又承认物质世界发展的无限性,并且把这两个最根本的原理有机地统一在一个理论体系之中,才构成完整的辩证唯物论即唯物辩证法的世界观。

唯物辩证法关于物质世界无限发展的论断,是以巨量的科学材料为根据的。

在唯物辩证法产生以前,也曾经有过一些哲学家,例如古希腊的某些朴素唯物论者,提出过关于物质世界是一个发展过程的思想。但是,由于当时分门别类的实验科学还没有建立起来,还不可能具体地揭示出世界发展过程的真实内容,因而他们的这种正确论断仍然只能是一种猜测。只有从19世纪上半期以来,各门自然科学的成就才逐步地揭示了物质世界的发展过程的具体内容,为科学地绘制出物质世界无限发展的总图画提供了条件。产生在19世纪40年代的唯物辩证法综合了这些科学的研究成果,赋予了物质世界无限发展原理一种完全科学的形态。近一百多年来科学的继续发展,使唯物辩证法的这个根本原理获得了愈来愈丰富的论据。

下面,我们根据现代科学所提供的材料,就从地球的产生起到人类社会的出现止的这一段发展过程,作一个极简略的叙述。

二、从地球的产生到人类社会的出现

我们所居住的地球是太阳系中的一个行星,它同整个太阳系一样,并不是从来就存在的,也不是什么"造物主"创造出来的,它是物质世界长期发展的产物①。

根据现代地质学研究的一般结论,地球自形成以来已经有 45 亿年左右的历史,其中有完整的地质历史记录的年龄是 27 亿年左右。这 27 亿年左右历史可以分成五个"代"(各个"代"还可以分成若干个"纪")。

地球史的第一个发展阶段是太古代,长约九亿年,距今约 27 亿 2000 万年到 18 亿 2000 万年。太古代的早期,地球表面已形成了岩石圈(即地壳),也形成了水圈和大气圈。这时地壳的稳固性较弱,升降频繁,到处都有强烈的海底火山喷发和地震,地球内部的灼热岩浆大量喷出海底或侵入地壳。在太古代,到处都是深浅多变的海洋,只有若干岛屿突出于海面。在太古代的晚期,在海洋中出现了低等的生物类型——单细胞生物。

地球史的第二个发展阶段是元古代,长约 12 亿年,距今约 18 亿 2000 万年到 6 亿 2000 万年。由于地壳运动的反复进行,使原有的地壳逐渐加厚,终于在元古代的晚期出现了若干大片相对稳定的区域。从元古代初期起,海洋中的低等藻类植物就大量繁殖起来;到了晚期,没有坚硬外壳的低等动物(如海绵骨针、水母之类)也出现了。

地球史的第三个发展阶段是古生代,长约 4 亿年,距今约 6 亿 2000 万年到 2 亿 2000 万年。古生代分寒武纪、奥陶纪、志留纪(上为古生代早期)、泥

---

① 太阳系的具体形成过程问题,在康德—拉卜拉斯的"星云假说"出现以来的两百多年中,天体演化学家们提出了一系列新的假说。由于问题本身的复杂性,截至目前还没有获得最终的解决。但是,有些假说已经能够比较合理地解释太阳系中的许多复杂现象。随着有关科学的不断进步和有关材料的日益增多,这个问题的最终解决是可以预期的。

盆纪、石炭纪、二叠纪（以上为古生代晚期）。这一阶段出现了相对稳定的广大浅海环境,陆地面积增加。在古生代早期,出现了大量具有坚硬外壳的海生无脊椎动物;在泥盆纪,鱼类和裸蕨类植物繁盛起来;在石炭纪和二叠纪,两栖类和蕨类迅速发展。

地球史的第四个发展阶段是中生代,长约 1 亿 5000 万年,距今约 2 亿 2000 万年到 7000 万年,分三叠、侏罗、白垩三个纪。这时陆地面积大为增加,地势高差亦明显增大。动物中恐龙极度发展,植物中裸子植物代替了蕨类的地位。末期发生地理气候的大变化,使恐龙类全部灭绝,哺乳类代之而起。

地球史的第五个发展阶段是新生代,指 7000 万年前至现在的这段时间,分第三纪和第四纪。这时由阿尔卑斯山到喜马拉雅山一带原来处于海洋状态的地方升出海面,形成了现在的雄伟的山脉和富饶的平原。哺乳类大量繁盛,被子植物大为发展。在第四纪(距今 100 万年左右),人类出现了。

人类产生的过程是怎样的呢?

距今约 1500 万年以前(即地质学上称为新生代第三纪中新世的时期),从哺乳动物中分化出了一支高度发展的古猿。这种猿类在生理构造和活动方式等许多方面都与人类有近似之处,因此被称为"类人猿"。它们广泛分布在亚洲、非洲和欧洲的广大森林里,成群地居住在树上,叫做森林古猿。由于长期的树上生活,它们的前肢和后肢开始有着初步的分工:前肢主要地用于攀缘和握取,后肢主要地用于支撑身体。后来,自然环境发生了重大的变化,除了赤道地区还保存着巨大的森林以外,其他地区的气候变冷了,森林减少了。于是森林古猿就分为两支:一支继续在森林中生活,它们发展成了现代类人猿;另一支被迫过渡到地面上来生活,它们的前肢和后肢的分工进一步加强了:由于必须经常使用前肢来握取棍棒和投掷石块,前肢就逐渐变成了手,由于必须经常用后肢来支撑身体和直立行走,后肢就逐渐变成了脚,于是这支古猿就朝着人类的方向发展。南方古猿就是这支古猿的代表。

手脚分工和直立行走是"完成了从猿转变到人的具有决定意义的一步"。[①] 因为手从支撑身体的职能中逐渐解放出来的过程,也就是类人猿逐渐

① 恩格斯:《自然辩证法》,人民出版社 1971 年版,第 149 页。

学会劳动的过程。一般的高等动物是不会劳动的,它们只能依靠自己的自然器官进行本能的活动,而不能制造工具和使用工具。直立行走的类人猿却不同。它们的手在从支撑的职能中解放出来的时候逐渐学会了越来越复杂的动作,最后终于学会了制造最简单的劳动工具。这样,它们的活动已经不再是本能的活动,而是萌芽形态的劳动了。达到了这种发展程度的古猿,已经不再是一般的猿,而是猿人,或"正在形成中的人"了。同时,由于劳动,手的筋肉、韧带和骨骼也都逐渐地发达起来和完善起来,"所以,手不仅是劳动的器官,它还是劳动的产物"①。

手是身体的一部分。根据达尔文称为"生长相关律"的规律,生物体的个别部分的形态与其他部分的形态是相互联系着的。因此,手的变化必然引起身体的其他部分的相应的变化。这些变化主要的是:身材增高,体力增强,胸腔扩大,背脊伸直,颚部收缩,骨盘成盆状,下肢发达,而在一切变化中最重要的是脑的发达、颈部位置的改变和喉管的发达。这些变化在身体的结构上把猿人同动物区别开来了。

在劳动的过程中,这些正在形成中的人不断地发现自然对象的新的属性和新的联系;同时,由于劳动一开始就是集体性的、社会性的,由于相互帮助和相互协作的需要,"这些正在形成中的人,已经到了彼此间有些什么非说不可的地步了"②。如果说,一般的动物需要彼此传达的东西很少,只要用简单的叫声就可以达到目的的话,那么,正在形成中的人要传达所需要传达的东西就不是叫声所能济事的了。需要产生了自己的器官。在不断的努力下,猿类的不发达的喉管缓慢地然而确定不移地朝着有利于说话的方向改造着,而口部器官也终于学会了连续发出一个一个的清晰的音节,并进一步产生了语言。所以,"语言是从劳动中并和劳动一起产生出来的"③。语言的出现,是人类从动物划分出来的一个重要标志。

在劳动和语言的推动下,脑的容量逐渐增大,大脑皮层的活动日益增强,到了一定的程度,猿脑就变成了人脑。同这种变化相适应,感觉器官也进一步

---

① 恩格斯:《自然辩证法》,人民出版社 1971 年版,第 150 页。
② 恩格斯:《自然辩证法》,人民出版社 1971 年版,第 152 页。
③ 恩格斯:《自然辩证法》,人民出版社 1971 年版,第 152 页。

趋于完善化,能够感觉到一般的动物所感觉不到的东西;由于直立行走和颈部的自由活动,又能够"眼观四面,耳听八方",从周围世界中摄取更丰富的感觉印象,这些印象又在语言的帮助下巩固和积累起来。这样,终于形成了抽象思维的能力,产生了意识。这是人类从劳动中划分出来的又一个重要的标志。

意识的产生对劳动和语言起着巨大的反作用。由于有了愈益明晰的意识的指导,劳动就越来越具有自觉性和计划性了。这样,人们就最终地从动物状态中解放出来,成为完全形态的人了。这就是人类社会的开始。

以上所简述的从地球的产生到人类社会的出现这个长达几十亿年的过程,在唯物辩证法看来不过是无限地发展着的物质世界的一个极小的片段。但是,就是这个片段,也是一个由低级到高级、由简单到复杂的发展过程。至于整个物质世界,就更是一个无限发展的长河了。

第三节　意识是物质世界发展到一定阶段的产物

一、由低级的反映形式到高级的反映形式的发展

整个世界是一个物质的统一体,并且是一个无限发展的过程,已如前述。那么,意识是什么呢? 如果不正确地回答这个问题,唯心论还是有可乘之隙。唯物辩证法回答说:意识并不是物质之外的独立实体,而仅仅是一种发展到高度完善的物质——人脑的属性或机能,是客观世界(即人脑以外的物质世界)在人脑中的反映。意识的存在不仅没有否定世界统一于物质的原理,相反地,意识本身只有从物质的发展中才能得到科学的说明。

意识是怎样从物质世界中产生出来的呢?

恩格斯说:"物质从自身中发展出了能思维的人脑,这对机械论来说,是纯粹偶然的事件,虽然在这件事情发生之处是一步一步地必然地决定了的。但是事实上,进一步发展出能思维的生物,是物质的本性,因而这是在具备了条件……的任何情况下都必然要发生的。"[①]列宁也说:"假定一切物质都具有

---

① 　恩格斯:《自然辩证法》,人民出版社 1971 年版,第 186 页。

在本质上跟感觉相近的特性、反映的特性,这是合乎逻辑的。"①

自然界中最早出现的无机物已经具有了某种简单的反映特性。例如,高山滚石、水中浮影、铁质生锈等等,所有这些在外界刺激下产生的某种力学的、物理学的或化学的变化,都属于这种简单的反映形式。

无机物的反映形式进一步发展的结果,出现了比较高级的生物反映形式。

生物的反映形式,在植物和原生动物那里表现为刺激感应性。例如向日葵能随着太阳的运行而转动,变形虫能趋向食物和逃避不利于它的化学药品,就是刺激感应性的表现。

生物的反映形式在多细胞生物那里要复杂得多。多细胞生物在进化过程中,产生了专司反映的器官,即神经系统。原始的神经系统是由单个的分散的神经细胞组成的网状结构;后来这些神经细胞逐渐集中起来,形成了神经节;然后神经节又结合起来,发展成为中枢神经系统和周围神经系统。与神经系统相联系的生物反映形式,就是反射。

反射分非条件反射和条件反射两类。非条件反射是动物机体对某种现实的外界刺激物的直接回答。例如食物进入动物的口腔,唾腺就大量分泌唾液;阳光照射着动物的眼睛,瞳孔就缩小。这种反射是一切具有神经系统的动物都具有的,是与生俱来、不学而能的,是一种低级的神经活动。条件反射则不是由某种特定的现实刺激物直接引起的相应的反射,而是由这一现实刺激物的"信号"("信号"本身也是一种现实刺激物)引起的反射。例如,每次给狗以食物时就开亮电灯,多次以后,食物的刺激和灯光的刺激就在狗的大脑皮层上形成了暂时的神经联系,灯光就成了食物的"信号";这时只要一开亮电灯,即使不给狗以食物,它也会大量地分泌唾液,正像就食时一样。实验证明,还可以有第二级、第三级以至更多级的条件反射。

在种族发展史上,条件反射的出现比非条件反射的出现要晚得多。条件反射的出现,是同神经系统的逐渐复杂化分不开的。

在原始的腔肠动物(例如水螅)身上,已经出现了神经系统的萌芽——分散的神经网。它的身体表面的特别神经细胞受到外界刺激时,分散的神经网

---

① 列宁:《唯物主义和经验批判主义》,载《列宁全集》第14卷,第86页。

立即把这种刺激扩散到身体的其他部分,引起全身反应,这叫做泛化反射。

在环节动物身上,神经系统前进了一步,形成了反射弧。它们的感受器官接受了外界刺激以后,就把这种刺激转化为神经冲动,由向心神经传达到神经中枢,然后再由神经中枢经过离心神经传达到运动器官。这样,它们对于外界刺激就不再是以全身来反应,而是以与特定的反射弧相联系的器官来反应了。因此,它们能够比较精细地区分各种不同性质的刺激,并以不同的肌肉运动和内部器官状态的改变来回答这些刺激。这叫做单向反射。

在节足动物身上,神经系统又前进了一步。它们在接受一定的外界刺激时,不仅仅引起一种反射,而且还像锁链一样引起一系列互相联系的反射。这叫做连锁反射。连锁反射在动物的生活中起着极其重要的作用,动物的本能就是建立在连锁反射的基础之上的。这种本能可以达到十分复杂的程度,例如蜜蜂可以建造出精巧的蜂房,蜘蛛可以编织出缜密的蛛网,这样的本能就是建筑在连锁反射的基础之上的。

但是,无论是泛化反射、单向反射或连锁反射,都还只是非条件反射,都还只限于对特定的现实刺激作直接的回答。至于条件反射,那是在脊椎动物那里才出现的。

脊椎动物处于动物发展的高级阶段,它们的神经系统高度地发达起来了。特别是在高等脊椎动物身上,大脑的构造达到了高度复杂的程度。皮层细胞的数量有了显著的增加。大脑两半球像帽子一样,覆盖着脑的较低部分。脑的表面,有许多褶皱,并且分成为具有不同机能的几个大区域,即大脑叶,其中主要的有额叶、顶叶、枕叶和颞叶。整个大脑皮层与各种感觉器官有着密切的联系。这些不同的感觉器官通过向心神经和大脑皮层的相应部分联系起来。例如,视觉器官中产生的神经冲动传送到枕叶,听觉器官中产生的神经冲动传送到颞叶沿大脑侧沟的部分,嗅觉器官中产生的神经冲动传送到大脑半球内侧面的海马区,触觉器官产生的神经冲动传送到顶叶前端中央沟的地方。大脑皮层是内外分析器的高级中枢的总和,它对各种刺激进行高级的分析与综合。这样,在高等脊椎动物身上,除了非条件反射之外,还出现了复杂的条件反射。

条件反射是高等动物心理活动的生理基础。由于高等动物具有条件反射的机能,因而能够构成种种联想,进行相当复杂的活动。例如猿猴能够用木棍打下树上的果实,剥开果皮,取食果肉,扔掉果核。像猿类这样的高等动物,已经具有心理活动即萌芽状态的意识了。正是在这个意义上,恩格斯指出:"整个悟性活动,即归纳、演绎以及抽象……,对未知对象的分析(一个果核的剖开已经是分析的开端),综合(动物的机灵的动作),以及作为二者的综合的实验(在有新的阻碍和不熟悉的情况下),是我们和动物所共有的。"①

二、意识是人脑的机能

当类人猿在劳动过程中进化成为人类的时候,地球上就出现了崭新的最高级的反映形式——人类的反映形式。

人的大脑两半球及其最重要的部分——皮层——有着显著的发展,两半球的褶皱数量很多。构成皮层的神经细胞的数量达到 100 亿—150 亿之多。皮层的上面几层得到充分的发展,集中了全部皮层细胞的三分之二,因而能进行最精细的分析和复杂的综合。特别与猿脑不同的,是有了感知和执行语言的语言中枢,这些语言中枢保证着人类语言运动的正常进行和对语言的正确理解。

由于人脑的发展达到了高度完善的程度,因此人脑的活动比其他高等动物的脑的活动更为复杂,而具有为其他高等动物所没有的新的、高级类型的神经联系。这是同语言的作用分不开的。

如前所述,高等动物的条件反射(即暂时的神经联系)是在现实的物体或现象的刺激之下形成的。这就是说,作为"信号"的东西,只能是实物(例如灯光、铃声等)。而对人来说,则作为条件反射的"信号"的东西不仅仅可以是实物,而且可以是语言。例如吃过梅子的人,以后不但在看到梅子的时候会大量地分泌唾液(所谓"望梅止渴"),而且在看到或听到"梅子"这个词的时候也会大量地分泌唾液。接受现实刺激物的刺激而引起条件反射的一套神经活动的机构叫做"第一信号系统";接受语言刺激而引起条件反射的一套神经活动的机构叫做"第二信号系统"。显然,同语言相联系的"第二信号系统"是人所

---

① 恩格斯:《自然辩证法》,人民出版社 1971 年版,第 200—201 页。

特有的,是神经活动机构上的附加物。

这种附加物有什么意义呢? 它的意义就在于使人们的抽象思维成为可能。因为语言是思想的物质外壳,没有这个物质外壳,思想的形成是不可能的。

感性认识(感觉、知觉、表象)是事物的外部特性作用于感觉器官的结果,是事物的具体形象的反映。它不需要借助于另一个可感觉的东西来标示自己,不需要在语言材料的基础上形成。例如,即令没有"苹果"这个词,只要见过苹果或吃过苹果,就可以毫无困难地在头脑中形成苹果的表象(它是由许多可感觉的特性如颜色、形状、气味、滋味等等构成的)。正因为这样,动物也像人一样能够以感觉、知觉、表象的形式反映客观世界。(前面说到的动物的某些"悟性活动",如分析、综合、归纳、演绎、实验等等,就是在表象的基础上进行的,并不是在概念的基础上进行的本来意义上的思维)。但是,概念同感性认识不同。概念是许多特殊事物的共同本质的概括,是事物的内部联系的反映。而事物的本质或内部联系是不可感觉的,不具有任何感性形象的。因此,如果不借助于一个物质的、可感觉的东西做它的外壳,它就无从为主体所把握,就无从形成。作为概念的物质外壳的东西,就是语言。没有语言,概念就不能产生,思维活动就不能进行。正因为这样,所以尽管高等动物所接触的自然对象已经比低等动物多得多,尽管它们已经有了形成概念所必需的感觉材料,也仍然不能形成概念(例如,尽管大猩猩吃过无数的桃、李,杏、梅等等,它仍然不可能有"水果"的概念)。只有人,才能借语言的帮助,把事物的共同本质或内部联系抽象出来,概括起来,造成以词为物质外壳的概念,并在概念的基础上进行思维活动。由此可见,"任何词(言语)都已经是在概括"①,并且只有借助于词才可能进行概括。正如马克思所说,语言是思维的直接现实,是思维的自然物质。人类意识的产生同语言的产生是分不开的。

语言不仅是人类意识产生的必要条件,而且是人类意识进一步发展的必要条件。这是因为,由于有了语言这个交往手段,劳动的规模日益扩大了,劳动的技能日益提高了,人们在劳动中积累的经验也日益丰富了;由于有了语言

---

①　列宁:《哲学笔记》,载《列宁全集》第38卷,第303页。

这个交往手段，人们不仅可以取得直接经验，而且可以取得间接经验，这就可以把个别社会成员的个人经验社会地积累起来和交流起来，这都使得人类意识的内容日益丰富。同时，在劳动和使用语言的过程中，人们的头脑也日益完善化了，抽象思维的能力也日益提高了，这也为意识的发展提供了重要的条件。

但是，究竟是什么力量决定着类人猿的头脑变成人类的头脑、动物的心理过渡到人的意识呢？归根到底，这种力量是劳动。大脑结构的完善化，是在劳动的推动下实现的；作为思维的物质外壳的语言，是在劳动过程中由于交流思想的需要产生的；人类意识的丰富内容，是在劳动的过程以及以劳动为基础的其他社会实践过程中取得的。人类的头脑之所以具有意识这种特殊的机能，绝不是由纯粹生物学的过程所造成的，而是由社会实践（首先是劳动）所造成的。所以恩格斯说："意识一开始就是社会的产物，而且只要人们还存在着，它就仍然是这种产物。"①

以上的简述表明，意识绝不是什么同物质并列的独立的实体，更不是物质世界的创造主；恰恰相反，它仅仅是物质世界发展到一定阶段的产物，仅仅是一种特殊的物质（人脑）的机能或属性，仅仅是物质世界在人脑中的反映，它是一点也不能离开物质的。

唯物辩证法的这个看法，首先是同唯心论针锋相对的。主观唯心论者把感觉、观念说成唯一的存在，把一切事物说成感觉或观念的组合，这就等于主张不是头脑产生思想，而是思想产生头脑了。有的主观唯心论者，例如阿芬那留斯，甚至赤裸裸地断言："思维也不是头脑的产物，甚至也不是头脑的生理机能或一般状态。""表象不是头脑的（生理的、心理的、心理物理的）机能。"他认为如果说思维是头脑的机能，就是把思想"嵌入"（即从外面放进）头脑，就是"自然科学的拜物教"。② 列宁公正地把这种反科学的谬论叫做"无头脑的哲学"。客观唯心论者虽然不一定直接否认人的意识是头脑的机能，但是它既然主张在人类出现以前、也就是人的头脑出现以前就有所谓"理念"、"世界

① 马克思、恩格斯：《费尔巴哈》，载《马克思恩格斯选集》第1卷，第35页。
② 见列宁：《唯物主义和经验批判主义》，载《列宁全集》第14卷，第80—82页。

理性"、"绝对观念"之类的东西存在,这实际上仍然是主张可以有没有头脑的思想,不过采取了转弯抹角的形式,不像主观唯心论那样露骨而已。所有这些荒谬意见,都在唯物辩证法的科学论断面前破产了。

唯物辩证法的这个看法,同二元论也是不相容的。二元论把意识看作自古以来就存在着的、同物质相平行的独立实体,否认了意识对于物质的依赖性,这在实际上也就是否认了意识是人脑的机能。这种错误意见也是站不住脚的。

唯物辩证法的这个看法,同庸俗唯物论也是根本不同的。庸俗唯物论把意识和物质混为一谈,把意识看成头脑"分泌"出来的特殊物质,正如肝脏分泌出来的胆汁一样。这种错误理论取消了哲学的基本问题,把唯物论作了极端的歪曲和庸俗化。它不了解,意识固然是人脑的产物,但意识本身并不是物质,而只是高度组织起来了的物质即人脑的机能,只是物质世界在人脑中的反映。

唯物辩证法的这个看法,同形而上学的唯物论也有原则的区别。形而上学的唯物论虽然正确地主张意识是人脑的机能和客观存在的反映,但是它们不了解由低级物质的低级反映形式到人类意识的辩证式的发展过程,尤其不了解社会实践对意识的产生和发展的决定作用。它们当中有些派别不了解意识仅仅是人的头脑所特有的机能,而错误地断言一切物质形态都有意识。例如斯宾诺莎就认为不仅人有意识、有机体有意识,而且连无机物也有意识。这就陷入了荒谬的"物活论"。显然,这样的看法在同唯心论或二元论作斗争的时候是软弱无力的。

三、意识对物质世界的反作用

要充分论证世界的物质统一性原理,使唯心论无隙可乘,除了要正确地回答意识的起源问题之外,还必须正确地解决意识对物质世界的反作用即主观能动作用的问题。这是因为唯心论常常以意识的能动作用为借口来否认世界的物质性,而旧唯物论则由于忽视意识的能动作用而给了唯心论以可乘之隙。

毛泽东同志说:"思想等等是主观的东西,做或行动是主观见之于客观的东西,都是人类特殊的能动性。这种能动性,我们名之曰'自觉的能动性',是人之所以区别于物的特点。"①由此可见,主观能动作用就是指的这样一种能力:第一,根据对客观存在的认识,在头脑中构成某种预定的目的以及实现这种目的的计划;第二,通过实践,改造客观存在,把预定的目的变成现实。换句话说,前一件事就是所谓认识世界,即变客观的东西为主观的东西;后一件事就是所谓改造世界,即变主观的东西为客观的东西。这两个方面又是不可分离地联系着的:只有在改造世界的过程中才能认识世界;只有在认识世界的基础上才能改造世界。把两个方面统一起来,就体现了人类特有的主观能动作用。所以,所谓意识的能动作用或主观能动作用,就是认识世界和改造世界的能力。

为什么说主观能动作用是"人之所以区别于物的特点"呢? 因为除了人以外,任何动物都没有这种能力。

我们常常看到,有些高等动物似乎也能够"认识世界"。即是说,它们也能够以感觉、知觉、表象的形式对周围的自然界的某些属性有所反映,并以这种反映为根据,在头脑中构成某种行动的"计划"。例如,狐狸可以施用种种诡计来追捕野兔或回避猎人,猿猴可以设法取得树上的果实,等等。但是,当它们按照"计划"去行动的时候,却只能利用自然界的现成事物,而不能改造自然界。最狡黠的狐狸也只能利用现成的地形来追捕野兔或回避猎人,而不能制造打猎工具或修筑防御工事;最机敏的猿猴也只能拾起现成的石块或木棒来打下树上的果实,而不能制造哪怕是一把最粗笨的石刀。这就表明,动物是不可能在认识世界的基础上改造世界的。

我们也常常看到,有些动物似乎也能够"改造世界"。即是说,它们也可以用自己的活动引起自然界的某种变化。例如蜜蜂能酿蜜,蜘蛛能织网,水獭能筑堤,等等。但是,它们这样做却完全是无意识的,它们并不懂自己做的是什么,为什么要这样做。这从水獭筑堤的例子中可以看得很清楚:试把一只幼獭捉来,关在笼子里,在它身边放上一些泥土,等它长大时,它就会自动地筑起堤来。显然,在笼子里毫无筑堤的必要,它之所以筑堤,完全是出于本能。此外,这些动物都只能以自己的特殊的器官(不是劳动工具)引起自然界的某种

---

① 毛泽东:《论持久战》,载《毛泽东选集》第二卷,第445页。

特定的变化:蜜蜂不能织网,蜘蛛不能筑堤,水獭不能酿蜜。这也可以证明它们对自然界的"改造"只是出于本能,而不是有目的有计划的行动。马克思指出:"劳动过程结束时得到的结果,在这个过程开始时就已经在劳动者的表象中存在着,即已经观念地存在着。"①这一点正是最拙劣的建筑师优越于最精巧的蜜蜂的地方。

总之,尽管动物(特别是高等动物)的活动同人的活动有某些相似之处,但是它们都不能自觉地制定某种行动计划,并用改造世界的办法来实现自己的计划。正如恩格斯所说,"一切动物的一切有计划的行动,都不能在自然界上打下它们的意志的印记。这一点只有人才能做到。"②所以说,以认识世界和改造世界为特征的主观能动作用,是人类所特有的,是人类区别于其他动物的特点。

主观能动作用是一种伟大的力量。物质世界自从发展到出现了意识的时候以来,它的面貌就发生了巨大的变化。自然界已经"人化"了。即使是原始人的骨针石斧,木巢土穴,也不是自然界的现成事物,而是人类改造自然的成果,更不用说近代的轮船和铁路,现代的人造卫星和电子计算机了。自然界已经不是人类出现以前的"洪荒之世",而是"人化"了的自然界了。在人的活动所及的范围之内,到处都可以看到人们的"意志的印记"。科学和技术,就是人类改造自然的种种成就的结晶,是主观能动作用发展程度的测量器。人们不仅不断地改造着自然环境,而且也不断地改造着由自己的活动创造出来的社会环境。列宁说:"人的意识不仅反映客观世界,并且创造客观世界。"③这个著名的论断,充分地表述了意识对于物质世界的巨大的反作用。

那么,意识对物质世界的这种巨大的反作用,是不是像唯心论者所说的那样,表明了意识可以不依赖于物质呢?

不是的。

首先,人们改造物质世界的活动,固然总是在意识的指导之下进行的,即是说,总是在一定的动机的推动之下进行的。但是,为什么在一种情况下人们

---

① 马克思:《资本论》第 1 卷,人民出版社 1975 年版,第 202 页。
② 恩格斯:《自然辩证法》,人民出版社 1971 年版,第 158 页。
③ 列宁:《哲学笔记》,载《列宁全集》第 38 卷,第 228 页。

有这样的动机,在另一种情况下又有哪样的动机呢?为什么各种不同的人们会有完全不同的甚至根本相反的动机呢?这是无法从动机本身得到说明的。原来人们的动机并不是随心所欲地任意地产生的,而是由人们所处的客观地位(在阶级社会中首先是阶级地位)及其面临的实践需要所决定的。而人们的客观地位及其实践需要,则是由物质世界的发展规律(特别是人类社会的发展规律)所决定的。即是说,首先是物质世界的发展规律决定人们的动机,然后人们的动机才能对物质世界发生反作用。

其次,人们的动机固然是改造世界的必要因素,但是当动机还停留在人们头脑中的时候,并不会引起物质世界的任何变化。为了使物质世界发生变化,就必须通过实践。而实践并不是意识活动,而正是一种客观的物质的活动。

再次,人们即使有了必要的动机,也进行了实践活动,也不一定就能在改造物质世界的活动中实现预定的目的。要实现预定的目的,还必须使行动的计划符合于客观对象的规律性;如果不合,原来的动机就不能变成现实。

由此可见,意识的能动作用不管有多么大,仍然不能不受物质世界的制约,不能超越客观物质条件所许可的范围。机械唯物论看不到意识的能动作用,固然是错误的;但是,如果丢掉了物质第一性、意识第二性这个唯物论的基本前提,把意识夸张成为不受物质制约的东西,以为无论什么奇谈怪论、狂想谬说都可以变成现实,以为画饼可以充饥,杯水可以行船,地球可以停转,时间可以倒流,那就是十足的主观唯心论、唯意志论,十足的狂人哲学了。

唯物辩证法科学地解释了意识的起源问题和意识的作用问题,这就驳倒了唯心论(以及二元论)在世界本原问题上的谬论,完满地证明了世界是物质统一体的无限发展过程的原理。①

---

① 因为本篇的任务只在于论述世界是物质统一体的无限发展过程,讲到意识的时候也只为了论证这个原理,而不对于意识本身作全面的考察,所以对关系到意识本身的许多其他问题,如意识的社会性和阶级性问题、能动的革命的反映论的问题、主观能动性和客观规律性的关系问题等等,都没有讲到。这些问题,留待第五篇(认识论)中再详细展开。

第 四 篇

唯物辩证法的规律和范畴

前言 唯物辩证法的规律是自然、社会和思维发展的普遍规律

前篇论述了世界的本原问题,指出了世界是物质统一体的无限发展过程。那么,世界是按照什么规律发展的呢? 这就是本篇所要论述的问题。

我们在第一篇第四章中,曾经讲到特殊规律和一般规律的区别。我们指出过,物质世界的各个特殊领域中的现象的发展变化都服从于各自的特殊规律,而整个物质世界的发展变化又服从于一般规律,即普遍规律。前者是各门具体科学的研究对象,后者是唯物辩证法的研究对象。我们要论述的正是世界发展的普遍规律。

世界发展的普遍规律是什么呢? 最根本的就是一条规律,即对立统一规律。不过这条最根本的规律还有一些具体的表现形态,即量变质变规律、肯定否定规律以及一系列成对的范畴。我们把它们总起来叫作唯物辩证法的规律,或者叫做唯物辩证法的规律和范畴。

唯物辩证法的规律所反映的普遍联系是从来就存在着的。但是,人们发现这种联系,并用科学规律的形式表述出来,却经过了漫长而艰苦的道路。马克思主义以前的哲学,有的根本不了解、不承认辩证规律,有的只对辩证规律的某些侧面作了一些猜测和描绘,有的则对辩证规律作了唯心论的曲解。这是因为它们都不仅受到生产规模和科学发展水平的限制,而且受到剥削阶级偏见的限制。只有作为无产阶级世界观的唯物辩证法,才总结了生产斗争、阶级斗争和科学实验的经验,综合了人类认识史上的积极成果,完全科学地揭示了世界发展的辩证规律。

唯物辩证法的规律是自然和人类社会发展的普遍规律,也是认识的规律。如恩格斯所说,"所谓主观辩证法,即辩证的思维,不过是自然界中到处盛行

的对立中的运动的反映而已。"①尽管认识的规律在表现形式上不同于物质世界本身的规律,但是这"两个系列的规律在本质上是同一的"。② 所以说,唯物辩证法的规律是自然、社会和思维发展的普遍规律。

掌握唯物辩证法的规律,对于无产阶级的实践活动有什么意义呢?

不论做什么事情,如果不懂得那件事情的规律,就不知道如何去做,就不能做好那件事。每一件事情都有自己的特殊规律,做哪一件事情就要掌握哪一件事情的特殊规律。然而,一切比较特殊的规律都是被比较普遍的规律制约着的,"小道理"都是被"大道理""管"着的。如果违反了普遍规律或"大道理",就不可能符合于特殊规律或"小道理"。例如,阶级斗争是一切有阶级存在的社会的普遍规律,研究任何阶级社会的现象时如果不顾这条规律,一定会得出错误的结论;又如,能量守恒和转化定律是自然界的普遍规律,研究任何自然现象时如果违反这条规律,也一定是白费气力。唯物辩证法的规律是最普遍的规律,是最"大"的"道理",它把自然、社会和思维三大领域中的一切特殊规律、一切"小道理"统统"管"起来了,无论是过去,现在或将来的任何具体过程都不能不受它的支配。因此,不管研究什么特殊过程,如果有了唯物辩证法的规律作指导,就好比有了指南针,方向就明确了;反之,如果违反了唯物辩证法的规律,就好比一出门就走错了方向,即使费了很大气力,也不可能到达目的地。

例如,在研究社会主义社会的特殊发展规律时,就有两种根本对立的方法。有些人一开始就断定社会主义社会没有矛盾,否认唯物辩证法的规律适用于社会主义社会。这就从根本上弄错了。用这种观点作指导,即使材料搜集得再多些,力气花得再大些,也仍然要得出完全错误的结论。毛泽东同志与此相反,他首先肯定了唯物辩证法的规律对社会主义社会仍然适用,肯定了社会主义社会的发展动力仍然是它本身内部的矛盾,然后以这种观点作指导,具体地研究了社会主义社会的特殊矛盾,结果就得出了关于社会主义社会发展规律的科学结论。由此可见,掌握和运用唯物辩证法的规律,对于无产阶级的

---

① 恩格斯:《自然辩证法》,人民出版社 1971 年版,第 189 页。
② 恩格斯:《费尔巴哈和德国古典哲学的终结》,载《马克思恩格斯选集》第 4 卷,第 239 页。

革命实践具有多么重大的意义!

有人说,有些并不懂得唯物辩证法规律的人也能够做好某些工作,其中有些自然科学家甚至还能作出很重要的发现,可见懂不懂唯物辩证法是无关紧要的。这种意见是错误的。当然,不懂辩证规律而做好了某一项具体工作或者作出了某一项具体发现的人是有的。但是,他们之所以能够如此,正是因为他们在进行这项工作或作出这项发现的时候不自觉地遵循了辩证规律,而不是违反了辩证规律。一个无产阶级的革命战士能不能满足于这种不自觉的状态呢?当然不能。因为不自觉地遵循了辩证规律而取得的成功是偶然的、不可靠的;在少数情况下可能"碰"对了,在更多的情况下却可能弄错;问题愈复杂,弄错的可能性就愈大,错误的性质就愈严重。恩格斯曾经多次指出,当时的许多自然科学家因为不懂得辩证法而陷入了严重的纷扰和混乱,吃了不少苦头。他断言:"只有辩证法能够帮助自然科学战胜理论困难"。① 我们现在面临着生产斗争、阶级斗争和科学实验三项伟大的革命运动,肩负着消灭帝国主义、资本主义和一切剥削制度的历史使命,在发展科学及技术方面,我们所要解决的问题也比旧时代的自然科学家所要解决的问题复杂得多,艰巨得多,难道我们反而可以不去自觉地掌握辩证规律,让自己处在瞎摸瞎碰的状态之中,去犯那些本来可以不犯的错误吗?

当然,这并不是说,只要懂得了唯物辩证法的规律,无需掌握专业知识,就可做好一切工作,任何事物不仅受普遍规律的支配,而且受特殊规律的支配,只懂得普遍规律而不懂得特殊规律还是不能把工作做好。如果以为一个人只要学了唯物辩证法的规律,就既会种地,又会做工,既会打仗,又会治病,成为无所不能的万事通,那是错误的。唯物辩证法不是包医百病的现成药方,而是指导我们研究具体事物的工具。掌握了唯物辩证法的规律还必须以它为指导,向着具体事物进行艰苦的研究工作,找出支配具体事物的特殊规律,才能把一件一件的具体工作做好。而且,由于找出事物的特殊规律是一个反复实践、反复认识的过程,在这个过程中,尽管有唯物辩证法作指导,也仍然要以某些错误为代价才能取得正确认识。如果以为只要有唯物辩证法作指导就可以

---

① 恩格斯:《自然辩证法》,人民出版社 1971 年版,第 29 页。

一点错误也不犯,那也是不切实际的。

那么,能不能由此得出结论说,掌握或不掌握唯物辩证法的规律是没有什么区别呢? 绝不能得出这样的结论。以唯物辩证法的规律为指导去进行具体工作,虽然不能绝对不犯错误,但是却可以不犯方向性的或全局性的错误,不犯那些本来可以避免的错误,减少那些难免的错误,在错误发生之后也比较容易纠正。反之,如果不以唯物辩证法的规律为指导,如果违反了它,我们就会迷失方向,走入歧途,犯根本性的错误。显然,这两种情形是有原则区别的。这种区别,关系到无产阶级革命事业的成败。恩格斯把唯物辩证法叫作"我们最好的劳动工具和最锐利的武器"①,毛泽东同志也说:"全世界共产主义者比资产阶级高明,他们懂得事物的生存和发展的规律,他们懂得辩证法,他们看得远些。"②这些指示充分表明了掌握唯物辩证法规律的极端重要性。

正因为唯物辩证法的规律对于无产阶级的实践活动具有伟大的指导意义,资产阶级及其走狗就总是拼命地否认或歪曲这些规律。

列宁在批判第二国际老牌修正主义者时指出:"他们都自命为马克思主义者,但是对马克思主义的了解却迂腐到了极点。马克思主义中有决定意义的东西,即马克思主义的革命辩证法,他们一点也不懂得。"③他们"带着蔑视的意思对辩证法耸耸肩","用'素朴的'(而且是平静的)'进化论'去代替'狡猾的'(而且是革命的)辩证法",④"用折中主义和诡辩术代替辩证法"⑤,避免"对社会发展过程做出任何完整的革命分析"⑥,以此来为他们的阶级调和、阶级合作的谬论作辩护,为他们迎合资产阶级的卑鄙勾当作辩护,为他们政治上的叛卖行为作辩护。

现代修正主义者继承了老牌修正主义者的衣钵,在反对革命辩证法的"业绩"方面开创了"新纪录"。他们把哲学史上和现代资产阶级哲学中最反

---

① 恩格斯:《费尔巴哈和德国古典哲学的终结》,载《马克思恩格斯选集》第 4 卷,第 239 页。
② 毛泽东:《论人民民主专政》,载《毛泽东选集》第四卷,第 1357—1358 页。
③ 列宁:《论我国革命》,载《列宁全集》第 33 卷,第 431 页。
④ 列宁:《马克思主义和修正主义》,载《列宁全集》第 15 卷,第 15 页。
⑤ 列宁:《无产阶级革命和叛徒考茨基》,载《列宁全集》第 28 卷,第 304 页。
⑥ 列宁:《国家与革命》,载《列宁全集》第 25 卷,第 387 页。

动的思想垃圾搜罗起来，改头换面，装潢打扮，用来阉割唯物辩证法，歪曲唯物辩证法，以便为他们的"和平共处"、"和平竞赛"、"和平过渡"、"全民国家"、"全民党"的谬论制造"哲学根据"，为他们取消阶级斗争、取消革命的反动路线制造"理论基础"。

当国际国内的阶级斗争正在激烈进行的时候，当党和毛泽东同志强调要用"一分为二"的革命辩证法观点来观察和处理问题的时候，当广大的工农兵和其他革命人民正在学习、宣传和运用革命辩证法的过程中取得伟大成绩的时候，有人大肆宣扬"合二而一"论，同党大唱对台戏。"合二而一"论否认矛盾的斗争，否认矛盾的转化，是彻头彻尾的形而上学，是为抹杀阶级斗争、宣扬阶级调和制造"理论"根据的东西。在这个时候宣扬这种反动理论，正是适应现代修正主义的需要，帮助现代修正主义者宣传阶级和平和阶级合作；同时，也是有意识地适应国内资产阶级和封建残余势力的需要，给他们提供"理论"武器，对抗伟大的社会主义教育运动。因此"合二而一"论一出笼就受到了我国广大工农兵和其他革命人民的严正批判。

目前，由于掀起了学习毛泽东同志著作的热潮，广大革命群众对"一分为二"的辩证规律的掌握愈来愈自觉了，唯物辩证法正在成为他们正确认识当前国际国内阶级斗争形势的有力的思想武器，正在成为他们正确解决革命和建设中各项问题的有力的思想武器。

第一章　对立统一规律

第一节　对立统一规律是辩证法的核心

一、唯物辩证法的根本规律

黑格尔在哲学史上第一次对对立统一规律、量变质变规律、肯定否定规律（即否定之否定规律）作了系统的阐明。黑格尔是在唯心论的基础上把它们仅仅当作思维的规律来阐明的,他把这些规律讲得极端神秘。马克思和恩格斯唯物地改造了黑格尔的辩证法,把这样三条规律从唯心论的神秘外衣中解放出来,把它们当作自然、社会和人类思维的普遍规律来论述,这是认识史上的大革命。但是,马克思和恩格斯由于当时的具体斗争任务所限,"不能详细地考察这些规律的相互的内部联系"①,因此也就没有进一步指出这三条规律中哪一条是最根本的规律,哪一些是派生出来的规律。

列宁在他的《哲学笔记》中第一次指出对立统一规律是唯物辩证法的根本规律。他说:"统一物之分为两个部分以及对它的矛盾着的部分的认识……,是辩证法的实质"。② 又说:"可以把辩证法简要地确定为关于对立面的统一的学说。这样就会抓住辩证法的核心,可是这需要说明和发挥。"③列宁的这个指示对于帮助我们理解唯物辩证法具有重大的意义。列宁本人在《哲学笔记》中对辩证法的这个"实质"或"核心"也作了一些"说明和发挥";但是,这些说明和发挥是以札记、眉批或警言的形式写成的,还来不及充分展开,论述也不十分系统。

---

① 恩格斯:《自然辩证法》,人民出版社 1971 年版,第 47 页。
② 列宁:《哲学笔记》,载《列宁全集》第 38 卷,第 407 页。
③ 列宁:《哲学笔记》,载《列宁全集》第 38 卷,第 240 页。

第一次对唯物辩证法的核心作了全面、系统、深刻的解释和发挥的著作，是毛泽东同志的《矛盾论》。在《矛盾论》中，毛泽东同志进一步指出对立统一规律"是唯物辩证法的最根本的法则"①，并且详细地论述了两种发展观的根本分歧问题，矛盾的普遍性和矛盾的特殊性问题，主要的矛盾和主要的矛盾方面问题，矛盾诸方面的同一性和斗争性问题，以及对抗在矛盾中的地位问题。他指出："如果我们将这些问题都弄清楚了，我们就在根本上懂得了唯物辩证法。"②这是毛泽东同志的伟大贡献。

为什么对立统一规律是唯物辩证法的最根本的规律呢？

二、两种发展观根本分歧的焦点

对立统一规律之所以是唯物辩证法的最根本的规律，首先是因为只有对立统一规律才揭示了事物发展的泉源，显示了辩证法同形而上学根本分歧的焦点。

我们在第一篇中就指出过，辩证法和形而上学有三个原则性的分歧，即联系观点和孤立观点的分歧、发展观点和静止观点的分歧、承认矛盾的观点和否认矛盾的观点的分歧。但是，在这三个分歧中，承认矛盾和否认矛盾的分歧是最根本的分歧，其他两方面的分歧都是由这个最根本的分歧决定的。

辩证法之所以承认事物的普遍联系，就是因为它承认事物的矛盾。联系就是矛盾。事物的内部联系，就是事物内部矛盾诸方面的关系；一事物与他事物的联系，就是一事物与他事物的矛盾关系，特别是它们之间在一定条件下的转化关系。列宁说："一切都是互为中介，连成一体，通过转化而联系的。"③"联系也就是转化"④，如果否认了事物内部的矛盾以及事物与事物之间的矛盾，就必然要否认事物普遍联系，导致形而上学的孤立观点。

辩证法之所以承认事物的变化发展（量变和质变），也是因为它承认事物的矛盾。列宁说："有两种基本的（或两种可能的？或两种在历史上见到的？）

---

① 毛泽东：《矛盾论》，载《毛泽东选集》第一卷，第274页。
② 毛泽东：《矛盾论》，载《毛泽东选集》第一卷，第274页。
③ 列宁：《哲学笔记》，载《列宁全集》第38卷，第103页。
④ 列宁：《哲学笔记》，载《列宁全集》第38卷，第192页。

发展(进化)观点:认为发展是减少和增加,是重复;以及认为发展是对立面的统一(统一物之分为两个互相排斥的对立面以及它们之间的互相关联)。根据第一种运动观点,自己运动,它的动力、泉源、动因都被忽视了(或者这个泉源被移到外部——移到神、主体等等那里去了);根据第二种观点,主要的注意力正是放在认识'自己'运动的泉源上。"①在辩证法看来,事物的运动是事物的"自己"运动,这种运动的泉源或根据不在事物的外部,而在事物的内部,即在事物内部的矛盾性(内因),"矛盾着的对立面又统一,又斗争,由此推动事物的运动和变化。"②当然,每一事物的运动都和它的周围其他事物互相联系着和互相影响着。但是,一事物和其他事物的互相联系和互相影响(外因)只是事物发展的第二位的原因,而事物发展的根本原因还是事物内部的矛盾性。唯物辩证法对外因的作用是充分估计的,它认为在一定的条件下外因对事物的发展甚至可以起决定的作用;然而即使在这样的情况下,外因的作用也只是在于它能够影响事物的内部矛盾双方的力量对比,从而影响事物的发展进程。例如俄国的十月革命给中国送来了马克思列宁主义,使中国革命的面目为之一新,这对于中国革命的迅速成功是起了决定作用的。但是,"马克思列宁主义来到中国之所以发生这样大的作用,是因为中国的社会条件有了这种需要,是因为同中国人民革命的实践发生了联系,是因为被中国人民所掌握了。"③如果中国社会内部没有中华民族同帝国主义的矛盾、人民大众同封建主义的矛盾以及其他种种矛盾,没有革命的客观需要,中国就不会有先进分子前仆后继地寻找救国救民的真理,马克思列宁主义就不会传到中国来;即使马克思列宁主义被送到了中国,也将因为没有生长的土壤而不起作用。马克思列宁主义对于中国革命的伟大作用,正在于,也仅在于它为中国的先进分子提供了认识和处理中国社会内部矛盾的锐利武器,从而促进了这些矛盾的解决。马克思列宁主义者对于国际援助的意义是重视的,毛泽东同志指出:"在帝国主义存在的时代,任何国家的真正的人民革命,如果没有国际革命力量在各种

---

① 列宁:《哲学笔记》,载《列宁全集》第 38 卷,第 408 页。
② 毛泽东:《关于正确处理人民内部矛盾的问题》,载《毛泽东文集》第七卷,人民出版社 1999 年版,第 213 页。
③ 毛泽东:《唯心历史观的破产》,载《毛泽东选集》第四卷,第 1404 页。

不同方式上的援助,要取得自己的胜利是不可能的。胜利了,要巩固,也是不可能的。"①因此,真正的马克思列宁主义者从来就把援助别国人民的革命斗争看作自己应尽的国际主义的义务。但是,无论在什么情况下,人民革命的胜利以及革命后建设的成就,归根到底还是要依靠本国人民"自力更生"地进行斗争,促使本国内部矛盾的解决,否则,任何国际援助都是不起作用的。现代修正主义者一方面只提苏联过去对别国人民革命的援助,并把这种援助看作对别国人民的"恩赐",而完全不提各国人民对苏联的援助;另一方面,他们又把苏联过去对别国的援助说成是别国革命建设取得成就的根本原因,并且极力攻击"自力更生"的方针。这表明,他们从大国沙文主义的立场出发,已经完全背弃了唯物辩证法,陷入了形而上学的"外因论"的泥淖。

由此可见,承认或否认对立统一规律,正是辩证法和形而上学的最后分界线。

三、理解辩证法的钥匙

对立统一规律之所以是辩证法的最根本的规律,还因为辩证法的其他规律和范畴,都是对立统一规律在不同方面的表现形态,都只有从对立统一规律的观点出发才能得到理解。

列宁在说到两种根本对立的发展观时指出:"只有第二种观点才提供理解一切现存事物的'自己运动'的钥匙,才提供理解'飞跃'、'渐进过程的中断'、'向对立面的转化'、旧东西的消灭和新东西的产生的钥匙。"②关于这个问题,只有在论述辩证法的其他规律和范畴的具体内容时才可能作出具体的说明,在这里要说清楚是困难的。不过,为了使读者有一个初步的概念,一般地说明一下也仍有必要。

例如,量变质变规律告诉我们,任何事物的运动都采取两种状态,即相对静止的状态(量变状态)和显著变动的状态(质变状态)。当事物处在第一种状态时,只有数量的变化,没有性质的变化;可是当事物数量变化达到某一最

---

① 毛泽东:《论人民民主专政》,载《毛泽东选集》第四卷,第1362—1363页。
② 列宁:《哲学笔记》,载《列宁全集》第38卷,第408页。

高点时，就进入了第二种状态，发生了性质的变化。事物总是不断地由第一种状态过渡到第二种状态，并通过第二种状态而变成一种新事物。这条规律应当怎样理解呢？为什么事物正是这样发展呢？只要拿起对立统一规律这把"钥匙"，就可以理解了。对立统一规律告诉我们，任何事物都包含着矛盾，而事物的性质就是由取得支配地位的矛盾的主要方面所决定的。因此，当矛盾双方的主次地位还没有发生根本变化的时候，尽管矛盾的双方一直不间断地互相斗争着，尽管它们的力量对比由于斗争而不断地消长着，事物仍然只有数量的变化，而没有性质的变化，这就是量变的过程。但是，当矛盾双方的斗争达到了最高点，矛盾双方的主次地位开始发生根本变化的时候，事物也就开始丧失原有的性质，获得新的性质，这就是质变的过程。而当质变过程完成了的时候，原来的事物就走到自己的反面，变成了新的事物，于是又在新的基础上开始新的量变过程和质变过程。可见，量变和质变这样"两种状态的运动都是由事物内部包含的两个矛盾着的因素互相斗争所引起的。"①不从对立统一规律的观点去看问题，就无法理解量变质变规律。

又如，肯定否定规律告诉我们，事物发展的总的趋势是前进的，但发展的道路是曲折的。事物总是通过肯定、否定、再肯定、再否定的道路，波浪式地向前发展的。为什么会发生这种情形呢？这也必须拿起对立统一规律的"钥匙"才能理解。原来任何事物内部都包含着两种互相对立的因素：一种是保持这一事物存在的因素，即肯定的因素；另一种是促使这一事物灭亡的因素，即否定的因素。当肯定因素占据矛盾的主要方面时，这一事物就存在着，这就是事物的肯定阶段；当否定的因素逐渐壮大起来，跃居于矛盾的主要方面时，事物就是走向自己的反面，变成了新的事物，这就是事物的否定阶段。新的事物内部同样也包含着肯定的因素和否定的因素，经过一段时间的发展，同样也要走向自己的反面，变成更新的事物，这又是新的肯定阶段了。既然事物总是要经过一系列的质变或否定，经过不断地走向自己的反面才能前进，因而事物的前进道路的曲折性就是完全可以理解的了。

此外，本质与现象、内容与形式、原因与结果、必然与偶然、可能与现实等

① 毛泽东：《矛盾论》，载《毛泽东选集》第一卷，第300—307页。

等,也都是对立统一规律在各个不同方面的具体表现,都只有拿起对立统一规律这把"钥匙"才能获得理解。

四、学习唯物辩证法的目的

既然对立统一规律是唯物辩证法的最根本的规律,那么,学习唯物辩证法首先就要把对立统一规律学好。就是说,要学会正确地揭露矛盾、分析矛盾和解决矛盾,从而促进各项革命工作的发展。这就是我们学习唯物辩证法的目的。毛泽东同志说:"问题就是事物的矛盾。""使大家学会应用马克思主义的方法去观察问题、提出问题、分析问题和解决问题,我们所办的事才能办好,我们的革命事业才能胜利。"[①]毛泽东同志经常教导我们要用"一分为二"的观点来观察问题和处理问题,就是要我们学会运用对立统一规律。

马克思主义的经典作家为我们作出了运用对立统一规律的模范。马克思的《资本论》和列宁的《帝国主义是资本主义的最高阶段》,深刻地揭露了资本主义经济形态及其最高阶段的自始至终的矛盾运动,阐明了资本主义必然灭亡和共产主义必然胜利的历史趋势。毛泽东同志关于中国革命和建设的理论深刻地揭示了中国社会的矛盾运动,阐明了中国走向共产主义的途径。这些科学的理论,成了世界无产阶级和一切革命人民的指路明灯。

马克思、恩格斯和列宁为阐发对立统一规律奠定了基础。毛泽东同志在他们所做的工作的基础上,总结了中国和国际共产主义运动的丰富经验,全面地、系统地、精辟地阐发了对立统一规律。他的伟大著作《矛盾论》和《关于正确处理人民内部矛盾的问题》,就是他在这一方面的理论工作的结晶。这两部伟大的著作,是我们学习对立统一规律的最好的范本,是一切革命人民的必读之书。

第二节　矛盾的普遍性和特殊性

一、矛盾的普遍性

毛泽东同志说:"矛盾的普遍性或绝对性这个问题有两方面的意义。其

---

① 毛泽东:《反对党八股》,载《毛泽东选集》第三卷,第796页。

一是说,矛盾存在于一切事物的发展过程中;其二是说,每一事物的发展过程中存在着自始至终的矛盾运动。"①

首先,我们来论述第一方面的意义。

在自然界中,机械现象中的作用和反作用,电现象中的正电荷和负电荷,磁现象中的正极和负极,化学现象中的化合与分解,原子内部的原子核和电子,基本粒子中的各种粒子和反粒子,基本粒子本身的微粒性和波动性,物体的空间形状和数量关系中的曲线和直线、正数和负数、微分和积分,等等,都是矛盾。自然界是充满着矛盾的,这正是各种自然现象发展变化的内在原因。

人类社会也充满着矛盾。生产力和生产关系的矛盾,基础和上层建筑的矛盾,存在于一切社会形态之中,推动着一切社会形态的发展变化。阶级矛盾则是一切阶级社会发展的直接动力。社会主义社会是无产阶级专政条件下的阶级斗争时期,也充满着阶级矛盾。在将来的共产主义社会中,也仍然存在着革新与保守、先进与落后、好人和坏人、思想比较正确的人同思想比较不正确的人的矛盾。共产党内和国际共产主义运动中也存在着马克思列宁主义和反马克思列宁主义的矛盾,这是社会的阶级矛盾的反映。

思维现象也充满着矛盾。"客观矛盾反映入主观的思想,组成了概念的矛盾运动,推动了思想的发展,不断地解决了人们的思想问题。"②唯物论和唯心论的矛盾、辩证法和形而上学的矛盾、真理和错误的矛盾等等,都将永远存在,人们的思维就是在矛盾的推动下不断发展的。

由此可见,任何事物的内部都包含着矛盾,不包含矛盾的事物是没有的。

其次,我们再来论述第二方面的意义。

任何事物无时无刻不在运动,而事物运动的根本原因就是事物内部的矛盾。如果认为事物只是在某些时候包含着内部矛盾,而在另一些时候却不包含着内部矛盾,那就必然要得出如下的结论:或者是认为事物可以一段时间处于绝对静止的状态,或者是认为事物在某一段时间内不是由于内部矛盾的推动而发生运动的。这就根本背弃了唯物辩证法。在 20 世纪 30 年代受到正确

① 毛泽东:《矛盾论》,载《毛泽东选集》第一卷,第 280 页。
② 毛泽东:《矛盾论》,载《毛泽东选集》第一卷,第 281 页。

批判的苏联德波林学派认为,在事物发展的始初阶段,事物内部只有差异,并无矛盾;矛盾是在事物发展的中途才出现的。那么,在事物的内部没有出现矛盾以前,是什么力量推动事物的运动呢? 当然只能是外部的力量了。于是德波林派陷入了形而上学的外因论。这种理论在当时是为苏联的富农阶级服务的,因为它认为苏联的富农和一般农民之间只有差异,并无矛盾,因而认为消灭富农的阶级斗争是不必要的。德波林派不了解,他们所谓的差异其实就是矛盾,只不过是还没有激化的矛盾而已。马克思在分析简单的商品生产如何发展成为资本主义社会的过程时,一开始就揭示了商品内部的使用价值和价值的矛盾,而绝不是像德波林派那样把商品生产发展过程的前半截看成只有差异、并无矛盾的阶段。正如毛泽东同志所指出的,新旧过程的更替就是"旧的统一和组成此统一的对立成分让位于新的统一和组成此统一的对立成分"①。

总之,每一事物在其全部发展过程中存在着自始至终的矛盾运动,不包含矛盾的阶段是没有的。

把以上两方面的意义综合起来,矛盾的普遍性的原理就是:"矛盾存在于一切过程中,并贯穿于一切过程的始终,矛盾即是运动,即是事物,即是过程,也即是思想。否认事物的矛盾就是否认了一切。"②没有矛盾就没有世界。

矛盾的普遍性的原理对无产阶级的实践活动具有非常重大的意义。有的同志也"承认"对立统一规律,但是他们在碰到某些具体问题的时候却忘记了矛盾的普遍性,认为某些事物没有矛盾,或者事物的某些阶段没有矛盾,这样他们就在这些问题上抛弃了革命的辩证法。例如,在社会主义社会中还有没有矛盾? 矛盾还是不是社会发展的动力? 党和国家要不要正确地认识和处理这些矛盾? 这是关系到巩固无产阶级专政和防止资本主义复辟的重大问题。有些同志没有勇气承认社会主义社会仍然存在着矛盾,尤其没有勇气承认人民内部存在着矛盾。这样,他们就在实际存在着的矛盾面前束手束脚,陷于被动。毛泽东同志以彻底的革命辩证法的精神,总结了无产阶级专政的历史经

① 毛泽东:《矛盾论》,载《毛泽东选集》第一卷,第294页。
② 毛泽东:《矛盾论》,载《毛泽东选集》第一卷,第294页。

验(包括成功的经验和失败的经验),对这个重大的课题作了马克思列宁主义的解决。他指出,社会主义社会是一个很长的历史时期,在这个时期中,基本的矛盾仍然是生产力和生产关系、基础和上层建筑之间的矛盾;不过这些矛盾同旧社会的矛盾比较起来,具有根本不同的性质和情况罢了。这样的基本矛盾,表现为无产阶级专政条件下的阶级矛盾,主要是工人阶级同资产阶级的矛盾。只有正确地认识和处理社会主义社会中的各种矛盾,特别是要正确区分和处理敌我矛盾和人民内部矛盾这样两类不同性质的矛盾,才能保证社会主义道路战胜资本主义道路,为在将来过渡到共产主义准备条件。毛泽东同志的这个科学理论,武装了一切革命人民,照亮了向共产主义前进的道路。要做一个真正的马克思列宁主义者,就要学习毛泽东同志的榜样,在任何时候和任何情况下都坚持矛盾普遍性的原理。否认矛盾的存在,就是离开了辩证法。

现代修正主义者害怕革命,反对革命,当然要故意否认矛盾,掩盖矛盾。他们为了给自己披上马克思主义的外衣,也可以抽象地谈论辩证法,可是在考察国际国内革命和建设的问题的时候,他们就把辩证法抛到九霄云外去了。例如,他们在说明社会主义社会的时候,就公然否认了矛盾的普遍性,提出了一系列同毛泽东同志的科学论断背道而驰的谬论。他们否认社会主义社会基本矛盾的存在,宣称"提出社会主义条件下基本矛盾的问题是毫无根据的"[①];他们否认阶级斗争的存在,硬说"阶级的存在并不等于阶级斗争的存在","在各基本阶级之间,在社会的一切集团之间没有了根本利益的分歧,它们被同一的目的、共同的共产主义思想结合在一起了"。[②] 总之,在他们看来,"在社会主义社会里,……社会的统一将成为社会进步的经常起作用的泉源和动力。"[③]谁如果坚持矛盾普遍性的原理,认为矛盾仍然是社会主义社会发展的动力,谁就是"为了一个抽象的原则在教条主义地玩弄矛盾"[④],就是"人为地

---

① 库兹明诺夫:《从共产主义建设任务看某些经济理论问题》,莫斯科1960年版,第9页。

② 布丁柯:《苏维埃全民国家》,(苏)《共产党人》1963年第13期。

③ 乌克兰英采夫:《社会主义成长为共产主义的辩证法》,(苏)《共产党人》1960年第13期。

④ 乌克兰英采夫:《社会主义成长为共产主义的辩证法问题》,(苏)《共产党人》1961年第7期。

寻找矛盾","把矛盾神秘化",就是"对矛盾的奇怪的迷信"①。现代修正主义的这种谬论同他们国内存在着尖锐的阶级矛盾、资本主义复辟的实际情况对照起来,实在是一幅绝妙的讽刺画!他们为什么要闭起眼睛否认社会主义社会的矛盾呢?没有别的,就是因为他们自己代表着社会主义社会中矛盾的腐朽没落的一方。如果人民认识了矛盾,起来动手解决矛盾,他们的统治就保不住了。

二、矛盾的特殊性

矛盾普遍性的原理是观察问题和处理问题的总的向导,违反了它就要陷入错误。但是,只懂得矛盾的普遍性是不够的。为了正确地观察和处理问题,还必须懂得矛盾的特殊性。矛盾的特殊性,就是指各种具体事物、过程或阶段中所包含的矛盾的具体特点。

矛盾的特殊性,可以从以下几种情形去说明。

首先,物质的各种运动形式中所包含的矛盾,都具有特殊性,彼此互不相同。例如,力学的运动形式所包含的是作用和反作用的矛盾,现代物理学的运动形式所包含的是粒子和波的矛盾,化学的运动形式所包含的是化合和分解的矛盾,生物学的运动形式所包含的是同化和异化的矛盾,社会的运动形式所包含的是生产力与生产关系、基础与上层建筑的矛盾。各种运动之所以互相区别,正是由于它们所包含的矛盾互不相同。

其次,同一种物质运动形式在不同的发展过程中所包含的矛盾也各有特殊性。例如,同为社会运动形式,原始社会、奴隶社会、封建社会、资本主义社会和社会主义社会所包含的矛盾就各有特点,互不相同。正因为这样,这些社会形态才互相区别。又如,在中国共产党所领导的革命运动中,民主革命和社会主义革命两个过程所包含的矛盾也各有特殊性。民主革命过程的根本矛盾是中华民族同帝国主义的矛盾、人民大众同封建主义的矛盾,社会主义革命过程的根本矛盾是工人阶级同资产阶级的矛盾。这两个过程的本质区别正是由此决定的。

---

① 乌克兰英采夫:《社会主义成长为共产主义的辩证法》,(苏)《共产党人》1960年第13期。

再次,同一物质运动形式的同一发展过程中,还包含着不同的发展阶段,各个发展阶段的矛盾也是各具特点的。这是因为过程的根本矛盾虽然始终存在,但是根本矛盾的尖锐程度在发展长途中是有所不同的,被根本矛盾规定的其他矛盾的情况也会发生变化:有的激化了,有的缓和了,有的暂时解决了,有的发生了,这就是同一过程的各个阶段的矛盾特殊性。一个过程中的各个阶段所以互相区别,正是由于这种矛盾的特殊性。例如,在中国共产党领导的民主革命过程中,中国人民同帝国主义、封建主义的矛盾虽始终存在,但是这个根本矛盾以及其他矛盾的具体情况却发生了许多变化,因而民主革命的过程就区分为若干不同的阶段:第一次国内革命战争时期、第二次国内革命战争时期、抗日战争时期和第三次国内革命战争时期。

最后,无论是运动形式、过程或阶段中的矛盾,其矛盾双方也各具特殊性。矛盾在总体上的特殊性,是同矛盾双方的特殊性分不开的。以我国社会主义革命时期工人阶级同民族资产阶级的矛盾为例。工人阶级一方的特殊性主要地表现在:它有经过几十年革命斗争考验的中国共产党的领导,它掌握着强大的国家机器和全国的经济命脉,它有千百万劳动人民的支持,因此,它"不怕民族资产阶级造反。"①民族资产阶级一方的特殊性则主要地表现在:它作为一个剥削阶级,具有强烈地要求发展资本主义的反动性;它作为一个政治上经济上都比较软弱的剥削阶级,在强大的无产阶级专政条件下又有被迫接受社会主义改造的可能性。矛盾双方的这种特殊性决定了矛盾总体的特殊性:在我国的具体情况下,工人阶级同民族资产阶级的矛盾一般地属于人民内部矛盾,如果处理不当或者民族资产阶级不接受改造,就会变成敌我矛盾。

上述的原理告诉我们,在观察和处理问题的时候,不但必须把握各种物质运动形式的矛盾特殊性,而且必须把握同一运动形式的各个不同过程、同一过程的各个不同阶段的矛盾特殊性;不但必须把握矛盾总体的特殊性,而且必须把握矛盾双方各自的特殊性。不同质的矛盾只有用不同质的方法才能解决,只有正确地认识了各种矛盾的质的特殊性,才能提出解决矛盾的正确方法,推动事物前进。马克思主义的活的灵魂就在于具体地分析具体情况。离开了对

---

① 毛泽东:《论人民民主专政》,载《毛泽东选集》第四卷,第1366页。

矛盾特殊性的艰苦深入的研究,就等于丢掉了马克思主义的灵魂。我党历史上的教条主义者把一般原理到处硬套,经验主义者则把只适合于某种特殊场合的办法不适当地搬到另一些特殊场合,他们都不善于具体地分析具体情况,不善于用不同质的方法来解决不同质的矛盾,因而只能把革命事业引向碰壁。毛泽东同志在同教条主义和经验主义进行长期斗争的过程中,具体地研究了中国社会中各种错综复杂的矛盾的特殊性,正确地制定了中国革命的纲领、路线、战略、策略,使无产阶级世界革命在占世界总人口四分之一的大国中取得了伟大的胜利。

现代修正主义诬蔑当代的马克思列宁主义者是不懂得"时代特点"或"民族特点"的"教条主义者"。其实,正是以毛泽东同志为代表的马克思列宁主义者深刻地分析了第二次世界大战以来世界范围内各种矛盾的特殊性,指出了世界无产阶级革命的空前有利的形势,指出了世界无产阶级和一切革命人民当前的斗争任务。相反地,现代修正主义者却只知道大肆宣扬他们的核武器拜物教,只知道反刍那些早已被马克思列宁主义的科学真理和历史的进程驳斥得体无完肤的老修正主义者的谬论,而根本不敢对于当代世界矛盾的特殊性进行任何具体的分析。从这个意义说,现代修正主义者同时也是最恶劣的教条主义者,不过他们的"教条"不是从马克思主义的书上抄下的,而是从伯恩斯坦、考茨基之流的书上抄下来的而已。

三、矛盾的普遍性和矛盾的特殊性的关系

矛盾的普遍性和矛盾的特殊性是互相联系的。它们的关系,就是一般与个别,共性与个性的关系。普遍性不能离开特殊性而存在,共性"即包含于一切个性之中,无个性即无共性。"①同样,特殊性也不能离开普遍性而存在,"个别一定与一般相联而存在。"②"任何一般只是大致地包括一切个别事物。任何个别都不能完全地包括在一般之中"。③ 由于事物范围的极其广大和发展过程的无限性,普遍性和特殊性的区别是相对的。在一定的场合下是普遍性

① 毛泽东:《矛盾论》,载《毛泽东选集》第一卷,第294页。
② 列宁:《哲学笔记》,载《列宁全集》第38卷,第400页。
③ 列宁:《哲学笔记》,载《列宁全集》第38卷,第400页。

的东西,在另一种一定的场合下又变为特殊性的东西;反过来也是一样。例如,阶级矛盾是奴隶社会、封建社会、资本主义社会和社会主义社会的共性,对于上述任何一个社会形态说来都是矛盾的普遍性;然而,对于整个社会发展史说来,阶级矛盾又是阶级社会的个性,又是矛盾的特殊性了。

既然客观事物的矛盾的普遍性和矛盾的特殊性是互相联系的,那么,要在认识上如实地反映客观事物,就应当去发现这种联系。人们认识的正常秩序,总是首先认识许多事物的矛盾的特殊性,然后才能进一步进行概括,认识诸种事物的矛盾的普遍性。当人们认识了诸种事物的矛盾的普遍性之后,又以此为指导,去研究那些还没有研究过的或者还没有深入地研究过的具体事物,找出它们的矛盾的特殊性,并以这种新的认识来补充、丰富和发展关于矛盾普遍性的认识。人们认识的前进运动,总是通过由特殊到一般、由一般到特殊这样两个过程的循环往复而实现的。科学的社会主义是马克思和恩格斯从对资本主义社会的研究中概括出来的普遍真理。列宁以这个普遍真理为指导,研究了马克思和恩格斯没有碰到过的帝国主义时代的矛盾的特殊性,解决了帝国主义时代无产阶级革命的特殊问题,发展了马克思主义的普遍真理。毛泽东同志又以被列宁发展了的马克思主义普遍真理为指导,研究并解决了马克思、恩格斯和列宁都没有碰到过的许多新问题,主要是殖民地半殖民地如何取得革命的胜利以及无产阶级夺得政权后如何把社会主义革命进行到底的问题,又发展了马克思列宁主义的普遍真理。今后,马克思列宁主义、毛泽东思想还要沿着这样的道路继续向前发展。

矛盾的普遍性和特殊性的关系问题是关于矛盾问题的精髓,不懂得它就等于丢掉了辩证法。所谓具体地分析具体情况,就是说要找出矛盾的普遍性和矛盾的特殊性的联系。只抓住一个方面而丢掉了另一个方面,必然要陷于错误。例如,在我国民主革命时期,有些同志在考察中国无产阶级同民族资产阶级的矛盾时,只看到矛盾的普遍性,而看不到矛盾的特殊性,不了解中国的民族资产阶级的两面性,不承认同民族资产阶级建立既联合又斗争的统一战线的必要与可能,因而犯了"左"倾机会主义的错误;有些人则片面地强调矛盾的特殊性,脱离了矛盾的普遍性,抹杀了无产阶级同资产阶级的阶级界限,否认了同民族资产阶级争夺领导权的必要,因而陷入了右倾机会主义的泥坑。

毛泽东同志在同这些错误进行斗争的时候,坚持了马克思列宁主义的普遍真理同中国革命的具体实践相结合的原则。正因为我党接受了毛泽东同志所倡导的这个原则,把它作为进行一切工作的根本指针,才使中国革命的胜利获得了保证。1957 年各国共产党和工人党的《莫斯科声明》把马克思列宁主义的普遍真理同各国革命的具体实践相结合作为每一个马克思列宁主义党必须遵守的共同原则,是完全正确的。

从伯恩斯坦起,各式各样的修正主义者总是以种种借口来否认马克思列宁主义的普遍真理。现在,当马克思列宁主义的普遍真理越来越被各国人民的革命斗争所证实的时候,现代修正主义者却重弹起老修正主义者的旧调,把马克思列宁主义的普遍真理宣布为"过时"的"教条"。他们自吹自擂,把自己说成是以"创造性的态度"对待马克思列宁主义的人,说成是十分重视对具体情况作具体分析的人。据说,现在的时代已经"特殊"到了这样的程度,以至反动统治阶级可以自动地把政权交给人民了,帝国主义的头子也爱好起和平来了,有阶级的地方也可以没有阶级斗争了,社会主义国家也可以不要无产阶级专政了,在帝国主义还存在的情况下也可以实现"没有军队、没有武器、没有战争的世界"了,如此等等。其实,他们既然把马克思列宁主义的普遍真理丢到九霄云外去了,还谈得上什么对具体情况作具体分析呢? 实际上,他们也从来没有打算对具体情况作具体分析,他们编造出那样一些神话,不过是为了给他们的叛徒嘴脸罩上一层遮羞的面纱而已。

第三节　主要的矛盾和主要的矛盾方面

一、主要矛盾和非主要矛盾

在矛盾的特殊性问题上,有两种情形需要特别提出来研究,那就是主要的矛盾和主要的矛盾方面;因为对于这两种情形的研究是"革命政党正确地决定其政治上和军事上的战略战术方针的重要方法之一,是一切共产党人都应当注意的"[①]。

[①] 毛泽东:《矛盾论》,载《毛泽东选集》第一卷,第 301 页。

任何事物的内部都包含着矛盾,复杂的事物包含着多种矛盾。这些矛盾在事物发展过程中的地位和作用是不平衡的,其中必有一种矛盾起着领导的、决定的作用,规定或影响着其他矛盾的存在和发展。这种矛盾,就叫作主要矛盾。

有些事物的主要矛盾在这个事物的全部发展过程中的地位是不起变化的。例如,在活的有机体中包含着力学的、物理学的、化学的、生物学的种种矛盾。然而只要有机体没有死亡,生物的矛盾(即同化和异化的矛盾)就始终是主要矛盾,其他种种矛盾都受到它的规定或影响,都只能在它所制约的范围内运动(例如在活的有机体内绝不可能有高温高压的过程)。又如,在单纯的资本主义社会中包含着无产阶级和资产阶级的矛盾、农民和资产阶级的矛盾,大资产阶级和中小资产阶级的矛盾、无产阶级和农民的矛盾等等。然而只要资本主义社会还存在,无产阶级和资产阶级的矛盾就始终是主要矛盾,其他种种矛盾都要受到它的规定或影响。

有些事物的主要矛盾则呈现着比较复杂的情况。这些事物在其全部发展过程中,那些贯穿过程的始终、决定过程的本质的根本矛盾虽然不会改变,但是在其各个不同的发展阶段上,主要矛盾却是可以改变的。例如在旧中国,贯穿于过程的始终、决定旧中国的社会性质的根本矛盾是中华民族同帝国主义的矛盾、人民大众同封建主义的矛盾。在旧中国还没有变成新中国以前,这两个矛盾始终是根本矛盾。但是主要矛盾却经历了复杂的变化。仅就新民主主义革命过程来看,主要矛盾就发生过几次大的变化。第一次国内革命战争时期,主要矛盾是人民大众同英日帝国主义所支持的北洋军阀之间的矛盾;第二次国内革命战争期间,由于蒋介石叛变了革命,资产阶级倒向了帝国主义一边,主要矛盾变成了工人、农民及其他革命力量同投靠帝国主义的、代表大地主大资产阶级利益的国民党反动政府之间的矛盾;抗日战争时期,由于日本帝国主义要变中国为它的殖民地,主要矛盾成了中华民族同日本帝国主义之间的矛盾;第三次国内革命战争时期,由于美帝国主义及其走狗国民党反动派妄图强占人民抗日胜利的果实,变中国为美国的殖民地,于是中国人民同美帝国主义及其走狗国民党反动派的矛盾又成为主要矛盾了。又例如,在帝国主义时代,世界范围内的根本矛盾是资本主义国家内无产阶级同资产阶级之间的矛盾、被压迫民族同帝国主义之间的矛盾、帝国主义各国之间以及垄断资本的各个集团之间的矛盾,在社会主义国家诞生以后还要加上社会主义国家同资本主义国家之间的矛盾。这些根本矛盾非到帝国主义时代终结之日是不会消灭的。但是,在这个过程的不同阶段上,主要矛盾是不同的。第一次世界大战时期,帝国主义国家之间为重新瓜分世界而进行着世界性的战争,于是帝国主义国家之间的矛盾成了主要矛盾;第二次世界大战时期,德、意、日法西斯国家发动了旨在征服全世界的侵略战争,于是以苏联为主力军的反法西斯力量同德、意、日法西斯国家之间的矛盾成了主要矛盾。

总之,"不管怎样,过程发展的各个阶段中,只有一种主要的矛盾起着领导的作用,是完全没有疑义的。"①当一种矛盾成了主要矛盾的时候,其他各种矛盾,包括在前一阶段中曾经居于主要地位的矛盾在内,就都居于次要和服从的地位了。

既然主要矛盾在事物的发展中对其他矛盾起着领导的、决定的作用,那么,在观察和处理任何客观过程的时候,"就要用全力找出它的主要矛盾。捉住了这个主要矛盾,一切问题就迎刃而解了"②。

共产党在制定一定历史时期的总路线时,应当从这个历史时期的根本矛盾的阶级分析出发,以解决这个历史时期的根本矛盾为目标。然而,如果这个历史时期的各个发展阶段的主要矛盾各有不同的话,还应当相应地制定各个发展阶段的具体路线和政策,以解决各个阶段的主要矛盾作为具体目标。例如,既然近代旧中国的根本矛盾是中华民族同帝国主义的矛盾、人民大众同封建主义的矛盾,那么中国共产党在整个民主主义革命时期的总路线就应当是无产阶级领导的、人民大众的、反对帝国主义和封建主义的新民主主义革命。但是,因为在民主主义革命过程的各个阶段上主要矛盾发生着变化,因此,党又抓住了各个阶段上的主要矛盾,据以制定了各个阶段上的具体路线。正因为具体路线得到了贯彻,各个阶段上的主要矛盾得到了解决,民主革命的总路线才得到了贯彻,整个民主革命过程的根本矛盾才得到了解决。

---

① 毛泽东:《矛盾论》,载《毛泽东选集》第一卷,第296页。
② 毛泽东:《矛盾论》,载《毛泽东选集》第一卷,第297页。

抓住主要矛盾、集中主要力量加以解决的方法,不仅是党在制定战略策略的时候必须采用的,而且也是进行任何一项具体工作的时候必须采用的。毛泽东同志说:"在任何一个地区内,不能同时有许多中心工作,在一定时间内只能有一个中心工作,辅以别的第二位、第三位的工作。……领导人员依照每一具体地区的历史条件和环境条件,统筹全局,正确地决定每一时期的工作重心和工作秩序,并把这种决定坚持地贯彻下去,务必得到一定的结果,这是一种领导艺术。"①日常工作中所说的"纲"、"中心环节"、"重点工作"、"关键问题"等等,实质上都是指的主要矛盾。只有找出了主要矛盾,集中主要力量加以解决,才能带动全局。事务主义者不善于运用这种科学方法,做起工作来往往不分主次,平均用力,结果是不得要领,劳而无功,这是必须努力避免的。

无论是制定战略策略还是进行各项具体工作,都不仅要善于抓住当前的主要矛盾,而且还要善于预见到下一个阶段将要出现的主要矛盾,从而准备力量,做好两个阶段的衔接工作。只有这样,才能永远处于主动地位。以抗日战争和解放战争的衔接为例。抗日战争阶段的主要矛盾是中日矛盾,党在这个阶段的政策是抗日民族统一战线的政策。但是,抗日战争结束以后将是一个什么样的局面呢?那时候什么矛盾将成为主要矛盾呢?应当怎样去解决这个主要矛盾呢?这些问题如果等到抗日结束以后再去考虑,而不是在此之前就作出清醒的估计和充分的准备,那就会因为陷入被动而吃大亏,上大当。事实上,当时在党内就有人对这个问题作了完全错误的估计。例如王明就认为,抗日战争胜利以后将是国民党的天下,蒋介石将被公认为抗战建国的领袖。按照这种右倾机会主义的估计,党在抗日战争时期就不应当做好夺取全国胜利的准备,而应当无条件地服从国民党的"军令政令"。如果按照这条右倾机会主义路线去做,人民革命事业就要遭殃。毛泽东同志坚决反对这条错误路线。他科学地预见到,抗日战争胜利以后,中国人民同美帝国主义及其走狗蒋介石反动派的矛盾将上升为主要矛盾,将要解决一个"建什么国"的问题:是建立一个大地主大资产阶级专政的国呢,还是建立一个无产阶级领导的人民民主专政的国?这是两种命运的决战。为此,在抗日战争期间,党就决不能片面地

---

① 毛泽东:《关于领导方法的若干问题》,载《毛泽东选集》第三卷,第856页。

"服从"国民党的"军令政令",而必须坚持统一战线中的独立自主,放手发动群众,扩大人民武装,扩大革命根据地,为解决下一阶段的主要矛盾做好充分的准备。历史证明,正因为党采取了毛泽东同志提出的正确方针,才在抗日战争胜利以后击败了蒋介石的反革命阴谋,赢得了中国民主革命的伟大胜利。毛泽东同志经常教导我们,做一切工作都要注意掌握这样的原则,要"今年看明年,上步看下步",要"一环扣一环"。在从一个阶段过渡到另一个阶段的转折关头,要以极大的努力抓住主要矛盾的变化。

唯物辩证法强调抓住主要矛盾的重要意义,绝不是说可以轻视非主要矛盾。在事物发展过程中,各种矛盾是相互联系、相互制约的。主要矛盾固然对非主要矛盾起着领导的、决定的作用,非主要矛盾对于主要矛盾也起着一定的影响作用。不分主次固然是错误的,忽视非主要矛盾也是错误的。能否正确地处理非主要矛盾,也是能否顺利地解决主要矛盾的必要条件之一。例如,进行一具体工作,当然都必须集中主要力量抓紧中心工作,然而又必须围绕中心工作而同时开展其他方面的工作。如毛泽东同志形象出的:"弹钢琴要十个指头部动作,不能有的动,有的不动。"①"单打一"地只抓中心,不顾其他,结果中心工作也做不好。

二、主要的矛盾方面和非主要的矛盾方面

事物中所包含的各种矛盾的地位和作用是不平衡的,有主要矛盾和非主要矛盾之分,已如上述。那么,无论是主要矛盾或非主要矛盾,其矛盾着的双方的力量是否平衡呢? 也不平衡。矛盾的双方必有一方是主要的,另一方面是非主要的。事物的性质,主要地是由取得支配地位的矛盾的主要方面所规定的。例如,资本主义社会的主要矛盾是资产阶级同无产阶级矛盾,资产阶级掌握着生产资料和国家政权,居于统治地位,是矛盾的主要方面,这种情形就规定了社会的资本主义性质。无产阶级经过革命夺得了政权,掌握了生产资料,取得了统治地位,变成了矛盾的主要方面,资本主义社会也就变成了社会主义社会。

---

① 毛泽东:《党委会的工作方法》,载《毛泽东选集》第四卷,第 1332 页。

　　既然事物的性质主要地是由矛盾的主要方面所规定的，因此，为了正确地认识事物的性质，从而正确地提出处理事物的办法，就不仅要看到事物内部所包含的矛盾，而且要分清矛盾的两个方面哪一方面是主要的，哪一方面是次要的。如果不分主次，或者颠倒主次，就会把事物的性质理解错了，就会导致处理上的根本错误。如在制定战略方针时，必须从全局上估计敌我力量的对比。如果敌弱我强，我居矛盾的主要方面，就应当采取战略进攻的方针，否则就会犯右倾的错误；反之，如果敌强我弱，敌居矛盾的主要方面，就应当暂时地采取战略防御的方针，否则就会犯"左"倾的错误。又如，在估计革命工作的成绩和错误时，在估计革命工作人员的优点和缺点时，也必须分清主次，分清主流和支流、"九个指头和一个指头"、"多数指头和少数指头"。如果一项革命工作的成绩是主要的，一个同志的优点是主要的，那就应当对这项工作或这个同志基本上加以肯定，然后再在这个基础上指出其错误和缺点的方面。"把成绩为主说成错误为主，那就完全错了。"①

　　根据矛盾的主要方面决定事物性质的道理，我们不仅能够正确认识和处理已经现实地存在着的事物，而且在一定的条件下，还能够发挥主观能动性，有目的有计划地创造条件，使矛盾的一方居于主导地位，从而造成某一适合于我们需要的事物或局面。例如，当病菌在有机体内的繁殖超过了有机体内部的抵抗力时，有机体就发生疾病；这时我们就可以借药物的帮助，使药物的力量和有机体内部原有的抵抗力的总和超过和压倒病菌的力量，从而治愈疾病。又如，当敌方的力量在全局上强于我方时，我们却可以在局部上造成远远超过敌方力量的局面，从而消灭敌人的有生力量。中国工农红军和人民解放军广泛采用过的"在战略上以一当十，在战术上以十当一"，"外线作战中的内线作战"，"集中优势兵力各个歼灭敌人"，"战略防御中的战术进攻"等等原则，就是这一原理的生动的应用。

　　把矛盾的主要方面说成非主要方面，非主要方面说成主要方面，这对于革命者说来往往是不自觉的错误。但是，对于反对革命的人说来，则是一种混淆是非、颠倒黑白的伎俩。例如，"斯大林的功绩同他的错误比较起来，是功大

---

　　① 毛泽东：《党委会的工作方法》，载《毛泽东选集》第四卷，第 1334 页。

过小的。他的主要方面是正确的,错误是第二位的。"因此,"斯大林的一生,是一个伟大的马克思列宁主义者的一生,是一个伟大的无产阶级革命家的一生。"①但是现代修正主义者却在所谓反对"个人迷信"的幌子下全盘否定斯大林,咒骂他是"凶手"、"强盗"、"暴君"等,完全歪曲了斯大林的形象。他们这样做的目的,就是要否定斯大林所捍卫过的马克思列宁主义,为全面地推行修正主义路线开辟道路。

矛盾的主次双方的地位不是一成不变的。矛盾双方斗争的结果,在一定的条件下,矛盾的主要方面可以变成次要方面,次要方面可以变成主要方面。一当矛盾主次双方互易了位置的时候,事物的性质也就随之发生变化。

为什么一切事物中都有着不可避免的灭亡的印迹,都不能永恒不变地存在下去呢?因为事物的内部都包含着新和旧两个方面的矛盾,形成一系列的曲折的斗争。斗争的结果,新的方面由小变大,上升为矛盾的主要方面;旧的方面由大变小,下降为矛盾的次要方面,并逐步归于灭亡。当新的方面变成了矛盾的主要方面时,旧事物就灭亡了,新事物就产生了。当前世界上许多地方帝国主义统治殖民地人民、资产阶级统治无产阶级的局面是暂时的;殖民地人民和无产阶级坚决斗争的结果,一定会压倒帝国主义和资产阶级,变成矛盾的主要方面,那时帝国主义和资产阶级的统治就要灭亡。这个"新陈代谢"的规律是宇宙间普遍的永远不可抵抗的规律。当然,在一定的条件下和一定的时期中,矛盾的旧的方面也可能死灰复燃,压倒新的方面,这时事物就出现倒退的情况。然而这种情况终究是暂时的。归根到底,矛盾的新的方面还是要压倒旧的方面,把事物推向前进的。

有人觉得有些矛盾双方的主次地位并不互相转化。例如理论与实践的矛盾、生产关系与生产力的矛盾,总是实践一方、生产力一方是主要的。这是机械唯物论的见解,不是辩证唯物论的见解。当然,在总的历史发展过程中,是实践决定理论、生产力决定生产关系;但是,在一定的条件下,被实践所决定的理论、被生产力所决定的生产关系,又可以反过来对实践、对生产力起决定的

---

① 《人民日报》编辑部、《红旗》杂志编辑部:《关于斯大林问题》,《红旗》1963 年第 18 期,第 3 页。

作用。例如,在革命的客观需要已经成熟,而缺乏正确的革命理论做指导的条件下,理论对革命实践的能否成功就起着决定的作用;在旧的生产关系阻碍着生产力的发展的条件下,生产关系的变革对于生产力的能否进一步发展就起着决定的作用。在这种情况下,理论一方、生产关系一方就变成矛盾的主要方面了。老的和新的修正主义者都宣扬"庸俗生产力论",硬说既然生产力决定生产关系,那么只要资本主义社会的生产力高度发展了,无需通过革命,资本主义就可以"和平长入社会主义",社会主义和共产主义的生产关系就会自动出现。这种谬论是同唯物辩证法不相容的。

第四节　矛盾双方的同一性和斗争性

一、矛盾双方的同一性

在说明了矛盾的普遍性和特殊性的问题之后,应当进一步说明矛盾双方的同一性和斗争性的问题。

什么是矛盾双方的同一性呢？毛泽东同志说:"一切矛盾着的东西,互相联系着,不但在一定条件之下共处于一个统一体中,而且在一定条件之下互相转化,这就是矛盾的同一性的全部意义。"①

矛盾同一性的第一种意义是:矛盾双方在一定条件之下共处于一个统一体中。

矛盾的双方是互相排斥、互相对立的,同时又是互相依赖、互为存在的前提的,任何一方都不能孤立地存在。如果没有同它相对立的一方,它自己也就不再是它自己。正和负、作用和反作用、粒子和波、化合和分解、同化和异化、生产力和生产关系、基础和上层建筑、地主和佃农、资产阶级和无产阶级、帝国主义和殖民地、民主和专政、民主和集中、自由和纪律、政治和技术、真理和错误、善和恶、美和丑、成功和失败、顺利和困难,总之,一切矛盾的双方,无一不是互相依赖,失去一方他方就不存在的。如果有两个事物,失去了一个而另一个仍能照原样存在,那么这两个事物就不构成一对矛盾。

―――――――――

① 毛泽东:《矛盾论》,载《毛泽东选集》第一卷,第304页。

矛盾同一性的第二种意义是：矛盾的双方在一定的条件下互相转化。

毛泽东同志说："事情不是矛盾双方互相依存就完了，更重要的，还在于矛盾着的事物的互相转化。这就是说，事物内部矛盾着的两方面，因为一定的条件而各向着和自己相反的方面转化了去，向着它的对立方面所处的地位转化了去。"①

在主要的矛盾和主要的矛盾方面一节中，我们已经说到矛盾的主要方面和次要方面是可以互相转化的，在这里我们要着重指出的是这种互相转化的内在根据。为什么矛盾的双方恰恰是"各向着和自己相反的方面转化了去，向着它的对立方面所处的地位转化了去"，而不是向着随便一种什么方向转化了去呢？为什么战争与和平可以互相转化，而战争与石头却不能互相转化呢？没有别的，就是因为只有矛盾着的双方之间，才有一条"由此达彼的桥梁"，才有同一性。同一性的存在就是矛盾双方能够在一定的条件下互相转化的内在根据。没有同一性的两个事物之间，是不可能互相转化的。所以说，矛盾双方的互相转化是同一性的第二种意义。

在说到矛盾同一性的第二种意义时，有两个要点必须着重指明：

第一，矛盾双方归根到底总是要互相转化的。列宁说："没有任何一种现象不能在一定条件下转化为自己的对立面。"②毛泽东同志也说："矛盾着的对立的双方互相斗争的结果，无不在一定条件下互相转化。"③这就是说，任何矛盾双方的具体联系归根到底是要破坏的，任何具体事物归根到底是要灭亡的。世界上绝不会有永不转化的矛盾，绝不会有永不灭亡的具体事物。新事物的产生和旧事物的灭亡正是要通过矛盾双方的转化实现的。这一点正是资产阶级最感到恐惧和烦恼的东西，也正是辩证法的革命精神的表现。讲矛盾的同一性如果只讲到矛盾双方的互相依存为止，而不讲矛盾双方的互相转化，那就从根本上阉割了辩证法的革命灵魂，把它变成资产阶级也可以接受的庸俗理论了。假如只讲资本主义社会中无产阶级同资产阶级相互依存，却不讲它们

---

① 毛泽东：《矛盾论》，载《毛泽东选集》第一卷，第303页。

② 列宁：《论尤尼乌斯的小册子》，载《列宁全集》第22卷，第302页。

③ 毛泽东：《关于正确处理人民内部矛盾的问题》，载《毛泽东文集》第七卷，人民出版社1999年版，第239页。

的统治和被统治的地位总有一天要互相转化,不讲资本主义必然灭亡,那就损伤不了资产阶级一根毫毛,这样的"辩证法",资产阶级还不欣然同意吗? 矛盾同一性的第二种意义之所以更重要,就是因为只有承认了这种意义才能体现出辩证法的革命精神。毛泽东同志说:"共产党人的任务就在于揭露反动派和形而上学的错误思想,宣传事物的本来的辩证法,促成事物的转化,达到革命的目的。"①这是极为重要的指示。现代修正主义者把资产阶级统治无产阶级、帝国主义统治殖民地半殖民地的状态看成万古不变的、触犯不得的东西,千方百计地束缚革命人民的手脚,不让他们起来实现革命的转化,这种彻头彻尾的形而上学的错误思想,完全是为帝国主义效劳的。

第二,矛盾双方转化的实现需要一定的条件。如毛泽东同志所说的:"在这里,条件是重要的。没有一定的条件,斗争着的双方都不会转化。"②这里所说的"一定的条件",是指具体的现实的条件,而不是抽象的幻想的条件。一种特定的具体的矛盾需要具备何种具体的条件才能实现转化,这是不能凭主观设想任意规定的,只能取决于具体矛盾的特殊性。例如,资本主义转化为社会主义,必需的具体条件是有利于无产阶级的阶级力量的对比,以及无产阶级的暴力革命,无此条件就不会转化;社会主义转化为共产主义,必需的条件是在全世界消灭阶级、消灭剥削,以及高度发展的生产力,无此条件就不会转化。具体地分析每一对特殊矛盾转化的具体条件,从而发挥主观能动性,促使事物向有利于革命的方向转化,防止事物向不利于革命的方向转化,这是极其重要的。现代修正主义者除了用根本否认矛盾双方的转化的办法来为他们阻挠革命的路线找借口之外,还采取了另外一种手法,即假装"承认"矛盾双方可以互相转化,但把实现转化的具体条件抽掉,偷换成他们自己捏造的"条件"。例如,按照他们的说法,要通过"和平竞赛"、"和平共处"、"和平过渡"的办法(这就是"条件"),资本主义就可以转化为社会主义;只要有了"面包加黄油"、"土豆烧牛肉"(这就是"条件"),社会主义就可以转化为共产主义。这完全是对革命人民的欺骗。

---

① 毛泽东:《矛盾论》,载《毛泽东选集》第一卷,第 305 页。

② 毛泽东:《关于正确处理人民内部矛盾的问题》,载《毛泽东文集》第七卷,人民出版社1999 年版,第 239 页。

矛盾双方在一定条件下的共居和转化，就是矛盾同一性的全部意义。否认其中任何一种意义，或者杜撰出其他的意义来"补充"这两种意义，都必然会导致荒谬的结论。例如有人说："对立面的同一（一致）意味着：第一，对立面彼此渗透（具有某些共同的特征、方面、成分）；第二，对立面相互制约，彼此媒介（成为彼此存在的条件和手段）；第三，对立面彼此产生。"①这种说法的错误在于：一方面，它把矛盾双方的互相转化这样一个更重要的意义从矛盾同一性的概念中排除了；另一方面，它又把杜撰出来的所谓对立面"具有共同的特征、方面、成分"硬塞到矛盾同一性的概念中去。这种谬论，无非是要阉割辩证法的革命精神，为在帝国主义和社会主义之间、剥削阶级和被剥削阶级之间、压迫民族和被压迫民族之间找"共同点"、"结合点"制造"理论根据"，以便把帝国主义的统治永远保存下来，把一小撮修正主义分子的既得利益永远保存下来而已。

在我国，"合二而一"论的炮制者同国际上的修正主义者沆瀣一气，恶毒地歪曲矛盾同一性概念的科学表述。他宣称："矛盾的统一，只是说矛盾双方是不可分离地联系着的意思"、"不可分性的意思"；又说："同一"就是"共同点"或"共同要求"。他认为处理矛盾的办法应当是"找出一个共同点的东西"，"求同存异"。他甚至总结式地写道：学习辩证法的目的"就是要学会把两个对立的思想联系在一起的本事"。这些论点是十分荒谬的。第一，唯物辩证法从来不把矛盾的同一性解释为矛盾双方的"共同点"或"共同要求"。试问：在帝国主义和被压迫民族之间、帝国主义国家同社会主义国家之间、资产阶级同无产阶级之间、修正主义同马克思列宁主义之间，有什么"共同要求"呢？第二，唯物辩证法也从来不把矛盾双方的同一性说成只是不可分离地联系着的意思，相反，它认为矛盾同一性的更加重要的意义是矛盾双方能够而且必然在一定的条件下向着自己对方所处的地位转化。否认了这一种意义，就是把任何具体矛盾（或具体事物）看成永远不变的东西，就是否定了辩证法的革命灵魂。试问：如果帝国主义同被压迫民族、资产阶级同无产阶级永远"不可分割地联系着"，那还有什么民族解放？还有什么社会主

① 高尔良斯基：《论对立面统一的定义问题》，(苏)《哲学科学》1983 年第 5 期。

义？第三，马克思主义经典作家从来不认为学习辩证法是为了找出矛盾双方的"共同点"，是为了"把两个对立的思想联系在一起"，相反，如毛泽东同志指出的，"学习唯物辩证法是为了促成事物的转化，达到革命的目的"①。试问：世上难道有一种什么专门教导人们去找"共同点"、而不是教导人们去革命地改造世界的唯物辩证法吗？难道我们学了唯物辩证法，是为了在帝国主义同世界人民之间去找"共同点"，以便把帝国主义同世界人民"联系在一起"，而不是为了打倒帝国主义吗？难道我们学了唯物辩证法，是为了在马克思列宁主义的革命思想同修正主义的反革命思想之间去找"共同点"，以便把它们"联系在一起"，而不是为了粉碎修正主义吗？由此可见，"合二而一"论的炮制者要我们学会的那种"本事"正是为帝国主义和修正主义的反革命政策效劳的"本事"。实际上，"合二而一"论的炮制者在攻击党的国际国内政策的活动中，已经显露过这种"本事"。不过，他想用这种"本事"来反对马克思列宁主义、毛泽东思想，为资产阶级效劳，这种打算是完全落空了。

二、矛盾双方的斗争性

同一性只是矛盾双方关系的一重属性，矛盾双方关系的另一重属性是斗争性。

什么是斗争性呢？斗争性就是矛盾双方互相排斥、互相对立的性质。在这里，"斗争"是一个哲学范畴，不能按照日常生活中的习惯用法来理解它的涵义。有人把斗争与外部冲突等同起来，这是错误的。其实，作为哲学范畴的"斗争"除了表示对立面的互相排斥以外并不表示别的意义，而这种互相排斥的形式是多种多样的，可以是外部冲突，也可以不是。敌对阶级之间，作战双方之间固然充满着斗争，就是人民内部也是充满着斗争的。社会主义经济各部门之间、各地区之间的不平衡，人民内部的不同意见的争论，都是矛盾斗争的表现。

---

① 毛泽东：《矛盾论》，载《毛泽东选集》第一卷，第305页。

任何矛盾都只有通过斗争才能解决。列宁说:"发展是对立面的'斗争'。"①毛泽东同志也指出,矛盾双方的转化,新事物战胜旧事物,是"依靠事物发展中矛盾双方斗争的力量的增减程度来决定的"②。是矛盾双方"斗争的结果"。③ 没有斗争,事物连数量的变化也不可能,更谈不到性质的变化;否认斗争,就是否认事物的发展,特别是否认革命变革。

有人认为,在人民内部,特别是在党内,应该只有团结,没有斗争。这种意见是错误的。诚然,人民内部和党内的团结是极其重要的,党的团结就是党的生命。但是,怎样才能达到团结呢? 人民内部和党内不同思想的存在是事实,如果不开展思想斗争,不以正确思想克服错误思想,怎么能够达到团结呢? 团结是斗争的结果,不斗争就不可能团结,如果取消了思想斗争,那就只能意味着调和分歧,保存分歧,那就恰恰达不到团结的目的。毛泽东同志说:"党内如果没有矛盾和解决矛盾的思想斗争,党的生命也就停止了。"④他反复强调,在人民内部或党内,解决矛盾的正确方针只能是"从团结的愿望出发,经过批评或者斗争使矛盾得到解决,从而在新的基础上达到新的团结"。⑤

现代修正主义者为了替他们的阶级调和路线制造"理论"根据,特别热衷于宣扬矛盾"融合"的谬论,否认矛盾双方的斗争性。

在世界革命问题上,他们极力在社会主义国家和帝国主义国家之间、被压迫民族和帝国主义之间找"共同点"、"接近点"。他们有时在口头上也讲"斗争",但是他们口里的"斗争",就是阶级调和和阶级合作的同义语。他们甚至可以无耻地把他们向帝国主义屈膝投降的叛卖行为也叫做同帝国主义作"斗争",以此来欺骗全世界的革命人民,要人民安心地忍受帝国主义及其走狗的统治,等待着他们用"最人道"的方法来"战胜"帝国主义,然后把"解放"恩赐给世界人民。这就是现代修正主义者在世界人民面前撒下的弥天大谎。现在,一切有觉悟的革命人民都懂得:像现代修正主义者这样同帝国主义"斗

---

① 列宁:《哲学笔记》,载《列宁全集》第38卷,第408页。
② 毛泽东:《矛盾论》,载《毛泽东选集》第一卷,第297页。
③ 毛泽东:《矛盾论》,载《毛泽东选集》第一卷,第297页。
④ 毛泽东:《矛盾论》,载《毛泽东选集》第一卷,第281页。
⑤ 毛泽东:《关于正确处理人民内部矛盾的问题》,载《毛泽东文集》第七卷,人民出版社1999年版,第369页。

争"下去,是决不会触动帝国主义的一根毫毛的。

在社会主义国家的内部问题上,他们为了阻挠社会主义革命并为资本主义复辟开辟道路,更公然修改对立面互相斗争的辩证法原理。他们硬说,社会主义制度下的矛盾已经成了"协调的对立面"①,这些对立面将"通过它们的融合,通过它们的本质差别的逐渐消灭而得到克服"。② 还说:"社会主义非对抗性矛盾的特点是它们的逐渐接近和融合的过程,在这种情况下,它们逐渐失去对立面的性质。"③他们甚至提出这样的"公式":"辩证法的对立面、矛盾转为差别,差别融合为统一。"④按照他们的谬论,在社会主义社会中,阶级斗争已经不存在了,存在的只有全民所有制和集体所有制、工人和农民、先进和落后等等的"差别",而这些"差别"又将由于对立面的"融合"而逐渐消失,从而就会"导致社会的愈来愈大的单一性。"⑤现代修正主义者的这些"理论"完全是骗人的。首先,社会主义社会是一个由阶级社会进到无阶级社会的过渡性社会,在这个历史时期中,尽管工人阶级掌握着政权,但是旧的资产阶级并没有被消灭,新的资产阶级分子仍然在产生着,因此,在社会主义社会中仍然存在着工人阶级和资产阶级、社会主义道路和资本主义道路的尖锐斗争,正是这样的阶级斗争推动着社会主义社会的发展。否认社会主义社会中阶级斗争的存在,就是不顾最基本的事实。其次,认为全民所有制和集体所有制、工人和农民、先进和落后的矛盾可以通过"融合"而得到解决、这也是十分荒谬的。实际上,这些矛盾的解决,都要通过斗争,例如把集体所有制提高到全民所有制的水平,把农民提高到工人的水平,把落后提高到先进的水平,而不是什么"融合"。现代修正主义者口口声声否认斗争,宣扬"融合",他们是不是真的不进行斗争呢? 完全不是的。实际上,他们是同一切马克思列宁主义者、一切革命人民进行着残酷的斗争的。宣扬矛盾融合论这件事本身就是他们进行反革命斗争的一种手段。

我国"合二而一"论的炮制者鼓吹的"合二而一"论就是矛盾融合论在中

---

① （苏）《哲学问题》1961 年第 11 期社论:《苏共二十二次代表大会和苏联哲学的任务》。

② 费多谢也夫:《科学与思想生活》,（苏）《苏联科学院通报》1963 年第 8 期。

③ 高尔良斯基:《论对立面统一的定义问题》,（苏）《哲学科学》1963 年第 5 期。

④ 米丁:《苏共二十二次代表大会和马克思列宁主义哲学领域内的科学研究工作任务》,（苏）《哲学问题》1962 年第 4 期。

⑤ 赫鲁晓夫:《关于苏联共产党纲领》。

国的翻版。他在歪曲矛盾同一性概念的同时,也取消了斗争性的概念。他认为学习唯物辩证法的目的就是要在矛盾双方之间找"共同点",也就是所谓"求同"。那么,矛盾双方的"不同点"又该怎么对待呢? 他明确地告诉人们:"不同就存起来",也就是所谓"存异"。这种"求同存异"论是取消斗争的哲学,是完全违反唯物辩证法的。不错,在某些特定的场合,我们为了集中力量解决主要矛盾,也可以对某些非主要矛盾实行求同存异的方针;但是这同"合二而一"论的炮制者宣扬的"求同存异"论是根本不同的。第一,我们的存异绝不是把所有的异都存起来。那些存起来就不利于解决主要矛盾的异,我们就决不能存,而只能立即通过斗争予以解决。第二,就是那些可以存起来的异,也只能暂时存起来,而决不能永远地存下去,这些异最后还是要通过斗争得到解决的。第三,要能够把我们认为需要暂时存起来的那些异存起来,也必须依靠斗争,存异本身就是一种斗争。第四,我们认为求同存异只是在某些特殊情况下处理(不是解决)某些矛盾的方针,绝不是处理一切矛盾的方针;对于那些需要在当前解决的矛盾,决不能求同存异。"合二而一"论的炮制者鼓吹的"求同存异"论,却硬要我们不管对待什么矛盾,都要把矛盾双方的所有的"异"无条件地永远地"存"起来。这是彻头彻尾的反动的形而上学。试问:马克思列宁主义同现代修正主义之间的"异",社会主义道路同资本主义道路之间的"异",难道可以"存"起来吗? 正当现代修正主义对马克思列宁主义实行猖狂进攻的时候,正当国内的资本主义势力和封建残余势力对社会主义进行复辟斗争的时候,"合二而一"论者要把我们同那些反革命的牛鬼蛇神之间的你死我活的对立"存起来",这不是为反革命势力帮腔吗? 实际上,"合二而一"论是用来欺骗革命人民的,"合二而一"论的炮制者自己并不实行,他并不打算把他同党之间的"异"存起来;相反,他所以宣传"合二而一"论,正是为了同反动势力站在一边,同党进行斗争。不过,他在这场斗争中是完全失败了。

三、同一性和斗争性的关系

同一性和斗争性的含义,已经说过了。那么,同一性和斗争性的关系又是怎样的呢?

第一,同一性和斗争性是任何矛盾的不可缺少的属性,只有同一性而无斗争性或者只有斗争性而无同一性的矛盾,都是没有的。

只要是一对矛盾,它的双方就必定是互相排斥、互相对立的,即是说,双方之间存在着斗争性。然而只要是一对矛盾,它的双方又必定是互相联结、互相贯通的,即是说,双方之间存在着同一性,同一性不能离开斗争性,"没有斗争性就没有同一性。"①。没有斗争性的同一性,只能是僵死的"自我同一",这样的同一性,只存在于形而上学者的观念之中,在实际生活中是不存在的。同样,斗争性也不能离开同一性,因为"斗争性即寓于同一性之中"②;两个没有任何联系的、不相干的东西,是谈不上斗争的。唯物辩证法要求我们在分析和处理任何矛盾的时候,必须同时注意这两个方面,在斗争中把握同一,在同一中把握斗争。列宁关于"统一物之分为两个互相排斥的对立面以及它们之间的互相关联"的提法,正好体现了同一性和斗争性的不可分割的关系。不理解同一性和斗争性的这种关系,就不能理解什么是矛盾,就会在实际上导致取消矛盾的结论。

形而上学在矛盾同一性和斗争性的关系问题上的错误之一,就是在看到同一的地方看不到斗争,看到斗争的地方看不到同一。我党历史上的"左"右倾机会主义者在处理同民族资产阶级建立一战线问题上的错误,单从思想方法方面说来,就属于这种性质。无产阶级同民族资产阶级的统一战线,是由当时的具体条件所规定的矛盾同一性的一种特殊形式,无产阶级同民族资产阶级的斗争就寓于这种具体的同一性之中。右倾机会主义者从同一性中抽掉了斗争性,把统一战线理解为无斗争的联合,结果是放弃了无产阶级的领导权,把统一变成了混一,这是"一切联合,否认斗争"的错误。"左"倾机会主义者则只看到无产阶级同民族资产阶级之间存在着斗争,而不懂得在当时的条件下这种斗争必须寓于统一战线这种具体的同一性之中,否认了同民族资产阶级建立统一战线的必要;结果把民族资产阶级推到了敌人那一边,孤立了自己,这是"一切斗争,否认联合"的错误。这两种错误,都曾经给中国革命造成很大的损失。毛泽东同志反对这些错误思想,他一方面指出在当时的具体条件下同民族资产阶级建立统一战线的必要性和可能性,一方面又强调在统一

---

① 毛泽东:《矛盾论》,载《毛泽东选集》第一卷,第308页。
② 毛泽东:《矛盾论》,载《毛泽东选集》第一卷,第308页。

战线中必须坚持无产阶级的领导权,同民族资产阶级进行必要的而又是适当的斗争。历史证明,这种又联合又斗争的政策是完全正确的。

第二,同一性是相对的,斗争性是绝对的。

如前所述,同一性有两种情形:第一种情形是矛盾双方因一定的条件而共居于一个统一体中;第二种情形是矛盾双方因一定的条件而各向对方所处的地位转化。在第一种情形下,事物表现为相对静止的状态,即量变的状态;在第二种情形下,事物表现为显著变动的状态,即质变的状态。矛盾的同一性究竟是表现为共居的情形还是表现为转化的情形,是要取决于具体条件的。在某种条件下,矛盾的同一性表现为共居的情形;在另一种条件下,矛盾的同一性又表现为转化的情形。这两种情形所需要的条件是不同的。无论是共居的情形还是转化的情形,都只是暂时的状态,都不能贯穿于矛盾发展史的全程。任何一对具体的矛盾,其双方总不能一直共居下去,也不能一开始就互相转化,总是要先经过共居,然后才发生转化。正因为矛盾的同一性的任何一种情形都是有条件的、暂时的,所以说,矛盾的同一性是相对的。例如,资本主义社会中的资产阶级和无产阶级是矛盾的双方。在无产阶级的力量还没有壮大到足以推翻资产阶级的统治的条件下,矛盾双方的同一性表现为资产阶级和无产阶级共居于资本主义社会之中;在无阶级的力量足够地壮大,而无产阶级的政党又采取了革命的而不是机会主义的斗争策略的条件下,无产阶级就通过暴力革命而推翻资产阶级的统治,这时矛盾双方的同一性就表现为资产阶级和无产阶级的地位的互相转化。显然,这一对矛盾的同一性的上述两种情形都是有条件的、暂时的,因而是相对的。

为什么说矛盾双方的斗争性是绝对的呢?

相对静止和显著变动是事物运动的两种状态。所谓相对静止的状态,就是矛盾双方共居于一个统一体中的状态,也就是矛盾同一性的第一种情形。所谓显著变动的状态,就是矛盾双方互相转化的状态,也就是矛盾同一性的第二种情形。相对静止的状态和显著变动的状态,"都是由事物内部包含的两个矛盾着的因素互相斗争所引起的"[①]。这就是说,矛盾同一性的第一种情形

[①]　毛泽东:《矛盾论》,载《毛泽东选集》第一卷,第306—307页。

和第二种情形都是由矛盾双方的斗争所引起的特殊状态。显然,这两种状态是有条件的、相对的;然而引起这两种状态的东西,即矛盾双方的斗争,却"存在于两种状态中"①,"贯穿于过程的始终,"②因而是无条件的、绝对的。换句话说,矛盾双方是采取共居于一个统一体中的状态进行斗争,还是采取互相转化的状态进行斗争,这是有条件的、相对的;然而只要是一对矛盾,它的双方就无时无刻不在进行斗争,这却是无条件的、绝对的。例如,资本主义社会中的资产阶级和无产阶级究竟是采取共居于资本主义社会之中的状态进行斗争,还是采取互相转化的状态进行斗争,这要取决于具体的条件,因而是相对的;然而不管是在无产阶级以暴力推翻资产阶级的统治的时候或者是在这以前,这两个阶级之间的斗争从来没有停止过,因而是绝对的。

毛泽东同志说:"有条件的相对的同一性和无条件的绝对的斗争性相结合,构成了一切事物的矛盾运动。"③

这条原理告诉我们,任何相对静止的状态都是暂时的、有条件的、相对的,而运动则是永恒的、无条件的、绝对的。因为所谓相对静止的状态就是矛盾双方因一定的条件而共居于一个统一体中的状态,这种状态不过是矛盾同一性的一种情形,是不可能永远保持下去的。归根到底,这种状态要被矛盾的斗争所打破,变到显著变动的状态即矛盾同一性的第二种情形,并经过这种情形而达到矛盾的解决。懂得了这条原理,我们才能够避免思想僵化,才能够击破形而上学的错误思想。例如,在观察世界革命问题时,我们就应当看到,目前资本主义国家中资产阶级统治无产阶级的情况,帝国主义压迫殖民地半殖民地人民的情况,都是矛盾因一定的条件共居于一个统一体中的情况,这种情况是暂时的而不是永久的。在这种统一体中,矛盾的双方的斗争是从来没有停止的,归根到底,这种统一体将被矛盾的斗争所打破,无产阶级将推翻资产阶级的统治,殖民地半殖民地人民将打倒帝国主义的压迫。现代修正主义者把资产阶级统治无产阶级、帝国主义压迫殖民地半殖民地的情况说成是永恒不变的东西,硬要革命的人民停止斗争,同剥削者,压迫者"和平共处",以便把资

① 毛泽东:《矛盾论》,载《毛泽东选集》第一卷,第307页。
② 毛泽东:《矛盾论》,载《毛泽东选集》第一卷,第307页。
③ 毛泽东:《矛盾论》,载《毛泽东选集》第一卷,第307页。

产阶级、帝国主义的统治千年万世地保持下去,这正是把矛盾的共居状态绝对化、把同一性的一种情形绝对化的形而上学思想。这种完全错误的形而上学思想,是为他们的反动的政治目的服务的。

第五节　对抗性矛盾和非对抗性矛盾

一、对抗性矛盾和非对抗性矛盾及其解决方法

不同性质的矛盾只有通过不同的斗争形式才能解决。因此,对于矛盾的斗争形式的研究也是十分重要的。

唯物辩证法把千差万别的斗争形式区分为对抗和非对抗两类。对抗的斗争形式是指剧烈的外部冲突,非对抗的斗争形式则指相反的情形。矛盾的斗争形式是由矛盾本身的性质所决定的。有些矛盾到了最后要通过外部冲突的斗争形式才能解决,这一类矛盾就叫作对抗性的矛盾;有些矛盾只有通过非外部冲突的斗争形式才能解决,这一类矛盾就叫作非对抗性的矛盾。

在社会领域中,根本利益相反的阶级和集团之间的矛盾是对抗性的矛盾。在奴隶社会、封建社会和资本主义社会中,剥削阶级掌握着生产资料和国家机器,依靠残酷地剥削和压迫劳动人民来发财致富;而劳动人民过着贫困无权的苦难生活。剥削阶级不剥削和压迫劳动人民就不能发财致富,劳动人民不打倒剥削阶级就不能摆脱苦难。因此,他们的根本利益是截然相反的,他们之间的矛盾是你死我活的对抗性的矛盾。当前社会主义同帝国主义之间的矛盾、被压迫民族同帝国主义之间的矛盾,是国际范围内的对抗性矛盾。此外,两个剥削阶级之间或者一个剥削阶级内部的各个集团之间在一定的条件下也可能发生根本利益相反的情况,在这种情况下,他们之间的矛盾也是对抗性的。例如在反封建时期新兴的资产阶级同腐朽的封建地主阶级之间的矛盾,在帝国主义时期各帝国主义国家之间和各垄断集团之间的矛盾,也是对抗性的矛盾。

在自然界中也有与此相仿佛的情形。例如炸弹的爆炸、铀核的裂变、氢核的聚合、某些元素的化合、某些物种之间的生存竞争等等,都是通过外部冲突来解决矛盾的实例。

非对抗性的矛盾是另一种性质的矛盾。

在社会领域中,在双方根本利益一致的基础上产生的矛盾,是非对抗性的矛盾。例如劳动人民内部的矛盾就是非对抗性的矛盾。

矛盾的斗争形式取决于矛盾的性质和周围的条件。把矛盾区分为对抗性的和非对抗性的,这就使我们有了用正确方法处理矛盾的客观依据。

在我国社会主义时期,根本的矛盾是社会主义同资本主义两条道路的矛盾。这个矛盾既表现为敌我之间的矛盾,也大量地表现为人民内部的矛盾(当然,人民内部还有不属于两条道路性质的矛盾)。为了把社会主义革命进行到底,必须按照毛泽东同志的指示,正确地区分敌我矛盾和人民内部矛盾,采取不同的方法加以处理。

敌我之间的矛盾是对抗性的矛盾。这种矛盾必须通过对抗的斗争形式才能解决,就是说,必须采取专政的办法才能解决。

人民内部的矛盾,在劳动人民之间说来是非对抗性矛盾。这种矛盾,必须通过非对抗的斗争形式才能解决,就是说,必须采取民主的即"团结——批评(或斗争)——团结"的办法,而决不能采取"残酷斗争,无情打击"的办法。人民内部的剥削阶级同劳动人民之间的矛盾既有对抗性的一面,又有非对抗性的一面。因为它属于人民内部矛盾,所以也可以用民主的办法加以解决。例如在我国的具体条件下,党和国家对民族资产阶级是采取和平的方法逐步地进行社会主义改造的。这就是把工人阶级同民族资产阶级之间的矛盾当作人民内部矛盾来处理。当然,要能够做到这一点,就必须依靠正确的政策,同时还要民族资产阶级接受我们的政策。如果我们不是对民族资产阶级采取团结、教育、改造的政策,或者民族资产阶级不接受这个政策,那么工人阶级同民族资产阶级之间的矛盾就会变成敌我之间的矛盾,就不可能通过非对抗的斗争形式得到解决。

只有正确地区分矛盾的性质,估计周围的条件,采取适当的斗争形式,才能使矛盾得到正确的解决。如果把敌我矛盾当成了人民内部矛盾,不采取对抗的斗争形式,或者把人民内部矛盾当成了敌我矛盾,不采取非对抗的斗争形式,就必然要犯错误。

现代修正主义者故意混淆两类不同性质的矛盾,硬要革命的人民接受他们提出的错误的处理方法,以此来危害革命事业,为帝国主义效劳。

例如,在反动阶级掌握着国家机器的情况下,无产阶级要采取什么斗争形式才能实现社会主义革命,这是关系到整个国际无产阶级革命事业成败的大问题。马克思列宁主义理论和历史经验告诉我们,反动阶级从来不会自动让出政权,他们总是首先使用暴力镇压革命群众,他们同革命人民之间的矛盾是敌我之间的对抗性的矛盾。因此,要最终解决这个矛盾,唯一可能的斗争形式就是对抗的即外部冲突的形式,就是用革命的暴力对付反革命的暴力,武装夺取政权,打碎资产阶级的国家机器,用无产阶级专政代替资产阶级专政。列宁说:"历史上从来没有过一次不经过国内战争的大革命,并且也没有一个真正的马克思主义者会认为,不经过国内战争就能从资本主义过渡到社会主义。"①毛泽东同志根据马克思列宁主义的基本原理和新的历史经验,提出了"枪杆子里面出政权"的著名论断。这是一切真正的革命者都承认的。可是现代修正主义者却提出了所谓通过"议会道路"向社会主义"和平过渡"的荒谬主张,硬要革命人民用非对抗的斗争形式来"解决"他们同反动统治阶级之间的敌我矛盾。其实,现代修正主义者也并不是不知道,用这样的方法去"解决"敌我矛盾就等于禁止人民解决敌我矛盾。他们之所以要起劲地宣传这样的鬼话,不过是为了欺骗人民,使他们不要去推翻反动统治阶级而已。

现代修正主义者一方面宣扬用非对抗的方法去解决敌我矛盾,另一方面又用对抗的方法来处理某些人民内部矛盾。例如社会主义国家之间、兄弟党之间的意见分歧,本来属于人民内部矛盾,应该在平等的基础上、民主的基础上,用同志式的摆事实讲道理的办法来求得解决。可是现代修正主义者拒绝这样做。他们以"老子党"自居,蛮横无理地硬把他们一套完全错误的修正主义路线强加于兄弟党。对不同意他们的错误路线的中国共产党和其他马克思列宁主义兄弟党,他们就用对待敌人的办法,疯狂地进行诽谤、攻击和颠覆,甚至同帝国主义和各国反动派勾结起来,共同掀起反华狂潮。在国内,他们对不满意他们的反动统治的人民群众,实行残酷镇压。这说明他们已经彻底背叛了无产阶级的立场,堕落成了帝国主义的走狗,把自己摆在与人民为敌的地位了。

---

① 毛泽东:《矛盾论》,载《毛泽东选集》第一卷,第307页。

革命的政党之所以必须重视矛盾的性质和矛盾的斗争形式,正是为了有效地解决矛盾。采取对抗的斗争形式固然是为了解决矛盾,采取非对抗的斗争形式也是为了解决矛盾。例如,我国现阶段对民族资产阶级的和平改造是一种非对抗的斗争形式,但是采取这种斗争形式的目的正是为了彻底消灭资产阶级,解决社会主义和资本主义两条道路的矛盾,而不是搞阶级调和。又如,用批评讨论的方法来处理人民内部的正确意见和错误意见的矛盾也是一种非对抗的斗争形式,但是采取这种斗争形式的目的正是为了使正确意见克服错误意见,而不是混淆是非。把采用非对抗的斗争形式的目的理解为调和矛盾,是完全错误的。

二、矛盾性质的转化

敌我矛盾和人民内部矛盾、对抗性矛盾和非对抗性矛盾,在一定的条件下可以互相转化。在革命力量强大和革命政党采取正确政策的条件下敌人营垒中可能有一部分人转到人民方面来,这一部分人同人民的矛盾就可能由敌我矛盾逐步转化为人民内部矛盾。例如在我国无产阶级专政的条件下,地主、富农、反革命分子和坏分子当中有一部分人如果经过一定时期的强迫改造和教育工作,变成了新人,在这种情况下这些人同人民的矛盾就由敌我矛盾转化成了人民内部矛盾。反之,由于阶级斗争的复杂性,原来属于人民内部的某些人也可能由于种种原因而转到敌人方面去,这一部分人同人民的矛盾就会由人民内部矛盾转化为敌我矛盾。例如共产党和革命干部队伍中的某些人在资产阶级思想的腐蚀下变成了修正主义分子、蜕化变质分子,在这种情况下这些人同人民的矛盾就由人民内部矛盾转化成了敌我矛盾。

当矛盾的性质发生了转化的时候,斗争的形式或解决矛盾的方法也必须做相应的改变,否则就会犯"左"的或右的错误。

矛盾性质的转化能否实现,决定于是否具备了一定的条件。不具备一定的条件,是不可能实现转化的。就敌我矛盾向人民内部矛盾的转化来说,如果人民手里没有强大的国家机器,如果不对反动阶级实行坚强的专政,如果不对反动分子实行镇压和宽大相结合的正确政策,就不可能使他们中间的一部分人变成新人,就不可能使这一部分人同人民的矛盾变成人民内部矛盾。就人民内部矛盾向敌我矛盾的转化来说,革命队伍中因受资产阶级影响而犯了错误的人,如果不是坚持错误,扩大错误,最后站到敌人一边去,而是承认错误,改正错误,那么他们同人民的矛盾不就会转化为敌我矛盾。具体地分析矛盾性质转化的条件,就可以努力创设条件,促使矛盾的性质朝着有利于革命的方向转化,防止它朝着不利的方向转化,就可以使革命事业进行得更为顺利。

第二章　量变质变规律

第一节　质、量、度

一、质

量变质变规律是对立统一规律的具体表现形态之一。这个规律表明,事物的发展是在由量变到质变、又由质变到量变的无限交替过程中实现的。

要阐明量变质变规律的内容,首先应当说明质、量、度三个范畴。

质是什么呢? 简要地说来,质就是一个事物区别于其他事物的特殊的内在的规定性。

世界上的事物是形形色色、千差万别的。每一个事物之所以是它自己而不是别的事物,就是因为它具有自己的质。有机物不同于无机物,动物不同于植物,社会主义不同于资本主义,都因为它们各自具有不同的质。

质同事物是不可分离的。当我们说到质的时候,指的总是某一特定事物的质。离开了特定事物而凭空存在的质是没有的。同样地,当我们说到事物的时候,指的也总是具有特定的质的事物,不具有质的事物也是没有的。某物之所以为某物,也正因为它具有某种特定的质。如果某物丧失了它所固有的质,就无从同别的事物相区别,就不再是某物,而变成另一种事物了。食物腐坏了,同有毒的东西无从区别,就不成其为食物。工人阶级的政党如果被工人贵族或新的资产阶级分子所把持,蜕化到同资产阶级政党无从区别的程度,也就不成其为工人阶级的政党。

事物的质是人们认识事物的客观基础。人们认识事物之所以可能,正因为事物同事物之间有着质的区别。所谓认识事物,首先就是认识一事物区别于其他事物的特殊的质。如果客观事物没有确定的质,事物同事物之间没有区别,人们认识事物也就根本不可能了。清代唯物论哲学家戴震说:"是故明理者,明其区分也。"这句话是合理的。毛泽东同志告诉我们:"对于物质的每一种运动形式,必须注意它和其他各种运动形式的共同点。但是,尤其重要的,成为我们认识事物的基础的东西,则是必须注意它的特殊点,就是说,注意它和其他运动形式的质的区别。只有注意了这一点,才有可能区别事物。"①因此,要想正确地认识世界和改造世界,首要的事情就是要弄清楚自己所考察的对象同其他事物相区别的特殊的质。诡辩论者否认事物具有质的规定性,否认事物之间具有质的区别。古希腊的普罗塔哥拉说:"人是万物的尺度。"我国战国时期的庄子主张"一死生"、"齐万物",惠施主张"卵有毛","马有卵"、"丁子(虾蟆)有尾"、"白狗黑"等等,都是诡辩论的典型。这种观点根本取消了认识世界和改造世界的可能性,为混淆是非、颠倒黑白开了方便之门,是为没落阶级服务的一种反动思潮。这种思潮,在现代资产阶级哲学中得到了进一步的装潢打扮。

现代修正主义者在反对马克思列宁主义的斗争中,也拾起这种思想史上的渣滓作为自己的武器。他们故意歪曲事物固有的质的规定性,混淆不同事物之间质的区别。他们故意抹杀社会主义同资本主义的质的区别;故意抹杀无产阶级专政同资产阶级专政的质的区别;故意抹杀革命和反革命的质的区别;故意抹杀正义战争和非正义战争的质的区别等等。他们为什么要这样做呢? 就是为了混淆是非、颠倒黑白,为他们的叛徒行为作辩护,阻挠世界人民的革命斗争。

我们进行任何工作都必须注意事物的质的区别。只有这一步基础工作做对了,才可能正确地认识事物和处理事物。如果对事物的质的认识发生错误,就必然会由此产生一系列的错误。我国革命史上的各次机会主义路线之所以失败,单从认识根源方面说来,最根本的原因就在于对中国社会的质、中国革命的质、中国革命战争的质没有正确的认识。这是极其深刻的教训。不但指导整个革命运动必须认清事物的质,进行一切具体的工作也必须如此。我们常常说要"划清界限",就是说的要善于区别事物的质。毛泽东同志说:"我们

---

① 毛泽东:《矛盾论》,载《毛泽东选集》第一卷,第 283 页。

看问题一定不要忘记划清这两种界限:革命和反革命的界限,成绩和缺点的界限。记着这两条界限,事情就好办,否则就会把问题的性质弄混淆了。"①

任何事物的质既是一个统一的整体,又具有许多不同的方面。在这个意义上,我们可以说一个事物有许多方面的质。例如人这个事物的质,就有社会的方面和生理的方面。人们可以从不同的角度给同一个事物下定义,正是因为客观事物的质具有许多方面的缘故。人们在实践活动中,往往不需要对事物的质的各个方面给予同等的注意,而只需要根据实践的要求,着重地对某一方面或某几方面进行研究。例如社会科学着重研究的是人的质的社会方面,生理学着重研究的是人的质的生理方面,如此等等。

关于质是什么的问题,已如上述。现在要问;为什么各种事物具有不同的质呢? 事物的质是由什么决定的呢?

毛泽东同志根据对立统一规律的观点,对这个问题作了深刻的解释。他说:"任何运动形式,其内部都包含着本身特殊的矛盾。这种特殊的矛盾,就构成一事物区别于他事物的特殊的本质。② 这就是世界上诸种事物所以有千差万别的内在的原因,或者叫做根据。"③这就是说,各种事物之所以具有自己的特殊的质,是由事物内部所包含的特殊矛盾决定的。

一个比较复杂的事物,其内部包含着多种矛盾。每一种矛盾都决定着这个事物的质的一定方面。但是,如对立统一规律所指出的,这些矛盾的地位和作用并不是平列的,有根本矛盾和非根本矛盾的区别。为根本矛盾所决定的,是质的根本的方面,为非根本矛盾所决定的,是质的非根本的方面。根本矛盾是贯穿于事物发展过程的始终,并且规定着或影响着其他矛盾的,因此,为根本矛盾所规定的事物的质的根本方面也必然与事物的发展过程相始终,并且

---

① 毛泽东:《党委会的工作方法》,载《毛泽东选集》第四卷,第1334页。

② 本质(Wesen)和质(Qualität)是有区别的。本质是由事物的内部矛盾构成的。可以说,本质就是事物的内部的特殊矛盾;而质还不等于事物的内部矛盾,而是由事物的内部矛盾所决定的使这一事物与别种事物区别开来的特殊规定性。本质的范畴比质的范畴更深刻。一般说来,当人们能够把一个事物同别种事物区别开来时,就可以说已经认识了这一事物的质,但是,只有在发现了事物内部的特殊矛盾,即找到了造成这一事物同别种事物相区别的内在原因或根据的时候,才算是认识了事物的本质。人们一旦认识了事物的本质,那么对于事物的质的认识也就更深刻了。

③ 毛泽东:《矛盾论》,载《毛泽东选集》第一卷,第283—284页。

规定着和影响着质的非根本的方面。非根本矛盾则不一定贯穿于事物发展过程的始终,而可以在事物发展的中途发生或解决;即令贯穿于过程的始终,也总是受着根本矛盾的规定或影响,对于某事物之所以为某事物没有决定的意义。所以,当我们说到某事物如果失去了它的质,就不再成其为某事物的时候,是指失去了全部的质,或失去了质的根本的方面,而不是指失去了质的非根本的方面。只要一个事物的质的根本方面没有变化,那么尽管它在发展的中途失去了质的某些非根本方面,这个事物仍然是它自己,而不会变成另一种事物。例如,资本主义社会的根本矛盾是生产的社会性同占有的私人性的矛盾(这个矛盾的阶级表现是无产阶级同资产阶级的矛盾);尽管由于其他矛盾的变化,使资本主义社会从自由资本主义阶段发展到了帝国主义阶段,但是只要这个根本矛盾仍然存在,资本主义社会的质的根本方面仍然存在,资本主义就仍然是资本主义。又如,我国民主革命时期的根本矛盾是中国人民同封建主义的矛盾、中华民族同帝国主义的矛盾;尽管由于其他矛盾的变化,使新民主主义革命过程区分为若干阶段,但是只要上述根本矛盾没有解决,新民主主义革命的质的根本方面没有变化,新民主主义革命就仍然是新民主主义革命。

为了进一步说明质的范畴,还必须说明质与属性①的关系。

属性是事物的质在同别种事物发生关系时的表现。同一种质可以表现为许多属性。例如,化学元素的质,是由元素原子内部原子核同电子壳层的特殊矛盾所决定的,这种质在同别的事物发生关系时就表现为种种属性。氧原子中原子核与电子壳层的特殊矛盾是:原子核由 8 个质子和 8 个中子组成;核外的电子壳层由 8 个电子组成,分两层排列(第 1 层 2 个电子,第 2 层 6 个电子);这样的特殊矛盾决定了氧区别于任何别的元素的特定的质。这种质表现为下述种种属性:气态时无色无臭,能溶于水,能与其他元素或化合物化合而发生燃烧、生锈、腐烂等现象;固态时呈浅蓝色,能被磁石吸引;等等。又如,一种社会制度的质,是由生产力与生产关系、经济基础和上层建筑的特殊矛盾所决定的,也表现为种种属性。资本主义制度的特殊矛盾是:资产阶级占有生产资料,拥有国家政权,剥削和压迫无产阶级;无产阶级丧失生产资料,没有国

---

① Eigenschaft.

家政权,受资产阶级的剥削和压迫;这样的特殊矛盾决定了资本主义不同于任何别的社会制度的特定的质。这种质表现为下述种种属性:竞争和生产的无政府状态,无产阶级贫困化,失业大军的经常存在,周期性的经济危机,政治上的暴力镇压和假民主相结合,对外的侵略和掠夺,等等。任何事物的属性都是极其多样的,但是无论哪一种属性都是质的表现。事物有什么样的质,就必然会有什么样的属性;事物的质改变了,为这种质所规定的属性也就必然随着消失。质与属性是统一的。

但是,质与属性的统一不是机械的直接的等同,而是充满矛盾的辩证的统一。属性虽然是质的表现,但并不是所有的属性都一下子表现出来。恩格斯说:"物体的属性只有在运动中才能显示出来。"[①]有些属性在事物的一定发展阶段表现出来,在另一发展阶段却隐蔽起来了;有些属性在事物的一定发展阶段潜伏着,在另一发展阶段却表现出来了。所以,某一事物如果失去它的质,就不成其为这一事物;但是事物失去了某些特定的属性,却仍然可以不影响其为这一事物。我们要想认识一个事物的质,当然必须通过对它的属性的认识;但是却不可以把某种特定的属性看成与这个事物绝对不可分离的东西,以致把某种特定属性的丧失误认作质的改变。桃树有开桃花的属性,但这种属性只在春天表现出来,在夏秋冬三季就隐伏起来了,但是桃树的质仍然不变;我们不能因为桃树在夏秋冬三季没有开桃花,就说它不是桃树。资本主义有危机的属性,但这种属性也不是每时每刻都显示出来,而是要经过一定的周期才显示出来的;不能因为资本主义在某一段时间里没有发生危机,就说资本主义的质已经改变了。

我们只能通过事物的属性去认识事物的质。但是,既然只有在事物同事物发生关系的时候,只有在事物的运动过程中,事物的属性才能充分地显示出来,那么,为了正确地认识事物的质,就应当在事物的各种特定关系中、在事物的运动过程中来全面地认识事物的属性。参加生产斗争、阶级斗争和科学实验,就是达到这个目的的唯一有效的途径。

说到这里,可以对质的范畴作如下的定义:质是由事物内部的特殊矛盾所

---

① 恩格斯:《自然辩证法》,人民出版社 1971 年版,第 226 页。

决定的、通过各种属性表现出来的、使一事物区别于其他事物的内在的规定性。

二、量

事物除了质的规定性以外,还有量的规定性。

量是标志质的范围和等级的范畴。例如物体的大小、运动的快慢、温度的高低、颜色的深浅、分子中原子的排列顺序、生产力的发展水平、人口的密度等等,都是事物的量的规定性。量的规定性是任何事物都不可缺少的。每一事物的不同方面的质都有相应的量的规定性。例如金属有重量的规定性,也有硬度的规定性;生产力有发展水平的规定性,也有发展速度的规定性。

量和质虽然都是事物的不可缺少的规定性,但是二者是互相对立的。质与事物的存在是直接同一的,某物失去了自己的质就不再成其为某物;量与事物却没有直接的同一性,在一定的范围内,量的增减并不影响某物之为某物。例如,在一个标准气压下,水的温度在高于摄氏零度低于摄氏百度之间的升降,并不改变水的物理性质。从这个意义上说来,量的规定性对于某物之为某物似乎是无关紧要的。因此,如果把质叫作事物的内在的规定性的话,那么,也可以把量叫作事物的外在的规定性。

量和质是对立的,又是统一的。首先,量和质是互相联系的。任何质总是具有一定量的质,任何量也总是具有一定质的量。在研究问题的时候可以单单研究事物的质的方面或者量的方面,而把另一方面暂时撇开不管;但是,在现实中,离开质的量和离开量的质都是不存在的。其次,量和质还在一定的条件下互相转化。上面所说的量的增减不引起质的变化,只是就一定的范围来说才是正确的;超出一定的范围,量的变化就要引起质的变化。例如在一个标准气压下,水的温度如果降到零度以下或者升到百度以上,就会变成冰或汽。同样,质的变化也会引起量的变化。例如水在变为蒸汽以后,就可以达到在水的范围内无法达到的高温。

在考察事物的量的规定性的时候,应当区别外延的量和内涵的量。外延的量是质的存在范围的标志,是质的广度的标志。例如,体积、重量、个数等等,就属于外延的量。外延的量是可以用机械的方法来计算它们的代数和的。

例如 1 吨铁加 1 吨铁等于 2 吨铁, 50 公升水加 50 公升水等于 100 公升水等等。内涵的量则是质的等级的标志, 是质的深度的标志。例如温度的高低、颜色的深浅、金属的硬度、生命的长短、劳动生产率的高低等等, 就属于内涵的量。内涵的量是不能用机械的方法来计算它们的总和的。例如两个温度为 50℃ 的物体加在一起并不等于 100℃, 50 个人各做一个习题并不等于一个人做 50 个习题。在考察事物的量的方面时, 常常需要同时对外延的量和内涵的量分别作出估计。例如在群众运动中, 就需要既估计到群众发动的面有多大(即广度); 又估计到群众的觉悟水平有多高(即深度), 并把这两者统一起来考虑。此外, 组成事物的各种不同成分的排列次序, 也是内涵量的一种特殊形式。

对量的认识不能脱离对质的认识。只有在认识事物的质的基础上, 认识事物的量才有实际意义。就是在专门以数量关系为研究对象的数学领域中, 实数和虚数、有理数和无理数、整数和分数、正数和负数等等也有质的区别, 也应当首先确定它们的质才能计算它们的量。如果连自己所考察的对象是什么都还不清楚, 那么谈论它的量显然是没有意义的。从认识的秩序说来, 人们总是首先认识事物的质, 然后才进一步去认识事物的量。在化学史上, 定性分析(研究某种物质由哪些成分组成)在 17 世纪就出现了, 而定量分析(研究组成某种物质的各种成分各占多少)在 18 世纪中叶才出现, 就说明了这一点。对于资本主义国家的认识, 也总是要首先确定它的资本主义的质, 然后才能进一步根据它的商品生产额、资本集聚与集中的程度、小商品经济残余的比重等等量的标识去确定资本主义的发展水平。

对于事物的认识固然首先要注意质的方面, 但是在认识事物的质的基础上对事物的量的方面进行分析或估计, 也是不可忽视的。因为:

第一, 只有正确地把握了事物的量, 才能更深刻地把握事物的质。例如, 在化学上, 通过定性分析, 知道组成某种物质的成分各是什么, 固然也可以把这种物质同某些别种物质区别开来, 即认识它的质; 但这种认识仍是不深刻的, 也无法根据这样的认识在实践中把这种物质制造出来。只有通过定量分析, 把组成这种物质的各种成分的比例关系找出来, 才能做到这一点。例如为了生产出熔点很低(75℃)的武德合金, 光知道这种合金应由铝、锡、铋、镉四种金属合成还是不行的,还必须通过实验找出最合适的比例关系(即4份铅、2份锡,6份铋、1份镉)。对社会现象的认识也是如此,单单知道社会中存在着哪些阶级,还是不够的;只有进一步正确地分析了各个阶级在社会中所占的比重,估计了各阶级之间的力量对比,才能深刻地认识社会的性质,并据以制定党的路线和政策。

第二,只有正确地把握了事物的量,才能正确地估计这个事物在实践中的地位和作用。同质的事物,数量不同,在实践中的地位和作用也就往往不同,有时甚至会有很大的不同。古语所说的"一杯之水不能救一车之薪"这句话,就反映了这个事实。毛泽东同志在分析决定抗日战争的全部基本要素时,不但指出了中国和日本双方的质的区别,而且也指出了双方各自的量的特点。如属于有利条件方面的敌是小国(地小、物少、人少、兵少)、我是大国(地大、物博、人多、兵多),属于不利条件方面的敌是强国(军力、经济力和政治组织力在东方是第一等的)、我是弱国(军力、经济力和政治组织力都不如敌人),都属于量的特点。这些特点无疑是决定抗日战争前途的不可缺少的要素。如果不估计到敌小我大,就可能得出亡国论的结论;如果不估计到敌强我弱,就可能得出速胜论的结论。

正因为对事物的量的方面的认识具有这样重大的意义,所以毛泽东同志教导我们,做任何工作都要"胸中有'数'"。他说:"胸中有'数',这是说,对情况和问题一定要注意到它们的数量方面,要有基本的数量的分析。任何质量都表现为一定的数量,没有数量也就没有质量。我们有许多同志至今不懂得注意事物的数量方面,不懂得注意基本的统计、主要的百分比,不懂得注意决定事物质量的数量界限,一切都是胸中无'数',结果就不能不犯错误。"① 我党历史上犯机会主义路线错误的人,不是高估了敌人的力量和低估了自己的力量,就是低估了敌人的力量和高估了自己的力量,这种因为错误地估计事物的数量而造成的失败,是应当引为教训的。在安排国民经济计划的时候,也必须注意各地区和各部门之间的比例关系,以保证整个国民经济的高速度的发展。

---

① 毛泽东:《党委会的工作方法》,载《毛泽东选集》第四卷,第1332页。

三、度

在研究事物的时候,我们可以暂时撇开事物的质的方面而专门考察量的方面,也可以暂时撇开事物的量的方面而专门考察质的方面。但是,归根到底,还是必须在认识上把事物的质和量统一起来。因为客观事物的质和量本来是统一的,只有如实地反映这种情况,才能正确地认识客观事物。事物的质和量的统一,不仅一般地表现在质总是具有一定量的质,量总是一定质的基础上的量;尤其深刻地表现在任何事物都有保持它的质的数量界限。如我们在前面已经提到的,在一定的界限之内,事物的质是不因量的不同而发生变化的。但是,一旦超过这个界限,事物的质就要发生根本变化。每种金属都有自己的熔点,每种气体都有自己的凝点,每种液体都有自己的冰点和沸点,每座建筑物都有自己的最高负荷量,每种生物个体都有一定的寿命界限,等等,在所有这些"关节点"上,量的变化就要引起质的变化。换句话说,只有在这种"关节点"所限制的界限之内,事物的质才可能保持相对的稳定性。这种使事物能够保持某种特定的质的量的界限,在哲学上就叫做度①。

事物在处于相对稳定状态的时候,它的量的变化是没有突破一定的度的。但是,这仅仅是一种暂时的情形。事物在内部矛盾的推动之下,总是朝着突破度的方向发展;发展的结果,终于会突破一定的度,使事物原有的质变成另一种质。例如,资本主义社会由于内部矛盾的推动,必然产生一系列的量的变化,如生产技术的逐渐改进,生产规模的逐渐扩大,破产的小生产者的逐渐增多,无产阶级队伍的逐渐壮大,争夺国外市场的斗争的逐渐频繁和日趋剧烈,对无产阶级和其他劳动人民的剥削的日益加重,无产阶级的觉悟和义愤的日益提高,等等。这些变化在没有超过一定的度以前,资本主义社会的质并不改变;但是,归根到底,无产阶级总是要通过暴力革命推翻资产阶级的统治,建立社会主义社会的。这时,资本主义社会的度就被突破了,资本主义社会的质就根本改变了。

掌握度的范畴,对于革命实践具有十分重大的意义。它告诉我们,既然事

①　Mass.

248

物的质只在一定的度的范围内才能保持,那么,为了保持我们所需要的特定的质,我们就应当有意识地把事物的量控制在事物的度以内。例如,在抗日战争时期,为了扩大和巩固抗日统一战线(这是抗日战争胜利的基本条件),我们采取了发展进步势力、争取中间势力、反对顽固势力的策略。在反对顽固势力的方面,毛泽东同志提出了"有理、有利、有节"①的原则,即斗争的防御性、局部性、暂时性的原则。这就是在当时的历史条件下对待这个具体问题所必须掌握的度。如果超过了这个度,或者不及这个度,都不能保持抗日统一战线的质。又如,在土地改革中,毛泽东同志根据中国农村封建剥削制度的实际情况,指出土地改革的总的打击面,"一般地不能超过农村户数百分之八左右,人数百分之十左右"②。这也是必须掌握的度。如果超过这个度,就会妨碍了贫雇农同中农结成巩固的统一战线,就有使贫雇农陷于孤立的危险;如果不及这个度,就不能彻底消灭封建的土地所有制。这样,都不能保证土地改革运动具有我们所要求的质。在党内斗争中,既要反对自由主义,也要反对过火的斗争,为的是要达到"既要弄清思想,又要团结同志"的目的,这也是一种度。又如,在农业生产中,作物的密植也有度的问题。一定的作物在一定的土壤、气候、肥料等等具体条件下,都有一个最能保证高产的密度,只有找到了这个密度,才能保证高产;太密或者太稀都不能达到高产的目的。又如,在认识领域中,本来是真理性的认识,如果把它加以夸大,超过了一定的度,就会变成错误的认识。列宁说:"只要再多走一小步,仿佛是向同一方向迈的一小步,真理便会变成错误。"③这里所说的"一小步",就是超出了度的一小步。平时我们说做工作要注意"分寸",掌握"火候"等等,都是指的要注意掌握事物的度。不注意这一点,就可能犯错误。

但是,必须强调指出,我们说要注意掌握事物的度,不是为了别的,正是为了保持革命阶级所需要的新事物的质。这同反动阶级提倡的所谓"中庸之道"是根本相反的。当反动阶级感到无法阻止事物的发展时,也可以表示允许某些事物有某种程度的量的发展;但是他们必须把事物的发展控制在一定

---

① 毛泽东:《目前抗日统一战线中的策略问题》,载《毛泽东选集》第二卷,第 708 页。

② 毛泽东:《在晋绥干部会议上的讲话》,载《毛泽东选集》第四卷,第 1210 页。

③ 列宁:《共产主义运动中的"左派"幼稚病》,载《列宁全集》第 31 卷,第 85 页。

的度以内,以便保证不至于从根本上破坏了他们所需要的腐朽事物的质。他们标榜所谓"不偏不倚"、"中正持平"、"过犹不及",而把一切超越他们所规定的度的行动斥为"过火"、"过分"、"过激"、"越轨",斥为"偏"、"乱"、"糟"。有些资本主义国家也容许共产党存在,但是以不危害资产阶级的根本利益为限度,超过这个限度就不容许了。"五四"运动前后,许多顽固派把布尔什维主义叫作"过激主义"。大革命时代,许多顽固派又说农民运动是"矫枉过正"。在社会主义革命时期,站在地、富、反、坏和资产阶级立场的人总是把每一项革命运动都说成"过火"的行动,"粗暴"的行动。他们心目中的所谓"中","正"、"轨"、"分"等等,说穿了,无非就是保持腐朽事物的质的数量界限,就是他们所需要的度。这样的度,在他们看来是万万突破不得的,而在我们革命的无产阶级看来,恰恰是必须突破的东西。不这样做,就根本谈不到革命。

还必须指出,即令是对于新生事物,我们保持一定的度也仅仅是暂时的,不是永久的。新事物也是要不断地向前发展的。当它的积极作用还没有发挥完结的时候,当然不应该主观主义地突破它的度。但是,当它的积极作用已经发挥完结,已经需要让位于更高级的新事物时,就应该自觉地突破它的度,推动它向自己的对立面转化。例如,当我国的反帝反封建的革命任务尚未完成的时候,党的一切方针、政策、办法、措施都只能限制在民主革命的限度之内;"左"倾机会主义者的错误就在于主观主义地实行了许多超民主主义的政策。但是,当民主革命的任务已经基本完成(其标志就是推翻了代表帝国主义和封建主义利益的国民党反动政权)以后,就必须立即转到社会主义革命的轨道上来。有些人在这种情况下仍然固守着原来的"度",以为永远不能突破,结果就不能不犯右倾机会主义的错误。

第二节　量变和质变

一、量变和质变是事物运动的两种状态

在说明了质、量、度三个范畴之后,就可以进而说明什么是量变和质变,以及事物怎样通过量变质变的交替过程向前发展的问题了。

什么是量变,什么是质变呢?

毛泽东同志说:"无论什么事物的运动都采取两种状态,相对地静止的状态和显著地变动的状态。两种状态的运动都是由事内部包含的两个矛盾着的因素相互斗争所引起的。当着事物的运动在第一种状态的时候,它只有数量的变化,没有性质的变化,所以显出好似静止的面貌。当着事物的运动在第二种状态的时候,它已由第一种状态中的数量的变化达到了某一个最高点,引起了统一物的分解,发生了性质的变化,所以显出显著地变化的面貌。……事物总是不断地由第一种状态转化为第二种状态,而矛盾的斗争刚存在于两种状态中,并经过第二种状态而达到矛盾的解决。"①又说:"事物的性质主要地是由取得支配地位的矛盾的主要方面所规定的。取得支配地位的矛盾的主要方面起了变化,事物的性质也就随着起变化。"②

由此可见,量变和质变是由事物内部的矛盾斗争所引起的两种运动状态。当事物内部的矛盾双方的斗争还没有达到主次易位的程度时,当事物的度还没有被突破,因而还保持着质的相对稳定性时,这时的变化就叫作量变;反之,当事物内部的矛盾双方的斗争已经使双方的主次地位开始发生变换时,当事物的度正在被突破,因而质的相对稳定性已开始丧失时,这时的变化就叫作质变。

事物的发展过程,就是由量变到质变、由质变到量变的循环往复而又由低到高的无限过程。

二、由量变到质变

我们先来说明由量变到质变的过程。

古代的人们在长期的实践中,曾朴素地体会到量变引起质变的道理。所谓"积羽沉舟,群轻折轴"③,"为山九仞,功亏一篑"④,"不积跬步,无以至千

---

① 毛泽东:《矛盾论》,载《毛泽东选集》第一卷,第 306—307 页。
② 毛泽东:《矛盾论》,载《毛泽东选集》第一卷,第 298 页。
③ 《战国策》。
④ 《尚书》。

里;不积细流,无以成江海"①等等,都包含着对于量变引起质变的某种认识。当然,这样的认识还远不足以真正揭示量变引起质变的客观规律。

为马克思主义哲学所正确地概括了的近代和现代科学的成果,确凿地证明了量变引起质变是在一切领域中起作用的普遍规律。

以物理现象为例。物质"相"的转变,例如水的汽化或结冰,溶液的沸腾或凝固,金属的熔解或结晶,都是量变引起质变的鲜明例证。电磁波的波长的变化每达到一定的界限,就会引起一次质变,例如在电磁波的波长由长变短时,就会依次出现无线电波、红外线、可见光线(又分红、橙、黄、绿、蓝、青、紫七种颜色)、紫外线、伦琴射线、γ射线等。放射性元素原子的衰变也是量变引起质变的过程。

以化学现象为例。门捷列夫的周期律确凿地表明量变引起质变的规律。按照周期律的现代解释,元素的性质是取决于该元素的核电荷数,并与核电荷数成周期性的依赖关系的。从核电荷为1的氢起,每增加一个核电荷,就出现一种不同质的元素,例如氢的核电荷增加一个就变成氦,再增加一个就变成锂,再增加一个就变成铍,再增加一个就变成硼,依此类推。整个周期表都是严格按照核电荷数的多少排列的。周期表上的原子序数其实就是原子的核电荷数。

以生物现象为例。物种发展史证明,从旧物种到新物种的变化并不是像某些生物学家所错误地认为的那样仅仅是平滑的进化,而是由量变到质变的过程。旧物种在环境的影响下逐渐获得某些新的性状和机能,积累到一定的程度,变异性的因素战胜了遗传性的因素,旧物种就发生质变而成为新物种。个体发育也是由量变到质变的过程。例如禾本科植物要完成由旧种籽到新种籽的发育和发展周期,必须经过春化阶段和光照阶段,这两个阶段的完成都是质变;但每个阶段的完成都是以量变作准备的:春化阶段需要有一定时期的低温,光照阶段需要有一定时期的阳光照射。

以社会现象为例。任何社会形态的生产力和生产关系都是矛盾的统一体,当生产关系还能够促进生产力发展时,社会的发展表现为进化或量变;当

---

① 《荀子》。

生产关系已经成为生产力进一步发展的障碍时,社会革命就要到来,社会形态就要发生质变。

以思维现象为例。人们对于任何事物的认识,开始总是处于感性认识阶段。在一定的范围内,感性材料的多少并不影响认识的质。但是,当人们在实践的基础上积累了十分丰富的感性材料时,就会产生认识上的质变,跃进到理性认识的阶段。一种新的科学理论的产生,也要经过长期的积累资料的阶段以后才能实现,在这里也同样是量变引起质变。

由此可见,无论在什么领域中,事物总是经历着由量变到质变的过程的。

由量变到质变的形式是多种多样的,大体说来,可以分成由数量的增减引起质变和由场所的变更引起质变这样两种形式。

首先,单纯的数量增减,达到一定的程度就会引起质变。例如,元素原子核电荷数的增减,会使一种元素变为另一种元素。又如由同样种类的原子构成的化合物,原子的数目不同,化合物的性质也就不同。笑气(N_2O),一氧化氮(NO)、二氧化氮(NO_2)、亚硝酸酐(N_2O_3)和硝酸酐(N_2O_5)等五种化合物,都是由氧和氮两种元素构成的,但是因为氧原子或氮原子的数目不同,它们的物理性质和化学性质就互不相同。水(H_2O)和过氧化氢(H_2O_2)也是这样。又如,在劳动力成了商品的条件下,小生产者手中掌握的货币达到了一定的数量,就要转化为资本。在资本主义生产中,工人在必要劳动时间创造的价值是劳动力的价值(即维持工人及其家属的生活所必需的那部分价值),超过这个限度,他所创造的价值就变成了剩余价值(即被资本家无偿占有的那部分价值)。又如,富裕中农是有轻微剥削的,如果剥削量超过了一定的限度,就发生质变,成为富农了。这些,都是数量的增减引起质变的例证。

其次,在有些情况下,尽管事物的数量并没有增减,但是构成事物的成分在排列的次序上发生了一定的变化(这也是量变的一种特殊形式),也会引起质变。化学上的同分异构体和同素异性体就表明了这种情况。就同分异构体来说,例如乙醇(即普通酒精,C_2H_5OH)和甲醚(CH_3OCH_3)不仅都是由碳、氢、氧原子组成的,而且碳、氢、氧原子的数量也相同。可是,因为原子的排列次序不同(结构式不同),二者的性质也就互异:乙醇是液体,在一个标准气压下沸点为78℃,能以任何比例与水混合;甲醚是气体,几乎不溶于水,二者的化学性质也很少相似。就同素异性体来说,例如金刚石和石墨都是碳(C);但是由于粒子的排列不同,即"晶形"不同(金刚石属"轴晶系",石墨属"六方晶系"),二者的性质也就有极大的区别。在战争中,同等人数和同样素质的军队,仅仅由于组织的不同,就会引起战役或战斗结果的质的不同。在生产中,同等人数和同样素质的劳动力,由于组织和安排的不同,也会引起生产结果的质的差异。

由于事物的质有许多方面,量也有许多方面,在分析量变如何引起质变的问题时,必须注意质和量的对应关系。一定的量变所引起的并不是随便一种质变,而仅仅是同它相对应的那种质变。只有注意了这一点,才可能清晰地把握量变引起质变的过程。例如,水的质既有物理的方面,也有化学的方面。水的物理方面的质是由水分子之间的凝聚力和排斥声的矛盾决定的,因此,这一对矛盾的斗争及其消长变化这样一种特定的量变,只能引起水的物理方面的质变,而不能引起水的化学方面的质变。水在一个标准次气压力下达到了摄氏100度,分子间的排斥力就超过凝聚力而跃居于矛盾的主要方面,水的物理的质就发生变化,由液体变成气体;但是水的化学的质并没有发生变化。反之,水的化学的质却是由水分子内部的氢原子和氧原子的特殊矛盾,即特殊的化学键所决定的(在水分子中两个氢原子各和氧原子共用一对电子,形成共价键),只有当温度升高到使氢氧间的化学键发生分裂时,水的化学性质才会改变(需要4000℃—5000℃的高温)。同样,人的身体的新陈代谢方面的量变只能引起生理方面的质变,不会引起政治思想方面的质变;人们头脑中以无产阶级思想和资产阶级思想的斗争为内容的量变只能引起人的政治思想方面的质变,不会引起生理方面的质变。

在分析量变如何引起质变时,不仅要注意整个事物的量变,而且要分别考察构成事物的矛盾双方各自的量变。这是因为,作为矛盾总体的事物的量变,是由矛盾双方斗争力量的增减变化所决定的,只有分别考察了矛盾双方的量变,并把它们综合起来,才可能正确地把握矛盾总体的量变。毛泽东同志在分析抗日战争的三个阶段的特点时,就是分别考察了中国方面和日本方面的量的变化(同时也考察了质的变化),然后才得出关于战争总体的结论的。

三、由质变到量变

现在再来说由质变到量变的过程。

事物在质变完成以后，就在新质的基础上开始新的量变。"旧过程完结了，新过程发生了。新过程又包含着新矛盾，开始它自己的矛盾发展史。"①固态金属变为液态后，就在液态的基础上开始新的量变；氢氧化合成水后，就在水的基础上开始新的量变。资本主义社会通过暴力革命变成社会主义社会以后，就在社会主义社会的基础上开始新的量变。

在新质基础上所产生的量变，同旧质基础上的量变是有根本区别的，并不是简单地回到原来的出发点。这是因为"量变改变事物的质和质变同样也改变事物的量"。② 一百个劳动者协作所能生产出来的产品，并不是简单地等于一百个劳动者单独生产时所能生产出来的产品的总和，而是要比这个总和大得多，并且能够达到单独生产时无法达到的产量。这一点在我国农业合作化和人民公社化的过程中表现得十分明显。由单干到互助组，由互助组到初级社，由初级社到高级社，由高级社到人民公社，每一步都有质的变化；而每一步质的变化，都会造成"新的力量"③，出现在旧质基础上不可能出现的新的量变。

当事物已经完成了质变，进入了新质的领域时，如果我们仍然用旧质基础上的量变的尺码来衡量新质基础上的量变，往往就会陷入错误。例如，有人认为我国科学技术的发展不可能超过某种"最高"的速度。其实，他们心目中的"最高"速度，无非是资本主义国家的最高速度；他们不了解，我国的科学技术的发展根本不是在资本主义制度这种旧质的基础上进行的，而是在社会主义制度这种新质的基础上进行的，我国的科学技术完全可以以资本主义国家所无法企及的速度向前发展。又如，有人认为农作物的某种单位面积产量已经到了"顶"，再没有办法提高了；其实，他们的所谓"顶"，不过是在几千年来的单干的基础上所能达到的"顶"，对于集体化了的我国农业说来，这种"顶"是

---

① 毛泽东：《矛盾论》，载《毛泽东选集》第一卷，第282页。
② 恩格斯：《反杜林论》，载《马克思恩格斯选集》第3卷，第166页。
③ 恩格斯：《反杜林论》，载《马克思恩格斯选集》第3卷，第166页。

完全可以通过群众性的科学实验和现代科学技术的应用予以突破,并且大大超过的。近年来我国人民在三面红旗指引下在各个战线上所取得的辉煌成就,充分地说明了这一点。

四、量变过程中的部分质变

由于事物内部矛盾的复杂性和不平衡性,质变和量变往往不是以纯粹的形式进行,而是互相错综的。在量变的过程中有部分的质变,在质变的过程中也有量的扩张。现在先说前一种情形。

事物在发生根本质变以前,总的说来是处于量变过程中。但是,在总的量变过程中,却可以有部分的质变。部分的质变,大体上可以分为阶段性的部分质变和局部性的部分质变两种情形。这两种情形,都必须从事物内部矛盾的变化去说明。

阶段性的部分质变,是事物在其内部的根本矛盾以及由此规定的事物的根本的质没有改变以前,在不同的发展阶段上显现出来的部分的质变。前面说过,质变就是矛盾的主要方面和非主要方面的互易位置,即矛盾的解决。所以,在事物内部的根本矛盾没有解决以前,事物总的说来还处在量变过程中,还没有发生根本的质变。但是,复杂的事物内部还包含着非根本的矛盾。这些非根本的矛盾却在根本矛盾获得解决以前,有些是暂时地或局部地解决了,有些又发生了;而每一个非根本矛盾的解决或发生,就是一个部分的质变,就会使发展过程显现出阶段性。毛泽东同志说:"事物发展过程的根本矛盾及为此根本矛盾所规定的过程的本质,非到过程完结之日,是不会消灭的;但是事物发展的长过程中的各个发展的阶段,情形又往往互相区别。这是因为事物发展过程的根本矛盾的性质和过程的本质虽然没有变化,但是根本矛盾在长过程中的各个发展阶段上采取了逐渐激化的形式。并且,被根本矛盾所规定或影响的许多大小矛盾中,有些是激化了,有些是暂时地或局部地解决了,或者缓和了,又有些是发生了,因此,过程就显出阶段性来。"[①]这就是阶段性的质变所以发生的内在原因或根据。例如,在资本主义的根本矛盾即资产阶

---

① 毛泽东:《矛盾论》,载《毛泽东选集》第一卷,第289页。

级同无产阶级的矛盾没有解决以前，资本主义还是资本主义，还处在总的量变过程中；但是，由资本主义的自由竞争时期到垄断时期却是部分的质变。又如，在我国民主革命过程的根本矛盾即中国人民同帝国主义、封建主义的矛盾没有解决以前，这个过程的根本的质没有改变；但是从旧民主主义革命阶段到新民主主义革命阶段却是部分的质变。

局部性的部分质变，是在事物的全部没有发生根本质变以前，在局部范围内显现出来的根本质变。在根本矛盾还没有在全局上解决以前，整个事物仍处在量变过程中，没有发生根本质变。但是，在这种情况下，事物的根本矛盾却可以在某些局部获得解决，从而导致这些局部的根本质变（这种对局部来说的根本质变，对全局来说仍只是部分质变）。例如在我国新民主主义革命还没有在全国范围内取得胜利以前，每一块红色根据地的建立对全国来说就是一个部分质变。在农业合作化的高潮没有到来以前，每一个局部地区的高级社的建立对全国来说也是一个部分质变。

由此可见，一方面，部分质变是不同于根本质变的，因为它并不意味着事物的根本矛盾的完全解决；另一方面，部分质变也不同于单纯的量变，因为它意味着事物的非根本矛盾的解决或者根本矛盾在局部范围内的解决。

部分质变同根本质变的界限在一定的范围内是绝对的。但是，由于事物范围的极其广大以及发展过程的无限性，二者的界限又有相对的一面：在一定场合下为根本质变的东西，在另一场合下则成为部分质变；反过来也是一样。例如由幼虫到蛹的变化以及由蛹到成虫的变化，单就三者的关系说来都是根本质变；然而幼虫、蛹和成虫都是虫，相对于由卵到蛾的变化而言又只是部分质变。中国革命的胜利，就中国的范围说来是根本质变；然而就世界范围说来又只是部分质变。究竟某一种具体变化应当看作根本质变还是部分质变，要依研究的对象而定。

总的量变过程中的部分质变，是量变质变规律的重要内容之一，对于指导革命实践具有重大的意义。这条原理告诉我们，在处理革命和建设中的任何问题时，不仅要善于把量变同质变区别开来，而且要善于把部分的质变同单纯的量变以及根本的质变区别开来。例如，在我国的社会主义革命和社会主义建设时期，我们一方面不要忘记这是一个总的量变过程，因而必须严格地区别社会主义的原则同共产主义的原则,反对超越必经的发展阶段而过早地实行共产主义原则,即实现根本的质变;另一方面,又不要忘记在总的量变过程中可以有部分的质变,因而当条件成熟了的时候不失时机地实现一定方面的必要的变革(经济战线上、政治战线上和思想战线上的社会主义革命),为根本质变的到来积极地准备条件。由此可见,总的量变过程中的部分质变的原理,同整个量变质变的原理一起,正是毛泽东同志经常强调的不断革命论与革命发展阶段论相结合的原则的哲学根据之一。如果违背了这个原理,就必然要犯"左"的或右的错误。

五、质变过程中的量的扩张

不仅量变过程中有部分质变,而且质变过程中也有量的扩张。

当事物的质变开始时,新质并不是同时在事物的全体上出现,而是在旧质的范围内首先突破一点或几点,然后在数量上迅速扩张,直到占领全盘,完成质变过程的。这种新质在数量上迅速扩张的情形,就是质变过程中的量的扩张。例如,金属在达到熔点或凝点时,就开始了熔化或结晶的过程,亦即质变的过程。这个过程是这样实现的:首先在个别地方出现"液珠"或"晶核"(新质),然后"液珠"或"晶核"在数量上迅速增长,直到占领全盘,完成"相"转变。又如,在我国农业合作化或农村人民公社化的高潮到来时,也要经历少数合作社或人民公社(新质)在数量上迅速增长,直到占领全国农村的过程。这都是质变过程中的量的扩张。

质变过程中的量的扩张,同量变是不同的。量变并不产生新质,而质变过程中的量的扩张则每一步都产生新质。

质变过程中的量的扩张,同量变过程中的部分质变也是不同的。首先是同阶段性的部分质变不同。阶段性的部分质变,其根源不在事物根本矛盾的解决,因而并不影响事物的根本的质;而质变过程中量的扩张则是根本矛盾得到解决的过程,它的完成也就是事物根本质变的完成。其次,它也同局部性的部分质变不同。局部性的部分质变是在总的量变过程中发生的,这时事物的根本质变还没有开始,新质虽然已经在局部范围内出现,但是旧质还具有相对的稳定性,新质虽然也可能在量上有所增长,但还不能迅速占领事物的全盘;

而质变过程中的量的扩张则是在事物的根本质变开始以后发生的,这时旧质的崩溃之势已成,新质将以迅猛的姿态占领全盘,完成根本质变。例如,在半封建半殖民地的旧中国,从第一次国内革命战争时起就有了红色政权(新质),在二十多年的长时间内,红色政权在量上也在逐渐增长;但是在这段时间里,国民党反动政权还是相对稳定的,旧中国的性质也还没有发生根本的质变,因而整个说来,旧中国还处在量变过程中,每一红色根据地的开辟还只能说是总的量变过程中的部分质变。但是,到了1948年11月以后,敌我力量对比发生了根本变化,于是决战阶段到来,根本质变开始。这时反动政权土崩瓦解,解放战争凯歌行进,在很短的时间里就以风卷残云之势解放了整个中国大陆,红色政权这一新质的东西迅速地占领了事物的全盘,这个过程就是质变过程中的量的扩张。

质变过程中的量的扩张的原理,对于革命实践也是很重要的。这条原理告诉我们,当事物的质变过程到来的时候,我们就应当把新质在量上的迅速扩张看作完全合乎规律的现象,从而大力地促进它,以加速质变的完成,而不应该以量变的"常规"来衡量这种变化,从而阻碍它。在这样的关键时刻,能不能以正确的态度来对待事物的发展,常常是区别革命派和保守派的标志。有些人之所以犯右倾机会主义的错误,单从认识的根源方面说来,其重要原因之一就是不善于领会质变过程中量的扩张的原理,把质变开始以后的量的扩张误认作单纯的量变或量变过程中的部分质变,因而总是按照量变的"框框"来看待这种质变过程中发生的现象。例如,当1955年下半年我国农业合作化高潮到来时,有些同志就看不到我国农村已经开始了由个体经济到集体经济的质变过程,他们还是用量变的老尺码去衡量新过程,因而对于质变开始后的新现象(如大批农民涌进合作社,全国几十万、几百万个合作社迅速成立)觉得不可理解,感到惊慌失措。他们身在质变阶段之中,思想却还停留在量变阶段,所以总认为运动发展得太快了,应当"坚决收缩","赶快下马"。如果按照这样的认识去指导运动,就一定会严重地阻碍运动的发展。毛泽东同志坚决地批判了这种右倾机会主义的错误,及时地正确地指导了这个运动,结果就促使合作社这种新质的东西在不到一年的时间内在全国农村迅速地占领了全盘,完成了由个体经济到集体经济的质变。

六、量变和质变的辩证关系

基于以上的分析,可以对量变和质变的辩证关系作一个概括的说明,这就是:量变是质变的必要准备,质变是量变的必然结果。

首先,任何质变,都必须以一定的量变作为准备,才可能发生。这是因为,在矛盾的主次双方互易位置、因而打破旧的统一体之前,一定要有一个在旧的统一体内互相斗争的过程,只有当这种斗争达到最高点时,才能引起矛盾双方的互易位置;没有这个过程作准备,矛盾双方要实现互易位置是不可能的。因此,如恩格斯所说:"没有物质或运动的增加或减少,即没有有关的物体的量的变化,是不可能改变这个物体的质的。"①例如,水的汽化,就必须以水的温度逐渐升高的量变做准备。假如没有水分子间的凝聚力逐渐减弱、扩散力逐渐增强的量变过程,要使扩散力跃居矛盾的主要方面,从而实现由水到汽的质变,是不可能的。同样,由资本主义到社会主义的革命转变,也必须以无产阶级同资产阶级在资本主义制度下的长期斗争作准备。假如没有无产阶级的力量逐渐增加、资产阶级的力量逐渐削弱的量变过程,要使无产阶级通过社会主义革命而跃居矛盾的主要方面,从而实现由资本主义到社会主义的质变,也是不可能的。由此可见,要实现某种质变,就必须十分重视量变的准备。否认了量变,实际上也就等于取消了质变。

19 世纪的法国自然科学家居维叶研究了从不同地质年龄的地层中找到的大量化石,确定了古生物的形态与古生物出土地层间的关系。然而他却对这种关系作了错误的解释,认为这是由于地球表面经常发生突然的、大规模的"灾变"引起的。他说这些"灾变"使地球上某些地区的生物遭到毁灭而埋葬于地下,往后,别处的生物又迁到这些地区,又发生灾变,又被毁灭和埋葬,如此循环不已,致使不同地层有不同的生物化石。居维叶的这种没有量变作准备的质变论,就叫做"激变论"。正如恩格斯指出的:"居维叶关于地球经历多次革命的理论在词句上是革命的,而在实质上是反动的。它以一系列重复的

①　恩格斯:《自然辩证法》,人民出版社 1971 年版,第 47 页。

创造行动代替了单一的上帝的创造行动,使神迹成为自然界的根本的杠杆。"①

我国民主革命时期的"左"倾机会主义者不了解中国革命胜利需要进行长期的艰苦的斗争才能取得,而幻想在敌强我弱的根本形势没有改变以前就首先占领大城市,争取所谓"一省或数省的首先胜利"。这种错误从认识方法上说来,就是不了解一定的质变要以一定的量变为前提。

其次,任何量变的最后结果,必然是质变。这是因为,矛盾双方的斗争是绝对的,统一是相对的。当矛盾双方共居于统一体中的时候,事物处于量变状态;但这个统一体是不可能永远保持下去的,归根到底它要被矛盾双方的斗争所打破,于是事物也就进入质变状态。诚然,量变在一定的限度内不影响事物的质的稳定性,但这只是在一定限度内才是如此。矛盾双方斗争的结果,是终于要突破这个限度,而引起事物的质变的。这是量变的必然趋势。一切事物归根到底都要通过质变而转化为自己的反面。列宁说:"辩证的转化和非辩证的转化的区别在哪里呢? 在于飞跃,在于矛盾性,在于渐进过程的中断,在于存在和非存在的统一(同一)"②否认了质变是量变的必然结果,就等于否认了新事物产生的必然性,否认了世界的前进运动。这正是为反动统治阶级服务的形而上学观点。

作为形而上学的近代形态的庸俗进化论并不赤裸裸地否认事物的发展(因为近代科学已经确凿地证明了事物的发展,要公然否认是很困难的),相反地,它也在字面上"承认"发展。但是,它所谓的"发展",是只有量变而没有质变的"发展",是让旧东西永远保存下去、新东西永远不能产生的"发展"。承认这样的"发展",既可以保持似乎与近代科学成果不相抵触的外貌,又可以不损伤腐朽事物一根毫毛,对于反动统治阶级是有百利而无一害的。正因为如此,反动的资产阶级就把这种理论当作对抗唯物辩证法、反对革命的武器。实用主义者胡适为了阻挠中国革命,曾经大卖气力地贩卖过庸俗进化论。他说:实用主义"不承认根本的解决。他只承认那一点一滴做到的进步"③。

---

①　恩格斯:《自然辩证法》,人民出版社 1971 年版,第 13 页。
②　列宁:《哲学笔记》,载《列宁全集》第 38 卷,第 314 页。
③　《胡适文存》2 集卷 3,上海亚东图书馆 1928 年版,第 99 页。

他像牧师说教一样地劝导人们只注意在反动统治的范围内去解决一个一个的"具体问题",而千万不可以用革命的手段从根本上推翻反动统治。胡适的这种为帝国主义和封建主义效劳的谬论,早已被中国人民革命的车轮碾得粉碎了。

作为资产阶级代理人的修正主义者为了散布改良主义的幻想,麻痹革命人民的斗志,也必然要拾起庸俗进化论的破烂武器。第二国际的修正主义者伯恩斯坦之流,曾力图"用'素朴的'(而且是平静的)进化论去代替'狡猾的'(而且是革命的)辩证法"①。他们力图证明,资本主义可以"和平长入"社会主义,而阶级斗争和暴力革命是不必要的。现代修正主义者同老牌修正主义者一模一样,重弹庸俗进化论的老调。他们大力鼓吹"和平过渡"的谬论,硬说仅仅通过议会斗争就可以实现社会主义。他们害怕革命人民看穿了他们的欺骗阴谋,故意赶紧声明"向社会主义和平过渡的方针同右翼机会主义者的改良主义毫无共同之处"②。这种"此地无银三百两"的神情是十分可笑的。其实,正如列宁早已指出的:"资本主义自己替自己造成了掘墓人,自己造成了新制度的因素,但是,如果没有'飞跃',这些单个的因素便丝毫不能改变事物的总的状况,不能触动资本的统治。"③现代修正主义者既然从根本上修正了必须打碎资产阶级的国家机器的原理,不敢在条件成熟的时候用社会主义革命的方法来完成质变,那么他们的方针同右翼机会主义者的改良主义就不是"毫无共同之处",而是毫无不同之处。他们的声明不过是欲盖弥彰,不打自招罢了。

如果说现代修正主义者比起老修正主义者来有点什么新奇之处的话,那么这点新奇之处就在于他们把庸俗进化论用到了向共产主义过渡的问题上。他们竭力把由社会主义向共产主义的过渡描写成为一种平静的进化过程。他们宣称,既然无产阶级已经取得了政权,就永远不需要革命了;只要多生产点面包和黄油,共产主义就会自然而然地到来了。他们说:"向共产主义高级阶

---

① 列宁:《马克思主义和修正主义》,载《列宁全集》第15卷,第15页。
② (苏)乌克兰采夫:《社会主义成长为共产主义的辩证法》,苏联科学院出版社1963年版。
③ 列宁:《欧洲工人运动中的分歧》,载《列宁全集》第16卷,第347页。

段逐渐过渡的特点在于：不仅在上层建筑中不发生变革（这已经是社会主义建设时期的特点），而且在国家的经济中也不发生变革。"①这就是说，量变质变规律对于社会的发展从此不起作用了，以后人们将只看到一种平静的量变了。这种谬论，是对于唯物辩证法的公然修正，是对于社会主义国家实际情况的极大歪曲。事实表明，社会主义社会是一个由阶级社会到无阶级社会的过渡时期，是一个充满着阶级矛盾和阶级斗争的时期。在这个时期中，无论在经济战线、政治战线和思想战线上都存在着无产阶级和资产阶级、社会主义道路和资本主义道路的斗争，需要不断地进行各个领域中的革命，不断地解决矛盾（这些矛盾中有敌我矛盾，也有人民内部矛盾）；而矛盾的解决需要有量变作准备，尤其需要通过质变来完成。只有把这种"兴无灭资"的斗争五代、十代甚至几十代地坚持下去，才能够最终地消灭阶级，进入共产主义社会。如果不搞革命，只依靠所谓"逐渐过渡"，那就不仅永远到不了共产主义，而且必然会导致资本主义复辟，把无产阶级和其他革命人民用鲜血换来的社会主义成果丧失掉。这是国际共产主义运动的经验完全证明了的客观规律。现代修正主义的谬论，完全是为资本主义复辟开辟道路的。

第三节 飞跃的形式

一、飞跃的形式取决于事物的性质和条件

如前所述，任何事物都要经历由量变到质变的过程，转变为另一种事物。质变就是从一种质到另一种质的飞跃。实际生活表明，一切事物都要通过飞跃才能完成质变，但是，飞跃的形式又是多种多样的。

为什么飞跃的形式是多种多样的呢？毛泽东同志说："依事物本身的性质和条件，经过不同的飞跃形式，一事物转化为他事物"。② 这就是说，飞跃的形式是由事物内部矛盾的特殊性和事物所处的外部条件决定的。

多种多样的飞跃形式，可以大体上区分为爆发式的飞跃和非爆发式的飞

---

① （苏）乌克兰采夫：《社会主义成长为共产主义的辩证法》，苏联科学院出版社 1963年版。

② 毛泽东：《矛盾论》，载《毛泽东选集》第一卷，第 297 页。

跃两种类型。

一般说来,爆发式的飞跃是解决对抗性矛盾的质变形式,是质变过程中的对抗的斗争形式。这种飞跃的特点是表现为剧烈的外部冲突。例如自然现象中火山的爆发、炸弹的爆炸、铀核的裂变、氢核的聚合,社会现象中的暴力夺取政权等等,都是爆发式的飞跃。非爆发式的飞跃则一般说来是解决非对抗性矛盾的质变形式,是质变过程中的非对抗的斗争形式。这种飞跃的特点是不表现为剧烈的外部冲突。如物种的变异、语言的变革、人民内部的自我革命等等,都是非爆发式的飞跃。飞跃的形式是同矛盾的性质相一致的。如果矛盾的性质变了,飞跃的形式也就要随着改变,否则就不能实现飞跃。

区别两种不同的飞跃形式,并把飞跃形式同矛盾性质联系起来考察,对于革命实践是极其重要的。因为社会领域中的飞跃并不是自发地实现的,而是通过人们有意识有目的的活动实现的。因此,只有正确地认识了矛盾的性质,并根据这种认识正确地选择了飞跃的形式,才能顺利地实现飞跃。反之,如果对矛盾性质的认识有错误,选择了与矛盾的性质相违反的飞跃形式,是一定要碰钉子的。例如,在解决向反动统治阶级夺取政权这样的革命任务的时候,如果幻想不通过武装斗争,不采取爆发的飞跃形式,就一定要滚进机会主义的泥坑。反之,在领导人民内部的革命运动的时候,如果不通过"团结——批评——团结"的方式,不采取非爆发的飞跃形式,也要犯严重的错误。我们党和毛泽东同志在领导我国民主革命和社会主义革命的过程中,正确地估计了各种矛盾的性质,采取了同矛盾性质相适应的飞跃形式,极其成功地实现了巨大的历史飞跃。例如,帝国主义、封建主义和官僚资本主义同中国人民的矛盾,是敌我矛盾,是对抗性的矛盾,这样的矛盾只有通过爆发式的飞跃才能得到解决。基于这种正确认识,党在敌我力量对比发生了有利于我的根本变化的时候(也就是质变或飞跃开始的时候),在揭穿了国民党反动派的"和平"阴谋之后,采取了坚决、彻底、干净、全部地消灭国民党军队的方针,迅速地完成了巨大的飞跃。假如我党当时接受了某些人提出的通过和平谈判来解决矛盾的幻想,那就会给国民党反动派以喘息的余地和卷土重来的机会,革命事业就要遭殃,我国民主革命的伟大飞跃的实现就不知道要拖延到何日何时。这是一方面的历史经验。另一方面,在民主革命取得胜利以后,对于如何消灭民族资产阶级的问题,党和毛泽东同志却采取了不同的斗争形式。毛泽东同志指出,我国民族资产阶级是一个具有两面性的阶级,在我国无产阶级专政的条件下,它同工人阶级的矛盾有对抗性的一面,也有非对抗性的一面,总的说来是属于人民内部矛盾。因此,对我国民族资产阶级的消灭可以通过和平改造的途径来实现。这就是说,这个飞跃可以采取非爆发的形式。实践证明,我党的方针是极其英明的。

必须着重指出,爆发式的飞跃和非爆发式的飞跃的区别虽然十分重要,但是这种区别仅仅是形式的区别,仅仅是采取还是不采取外部冲突形式的区别。至于它们的内容,则都是矛盾主次双方的易位,都是矛盾的一方消灭另一方,都是旧质的灭亡和新质的产生,都是质变,都是革命。不具备这样的内容,就根本不成其为飞跃,也无所谓飞跃的形式问题了。

现代修正主义者为了阻挠革命,故意抓住飞跃的形式问题大做文章。他们普遍采用的手法,就是借口飞跃形式的多样性来否定飞跃的革命内容。他们说:"在社会主义条件下,向新质的逐渐转化对社会发展来说已经是典型的了。"①所谓"向新质的逐渐转化"又是怎么一回事呢?他们说:"现存的质让位于新的质,变成新的质,不是通过废除,而是通过尽力巩固,发展和完善现存的质。"②原来他们所说的由旧质到新质的转化(这也就是飞跃的内容),不但不要消灭旧质,反而要去"尽力巩固、发展和完善"旧质。试问:这哪里看得见一点飞跃的影子呢?现代修正主义者之所以煞费苦心地编造出这样一种奇妙的"飞跃"理论来,是为了什么呢?就是为了劝导人们把资本主义和封建主义的残余势力及其思想影响当作神物供奉起来,把那些过了时的、阻碍人们前进的制度当作神圣不可侵犯的东西永世保存起来,让这些东西越来越"巩固、发展、完善",以免真正的革命飞跃损害了一小撮特权阶层的既得利益,打烂了他们的"坛坛罐罐"。

现代修正主义者不仅借口飞跃形式的多样性来反对社会主义条件下的革

---

① 科瓦利丘克:《论向共产主义高级阶段过渡的性质》,(苏)《哲学问题》1961 年第 11 期,第 11 页。

② 科瓦利丘克:《论向共产主义高级阶段过渡的性质》,(苏)《哲学问题》1961 年第 11 期,第 121 页。

命运动,而且还借口飞跃形式的多样性来反对资本主义条件下的暴力革命和被压迫民族的解放战争。他们公然宣称,无产阶级革命和被压迫民族的解放"可以不通过爆发式飞跃,而通过渐进方式来实现"。他们的所谓"渐进方式"是什么呢? 无非就是那个臭名远扬的"和平过渡"的"理论"。据说,他们是"赞成"用无产阶级专政代替资产阶级专政的,是"赞成"民族解放的。他们反对的只有一点,就是一定要通过爆发的形式来实现飞跃。其实,全部阶级社会的历史和整个马克思列宁主义的理论证明,没有一个反动统治阶级是愿意自动退出历史舞台的。只有通过革命人民的暴力行动,即爆发式的飞跃形式,才可能把政权从反动统治阶级手里夺过来。用"和平"的方式去夺取政权,就无异乎"与虎谋皮";鼓吹用什么"渐进方式"来实现夺取政权的革命,就等于不要革命。老修正主义者早就宣扬过"资本主义和平长入社会主义"的滥调了,现代修正主义者现在又把它拾起来当作欺骗革命人民的工具,真是衣钵相传,无独有偶!

二、飞跃是一个过程

在飞跃的形式问题中,包括飞跃时间的长短问题。这也是一个有实践意义的问题。

对同一事物说来,飞跃即质变总是比量变要迅速得多。但是,飞跃也是运动的一种状态,也必须在时间中进行,而不可能不需要一定的时间。量变是一个过程,飞跃也是一个过程。这个过程的长短,取决于事物的具体特点。有的极其短促,有的十分漫长。例如,某些基本粒子的衰变过程可以短到几十亿分之一秒,由基本粒子间的弱相互作用决定的物理过程可以短到一百亿分之一秒(10^{-10}秒),由强相互作用决定的物理过程则可以短到一百亿亿亿分之一秒(10^{-20}秒);而从猿到人的过程则经历了大约四十万年;从无机物到有机物,从无生命的物质到有生命的物质,其飞跃的过程还要长得多。

可见,判断一个过程是不是飞跃,不能根据这个过程的长短(因为甲过程的飞跃所需要的时间可能比乙过程的量变所需要的时间还要长得多),而只能根据具体事物内部的矛盾状况。只要事物内部的矛盾双方的原有联系还没有开始破裂,统一体还相对稳定地存在着,矛盾双方的主次地位还没有发生变化,那么,不管这种状态持续了多久,都是量变;反之,只要事物内部的矛盾双方的原有联系已开始破裂,统一体已开始分解,矛盾双方的主次地位已开始发生转化,那么,不管这种状态持续了多久,都是飞跃。只有首先根据事物内部的矛盾状况判定了过程是属于量变还是属于飞跃以后,再去估计它们所需要的时间才是有意义的。

在革命和建设工作中,正确地估计各种具体事物实现飞跃所需要的时间,是一件十分重要的事情。一般说来,如果把飞跃所需要的时间估计得太短,就容易犯"左"的错误;如果把飞跃所需要的时间估计得太长,就容易犯右的错误。例如,在由资本主义到共产主义的历史时期,就有许多飞跃,每一次飞跃所需要的时间都是不同的。用暴力从反动统治阶级手里把政权夺过来,大约只要几年、几个月甚至几天的时间就够了;在经济战线上实现由私有制到公有制的飞跃,需要几年甚至十几年;要完成向共产主义的飞跃,需要的时间就更要长得多。我们党和毛泽东同志运用马克思列宁主义的一般原理分析了国际国内的实际情况,对于每一个飞跃所需要的时间都作了恰如其分的估计,这就保证了党和人民在飞跃到来的时候能够积极地而又稳妥地把握复杂多变的进程,达到预定的目的。

第三章　肯定否定规律

第一节　肯定和否定

一、事物内部的肯定因素和否定因素

肯定否定规律（即否定之否定规律）是对立统一规律的又一具体形态，这个规律表明，事物发展的总趋势是前进的，而前进的道路是曲折的。

事物内部包含着两种对立的因素：肯定因素和否定因素。肯定因素是决定事物性质的因素，是保持事物存在的因素，是事物的正面；否定因素则是同事物的性质相反的因素，是促使事物灭亡的因素，是事物的反面。事物发展趋势的前进性和前进道路的曲折性，就是由这两种因素的斗争决定的。

事物的肯定因素，在事物刚刚产生的一段时间内，是促进事物发展的新生力量。这时整个事物处在上升时期，它的存在是必要的、合理的。但是，经过一定的时间，事物的肯定因素就会逐渐变成阻碍事物发展的衰朽力量。这时整个事物就进入了没落时期，它的存在就变成不必要的、不合理的，而终究要被新的事物所代替。例如历史上的奴隶主阶级、封建地主阶级和资产阶级在取得统治权力以前和取得统治权力以后的一段时间内，都曾经是革命者、先进者，它们所代表的社会制度的存在也是必要的、合理的。但是在随后的一段时间内，由于它们的对立面奴隶阶级、农民阶级和无产阶级逐渐壮大，同它们进行越来越厉害的斗争，它们就逐渐变成反动者、落后者，它们所代表的社会制度也变成了不必要的、不合理的，而终究要被新的社会制度所代替了。

至于事物的否定因素，则有两种不同的情况。一种情况是，事物的否定因素代表着新的更高级的事物。这样的否定因素，在事物发展的全过程中自始至终是推动事物发展的新生力量。这种力量开始比较弱小，愈到后来就愈趋

壮大;到了事物的肯定因素严重阻碍事物发展的时候,这种否定因素就必然要战胜肯定因素,否定旧事物而产生新事物,这时事物就前进了一步。例如,资本主义社会中的无产阶级,就是资本主义社会中的具有革命性的否定因素。另一种情况是,事物的否定因素代表着已被战胜但还未被彻底消灭的旧事物的残余(它在已被否定的旧事物中曾居于肯定因素的地位)。这样的否定因素,则自始至终是阻碍事物发展的腐朽力量。在一定的条件下,这种否定因素也可能压倒事物的肯定因素,使整个事物回到较低级的状态去,这时事物就倒退了一步。例如,资本主义社会中的封建残余势力,社会主义社会中的资本主义势力,就是具有反动性的否定因素。革命的否定因素战胜肯定因素是事物发展的必然趋势,反动的否定因素战胜肯定因素则只是事物发展过程中的暂时现象。

在考察任何具体事物的时候,必须同时看到它的肯定因素和否定因素。如果看不到事物的肯定因素,就不能正确地把握事物当前的性质;如果看不到事物的否定因素,就不能正确地展望事物发展的前途。马克思说:辩证法"对现存事物的肯定的理解中同时包含现存事物的否定的理解,即对现存事物的必然灭亡的理解"①。毛泽东同志说:"我们必须学会全面地看问题,不但要看到事物的正面,也要看到它的反面。"②同时,在考察事物的肯定因素和否定因素的时候,还应当根据它们在事物发展过程中的作用,来决定我们对待它们的态度。如果它们对事物的发展起着促进作用,就应当予以支持,如果它们对事物的发展起着阻碍作用,就应当予以反对。

二、唯物辩证法的否定观

事物内部的肯定因素和否定因素是不断地斗争着的。唯物辩证法把肯定因素居于矛盾主要方面的情形叫作肯定,而把否定因素战胜肯定因素而跃居于矛盾主要方面的变化叫作否定。从发展的观点看来,否定比肯定具有更重大的意义。这是因为,只有通过否定,事物才能实现由低级到高级的发展,新

---

① 马克思:《资本论》第 1 卷,第 24 页。
② 毛泽东:《关于正确处理人民内部矛盾的问题》,载《毛泽东文集》第七卷,人民出版社 1999 年版,第 238 页。

事物才能代替旧事物。原始公社制度、奴隶制度、封建制度、资本主义制度和社会主义制度的更替,都是通过否定实现的。

唯物辩证法所理解的否定,是变革和继承的统一。

首先,唯物辩证法认为,否定不是进化,不是改良,不是旧事物在新形势下的继续,而是质变,是革命,是旧事物的死亡和新事物的产生。① 因为从对立统一规律的观点看来,所谓否定,就是矛盾的主次双方的易位,就是矛盾的新的一方战胜旧的一方。因此,经过否定,"旧事物的性质就变化为新事物的性质"②了。新事物只能在旧事物死亡的废墟上产生出来;不消灭旧事物,新事物就无从产生。社会主义制度是在资本主义制度死亡的废墟上产生的,马克思主义哲学是在旧哲学死亡的废墟上产生的,一切新事物的产生都是这样。"不破不立"这句话,是合乎辩证法的。庸俗进化论不承认这一点,而把事物的发展说成是平滑的进化,这是根本违反客观实际的。

其次,唯物辩证法又认为,否定不是旧事物的一笔勾销,而是包含着继承的因素。在否定中被消灭了的是旧事物的根本性质,至于旧事物中那些经过改造以后可以成为新事物的营养料的个别因素,却被新事物吸取过来,加以改造,作为新事物的有机成分而保留了下来。社会主义制度消灭了资本主义制度,但在资本主义制度下发展起来的生产力和科学技术却经过改造而被保留下来了;马克思主义哲学埋葬了旧哲学,但旧哲学中的唯物论和辩证法的积极因素却经过改造而被保留下来了。列宁说:辩证法的否定是"保持肯定的东西"③的否定,正是指的这种情形。批判地吸取旧事物中的有积极意义的个别因素,固然不是新事物比旧事物更高级、更富于生命力的根本原因,但却是一个重要的原因。形而上学把否定理解为简单地抛弃旧事物中的一切,这也是不符合客观实际的。

---

① 这里所说的否定,是指由于代表新生力量的否定因素战胜代表腐朽力量的肯定因素而引起的前进运动。至于由于代表旧残余的否定因素暂时地战胜肯定因素而引起的倒退运动,虽然也是质变,但并不意味旧事物的死亡和新事物的产生,而仅仅意味着比现存事物更旧的腐朽事物的复辟。因为这种情况只是事物发展过程中的暂时的逆流,而不是事物发展的一般趋势,所以我们在说到否定的时候,除了特别注明的以外,一般都不是指的这种情况。

② 毛泽东:《矛盾论》,载《毛泽东选集》第一卷,第298页。

③ 列宁:《哲学笔记》,载《列宁全集》第38卷,第244页。

三、唯物辩证法否定观的实践意义

唯物辩证法的否定观,具有重大的实践意义。

既然否定是质变,是革命,是旧东西的死亡和新东西的产生,那么,我们就必须以革命的眼光来对待新旧事物之间的关系。对于已经失去了存在的合理性的旧事物,就不应当修修补补,加以改良,而应当同它彻底决裂,从根本上加以变革。毛泽东同志说:"只有破坏旧的腐朽的东西,才能建设新的健全的东西。"①"破旧"是"立新"的前提。不破坏帝国主义、资本主义和一切剥削制度,就不能建立共产主义制度;不破坏头脑里面的资产阶级世界观,就不能树立无产阶级世界观;不破坏修正主义,就不能发展马克思列宁主义。有人以为,对于像帝国主义、修正主义这样极端反动的事物,当然是应当彻底决裂的,可是对于那些曾经起过进步作用的东西,例如文化遗产中的精华部分,就没有彻底决裂的问题了。这种看法是似是而非的。就以文化遗产为例吧。过去几千年来的文化遗产中,有许多东西在当时就是反动的。这些糟粕无疑是应当扫除的。文化遗产中当然有曾经起过进步作用的东西,即精华的部分。但是,这些东西一般说来仍然是剥削阶级的意识形态,是剥削制度的上层建筑,是为剥削阶级的利益服务的。在今天的社会主义时代,如果原封不动地把它们照搬过来,就只能起反动的作用。例如历史上新兴资产阶级的意识形态,曾经猛烈地抨击过封建制度,对历史的发展起过促进的作用,正因为这样我们才说它里面包含着民主性的精华。但是,它在抨击封建制度的时候所宣扬的那些东西,例如"自由、平等、博爱"、"个性解放"等等,仍然是另一种剥削阶级即资产阶级的意识形态,仍然是为另一种剥削制度即资本主义制度服务的。一切剥削阶级的意识形态,说到底,无非是说"奴隶制度好"、"封建主义好"、"资本主义好",而绝不可能说"社会主义好"、"共产主义好"。它们同无产阶级的意识形态是根本对立的。如果因为它们曾经在历史上起过进步作用,就以为它们在社会主义条件下也可以起进步作用,可以为社会主义的经济基础服务,为无产阶级服务,那是完全错误的。因此,即使对于文化遗产中的精华部分,也必

---

① 毛泽东:《新民主主义的宪政》,载《毛泽东选集》第二卷,第690页。

须进行分析和批判;而且就某种意义说,正因为是精华,在群众中有较大的影响,就更加需要注意批判。不同这些剥削阶级的意识形态彻底决裂,就不可能建立和发展无产阶级的意识形态。对待文化遗产应当这样,对待一切旧事物也都应当这样。这是一方面。

另一方面,既然否定包含着继承的因素,那么所谓同旧事物彻底决裂,就不能理解为全盘抛弃,置之不理。对于旧事物中一切可以利用的因素,是可以而且必须批判地吸收过来,作为新事物的营养料的。列宁在说到文化遗产问题的时候指出:"无产阶级文化并不是从天上掉下来的,……无产阶级文化应当是人类在资本主义社会、地主社会和官僚社会压迫下创造出来的全部知识发展的必然结果。"①又说:"马克思主义这一革命的无产阶级思想体系赢得了世界历史性的意义,是因为它并没有抛弃资产阶级时代最宝贵的成就,相反地却吸收和改造了两千多年来人类思想和文化发展中一切有价值的东西。"②毛泽东同志在说到共产党员的学习任务时,除了指出必须学习马克思主义的理论和研究当前革命运动中的实际问题之外,还指出了用马克思主义的方法批判地总结历史遗产的必要性。他说:"今天的中国是历史的中国的一个发展;我们是马克思主义的历史主义者,我们不应当割断历史。从孔夫子到孙中山,我们应当给以总结,承继这一份珍贵的遗产。这对于指导当前的伟大的运动,是有重要的帮助的。"③他反复指出,必须把文化遗产分析为精华和糟粕两部分,然后剔除糟粕,吸收精华,既不可兼收并蓄,也不可全盘抛弃。全盘抛弃的做法,从表面上看来似乎同旧事物彻底决裂了,实际上并不能真正战胜旧事物,也不能真正创立新事物。

在辩证法的否定观中,变革和继承的地位并不是平列的,变革是主导的方面。继承之所以必要,正是为了变革。继承本身不是目的,继承的目的是破旧立新、除旧布新或推陈出新。只有这个意义上的继承,才是革命的继承,才是我们所需要的继承。在今天,只有以无产阶级的根本利益为标准,以马克思主义世界观为标准,才能确定哪些东西应当继承,哪些东西不应当继承。如果离

---

① 列宁:《青年团的任务》,载《列宁全集》第31卷,第254页。
② 列宁:《论无产阶级文化》,载《列宁全集》第31卷,第283页。
③ 毛泽东:《中国共产党在民族战争中的地位》,载《毛泽东选集》第二卷,第499页。

开了变革来谈继承,为继承而继承,势必走上厚古薄今,颂古非今的错误道路。其次,对于旧事物中积极因素的继承也不是原封不动地照搬,不是生吞活剥,而必须是根据变革的需要加以批判和改造,把它们熔铸成为新事物的有机成分。由此可见,在变革和继承两方面只看到一个方面,是错误的;把变革和继承两方面平均看待,或者把它们的主次地位颠倒过来,也是错误的。毛泽东同志指出:"我们必须尊重自己的历史,决不能割断历史。但是这种尊重,是给历史以一定的科学的地位,是尊重历史的辩证法的发展,而不是颂古非今,不是赞扬任何封建的毒素。对于人民群众和青年学生,主要地不是要引导他们向后看,而是要引导他们向前看。"①这是处理变革和继承的关系时必须遵循的马克思列宁主义的原则。

现代修正主义者在继承优秀文化遗产的幌子下,故意混淆时代的界限和阶级的界限,特别是无产阶级思想和资产阶级思想的界限,在马克思主义词句掩盖下大肆贩卖资产阶级的陈货。他们极力吹捧西欧资产阶级革命时期的文艺"高峰"和理论"高峰",宣扬资产阶级的人性论和人道主义,说什么"科学共产主义思想体系是人道主义的新的最高形式"②,"我们时代的真正的人道主义哲学就是辩证唯物论和历史唯物论"③,甚至把"自由、平等、博爱"这样的资产阶级口号作为共产主义的"历史使命"而写在共产党的纲领上④。这是极端荒谬的。人道主义和"自由、平等、博爱"之类的东西,作为资产阶级的意识形态和政治口号,曾经在反封建的斗争中起过一定的积极作用。但是就在当时,这些理论和口号也具有极大的虚伪性。至于在资本主义走向死亡、社会主义和共产主义走向胜利的今天,在马克思主义已经清楚地揭示了无产阶级和资产阶级的根本对立的今天,这些理论和口号就只能起阻挠革命斗争的反动作用了。现代修正主义者偏偏要在这个时候拾起早已进了历史博物馆的资产阶级陈货,把它们贴上"共产主义"的标签来沿街叫卖,正好表明他们为了反

---

① 毛泽东:《新民主主义论》,载《毛泽东选集》第二卷,第668页。
② 费多谢也夫:《社会主义和人道主义》,1958年俄文版,第7页。
③ 凯列:《唯物论和人道主义》,(苏)《共产党人》1961年第8期。
④ 《苏联共产党纲领》,载《苏联共产党第22次代表大会文件汇编》(下册),人民出版社1961年版,第1377页。

对无产阶级革命、保护垂死的帝国主义,已经到了不择手段的地步。

第二节 由肯定到否定,由否定到肯定

一、波浪式的前进运动

当事物内部的肯定因素居于矛盾的主要方面时,事物的性质不变,这是事物的肯定阶段。当事物内部的否定因素通过斗争战胜了肯定因素而跃居于矛盾的主要方面时,事物就发生质变,否定自己,变成另一事物,这叫作事物的否定阶段。事物的否定阶段同样也包含着自己的矛盾,由于同样的原因也要发生质变,否定自己,变成另一事物,这是否定之否定阶段,也就是新的肯定阶段。这是两个过程:一个是由肯定到否定,另一个是由否定到肯定。事物的发展就是这样循环往复进行的;而每一次的循环总是使事物发展到了比较高级的程度。这是事物发展所遵循的一般道路。

由肯定到否定、又由否定到肯定,表现为波浪式的前进运动。

为什么说这是波浪式的运动呢? 因为由肯定到否定,是事物由正面走到反面的过程;由否定到肯定,则是由反面走到反面的反面的过程。反面的反面同原来的正面是不同质的,但是它却在新的基础上重复了原来的正面的某些特征,以至出现一种"仿佛是向旧东西的回复"[①]的现象,形成了一个周期。就这个意义说,它又"回到"了正面,不过不是原来的正面,而是新的正面。如果把原来的正面即肯定阶段比喻作"波峰"的话,那么事物的反面即否定阶段就好比是"波谷",事物的新的正面即新的肯定阶段就好比是新的"波峰"。由肯定到否定、又由否定到肯定,就好比是由"波峰"到"波谷"、又由"波谷"到"波峰"。两个"波峰"之间就出现了"仿佛回复"的现象,形成了一个周期。所以说,事物的发展是波浪式的,而不是直线式的;是走"之"字路的,而不是走"一"字路的;是往返曲折的,而不是径情直遂的。

为什么又说这是前进运动呢? 因为否定是新事物的产生和旧事物的灭亡。事物由肯定阶段到否定阶段,肯定阶段被否定了,这是一个前进;事物由

---

① 列宁:《哲学笔记》,载《列宁全集》第38卷,第239页。

否定阶段到新的肯定阶段,否定阶段又被否定了,这又是一个前进。由原来的肯定阶段到新的肯定阶段,绝不是简单的循环,而是在更高的基础上的循环。新的肯定阶段是本质上不同于前两个阶段的更高级的阶段。所谓"回复",仅仅是"仿佛"回复,并不是真的回复;仅仅是"某些特征、特性等等"①的回复,不是全部的回复;是"在高级阶段上"的回复,不是在原来基础上的回复。正如由第一个"波峰"到第二个"波峰",看来仿佛是又回到"波峰"了,但是第二个"波峰"的位置却比第一个"波峰"的位置前进了。事物通过由肯定到否定、又由否定到肯定的循环往复,不是在原来的地方兜圈子,而是实现了由低到高级的发展,正像长江大河波涛滚滚地向前奔流一样。

波浪式的前进运动,是事物发展的普遍规律。现在我们举一些最常见的例子来加以说明。

先看自然现象。例如,麦粒在适当的条件下发芽生长,变成了植物,这是从肯定到否定;植物经过一系列的生长环节,最后又产生麦粒,于是麦秆就枯萎了,这是由否定到肯定。从麦粒开始又回到麦粒,仿佛是向旧东西的回复;但实际上新产生的麦粒不仅数量比原来的麦粒更多,而且如果经过人工培育的话,品种也会有所改进。

再看社会现象。例如,原始公社是无阶级的社会,原始公社发展到顶点就否定了自己,变成了阶级社会,这是由肯定到否定;阶级社会经过一系列的发展阶段,最后又将变成无阶级的社会,即共产主义社会,这是由否定到新的肯定。由无阶级的社会到无阶级的社会,仿佛是向旧东西的回复;但实际上共产主义社会却比原始公社高级得不可比拟。又如,修正主义的出现使国际共产主义运动的团结受到破坏,这是由肯定到否定;然而全世界马克思列宁主义者的坚决斗争必将彻底击败修正主义,使国际共产主义运动重新团结起来,这又是由否定到肯定。由团结到团结,仿佛又回到了原来的出发点;但实际上,战胜了修正主义之后的团结是在更高的马克思列宁主义思想水平的基础上的团结,是更加巩固的团结。

再看思维现象。例如,在哲学史上自发的辩证法被形而上学所否定,这是

---

① 　列宁:《哲学笔记》,载《列宁全集》第 38 卷,第 239 页。

由肯定到否定;形而上学又被马克思主义的辩证法所否定,这又是由否定到肯定。由辩证法到辩证法,仿佛是回到了原来的出发点;但实际上,马克思主义的辩证法却是同自发辩证法根本不同的科学的辩证法。此外,如人们认识过程中的实践——认识——实践、特殊——一般——特殊、具体——抽象——具体等等,都是由肯定到否定、又由否定到肯定的波浪式的前进运动。

二、对曲解这一规律的若干论点的批判

波浪式的前进运动本来是支配一切事物发展过程的客观规律。但是,对于这个规律,历来有种种曲解和误解。下面我们就对几种常见的错误意见进行一些分析和批判。

第一种意见:不是把否定了解为事物内部矛盾斗争的结果,而是了解为外力作用的结果。例如有人问:把麦粒磨碎了,这也是由肯定到否定;可是它如何再从否定到新的肯定,如何表现出波浪式的前进运动呢? 这个问题的提出,就表明了提问者是以形而上学的观点来理解否定的。辩证法所理解的否定,是事物内部矛盾斗争的结果,是事物的自我否定,而不是从外面把事物的正常发展过程打断。把麦粒磨碎,这就结束了麦粒内部矛盾的发展史,打断了正常的发展过程,使麦粒沿着由肯定到否定、由否定到肯定的发展成为不可能,当然就无所谓波浪式的前进运动了。肯定否定规律本来是事物自己运动的规律,现在既然已经破坏了事物的自己运动,再来问事物是否遵守这一规律,这显然是不合理的;正如把一个生物弄死以后再来问它是否遵守同化和异化的规律是不合理的一样。

第二种意见:不是把否定了解为质变,而是把否定了解为量变。有人说:唯物辩证法说事物经过两度自我否定就会表现为一个波浪,出现"仿佛向旧东西的回复"的现象,是套用黑格尔的三段式,实际上事物的发展并不遵循这个规律。例如由麦粒到植物是一个否定,由植物到植物的开花又是一个否定,而花和麦粒之间并没有"回复"现象。这种意见是站不住脚的。首先,唯物辩证法的肯定否定规律同黑格尔的三段式毫无关系。黑格尔的三段式是用来构造他的唯心论体系的杠杆,是牵强附会地生造出来的东西;而唯物辩证法的肯定否定规律则是从自然、社会和思维现象中科学地概括出来的东西,二者是根

本不同的。其次,唯物辩证法所理解的否定,是矛盾双方的根本易位,是质变,而不是随便一种变化。由麦粒到植物诚然是一个否定,但由植物到植物的开花则并不是什么否定,因为花不过是植物的器官,开花后的植物仍然是植物,并没有发生什么质变;只有由植物到新麦粒的产生才是又一个否定。所以,举出上面的例子来"反驳"肯定否定规律,是达不到目的的。

第三种意见:以事物发展过程中的倒退现象为理由,来否认波浪式前进运动的总趋势。有人说:事物的发展并不总是波浪式地前进,有时也有倒退情况,可见把波浪式前进作为事物的发展规律是不对的。这种意见的错误在于不了解波浪式前进正是指的事物发展的一般趋势,而不是指的个别场合的个别情况。唯物辩证法当然承认事物发展过程中有倒退的情况,有时甚至会有严重的倒退,巨大的反复。例如某些社会主义国家中的资本主义复辟就是一个例子。但是问题在于:这种倒退的情况能不能改变事物的前进运动的总趋势呢? 显然是不能的。倒退只是暂时的、局部的现象,归根到底事物还是要前进的。正像大江中的漩涡和回流并不能改变大江东去的总趋势一样。而波浪式前进的规律所反映的本来也正是事物发展的这种一般趋势。可见,借口局部情况来否认一般趋势,是不能成立的。

第四种意见:不是把肯定否定规律了解为研究的指南,而是把它曲解为证明的工具。有些反对马克思主义的人硬说马克思主义的社会革命论是以肯定否定规律为"接生婆"而创造出来的,似乎马克思的论证是:因为资本主义否定了小生产的个人所有制,所以它自己也必将为更高级的个人所有制(即社会主义)所否定。这完全是捏造。实际上,马克思在《资本论》中用了五十多页的篇幅对资本的原始积累过程进行了具体的分析,指出了以个人劳动为基础的小生产所有制怎样在一定的条件下产生了资本主义,并在最后被资本主义所否定;然后,资本主义又怎样由于自己内部的矛盾而必然走向自己的反面,为社会主义所否定。马克思的这个论断,完全是建立在大量的实际材料和精确的经济分析的基础之上的,完全不需要什么"公式"的帮助。只是在作出了这种科学论断之后,他才指出这个过程同时还是否定之否定的过程。可见,说马克思的上述论断是从肯定否定规律中"推"出来的,是靠了这个"接生婆""接"出来的,完全是污蔑。马克思主义认为,只有对客观实际事物进行具体的分析和研究,才能得出科学的结论;至于一般的哲学原理,只能作为进行这种具体研究时的向导,而决不能作为证明某一具体结论的工具。把一般原理简单地往具体事物上硬套,而不对具体事物进行具体分析,这恰恰是马克思主义坚决反对的。

三、这一规律的实践意义

肯定否定规律揭示了事物的发展道路是波浪式的前进运动,这对无产阶级的实践活动的指导意义是十分重大的。

第一,这个规律告诉我们,事物的发展道路是曲折的,不是直线的。在事物发展的长途中,只有实现了第一个否定,才能实现第二个否定,即把事物推到新的肯定阶段。因此,当现实生活中出现了否定时,我们就应当把它作为前进运动的一个环节来对待,努力通过这个环节来促成第二个否定即新的肯定阶段的实现。在某种情况下,为了更快地把事物推向前进,我们甚至有必要按照事物的特性,有计划地去创造第一个否定,以便实现新的肯定。列宁所说的"为了更准确地前进而后退"①,毛泽东同志所说的"为了进攻而防御,为了前进而后退,为了向正面而向侧面,为了走直路而走弯路"②,就是指的这种情形。例如在我国民主革命时期同敌人进行武装斗争时,在一定的条件下,我们往往有计划地放弃一些土地。从占有土地到放弃土地,是一个否定。但是这个否定的作用是积极的。因为正是通过有计划地放弃一部分土地,我们才保存了自己,歼灭了敌人的有生力量,争取了时间,积累了战斗经验,教育了群众,到了一定的时候,我们就可以实现第二个否定,即重新占有土地,并且扩大土地了。这显然是"赚钱生意"。毛泽东同志说:"事物是往返曲折的,不是径情直遂的",③如果不肯按照事物的发展规律走一些必要的弯路,而只肯走那种主观幻想的"笔直又笔直"的路,结果就会事与愿违,被迫走更大的不必要的弯路。例如我国第二次国内革命战争时期的犯"左"倾机会主义错误的同志,拒绝毛泽东同志提出的正确的战略方针,不顾当时敌强我弱的客观形势,

---

① 列宁:《哲学笔记》,载《列宁全集》第38卷,第310页。
② 毛泽东:《中国革命战争的战略问题》,载《毛泽东选集》第一卷,第180页。
③ 毛泽东:《论持久战》,载《毛泽东选集》第二卷,第476页。

主观主义地提出所谓"御敌于国门之外"、"不丧失一寸土地"的错误方针。这种直线式的做法，使我军在第五次反"围剿"中遭到严重的损失，走了一个大弯路。革命的经验教训告诉我们，无产阶级政党要在复杂多变的革命长途中实现自己的战略目标，就必须按照事物发展的曲折道路，发挥策略上的灵活性，以便绕过暗礁，顺利地到达目的地。

第二，这个规律又告诉我们，事物的发展趋势是前进的，不是循环的，不是后退的。因此，在估计事物发展道路的曲折性的时候，决不可以忘记前进运动的总趋势。后退的情形是有的，但是这并不能改变事物前进运动的总趋势。毛泽东同志在抗日战争的艰苦年代里指出："和中外反动派的预料相反，法西斯侵略势力是一定要被打倒的，人民民主势力是一定要胜利的。世界将走向进步，绝不是走向反动。当然应该提起充分的警觉，估计到历史的若干暂时的甚至是严重的曲折，可能还会发生；许多国家中不愿看见本国人民和外国人民获得团结、进步和解放的反动势力，还是强大的。谁要是忽视了这些，谁就将在政治上犯错误。但是，历史的总趋向已经确定，不能改变了。"①他把人民和反动派的发展的总趋势概括为两种相反的逻辑：人民的逻辑是"斗争，失败，再斗争，再失败，再斗争，直到胜利"，反动派的逻辑则是"捣乱，失败，再捣乱，再失败，直到灭亡"，他指出这是"马克思主义的定律"②。毛泽东同志在分析任何时期的革命形势时，总是一方面指出斗争道路的曲折性，另一方面又指出历史进步的总趋势，用这种思想来武装革命人民，教导革命人民不要被历史发展的曲折现象蒙住了眼睛，迷失了方向，忘记了推动历史前进、争取革命胜利这个根本任务。他说："我们的让步、退守、防御或停顿，不论是向同盟者或向敌人，都是当作整个革命政策的一部分看的，是联系于总的革命路线而当作不可缺少的一环看的，是当作曲线运动的一个片断看的。一句话，是积极的。"③违背了这个原则，必然要陷进右倾机会主义的泥坑。我国民主革命时期的陈独秀右倾机会主义者把革命的领导权拱手让给资产阶级，以王明为代表的右倾机会主义主张"一切通过统一战线"（实际上是一切通过蒋介石），这样的妥

———————————

①　毛泽东：《论联合政府》，载《毛泽东选集》第三卷，第932页。
②　毛泽东：《丢掉幻想，准备战斗》，载《毛泽东选集》第四卷，第1375页。
③　毛泽东：《统一战线中的独立自主问题》，载《毛泽东选集》第二卷，第503页。

协和让步就纯粹是消极的,是损害革命的。无产阶级政党要把革命引向胜利,就必须透过事物发展的固有的曲折性看到自己的终极目标,坚持革命的原则性。必须永远记住,只有有利于壮大革命力量、削弱反动力量的妥协,才是正确的妥协;只有有利于更好地进攻的退却,才是正确的退却。在理论上、纲领上、旗帜上的让步,是绝对不能允许的。

总之,"无产阶级政党必须坚持高度的原则性,也要有灵活性,有时也要实行必要的妥协。但是,不能借口灵活性和必要的妥协,而根本放弃原则的政策和革命的目的。"①现代修正主义者恰恰从根本上违反了这一马克思列宁主义的原则。他们硬说什么民族解放战争和人民革命战争的星星之火会导致一场毁灭人类的世界大战,并以此为借口,强迫各国人民停止斗争,向帝国主义和反动派屈膝投降。他们念着所谓"和平共处"、"和平竞赛"、"和平过渡"的符咒,硬要各国革命人民俯首听命。谁如果不接受他们的这一套,就是没有"列宁式的勇气",就是提倡"死尸运动",就是不懂得革命的"策略",就是"'左'倾冒险主义"。他们妄图由美苏两个大国共同主宰世界,扑灭革命。这是对马克思列宁主义的大背叛,对世界革命人民的大出卖。如果不粉碎他们的反革命路线,就会葬送掉世界革命的前途。

第三节　新生事物的不可战胜性

一、新生事物的概念

事物发展的道路是波浪式的前进运动,已如前述。所谓前进,就是新事物的产生和旧事物的灭亡。当我们说到事物的发展是一种前进运动时,就意味着新生事物是不可战胜的。因此,这个原理应当被看作是肯定否定规律的一个重要内容。

为了说明这个原理,先要说明新生事物的概念。

有人以为凡是过去没有出现过的东西就是新生事物。这种看法是错误

---

① 《关于国际共产主义运动总路线的建议》,载《关于国际共产主义运动总路线的论战》,人民出版社 1965 年版(小字本),第 20—21 页。

的。例如,由修正主义的党统治一个国家,这是第二次世界大战以前从来没有出现过的现象,能不能算是新事物呢？显然不能。有人以为愈晚出现的就愈是新生事物。这种看法也是错误的。例如,法西斯主义的出现比马克思主义的产生晚好几十年,难道马克思主义倒是旧事物,法西斯主义倒是新事物吗？这显然是荒谬的。还有人以为凡是自称为新生事物的就是新生事物。这种看法也是不对的。赫鲁晓夫把他的一套修正主义货色说成对马克思列宁主义的"新"贡献,苏共新领导上台以后又把自己说成是执行"新"路线的"新"人物,难道他们真是新生事物吗？当然不是。实际上,所有这些东西不仅不是什么新生事物,而且是极端腐朽,极端反动的事物。在社会领域中,腐朽反动的事物在面临死亡的威胁时,往往要竭力标榜一个"新"字。它们往往用迷人的外衣把自己伪装起来,冒充新生事物,反而把真正的新生事物说成是"过时"的、"陈旧"的事物。如果我们只看表面,不看实质,就会把以新姿态、新装潢出现的腐朽事物当成了新生事物,就会在阶级斗争中上当。

那么,究竟什么是新生事物呢？

在唯物辩证法看来,只有同历史发展的客观要求相符合的、具有成长壮大的必然性的事物,才是新生事物。相反,那些同历史发展的客观要求相违背的、正在走向灭亡的事物,无论作何姿态,弄何玄虚,都只能是旧的、腐朽的事物。这是区分新生事物和腐朽事物的唯一标准。例如共产主义的思想体系和社会制度是自有人类历史以来最完全最进步最革命最合理的,它"正以排山倒海之势,雷霆万钧之力,磅礴于全世界,而葆其美妙之青春"[1],这是真正的新生事物;至于资本主义的思想体系和社会制度,则已经或者快要进历史博物馆了,只能是腐朽的、反动的事物。

考察一个事物是不是新生事物,不能离开具体的历史条件。有的事物曾经是新生事物,但是在它内部生长起来的更高的条件下,它却变得同历史发展的客观要求相抵触,失去了存在的合理性,成为应当灭亡的东西,因而不再是新生事物,而是腐朽事物了。奴隶制度、封建制度和资本主义制度在历史发展的一定阶段上都曾经是适合生产力发展要求的制度,在这个时期它们曾经是

---

[1]　毛泽东:《新民主主义论》,载《毛泽东选集》第二卷,第647页。

新生事物。但是,随着生产力的进一步发展,它们却逐渐变成了生产力发展的桎梏,成为应当被消灭的腐朽事物了。

二、新生事物的不可战胜性

唯物辩证法认为,只要是新生事物,那么归根到底是不会被任何腐朽力量所战胜的,相反,它必然要战胜一切腐朽力量,为自己的成长壮大开辟道路。

为什么是这样呢? 因为:

第一,新生事物是同历史发展的要求相一致的,是适合于当前的条件的,因此,没有什么力量能够阻止它的成长壮大。例如当资本主义制度同生产力发展的要求相抵触的时候,只有社会主义制度才能适合生产力进一步发展的要求,因此,它在同资本主义制度相斗争的时候就必然要取得最后的胜利。

第二,新生事物在根本改变了旧事物的同历史发展的要求相违背的性质的时候,批判地吸取了旧事物中某些积极的合理的因素,因此,在这一点上它也比旧事物更优越。例如社会主义制度消灭了资本主义制度,但是却继承和改造了资本主义制度下发展起来的生产力和科学技术,并使它们在新的基础上得到更大的发展。

第三,在社会历史领域中,新生事物是符合于人民利益的,它必然受到广大人民群众的支持,而人民群众的力量归根到底总是比反动统治阶级更强大,因此,新生事物的最终胜利是不可阻挡的。例如在当代,只有社会主义制度才能使广大人民摆脱帝国主义、资本主义和剥削制度所造成的苦难,因此它受到千百万人民群众的拥护和支持,它不可避免地要赢得世界性的胜利。

毛泽东同志说:"任何事物的内部都有其新旧两个方面的矛盾,形成一系列的曲折的斗争。斗争的结果,新的方面由小变大,上升为支配的东西;旧的方面则由大变小,变成逐步归于灭亡的东西。而一当新的方面对于旧的方面取得支配地位的时候,旧事物的性质就变化为新事物的性质。"[1]这种新陈代谢的规律是"宇宙间普遍的永远不可抵抗的规律"[2]。

---

[1] 毛泽东:《矛盾论》,载《毛泽东选集》第一卷,第 297—298 页。
[2] 毛泽东:《矛盾论》,载《毛泽东选集》第一卷,第 297 页。

但是,这是不是说,新生事物走向胜利是一帆风顺的呢? 不是的。唯物辩证法认为,"任何新生事物的成长都是要经过艰难曲折的。"①其所以如此,是因为:

第一,新生事物在开始出现的时候总是弱小的、处于被支配地位的,这时,同它相对立的腐朽事物则还保持着较强大的力量,处于支配的地位,并且总是尽它最大的努力来压迫、扼杀和摧残新生事物。在这种情况下,新生事物不通过极其艰苦的斗争,就不可能由小变大,由弱变强,最终战胜腐朽事物;在斗争的过程中必然要经过胜利和失败、前进和后退的多次反复,才能取得支配地位。历史上任何一种革命力量,没有不是经过这样的曲折道路才走向胜利的。俄国十月革命和中国革命曾经是这样,今天亚洲、非洲和拉丁美洲各国人民的革命也将是这样。

第二,即使新生事物已经通过严重的斗争取得了支配地位,腐朽事物也并没有立即消灭,它仍然同新生事物进行斗争。在一定的条件下,它还可能重新压倒新生事物,实现暂时的复辟。因此,新生事物仍然必须继续同它进行艰巨的斗争,才能巩固自己的支配地位,直到最后消灭腐朽事物。西欧资产阶级在取得政治统治权以后,曾经在几十年的时间里多次发生封建势力复辟的情况。无产阶级取得政权以后,也曾经发生过并且还可能继续发生资本主义复辟的情况。这些都是生动的实例。

第三,在社会历史领域中,新生事物不可战胜的主要原因是人民群众的支持。但是,人民群众只有在认识到新生事物的合理性及其与人民利益的一致性的时候,才会起来支持新事物;而这种认识是需要以人民群众的切身经验为基础的,是需要一个过程和一段时间的。"历史上新的正确的东西,在开始的时候常常得不到多数人承认,只能在斗争中曲折地发展。"②马克思主义刚出世的时候并没有在工人运动中取得领导地位,经过了大约半个世纪的艰苦斗争和实践考验,才战胜了工人运动中的其他一切思想体系。毛泽东思想在开

---

① 毛泽东:《关于正确处理人民内部矛盾的问题》,载《毛泽东文集》第七卷,人民出版社1999年版,第379页。

② 毛泽东:《关于正确处理人民内部矛盾的问题》,载《毛泽东选集》第七卷,人民出版社1999年版,第229页。

始时也没有为党内大多数同志所认识,也是经过了十几年的斗争和考验,才被全党承认为指导思想。

以上种种原因,决定了新生事物的成长不可能是一帆风顺的,而只能是艰难曲折的。看不到这一点,就会陷入幻想。现在世界范围内正在进行着的社会主义革命和民族民主革命,都是新生事物同腐朽事物的尖锐斗争。"历史证明,革命没有不通过一些曲折的道路,也没有不遭受某些牺牲而能够取得胜利的。""如果谁认为只有革命一帆风顺,事先得到不会遭受牺牲和失败的保票,才可以进行革命,那他就根本不是革命者。"①

三、这一原理的实践意义

新生事物是不可战胜的,新生事物的成长又是艰难曲折的。这个原理对于革命实践具有十分重大的意义。

首先,作为无产阶级的革命者,必须善于发现新生事物,勇于支持新生事物。

发现新生事物是不容易的。一则因为新生事物在开始出现的时候总是比较弱小,它的优越性也不是一下子就表现得十分清楚,因而容易被人忽略;一则也因为腐朽事物往往披上新的外衣,鱼目混珠,因而使人难于鉴别。为了及时地发现新生事物,就需要运用马克思列宁主义的原理对具体情况进行具体的分析,需要有无产阶级的坚定的政治立场、充沛的革命感情和敏锐的识别能力。否则,即令新生事物就在自己的身边,也可能视而不见、听而不闻,这就会使新生事物在萌芽状态中遭到埋没,延缓了它成长壮大的时间。同时,在发现新生事物以后,还要勇于支持。因为新生事物在开始出现的时候不但力量比较弱小,而且不免存在着各种各样的缺点;而腐朽的力量则总是要抓住它的幼稚和不完善的地方,拼命地压迫它、扼杀它。如果革命者不给它以大力的支持,它就可能暂时被腐朽力量所压倒,在成长过程中多走一些弯路。因此,及时地发现新生事物,满腔热情地支持新生事物,帮助它克服缺点,促使它尽快

---

① 《关于国际共产主义运动总路线的建议》,载《关于国际共产主义运动总路线的论》,人民出版社1965年版(小字本),第19—20页。

地成长,这是无产阶级革命家必须具备的高贵品质。马克思在看到巴黎公社的革命家们勇敢地冲击资本主义的时候,立刻以极大的热情予以赞扬和支持;即使在公社失败了以后,他仍然充满信心地说:"公社的原则是永存的!"列宁在十月革命胜利后看到少数工人自动地在星期六进行义务劳动时,立即指出这是"伟大的创举",是共产主义的幼芽。毛泽东同志在国民党反动政权还统治着中国的绝大部分土地时,就以"星星之火,可以燎原"的名言断定了小块红色根据地的存在和发展必然要导向全国的胜利;他在我国社会主义革命时期发现了三户贫农坚持办合作社的事例时,立即肯定了这是"五亿农民的方向"。这是无产阶级革命家对待新生事物的态度的最高模范。

现代修正主义者同无产阶级革命家的态度截然相反,他们一方面极力吹捧腐朽事物,把资产阶级的最腐朽、最黑暗的东西都当作神物供奉起来,向这些东西焚香顶礼,"虚心学习";另一方面却极力咒骂、讥笑、打击、扼杀新生事物,把各国人民的革命斗争当作灾难来加以反对。他们的这种态度,说明他们已经完全丧失了革命者的起码品质,站到腐朽事物一边,站到革命的敌人一边去了。

其次,作为无产阶级的革命者,必须在战略上藐视敌人,在战术上重视敌人。

所谓在战略上藐视敌人,就是要相信无产阶级和各国人民的革命事业一定能够取得最终的胜利,任何凶恶的敌人一定能够被我们打倒,从而树立敢于斗争、敢于胜利的思想。这种思想的根据是什么呢?就是新生事物不可战胜的原理。一切腐朽事物,哪怕它在一段时间内还似乎是很有力量的庞然大物,但是由于它已经成了历史前进道路上的绊脚石,已经失去存在的合理性,已经成了走下坡路的东西,它们在同新生事物较量的时候是终于要彻底失败,归于灭亡的。因此,从整体看,从长远看,从本质看,它们都不过是"纸老虎"。就拿近几十年的事实来说吧,俄国二月革命以前的沙皇,第二次世界大战初期的德、意、日法西斯主义者,都曾经凶横不可一世,可是最后都被人民的力量埋葬了。蒋介石在他的后台老板美帝国主义的支持下曾经在二十多年的时间里统治过中国,他霸占了全国经济命脉,拥有几百万军队和数不清的特务机关,似乎强大得了不得,可是曾几何时,他的反革命王朝就在人民的铁拳的打击下土崩瓦解,归于覆灭了。与此相反,新生事物哪怕暂时还很弱小,还不完善,但是由于它们符合于历史发展规律,它们是一定会在斗争中壮大起来,完善起来,最后战胜腐朽事物的。"野火烧不尽,春风吹又生",正是新生事物必然成长壮大的写照。历史上一切革命的力量,总是从无到有,由小到大,由弱到强,这是不可抵抗的普遍规律。毛泽东同志在蒋介石发动内战的时候指出:"我们所依靠的不过是小米加步枪,但是历史最后将证明,这小米加步枪比蒋介石的飞机加坦克还要强些。……这原因不是别的,就在于反动派代表反动,而我们代表进步。"①毛泽东同志的英明论断,已经被实际生活完全证实了。

历史告诉我们,一切革命者之所以成为革命者,首先在于他们敢于藐视敌人,敢于斗争,敢于胜利。那些畏惧敌人,不敢斗争,不敢胜利的人,只能是懦夫,只能是改良主义者或投降主义者,而不可能是革命者。

但是,在战略上藐视敌人必须同在战术上重视敌人相结合。所谓在战术上重视敌人,就是要懂得敌人在死亡之前还有挣扎的力量,因而必须在每一具体斗争中克服轻敌思想,认真对付敌人。这种思想的根据是什么呢?就是新生事物的成长必然要经过艰难曲折的道路的原理。新生事物的最终胜利和腐朽事物的最终灭亡是必然的,但是这种必然性的实现却一定要通过新旧双方的曲折的斗争。在一定的场合下,腐朽事物暂时地打败新生事物是可能的。毛泽东同志指出,反动派在面临人民的决死斗争的时候,除了"纸老虎"的一面以外,也有"真老虎"的一面,它会成百万成千万地吃人。② 革命力量只有在每一个具体的斗争场合都高度地重视敌人,认真地对付敌人,讲究斗争艺术,能动地争取胜利,才能扩大战果,减少损失,为最终地消灭敌人创造条件。在革命力量比较弱小的时候应当这样,在革命力量十分强大的时候也仍然应当这样。

在历史上,一切成功的革命家之所以为成功的革命家,不仅因为他们敢于藐视敌人,而且因为他们在每一局部问题上、每一具体斗争问题上能够重视敌

---

① 毛泽东:《和美国记者安娜·路易斯·斯特朗的谈话》,载《毛泽东选集》第四卷,第1091页。

② 参见毛泽东:《和美国记者安娜·路易斯·斯特朗的谈话》题解,载《毛泽东选集》第四卷,第1088页。

人,采取谨慎态度,讲究斗争艺术。一般说来,革命家、特别是无产阶级革命家如果不这样做,就可能犯冒险主义的错误,给革命带来损失,甚至使革命遭受失败。

毛泽东同志说:"从本质上看,从长期上看,从战略上看,必须如实地把帝国主义和一切反动派,都看成纸老虎。从这点上,建立我们的战略思想。另一方面,它们又是活的铁的真的老虎,它们会吃人的。从这点上,建立我们的策略思想和战术思想。"①

现代修正主义者对毛泽东同志的这个被历史和现实生活反复证明了的英明思想进行了疯狂的攻击。它们特别着重攻击的是在战略上藐视敌人的思想。他们硬说,如果认为一方面要在战略上藐视敌人,另一方面又要在战术上重视敌人,那就是"两面态度",就是"违反马克思列宁主义的"。②

为什么这些自称为"马克思列宁主义者"的人会放出这么一大堆荒唐可笑的胡言乱语呢? 这固然是由于他们对唯物辩证法一窍不通,他们的唯心论和形而上学的头脑根本不能理解新旧事物斗争的辩证规律,根本不能理解战略和战术的辩证关系,但是更根本的原因却是他们害怕革命,反对革命。

当前帝国主义内外交困,矛盾重重;亚洲、非洲和拉丁美洲的革命斗争风起云涌,如火如荼。各国人民面对着一片大好的革命形势。在这种情况下,现代修正主义者被革命的风暴吓得坐立不安,他们赶紧出来壮帝国主义的威风,灭革命人民的志气,使人民在斗争中迷失方向,丧失信心,以便延长帝国主义的寿命。这就是他们为什么这样卖力地反对在战略上藐视敌人的"秘密"。同时,当前各国人民在具体斗争问题上是认真对付敌人的,他们正以越来越成熟的斗争艺术把帝国主义的力量一点一点地消灭掉,这也是现代修正主义者十分害怕的,所以他们又不得不拼命反对在战术上重视敌人的思想。现代修正主义者不但极力宣传这些荒谬思想,而且身体力行。他们的种种倒行逆施的做法,表明他们已经完全堕落成了帝国主义的奴仆,没有丝毫革命者的气味了。

---

①　《和美国记者安娜·路易斯·斯特朗的谈话》题解,载《毛泽东选集》第四卷,第1088 页。

②　转引自《红旗》杂志编辑部:《再论陶里亚蒂同志同我们的分歧》,人民出版社 1963 年版,第 108、115 页。

第四章 唯物辩证法的诸成对范畴

第一节 本质与现象

一、唯物辩证法的诸成对范畴是对立统一规律的具体化形态

上面已经说明了唯物辩证法的最根本的规律——对立统一规律，和作为对立统一规律的具体显现形态的量变质变规律、肯定否定规律。对立统一规律不仅包摄着量变质变规律和肯定否定规律，而且还包摄着另外一些规律。这些规律以成对范畴的形式反映事物发展过程中不同侧面的联系，它们也是对立统一规律的具体化形态。

范畴是客观事物的本质联系在人们头脑中的反映，是人们认识世界过程中的支撑点和阶梯。列宁说："在人面前是自然现象之网。本能的人，即野蛮人没有把自己同自然界区分开来，自觉的人则区分开来了。范畴是区分过程中的一些小阶段，即认识世界的过程中的一些小阶段，是帮助我们认识和掌握自然现象之网的网上纽结。"①人们在实践过程中，反复地接触到同一种类的事物，积累了关于某一种类事物的种种属性、特征、联系等等的丰富印象，于是就在头脑中进行整理和概括的工作，把这类事物的共同的本质联系抽象出来，造成概念，并在概念的基础上进行逻辑的思维活动。这样，人们才可能日益深刻地揭示客观世界的规律性，达到有成效地改造世界的目的。那些比较深刻的、比较普遍的概念，就叫做范畴。

各门科学都有自己特有的范畴，这些范畴以简约的压缩的形式反映着本门科学所研究的特殊对象的特殊的本质联系。例如，在数学中有正数和负数、

---

① 列宁：《哲学笔记》，载《列宁全集》第 38 卷，第 90 页。

微分和积分,物理学中有质量和速度、粒子和场,生物学中有个体和种、同化和异化,政治经济学中有商品和货币、地租和利润,等等。但是,任何一门以研究特殊规律为任务的具体科学的范畴,都只适用于本门科学所研究的范围,而不适用于别的科学所研究的范围。这是因为这些范畴所反映的特殊的本质联系只存在于本门科学所研究的特殊的领域之中,而不存在于其他领域之中的缘故。唯物辩证法的范畴与各门具体科学的范畴不同,它们不是某一个别领域中的特殊的本质的联系反映,而是整个世界的最普遍的本质联系的反映。它们适用于一切特殊领域。无论研究哪一门具体科学,无论研究实际工作中的任何问题,都不可避免地要运用唯物辩证法的范畴。问题只是在于:是正确地运用还是错误地运用,是自觉地运用还是不自觉地运用。如果人们不能自觉地、正确地运用唯物辩证法的各种范畴来思考问题,就往往会离开科学的世界观和方法,"作了最坏的哲学的奴隶"①,以致犯这样那样的错误。因此,正确地理解唯物辩证法的诸范畴的科学内容,在思维活动中自觉地运用这些范畴,对于从事任何具体工作的人都是必要的。

唯物辩证法的范畴是十分丰富的。我们在前面已经讲到了许多范畴,例如物质、意识、运动、量、质、肯定、否定等。这一章要论述的不是唯物辩证法的一切范畴,而仅仅是那些作为对立统一规律之补充和具体化形态的主要的成对范畴,即本质与现象、内容与形式、原因与结果、必然性与偶然性、可能与现实等范畴。这些范畴从不同的侧面反映了事物发展过程中的最普遍的矛盾关系,更具体地揭示出事物发展的客观逻辑。这些成对范畴是对立统一规律在不同方面的具体化形态,因此,只有从对立统一规律出发,才能把握住这些范畴的实质,才能正确地理解和运用它们。

二、本质与现象

下面,我们先阐明本质和现象。

本质和现象是同一客观过程的两个不同的侧面。事物的本质,就是事物的相对稳定的内部联系,这种内部联系是由事物本身所包含着的特殊矛盾构

---

① 恩格斯:《自然辩证法》,人民出版社1971年版,第187页。

成的。毛泽东同志说:"任何运动形式,其内部都包含着本身特殊的矛盾。这种特殊的矛盾,就构成一事物区别于他事物的特殊的本质。"①例如,就基本的运动形式来看,吸引和排斥的对立统一构成力学运动的本质;化合和分解的对立统一构成化学运动的本质;生产力和生产关系、经济基础和上层建筑的对立统一构成社会运动的本质;主观和客观、认识和实践的对立统一构成认识运动的本质。再就阶级社会的诸种社会形态来看,奴隶和奴隶主的对立统一构成奴隶社会的本质;农民和地主的对立统一构成封建社会的本质;无产阶级和资产阶级的对立统一构成资本主义社会的本质;无产阶级和资产阶级、社会主义道路和资本主义道路的对立统一构成社会主义社会的本质。构成过程本质的特殊矛盾,是贯穿于过程的始终的。只要过程的这种特殊矛盾还没解决,过程的本质是不会改变的。

主观唯心论的感觉论否认事物的本质。例如贝克莱认为,世界上的万事万物都只是"感觉的复合"或"观念的集合","本质"是一种"虚无"。现代资产阶级哲学中的主观唯心论也都以千百种调子反刍贝克莱的谬论,例如,德国的存在主义者卡尔·雅斯贝尔斯宣称,整个世界只是一种"虚幻的假象";实用主义、逻辑实证论和语义哲学也否认事物本质的存在。这些现代资产阶级哲学流派之所以否认事物的本质,其目的不是别的,就是为了掩盖帝国主义的本质,欺骗革命的人民,妄图使病入膏肓的帝国主义苟延残喘。

事物的现象,就是为人们的感官可以感知的事物的表面特征和外部联系。事物的现象是纷纭复杂的。有些现象同事物的本质相一致(例如帝国主义屠杀殖民地人民、扩军备战等等);有些现象同事物的本质正好相反(例如帝国主义声称"援助"殖民地人民、叫喊"和平"等等)。前一类现象叫作真象;后一类现象叫作假象。

我们说假象与事物的本质相反,并不是说假象是主观的。相反,假象是本质在特定条件下的一种反面的表现;它是不以认识体的感觉或意志为转移的,是客观的。所以列宁说:"不仅本质是客观的,而且假象也是客观的。"②例如,

---

① 毛泽东:《矛盾论》,载《毛泽东选集》第一卷,第283—284页。
② 列宁:《哲学笔记》,载《列宁全集》第38卷,第97页。

赫鲁晓夫修正主义集团本来是当代最大的分裂主义者。但是,当他们的分裂主义的罪恶活动受到马克思列宁主义者的彻底揭露和批判而陷入破产的时候,他们却叫喊起"团结"来了。他们叫喊"团结"完全是一种假象,同他们的分裂主义的本质正好相反。但是,他们确实是在叫喊"团结",这却是一个客观的事实;这种假象本身正是赫鲁晓夫修正主义集团的本质在特定条件下的一种客观上的表现,而不是由认识主体的感觉或意志所决定的。

我们说假象与事物的本质相反,也不是说它与本质没有关系。相反,假象正是由本质发生的,它是由事物的本质派生出来的自身的对立物。列宁说:"假象=本质的否定的本性。"①例如,帝国主义的头子常常向世界人民念"和平"经,装出一副"爱好和平"的姿态,这当然是一种假象。但是,为什么会出现这种假象呢? 斯大林说得好:"帝国主义的和平主义是准备战争的工具,是用虚伪的和平词句来掩盖备战的工具。"②可见,帝国主义施放"和平"烟幕这种假象,正是帝国主义的好战本质自身派生出来的对立物。

无产阶级的革命政党和革命的人们,在革命斗争过程中,注意识别真象和假象,是极其重要的。我们知道,无论一国范围内,还是世界范围内,阶级斗争中出现的种种现象是错综复杂的。有的从正面反映事物的本质,是真象;有的从反面反映事物的本质,是假象。如果我们不能从中剥去假象,抓住真象,而把真象和假象混为一谈,那就不但不能看清事物的本质,而且会从根本上把事物的本质弄错,因而也就会在行动上迷失方向,使革命工作遭受损失。

历史上一切反动的、腐朽的势力,总是用狡猾的手法,造成种种的假象,来掩盖他们的本质,欺骗人民群众,以图达到垂死挣扎的目的。帝国主义者对待被压迫民族和劳动人民,不但惯于使用刽子手式的镇压,而且也惯于使用牧师式的欺骗。例如,他们声称"援助落后国家"、高唱"和平"等等,就是牧师式的欺骗。无产阶级和革命群众如果看不到他们的牧师式的欺骗,不及时地戳穿他们的"西洋镜",那就会上大当,吃大亏。

赫鲁晓夫修正主义者在玩弄反革命的两手方面,也超过了他们的先辈。

---

① 列宁:《哲学笔记》,载《列宁全集》第 38 卷,第 137 页。
② 斯大林:《关于联共(布)中央七月全会的总结》,载《斯大林全集》第 11 卷,第 174 页。

他们挂着"马克思列宁主义"的招牌,干着背叛无产阶级革命的勾当:一方面叫喊"国际共产主义运动的团结";另一方面又大肆进行反华宣传和反华活动,对许多马克思列宁主义的兄弟党进行颠覆和破坏。总之,赫鲁晓夫修正主义者的种种表现,是真真假假,有真有假。但是,不管赫鲁晓夫修正主义者玩弄什么玄虚,耍什么花招,在马克思列宁主义的显微镜和望远镜底下,他们的原形就暴露无遗了。他们所谓的"团结"、"反帝",所谓的"马克思列宁主义"、"援助民族解放运动",戳穿了,只不过是用马克思列宁主义的词句和马克思列宁主义政党的革命口号,来装潢门面,造成假象,欺骗群众,掩盖自己修正主义和分裂主义的本质。马克思列宁主义的政党和马克思列宁主义者必须牢牢地依靠马克思列宁主义这个锋利的武器,剥光他们的外衣,揭开他们的假面具,把他们的反动本质暴露在光天化日之下。只有这样,才能彻底埋葬赫鲁晓夫修正主义,才能有力地推进无产阶级革命,捍卫马克思列宁主义。

三、本质与现象的辩证关系

唯物辩证法认为,本质与现象是一种既对立又统一的关系。本质与现象是相互关联的,现象是本质的现象,是本质的外部表现;本质是现象的本质,是现象的内部联系。没有离开本质的现象,也没有离开现象的本质。本质总是通过大量现象表现出来的。所以列宁说:"本质在表现出来;现象是本质的。"[①]例如,赫鲁晓夫修正主义集团的本质,就是通过这样的一些现象表现出来的:在国际上,贩卖"和平共处"、"和平竞赛"、"和平过渡"的谬论,等等;在国内,大反斯大林,丑化无产阶级专政和社会主义制度,宣扬"全民党"和"全民国家"的谬论,实行一系列改变无产阶级革命政党性质和无产阶级专政性质的反动措施,等等。

现象是本质的表现,但现象并不等于本质,本质也不是现象的堆砌。现象和本质之间是存在着差别和对立的。马克思说:"如果事物的表现形式和事物的本质会直接合而为一,一切科学就都成为多余的了"。[②] 那么,它们之间有哪些差别呢? (1)现象是事物的外部联系,是可以被肉体感官感知的东西,本质是

---

① 列宁:《哲学笔记》,载《列宁全集》第38卷,第278页。
② 马克思:《资本论》第3卷,人民出版社1975年版,第923页。

事物的内部联系,是靠思维才能把握的东西;(2)现象是易于变化的,本质是相对稳定的;(3)在总体上,现象比本质丰富、多样,本质比现象深刻、单纯;(4)现象只是分别地表现本质的一个侧面,本质是现象中的一般的、共同的东西。

本质与现象的关系问题,在哲学史上从来没有一种哲学作出完全科学的解决。有的哲学流派,实质上是取消了本质与现象的关系,例如经验论和唯理论。有的哲学流派提到了本质与现象的关系,但对于它们之间的关系的理解却是形而上学的。康德哲学就是一个典型的代表。康德认为,人们只能依靠"先天的直观形式"认识事物的现象,并依靠"悟性的先天形式"(逻辑范畴)把现象加以整理。至于事物的本质,即他称之为"自在之物"的东西,则处在现象世界的"彼岸",是人们永远不能认识的。这样,他就把本质与现象形而上学地割裂开来,把本质搬到了"彼岸"世界,变成一种神秘莫测的东西。很显然,这种见解是错误的。黑格尔批判了康德的这个错误观点,阐述了本质与现象的对立统一关系,有其合理的辩证法思想。但是,黑格尔是客观唯心论者,他把本质与现象这对范畴说成是思维的产物,他的出发点是根本错误的。

本质与现象的辩证关系,还表现在本质显现为现象有一个过程。

唯物辩证法认为,事物的本质有一个形成和发展的过程。这个过程就是本质表现为现象的过程,或者说是现象逐步展开的过程。我们在前面说过,事物的本质是由事物的特殊矛盾构成的,而矛盾只有在斗争过程中才能暴露出来,因而,事物的本质也是在矛盾的斗争过程中逐步表现为现象的。

例如,赫鲁晓夫修正主义,有它的发生和发展的过程,它的现象是逐步展开的。在苏共第二十次代表大会上,这个修正主义就开始露头了。它的主要表现是:借口反对"个人迷信",全盘否定斯大林;提出通过所谓"议会道路"和平过渡到社会主义,否定十月革命道路的普遍意义;借口所谓时代的"新变化"篡改列宁主义关于帝国主义、战争与和平的原理;歪曲列宁关于和平共处的原则,提出"和平共处"是苏联"对外政策的总路线"。中国共产党对于赫鲁晓夫集团的错误,进行了适当的批评。随后,1957年召开的各国共产党和工人党代表莫斯科会议,在许多重大原则问题上,拒绝了并且驳斥了苏共第二十次代表大会的错误观点。

但是,这次莫斯科会议以后,这个修正主义集团不但没有改正他们的错误,反而违背莫斯科会议宣言的革命原则,发展了他们的修正主义观点。这主要表现在:宣扬"和平共处"、"和平竞赛"、"和平过渡",宣扬帝国主义的"明智"和"善良愿望",宣扬在帝国主义存在的条件下,就可以实现"没有武器、没有军队、没有战争的世界",宣扬全面彻底裁军"能够为亚洲、非洲和拉丁美洲的经济发展开创崭新的纪元";他们大搞宗派主义和分裂主义的活动,妄图把他们的修正主义观点强加于其他兄弟党的头上,对于反对他们的错误路线的中国共产党进行恶毒的攻击,并在布加勒斯特召开的社会主义各国共产党和工人党代表会议上,发动对中国共产党的突然袭击;不仅如此,他们还把中苏两党的意识形态的分歧扩大到国家关系上,片面地撕毁中苏双方关于国防技术的协定,等等。从此,赫鲁晓夫修正主义就充分地暴露出来了,因而,国际共产主义运动中的马克思列宁主义同修正主义的两条路线的斗争就进一步明朗化了。随之,在 1960 年召开的各国共产党和工人党代表莫斯科会议上,这两条路线的斗争就激烈地展开了。许多马克思列宁主义的党,对赫鲁晓夫修正主义者的错误进行了严正的批判,迫使他们表面上不得不接受马克思列宁主义者的正确意见,使会议取得了积极的成果,通过了莫斯科会议的声明。

1960 年声明签字墨迹未干,苏共领导就开始动手破坏它。81 个兄弟党会议以后,苏共领导越来越放肆地破坏 1957 年宣言和 1960 年声明。到了 1961 年 10 月举行的苏共第二十二次代表大会,赫鲁晓夫修正主义和分裂主义就达到了一个新的高峰,并形成了一个完整体系。这集中地表现在大会通过的新的苏共纲领中。这个纲领把苏共第二十次代表大会以来执行的错误路线更加系统化,它的主要内容就是所谓"和平共处"、"和平竞赛"、"和平过渡";这个纲领,对马克思列宁主义的核心,即关于无产阶级革命和无产阶级专政的学说、关于无产阶级政党的学说,作了粗暴的修正,提出了"全民国家"和"全民党"的谬论;这个纲领,用资产阶级人道主义代替马克思列宁主义关于阶级斗争的学说,用资产阶级的"自由"、"平等"、"博爱"的口号代替共产主义理想。苏共第二十二次代表大会以后,赫鲁晓夫修正主义集团更是肆无忌惮地反对马克思列宁主义,反对世界人民的革命斗争。到了这个时候,苏共领导的修正主义和分裂主义的本质就暴露无遗了。

由此可见,赫鲁晓夫修正主义,从产生、发展到系统化,经历了将近六七年的时间。它的现象是在矛盾的斗争过程中逐步展开的。

唯物辩证法关于本质与现象的辩证原理,给我们提供了分析和判断事物的一种科学方法,即通过现象看本质的方法。根据本质与现象的对立统一原理,我们在认识任何事物的时候,既不能离开现象去认识本质,也不能停留在表面的现象上。现象只是我们进到事物本质的向导。毛泽东同志说:"我们看事情必须要看它的实质,而把它的现象只看作入门的向导,一进了门就要抓住它的实质,这才是可靠的科学的分析方法。"①离开现象看本质,就会离开唯物论,停留在表面现象上,就会抛掉辩证法。

那么,怎样通过现象看本质呢? 要从研究大量现象和现象之间的联系入手。只有对大量现象进行研究(对阶级社会现象的研究,必须运用马克思列宁主义的阶级分析方法),加以去伪存真、由表及里的思索,才可能透过现象,正确地把握住事物的本质。

通过现象看本质,是一个过程。我们知道,本质表现为现象是一个逐步展开的过程,因而,人们对于事物的本质的认识也是随着现象的不断展开而逐步深化的过程。例如,马克思列宁主义者对于赫鲁晓夫修正主义的认识,就是随着它的现象的逐步展开而逐渐认识清楚的。同时,事物的现象,往往是很复杂的,甚至有的还包含着许多的假象,因而,人们只有经过一定时间的观察,并在实践过程中检验现象的真伪,才可能逐步地深入到事物的本质。如果把一时的、局部的现象看作事物的全体和本质,那就不但不能由现象进到事物的本质,而且会从根本上把事物的本质弄错,从而在行动上迷失方向,遭到失败。

通过现象来把握本质的过程,就是由感性认识上升到理性认识的过程。这个过程我们将在第五篇中做详细的论述。

第二节　内容与形式

一、内容与形式的辩证关系

任何事物都具有一定的内容和一定的形式。事物的内容,就是构成事物

---

① 毛泽东:《星星之火,可以燎原》,载《毛泽东选集》第一卷,第96页。

的一切内在要素的总和;事物的形式,就是这些内在要素的结构或表现。例如,社会各阶级在国家中的地位如何,什么阶级是统治者,什么阶级是被统治者,这是国体问题,是国家的内容;统治阶级采取何种形式去组织那些反对敌人保护自己的政权机关,这是政体问题,是国家的形式。劳动者使用什么生产工具来生产物质生活资料,这是生产力的问题,是社会生产的内容;人们在生产过程中发生什么样的社会关系(剥削和被剥削的关系或者互助合作的关系),这是生产关系的问题,是社会生产的形式。人们的某一思想反映着什么客观对象以及反映的正确与否,是这一思想的内容;这一思想的逻辑结构,如概念、判断、推理等等,是思想的形式。如此等等。任何内容都具有某种形式,都是某种形式的内容;任何形式也都具有某种内容,都是某种内容的形式。不具有内容或者不具有形式的事物是没有的。

内容和形式的区别具有相对性的一面。在一定的关系下作为内容的东西,在另一种关系下可以成为形式;在一定的关系下作为形式的东西,在另一种关系下可以成为内容。例如生产关系是生产力的形式,又是上层建筑的内容;逻辑规则是人类思维的形式,又是逻辑学的内容。但是,对于确定的关系说来,内容和形式的区别却是绝对的。内容不能同时又是形式,形式也不能同时又是内容。

形式有内在形式和外在形式的区别。内在形式是同特定内容不可分离的形式,是特定内容所固有的形式。例如民主集中制是无产阶级专政的内在形式,因为正是民主集中制体现着无产阶级专政的职能,离开了民主集中制,无产阶级专政就会变质。外在形式则是同特定内容没有必然联系的形式。例如书籍的装帧对于书中所阐述的内容就是外在的形式。我们在说到内容与形式的关系时,一般是指事物的内在形式。

内在形式与特定内容不可分离,并不是说任何特定的内容都只能有某一种形式,或者一种形式只能体现某一种内容。实际上,同一种内容在不同的条件下采取不同的形式,同一种形式在不同的条件下体现不同的内容的情况是常见的。阶级斗争的内容可以采取经济斗争、政治斗争和理论斗争的形式,而经济斗争、政治斗争和理论斗争又各有无数复杂的具体形式。文学艺术的社会主义内容,在各个民族中具有不同的民族形式。商品、货币、工资、利润等经济形式,在资本主义社会中具有资本主义的内容,在社会主义社会中经过改造,却可以容纳社会主义的内容。我国封建社会中创造出来的诗歌体裁、戏剧表演程式等艺术形式,曾经是容纳封建主义或资本主义的内容的,但在社会主义条件下,也可以把其中的一部分改造成为反映社会主义内容的艺术形式。

然而内容与形式的多样性不是漫无限制的。如果以为一种特定的内容可以随便采取任何一种形式,一种特定的形式可以随便容纳任何一种内容,那就完全错误了。无产阶级专政的内容,绝不可能采取资产阶级民主制的形式;而资产阶级的抽象派绘画、扭摆舞、"电子"音乐等艺术形式,绝不可能容纳社会主义的内容。

在内容与形式的关系中,首先是内容决定形式。有什么样的内容,就必然具有或者必然要求具有什么样的形式。一个事物为什么具有这样的形式而不具有那样的形式,归根到底只能由内容来说明。历史上依次更替的生产关系,是由生产力的性质和发展水平决定的。世界各国的政治制度、法律制度,是由各国的生产关系决定的。中国革命采取了建立农村根据地、以农村包围城市的形式,是由中国革命是殖民地、半殖民地人民反帝反封建的革命这一内容决定的。但是,形式并不是消极的、被动的因素。被一定的内容所决定的形式,又是促进或阻碍内容发展的巨大力量。当形式适合于内容时,它能够促进内容的发展;当形式不适合于内容时,它就会阻碍内容的发展。在不改变现有的形式就不能使内容得到发展的情况下,形式的改变甚至对事物的发展起着决定性的作用。例如为一定的生产力性质所决定的生产关系,反过来又能够对生产力起促进或阻碍的作用;在腐朽的生产关系严重地阻碍着生产力发展的情况下,生产关系的变革就起着决定性的作用。

内容与形式由适合到不适合、又由不适合到新的适合,是一个矛盾运动的过程。在事物发展的初期,为内容所决定的形式基本上是适合于内容的,因而是促进事物发展的力量。但是,事物的形式是相对稳定的因素,而事物的内容则是最活跃的、不断变化的因素。因此,经过一段时间,内容向前发展了,形式就会变得落后于内容,就会成为基本不适合于内容、因而阻碍内容发展的力量。这时,内容的发展就要求突破旧形式,用适合于内容的新形式来代替它。新形式产生以后,又要经历由基本上适合于内容到基本上不适合于内容的发展过程,展开新的矛盾发展史。概括地说来,内容与形式的矛盾运动就是一个从适合到不适合,又从新的适合到新的不适合的无限发展过程。不适合是绝对的、无条件的,适合是相对的、有条件的。例如作为形式的生产关系和作为内容的生产力之间的矛盾运动,就是这种从适合到不适合、又从新的适合到新的不适合的发展过程。

二、这一原理的实践意义

内容与形式的辩证关系的原理,对于无产阶级的实践活动有重大的指导意义。

第一,根据内容决定形式的原理,我们在观察和处理问题的时候必须首先注意事物的内容,根据内容来确定事物的性质,根据内容的需要来决定形式的取舍、改造和创造。

客观事物的内容和形式的关系是十分复杂的。如果新的内容采取新的形式,旧的内容采取旧的形式,要判定事物的性质还比较容易。但实际情况并不总是这样简单。在某些情况下,新的形式可以包藏旧的内容,新的内容也可以借用经过改造的旧形式。在赫鲁晓夫修正主义集团的统治下,苏联的某些国营企业形式上是社会主义企业,实际上已经是工厂领导人及其同伙用来发财致富的资本主义企业;某些集体农庄形式上是社会主义的集体经济,实际上已经是农庄领导人所把持的新的富农经济。这些新资产阶级分子、新富农分子同企业里的工人、农庄里的庄员的关系形式上是领导与被领导的关系,实际上已经是压迫与被压迫、剥削与被剥削的关系。有些党在形式上叫作共产党,实际上已经变成了资产阶级的社会民主党。另一方面,某些看来似乎是旧形式的东西,却可以具有新的内容。例如在社会主义国家的企业中也有工资和利润,在形式上似乎同资本主义企业没有什么区别。但是,在资本主义制度下,工资是劳动力价值的转化形态,利润是剩余价值的转化形态,它们反映着资本家对工人的剥削关系;在社会主义制度下,工资和利润却是工人创造的价值中为个人消费的部分和为社会的部分,它们反映着同志间互助合作的关系,在内容上同资本主义企业的工资和利润是根本不同的。如果我们只是从形式上看问题,而不善于透过形式的外衣揭露其中包藏着的内容,就可能把旧事物误认作新事物,把新事物误认作旧事物,就会犯严重的错误。

在事物的变革问题上,也必须首先抓住内容这一环。事物的内容是变化的,形式也是变化的,然而内容的变化是第一位的、决定性的,形式的变化是受内容的变化所制约的。因此,我们要特别注意内容的变化,把内容的变革放在第一位。例如,社会主义的文化革命,当然要从内容到形式对旧的文化进行一个彻底的变革,但是首先要革除旧文化的封建主义和资本主义的内容,要使文学、艺术、教育等等真正成为为社会主义服务、为无产阶级政治服务的东西。如果我们首先不抓内容上的革命,而只是对旧文化进行一些形式上的改革,让地主、资产阶级的意识形态穿上新的服装自由泛滥,就谈不到社会主义的文化革命。

形式主义的错误,从思想方法上说来,就在于违背了内容决定形式的原理。形式主义者在观察和说明问题的时候,总是仅仅根据事物的形式来判断事物的性质,根据事物的外部标志来对事物进行分类,而不去揭示事物的内容;在处理问题的时候,总是仅仅从事物的形式方面着眼,满足于追求形式,而不管形式体现着什么样的内容,是否适合于革命内容的需要,是否有利于革命内容的发展。工作中不顾任务的需要而规定的千篇一律的死板程序,文风上的党八股作风,都是形式主义的表现。毛泽东同志对这种窒息革命内容发展的形式主义的方法进行了严厉的批评,指出这是一种"最低级、最幼稚、最庸俗的方法"[①]。

第二,根据形式反作用于内容的原理,我们在首先注意内容的前提下,还必须注意事物的形式方面,要善于选择、创造和利用最适当的形式来促进内容的发展。脱离了内容去单纯地追求形式固然是错误的,忽视形式的作用也是错误的。

在处理形式的问题时,首先应当根据特定内容的需要来选择同内容相适合的形式。例如,各国的民族民主革命或社会主义革命,都必须选择适合于各国的民族特点的斗争形式,才能取得胜利。毛泽东同志在半封建半殖民地的中国创造了建立农村革命根据地、以农村包围城市的斗争形式,保证了我国民

---

① 毛泽东:《反对党八股》,载《毛泽东选集》第三卷,第795页。

主革命的胜利;在新中国成立以后,他又创造了一整套社会主义革命和社会主义建设的形式,保证了我国社会主义革命和建设沿着胜利的道路向前发展。这是善于选择形式的伟大范例。又如,文学艺术的社会主义内容,必须选择为本民族的广大群众所喜闻乐见的尽可能完美的形式,才能在本民族生根发芽;否则即使内容再好,也是没有力量的。为了促进革命内容的发展,还应当允许同一种内容采取多种多样的形式。例如,无产阶级为了领导工人阶级和劳动群众进行革命,必须善于掌握各种不同的斗争形式,和平的与武装的,公开的与秘密的,合法的与非法的,议会的与群众的,国内的与国际的,等等,只有这样才能在任何情况下立于不败之地。中国革命的胜利,正是中国共产党人吸取国际无产阶级斗争的历史经验,根据中国革命的具体特点,熟练地全面地掌握了各种斗争形式的结果。中国革命的主要斗争形式是武装斗争,但是,如果没有各种斗争形式的配合,中国革命也不能取得胜利。又如,新中国成立以后,我们党在文学艺术和科学领域内实行了"百花齐放、百家争鸣"的政策,在为社会主义服务,为工农兵服务的前提下,在马克思列宁主义的指导下,提倡各种风格、各种流派、各种艺术形式的自由发展,各种学术见解的自由讨论,事实证明,这对于促进社会主义文化的繁荣,加速意识形态领域中兴无灭资的斗争是极为有利的。

　　创造新形式同革除旧形式是分不开的。"不破不立"这句话,对形式问题说来也同样是真理。总的说来,旧形式是束缚新内容发展的枷锁。不革除旧形式,就不能促进新内容的发展。腐朽的生产关系束缚着生产力的发展,不打破腐朽的生产关系就不能解放生产力。陈旧的文学艺术形式不适宜于表现沸腾的社会主义时代的生活,不革除旧的文学艺术形式就不能发展社会主义的文学艺术。敢不敢于突破旧形式的束缚,这并不是单纯的形式问题,而首先是关系到革命的内容能否顺利发展的问题。在这个问题上也如同在内容问题上一样,必须持革命的态度。但是,破除旧的形式,并不是不加分析地把一切旧形式全盘抛弃。相反地,我们应当具体地加以鉴别。有些旧形式已经彻头彻尾地阻碍着革命内容的发展,应当彻底地抛弃。有些旧形式虽然总的说来是阻碍革命内容发展的东西,但是其中的某些因素或侧面经过改造之后仍然可以为革命内容服务,或者可以作为创造新形式的借鉴,对于这样的因素或方面就仍然应当加以利用。列宁说："从国际共产主义运动的发展看来，我们现有的工作内容（争取苏维埃政权、争取无产阶级专政）是这样强大有力，这样富有推动力量，它能够而且应该在任何新的或旧的形式中表现出来，能够而且应该改造、战胜和征服一切形式，无论是新的或旧的形式，——这并不是为了同旧形式调和，而是为了能够把一切新旧形式都变成使共产主义获得完全的和最后的、决定的和彻底的胜利的武器。"① 毛泽东同志说："对于过去时代的文艺形式，我们也并不拒绝利用，但这些旧形式到了我们手里，给了改造，加进了新内容，也就变成革命的为人民服务的东西了。"② 当然，要促进革命的新内容的发展，主要地应当依靠创造新的形式，而不是利用旧的形式；而且对于旧形式的利用也决不能原封不动地照搬，而必须经过批判和改造。

第三，根据内容与形式在矛盾运动中发展的原理、我们在工作中就应当以不断革命的精神对形式进行改革，以便推动内容的发展；同时也要以革命阶段论的精神，充分发挥一切形式所能够发挥的作用。

在事物发展的一段时期内，形式同内容基本上相适合，形式能够促进内容的发展。在这种情况下，就应当有意识地保持形式的相对稳定性，充分利用形式的作用以促进内容的发展，而不应当跨越必要的阶段，过早地对形式实行根本变革。例如互助组、初级合作社、高级合作社这些不同等级的组织形式，对于一定的生产力发展水平和群众的觉悟程度说来都曾经是适应的，都曾经起过促进生产力发展和提高农民群众的社会主义觉悟的积极作用，因此，在一定的时期中我们必须保持它们，而不是从低级的形式一步跨到高级的形式。商品、货币、价格、工资、利润等经济形式，对于社会主义阶段还是必要的，因此，在这个时期中我们必须保持它们，而不是立即废除它们。如果我们把那些正在发挥积极作用的形式过早地废除掉，而勉强采取那些并不适合内容需要的"新"形式，就会阻碍内容的发展，犯"左"的错误。

但是，形式同内容的基本上适合不可能永远保持下去。经过一段时间，形式同内容就会由基本上适合变成基本上不适合，形式就会由促进内容发展的

---

① 列宁：《共产主义运动中的"左派"幼稚病》，载《列宁全集》第31卷，第84—85页。
② 毛泽东：《在延安文艺座谈会上的讲话》，载《毛泽东选集》第三卷，第812页。

力量变成阻碍内容发展的力量。在这种情况下,就应当坚决地突破旧形式,用适合内容发展需要的新形式来代替它。例如互助组、初级社和高级社这些组织形式到了一定的时候就不再是促进生产力发展的力量,就需要用初级社、高级社和人民公社来代替它们。商品、货币、价格、工资,利润在社会主义的现阶段还起着积极作用,但在将来不能再起积极作用的时候就应当用新的经济形式来代替它们。不仅如此,就是在形式与内容基本适合的时候,也应当看到这种适合不是绝对的,不是在一切方面都完全适合,而是还存在着不适合的方面,因此也应当对这些不适合的方面经常不断地加以调整,并为将来的根本变革做好准备。如果我们把形式与内容的适合看成僵死的、一成不变的状态,以为可以一劳永逸地采取某一种或某几种形式,无需进行形式上的不断革命,就会犯右的错误。

只有坚持不断革命论同革命发展阶段论相结合的原则,才能求得形式与内容的统一,从而保证革命内容的顺利发展。

现代修正主义者为了推行他们的反革命路线,在内容与形式的问题上大耍花招。

例如,他们用"偷梁换柱"的卑劣手法,把马克思列宁主义者的某些提法接过手去,抽掉其革命的内容,装进反动的内容,冒充马克思列宁主义。和平共处问题就是一个明显的例子。为列宁所首先提出的和平共处政策的内容本来是十分明确的。和平共处仅仅是社会主义国家在处理不同社会制度国家的相互关系方面的政策。它不是社会主义国家对外政策的全部,也决不适用于被压迫阶级同压迫阶级、被压迫民族同压迫民族之间。和平共处只有同帝国主义进行坚决的斗争才可能实现。即使实现了一定时期的和平共处,也不可能触动共处国家的社会制度,因此决不能以和平共处来代替各国人民的革命斗争,决不能为了同帝国主义国家和平共处而放弃对各国人民革命的支持。列宁斯大林领导下的苏联正确地执行了和平共处政策,中华人民共和国自成立以来也正确地执行了并且进一步丰富了和平共处政策的内容。所有这些对于马克思列宁主义者来说都是很清楚的。但是,赫鲁晓夫修正主义者却把列宁的和平共处政策的词句攫取过去,偷偷地塞进许多同列宁的原意根本相反的反动内容。他们把和平共处解释成为没有任何斗争的所谓"各国之间经济、文化、科学方面的积极的合作"或"全面合作",然后硬把这样的"和平共处"说成是社会主义国家"对外政策的总路线",甚至是"共产主义的战略基础"。据说,只要一实现这样的"和平共处",就可以给世界资本主义体系以"毁灭性的打击",各国人民用不着进行革命斗争,就可以进入共产主义了;而且,和平共处的实现也根本无需同帝国主义作斗争,因为帝国主义也已经"越来越清楚地理解到和平共处的必要性",资本家只要看到苏联人民享受着共产主义的幸福,他们也会"转而加入共产党"。试问:这里除了"和平共处"这个名词以外,哪里还有一丝一毫列宁的思想呢? 实际上,赫鲁晓夫修正主义者挂的是"和平共处"的羊头,卖的是阶级合作和阶级投降的狗肉,他们利用了"和平共处"的词句作为形式,来偷运"美苏合作,主宰世界"的反革命的内容,这种狂妄的企图现在是被越来越多的革命人民识破了。

又如,赫鲁晓夫修正主义者还借口形式的多样性,把那些根本不可能容纳某一特定内容的形式硬说成是可以容纳的,以便在实际上排斥或取消这一特定的内容。以所谓经过议会道路从资本主义和平过渡到社会主义的问题为例。马克思列宁主义者从来认为,无产阶级政党为了领导群众进行革命斗争,必须利用一切可以利用的斗争形式,把各种斗争形式结合起来,并根据形势的变化迅速地用一种斗争形式代替另一种斗争形式。议会斗争作为一种斗争形式,在可能利用的时候当然是应当加以利用的。但是,无产阶级政党通过议会斗争所能做到的事情,也只能是利用议会的讲坛,揭露资产阶级的反动本质,教育人民群众,积蓄革命力量。这就是议会斗争这种形式所能够容纳的内容。要想使议会斗争成为由资本主义到社会主义过渡的形式,是绝对不可能的。因为议会本身不过是资产阶级专政的装饰品,资产阶级国家机器的主要部分并不是议会,而是武力。即使无产阶级通过选举在议会中取得了多数议席,也丝毫不能改变资产阶级专政的国家性质,资产阶级仍然随时可以用宣布选举无效、解散议会、宣布共产党非法以及其他的暴力手段来对付共产党和人民群众。无数的历史经验证明,只有用革命的暴力来摧毁反革命的国家机器,才能用无产阶级专政代替资产阶级专政。换句话说,只有暴力革命的形式,才能体现由资本主义向社会主义过渡的内容,而议会斗争是不可能体现这样的内容的。赫鲁晓夫修正主义者不顾马克思列宁主义的基本原理和无产阶级革命的历史经验,硬说什么无产阶级只要取得议会的多数,就可以"把议会变成为人民政权机关,就意味着粉碎资产阶级的军事官僚机器,建立议会形式的、新的即无产阶级的人民国家体制"①。这是彻头彻尾的梦呓。他们宣扬这种梦呓的目的,就是要反对暴力革命,反对打碎资产阶级的国家机器,反对无产阶级革命和无产阶级专政。

第三节 原因与结果

一、因果联系的普遍性和客观性

原因和结果是现象间普遍联系的一种。无论什么现象,总是由另一种或另一些现象引起的,并且总是会引起另一种或另一些现象。引起某种现象的现象,就是这种现象的原因;被某种现象引起的现象,就是这种现象的结果。简单地说,如果甲现象引起乙现象,那么甲就是乙的原因,乙就是甲的结果。

原因和结果之间具有先行和后续的关系。原因一定在先,结果一定在后。但是,能不能说凡是前后相继的现象之间就一定具有因果联系呢? 不能。例如,白昼之后跟着黑夜,但白昼并不是黑夜的原因。"在此之后"并不等于"由此之故",把二者混为一谈是错误的。

原因和结果之间的联系是必然的联系。只要一定的原因出现了,一定的结果就不可避免地要出现。但是,能不能说凡是具有必然联系的现象就一定具有因果联系呢? 不能。有许多具有函数关系的现象,它们之间的联系是必然的,然而并不是因果联系。例如在 $F=ma$ 的公式中,a 变化了,F 也必然变化,但二者的变化并没有先后之分,并不是原因和结果的关系。把一切必然联系都看成因果联系是错误的。

由此可见,仅仅根据有无先行和后续的关系,或者仅仅根据联系是否具有必然性,都不足以断定两组现象之间的联系是不是因果联系。只有当两组现象具有引起和被引起(或产生和被产生)的关系时,我们才能断定它们之间具

---

① 赫鲁晓夫 1961 年 1 月 6 日在苏共中央高级党校、社会科学院和马克思列宁主义研究院的党组织全体大会上的报告。

有因果联系。例如,殖民地人民的民族解放斗争,是由帝国主义的压迫所引起的,这两种现象之间的联系就是因果联系。可以说,因果联系就是由先行现象引起后续现象的一种必然联系。这种联系,如列宁说,"只是世界性联系的一个极小部分"。①

现象的因果联系是普遍的。一切现象都毫无例外地受因果联系的支配,没有原因的现象和不产生结果的现象都是没有的。有些现象的原因暂时还没有被人们发现,但是原因的存在是无疑的,并且总有一天会被人们发现。科学的任务首先就在于揭示现象的原因,如果认为有些现象竟然不受因果联系的支配,就无异乎说这些现象是科学认识永远不能达到的"禁地",那就要得出不可知论的荒谬结论了。其次,现象的因果联系是客观的。它不以任何人的意志为转移,也不以任何"神"的意志为转移。如列宁所说,"'物本身中'含有'因果依存性'"的。② 不管人们承认不承认,喜欢不喜欢,因果联系总是在人们的意识之外存在着,人们只能在自己的观念中近似正确地反映它。承认因果联系的普遍性和客观性,这是唯物论的决定论原则,这个原则是同唯心论的非决定论根本对立的。

唯心论、不可知论和信仰主义,都竭力反对关于因果性的客观性思想。他们或者否认客观现象的因果性,或者"从意识、理性、逻辑等等中引出"③因果性,然后把它强加于客观世界。休谟认为,因果观念不过是由于多次看到两组现象前后相随而形成的一种心理习惯。康德认为,因果性是人们用来"整理"感觉经验的一种先天形式。马赫宣称:"在自然界中,既没有原因,也没有结果","因果律的一切形式都是从主观意向中产生的"④。如此等等,都是因果问题上的主观主义路线。"因果性问题上的主观主义路线就是哲学唯心主义(休谟和康德的因果性理论是它的变种),也就是或多或少减弱了的、冲淡了的信仰主义。"⑤黑格尔对于因果性的理解,有辩证法的"合理内核",他认定

---

① 列宁:《哲学笔记》,载《列宁全集》第38卷,第170页。
② 列宁:《唯物主义和经验批判主义》,载《列宁全集》第14卷,第159页。
③ 列宁:《唯物主义和经验批判主义》,载《列宁全集》第14卷,第156页。
④ 列宁:《唯物主义和经验批判主义》,载《列宁全集》第14卷,第160页。
⑤ 列宁:《唯物主义和经验批判主义》,载《列宁全集》第14卷,第157页。

因果联系是世界普遍联系的一个环节。可是他所谓的"世界",是"绝对观念"的外化,因而,他的因果性理论是建立在思维决定存在这个根本错误的唯心论命题的基础之上的。

唯心论还以目的论的形态出现而与唯物论的因果论相对抗。目的论主张世界上的一切存在物,都是上帝按照一定目的创造出来的。如恩格斯所说,在目的论者看来,"猫被创造出来是为了吃老鼠,老鼠被创造出来是为了给猫吃,而整个自然界被创造出来是为了证明造物主的智慧。"①显然,这种观点是荒谬透顶的。人类认识史和科学发展史表明,目的是人所特有的,自然界根本无所谓目的(至于有机体的结构和机能的合目的性,不过是长期自然选择的结果,它本身完全是受因果联系支配的)。而人的目的也不是纯主观的,或物质世界以外的某种东西强加于人的,而是人的实践活动的产物,它也受因果联系的支配。列宁说:"事实上,人的目的是客观世界所产生的,是以它为前提的",而不是"从世界以外拿来的","不以世界为转移的"。②

旧唯物论的经验论虽然正确地坚持了因果联系的普遍性和客观性的观点,但是对于如何证明这个观点却无能为力。他们用来证明这个观点的手段仅仅是经验的观察。这是远远不够的。正如恩格斯指出的,"单凭观察所得的经验,是决不能充分证明必然性的。"③休谟认为,即使千百次地观察到甲现象后面跟随着乙现象,也不能证明甲乙之间具有因果联系,这确实抓住了旧唯物论的弱点。但是,当辩证唯物论把实践作为证明因果联系的标准时,休谟的诡辩就破产了。生产斗争、阶级斗争和科学实验的无数事例表明,通过实践活动,人们完全可以用造成一定现象的办法来引起某种预期的现象,而这种现象可以是以前从来没有出现过的、从来没有人观察到的。既然如此,难道还可以说这两类现象之间的联系是由于反复观察所形成的"心理习惯"造成的吗?试问:既然被引起的现象在以前连一次也没有出现过,人们怎么可能对它进行"反复观察",从而形成关于它同别种现象之间的联系的"心理习惯"呢?恩格

---

① 恩格斯:《自然辩证法》,人民出版社 1971 年版,第 11 页。
② 列宁:《哲学笔记》,载《列宁全集》第 38 卷,第 201 页。
③ 恩格斯:《自然辩证法》,人民出版社 1971 年版,第 207 页。

斯说得好:"如果我能够造成'在这以后',那末它便和'由于这'等同了。"①人类的实践活动是对因果联系的普遍性和客观性的最确切的证明,是对唯心论的非决定论的最有力的驳斥。

人类的实践和科学的每一新的成果,总是证明着唯物论因果观的正确性,给非决定论以有力的驳斥。然而,在现代资产阶级的唯心论哲学中,非决定论仍旧占着统治地位。例如实用主义的头目詹姆士说:"关于为什么总有某种事物出现于世上,我所能想出来的唯一现实的根据,就是有人希望它出现。"这些反动哲学家为什么要大肆宣扬这种早已破产了的非决定论呢? 这是因为垂死的资产阶级害怕人民群众知道了社会现象的真实的因果联系。比如说,如果人民群众知道了帝国主义、资本主义和一切剥削制度是使劳动者遭受深重灾难的原因,就会起来推翻他们,他们的日子就混不下去了。马克思说得好:事物的"内部联系一旦被了解,相信现存制度的永恒必要性的一切理论信仰,还在现存制度实际崩溃以前就会破灭。因此,在这里统治阶级的绝对利益就是把这种缺乏思想的混乱永远保持下去"。② 现代资产阶级哲学中的非决定论,就是为了阻挠人民群众去探求现象的因果联系而创造出来的。

二、因果联系的辩证法

唯物辩证法认为,因果联系不仅是客观的,而且是辩证的。在因果观的问题上,不仅要同否认因果联系的客观性的唯心论划清界限,而且要同不了解因果联系的辩证性的形而上学唯物论划清界限。

世界是一个统一的物质整体。世界上的形形色色的现象都相互联系的。因果联系"只是各种事件的世界性的相互依存,(普遍)联系和相互联结的环节,只是物质发展这一链条上的一环"③。

原因和结果既是对立的,又是统一的。

原因和结果的对立表现在:当我们把任何两组具有因果联系的现象从总的普遍联系中抽出来考察时,我们就会发现原因和结果是相互排斥的。原因

①　恩格斯:《自然辩证法》,人民出版社 1971 年版,第 207 页。
②　《马克思致路·库格曼》,载《马克思恩格斯选集》第 4 卷,第 369 页。
③　列宁:《哲学笔记》,载《列宁全集》第 38 卷,第 168 页。

不能同时又是结果,结果不能同时又是原因。不能倒因为果,倒果为因。例如,帝国主义的侵略引起了殖民地人民的革命运动。在这个联系中,帝国主义的侵略是原因,殖民地人民的革命运动是结果。如果倒因为果,倒果为因,就会得出殖民地人民的革命运动引起帝国主义的侵略的荒谬结论。

原因和结果的统一则表现在原因和结果相互依存,并在一定的条件下相互转化。原因只有对结果而言才成为原因,结果只有对原因而言才成为结果。失去一方,他方就不存在。这是原因和结果的相互依存。原因和结果的相互转化则有两种具体情形:第一种情形是,从事物发展的整个链条来看,"原因和结果经常交换位置;在此时或此地是结果,在彼时或彼地就成了原因,反之亦然。"①这就是说,如果甲现象引起乙现象,乙现象又引起丙现象,则乙对甲而言是结果,对丙而言又是原因了。例如,现代修正主义的出现,既是国际共产主义运动中某些人屈服于帝国主义的政策和社会主义国家中资产阶级势力泛滥的结果,又是国际共产主义运动发生分裂的原因。第二种情形是,当我们从某一过程中抽取先行和后续的两个现象而考察其因果关系时,就某一种意义上说来,前者为因,后者为果;而就另一种意义上说来,后者为因,前者为果。例如,我们考察经济基础和上层建筑之间的关系时,就经济基础决定上层建筑说来,前者为因,后者为果;但是,被经济基础决定的上层建筑又反作用于经济基础,成为经济基础进一步发生变化的原因。

研究因果联系的辩证法,不仅要考察原因与结果的对立统一关系,而且还要考察因果联系的多样性或复杂性。

因果性的多样性或复杂性,须从两方面来了解。

首先,每一客观过程都有特殊的矛盾,并在特定的条件下与别种过程相互作用着,因而,每一客观过程的因果联系都有其特殊性。客观过程是无穷的,因果联系的具体形式也是无穷的。因此,决不能把现象的因果联系归结为某一种具体形式。例如,微观过程的因果联系就不能归结为机械运动的因果联系,因为微观过程的因果性是以统计规律的形式表现出来的。形而上学的决定论者不了解因果联系的多样性,用机械运动的因果性去说明微观过程的因

---

① 恩格斯:《反杜林论》,载《马克思恩格斯选集》第3卷,第62页。

果性,结果不能正确地说明这种因果联系的特殊性。这是很大的弱点。不过唯心论者抓住形而上学决定论的弱点来否认微观过程的因果制约性却是站不住脚的。因为形而上学决定论不能正确地说明微观过程的因果性,并不能证明微观过程本身不受因果性的制约。事实上,微观过程和其他过程一样,也受因果性支配,不过有其特殊的表现形式而已。

其次,在现实世界中,特别是在社会生活中,过程的相互作用是纵横交错的,因而原因与结果的联系也是错综复杂的。一因可以有多果,一果可以有多因。一因多果表现为:(1)一种原因同时引起多种的结果。例如,"帝国主义列强侵略中国,在一方面促使中国封建社会解体,促使中国发生了资本主义因素,把一个封建社会变成了一个半封建的社会;但是在另一方面,它们又残酷地统治了中国,把一个独立的中国变成了一个半殖民地和殖民地的中国。"①(2)一种原因在不同的场合引起不同的结果。例如,电流通过灯泡内的钨丝,引起钨丝的白热化;通过水,引起水的电解;通过电动机,引起机械运动。一果多因则表现为:(1)一种结果由多种同时起作用的原因引起。例如,中国1924年至1927年的革命战争,"首先由于大资产阶级的叛变,同时也由于革命队伍中机会主义者的自动地放弃革命领导权,这次革命战争就失败了。"②(2)一种结果在不同的场合由不同的原因引起。例如机械运动可以生热,电运动可以生热,化学运动可以生热,生物学的运动也可以生热。除了一因多果和一果多因的情形之外,还有多因多果的情形。例如,20世纪30年代的中日战争,由于日本的军力、经济力和政治组织力之强,中国的军力、经济力和政治组织力之弱;由于日本的战争的退步性、野蛮性,中国的战争的进步性、正义性;由于日本地小,人力、财力、物力不足,加上国际上的寡助,中国地大、物博、人多、兵多,加上国际上的多助;就规定了双方一切政治上的政策和军事上的战略战术,规定了战争的持久性和最后胜利属于中国而不属于日本。

既然不同过程的因果联系有其特殊性,既然原因与结果的联系往往是错综复杂的,那么,我们考察现象的因果联系时就必须进行具体的分析。在现实

---

① 毛泽东:《中国革命和中国共产党》,载《毛泽东选集》第二卷,第593页。
② 毛泽东:《中国革命战争的战略问题》,载《毛泽东选集》第一卷,第168页。

生活中,对于具有多种原因或多种结果的因果联系进行具体分析,尤其重要。如果某现象是由多种原因引起的,那么,我们就必须研究这些原因的相互关系及其各自的地位和作用,区分出内部原因和外部原因、主要原因和次要原因、主观原因和客观原因、直接原因和间接原因等等。只有经过这样的分析,才能具体地把握现象的因果联系及其发生、发展的过程。如果某现象引起多种的结果,那么,我们就必须研究这些结果的相互关系及其在发展链条上的地位,区分出积极的结果和消极的结果,或者好的结果和坏的结果(如果客观上存在着这样两种结果的话)。只有经过这样的分析,才能对现实生活中所发生的现象作出正确的估价,也才能把握过程发展的趋向。例如前面提到的中日战争,战争的第一阶段引起了双方向上和向下的变化。就中国方面来看,向下的变化就是土地、人口、经济力量、军事力量等的减缩;向上的变化就是战争中经验的积累,军队和政治的进步,人民的动员,游击战争的出现,等等。"向下的东西是旧的量和质,主要地表现在量上。向上的东西是新的量和质,主要地表现在质上。"[1]如果不进行这样具体的分析,而只看到前一种变化,或者只看到后一种变化,或者两种变化都看到,但没有看到它们是不同的量和质,那么,就不能够正确地把握住这个战争的进程。

机械唯物论者肯定因果联系的客观性,认为因果性范畴是客观联系的反映,这无疑是正确的。但是,机械唯物论者既不懂得原因与结果的对立统一关系,把因果看作僵死的对立物;也不懂得因果联系的多样性,把一切现象的因果联系都归结为机械的因果联系,并且主张从外部的相互作用中探求现象发展的原因(如说社会的发展依存于自然环境等)。这样,形而上学决定论者就常常不能正确地说明复杂现象的发生和发展,陷入自相矛盾的困境。

三、因果性原理的实践意义

人们对于客观事物的因果联系的认识,是在实践的基础上形成的,反过来又成为进行实践活动的必要条件。一般说来,人的活动同动物的活动的区别,就在于人能够在进行活动之前就预计到活动的结果,并为实现这种结果而自

---

[1]　毛泽东:《论持久战》,载《毛泽东选集》第二卷,第435页。

觉地创设原因。人们对事物的因果联系的认识愈广泛、愈深刻,就愈能自觉地计划自己的行动,在改造世界的斗争中取得更多的自由。但是,为反动阶级服务的唯心论和形而上学,却在因果性的问题上散布了许多迷雾,故意阻碍革命的人民去正确地把握客观的因果联系。唯物辩证法扫除了这些迷雾,提出了关于如何理解事物的因果联系和如何把握事物因果联系的唯一正确的理论。这对于无产阶级和一切革命人民的实践活动,是具有重大的意义的。

第一,无产阶级的政党要制定正确的路线和政策,革命工作人员要制订正确的工作计划,都必须对事物的发展前途有科学的预见。毛泽东同志经常指出,没有预见就谈不上领导。而科学的预见是必须以对客观事物因果联系的正确认识为基础的。如果对所处理的具体事物的因果联系的认识有错误,或者根本不去研究事物的因果联系,就不可能有科学预见,就会在工作中陷入盲目状态。对事物的因果联系认识得愈深刻,对因果联系的环节把握得愈多,就预见得愈准确、愈长远。无产阶级的革命导师们之所以能在革命斗争的风浪中高瞻远瞩,领着革命的航船绕过种种暗礁,胜利地驶向目的地,重要的原因之一就是善于把握事物的因果联系。马克思和恩格斯在资本主义还统治着整个世界的时候就预见到资本主义的必然灭亡和社会主义的必然胜利,这是因为他们认识到社会主义是资本主义的内部矛盾发展的必然结果。列宁在帝国主义时代预言了社会主义革命将首先在一个国家或少数国家中取得胜利,这是因为他认识到这种情形是帝国主义各国政治经济发展不平衡的必然结果。毛泽东同志在中国革命的各个历史关头,总是以惊人的准确性预见到革命的发展前途,这也是因为他对各个历史时期的因果联系把握得十分确切的缘故。

第二,无产阶级政党和革命工作人员进行任何工作,必须争取有利的前途,避免不利的前途。这也必须以对因果联系的正确认识为基础。因为有利的前途和不利的前途都是由一定的原因引起的,如果我们知道了它们的原因,就可以在客观条件许可的限度之内发挥主观能动性,用创造某种原因或消除某种原因的办法,来争取好的结果,避免坏的结果。例如,社会主义国家中资本主义复辟的现象,是国内资本主义势力泛滥和帝国主义政策的结果,而国内资本主义势力的泛滥又是社会主义革命不彻底的结果。既然我们认识了这种因果联系,我们就应当在国内把社会主义革命进行到底,在国际上同帝国主义的反革命两手政策进行针锋相对的斗争,只要这样做,就可以避免资本主义复辟的前途,争取向共产主义前进的前途。又如,一百多年来国际共产主义运动的历史经验告诉我们,当国际共产主义运动内部出现了修正主义的时候,如果不同它进行坚决的斗争,不把它彻底粉碎,而是同它讲"统一",就会导致极坏的结果,如列宁所说,就将"意味着无产阶级同本国资产阶级的统一,意味着国际无产阶级的分裂,意味着走狗的统一和革命者的分裂"①。既然我们认识了这种因果联系,就应当把反对赫鲁晓夫修正主义的斗争进行到底,只要这样做,就可以避免危险的前途,争取到壮大革命力量、推进革命事业的前途。

唯物辩证法认为,只有在反复实践的基础上,才能正确地把握事物的因果联系。无产阶级的政党和革命工作人员要能把握事物的因果联系,就必须经常地总结经验,包括成功的经验和失败的经验。如果一项工作取得了成功,就应当找出成功的原因,这样才可以保证以后的成功;一项工作遭到了失败,就应当找出失败的原因,这样才可以避免以后的失败。

现代修正主义者在世界形势和国际共产主义运动的一系列问题上,故意歪曲事物的因果联系。其主要表现是:(1)抹杀真实的因果联系,捏造虚假的因果联系。例如,帝国主义制度的存在是现代战争的根本原因,这本来是为实际生活反复证明了的列宁主义的真理;可是现代修正主义者却硬说"不能机械地重复"列宁的话,因为"帝国主义者不希望为了自取灭亡而发动战争"②。新中国在世界上岿然屹立,这本来是中国人民自力更生并和世界人民一道同帝国主义进行坚决斗争的结果;可是现代修正主义者却胡说什么苏联的核武器"捍卫"了中国"国家的主权、安全和独立"③。(2)把产生坏结果的事情说成产生好结果的事情,把产生好结果的事情说成产生坏结果的事情。例如,苏共第二十次代表大会本来是赫鲁晓夫集团走上修正主义道路的第一步,赫鲁晓夫在这个会上丑化斯大林,丑化无产阶级专政,提出臭名昭著的"和平过渡"的谬论,为帝国主义和各国反动派提供了反共反人民的肮脏武器,造成了极其严重的恶果;可是现代修正主义者却大肆吹嘘这个会产生了"出色的结

---

① 列宁:《法国社会党人的正直呼声》,载《列宁全集》第21卷,第334页。
② 赫鲁晓夫1960年6月21日在罗马尼亚工人党第三次代表大会上的讲话。
③ 列昂节夫:《井边的教条主义者》,(苏)《红星报》1963年8月25日。

果"、"伟大的结果","在整个共产主义运动的发展中开辟了新阶段"①。殖民地半殖民地人民的解放战争,促进了无产阶级革命,打击了帝国主义的战争势力,保卫了世界和平,这些都是极好的结果;可是现代修正主义者却胡说什么"任何争取民族解放的局部战争都会蔓延成世界大战"②,而世界大战又会使地球毁灭,人类毁灭。(3)倒因为果,倒果为因。例如,帝国主义之所以需要庞大的军队和武器,正是为了以暴力来镇压革命的人民。帝国主义的本性不会改变,而且扩军备战在疯狂进行,可是现代修正主义者却极力鼓吹什么"实现全面彻底裁军",硬说裁军就可以"彻底地和最终地消灭各种形式的殖民主义"③,似乎不是帝国主义的本性决定它需要军队和武器,倒是军队和武器决定帝国主义的本性。这完全是倒因为果、倒果为因的谬论。现代修正主义者这种故意歪曲事物的因果联系的伎俩,完全是为他们的反动政治目的服务的。因为只有这样,才便于他们按照自己的需要来颠倒是非,制造谎言,蒙住革命人民的眼睛,从而保护帝国主义免遭灭顶之灾。当然,这不过是他们的痴心妄想。为马克思列宁主义武装起来了革命人民是能够识破他们的欺骗,认清事物的真实的因果联系,进行有效的斗争的。

第四节　必然性与偶然性

一、必然性与偶然性的根据

当我们考察事物的发展过程中,必须区别两种不同的因素:一种因素是事物发展的总趋势或总方向,这种趋势或方向是确定不移的;另一种因素则是构成过程的单个的具体事件,这些事件是可以发生也可以不发生、可以这样发生也可以那样发生的。前者就是必然性,后者就是偶然性。人们在长期的实践中,已经初步形成了必然性和偶然性的朴素观念,并且能够运用这样的观念来说明自己所熟悉的过程。例如农民就知道种瓜得瓜、种豆得豆是必然的,而一粒瓜种将长出几个瓜、一粒豆种将长出几个豆荚是偶然的。不过这种朴素的

① 苏联共产党中央委员会给各级党组织和全体共产党员的公开信。
② 赫鲁晓夫 1960 年 9 月 23 日在联合国大会上的演说。
③ 赫鲁晓夫 1962 年 7 月 10 日在争取普遍裁军与和平地界大会上的演说。

观念是不深刻的,也是不确切的,遇到比较复杂的过程就无能为力了。只有唯物辩证法才能帮助我们建立起必然性和偶然性的科学概念。

为什么事物的发展过程会有必然性和偶然性这样两重因素起作用? 它们是由什么决定的? 它们的相互关系怎样? 它们对于事物的发展各起着什么样的作用? 这些问题,都要从对立统一规律的观点出发才能作出科学的回答。

对立统一规律告诉我们,事物发展的动力是事物内部的矛盾。事物内部的根本矛盾贯穿于过程的始终、规定着事物的发展方向。只要一个事物的根本矛盾还没有解决,事物的发展方向就不会改变。生物的根本矛盾是新陈代谢,这个矛盾规定了生物只能朝着生长、成熟、衰老和死亡的方向发展。资本主义社会的根本矛盾是生产的社会性同占有的私人性的矛盾,这个矛盾规定了资本主义社会最终一定要被社会主义社会所代替。这种由事物内部的根本矛盾所规定的确定不移的趋势,就是必然性。

至于事物发展过程中的单个的具体事件的发生或者不发生,早发生或者晚发生,这样发生或者那样发生,则不是由过程的根本矛盾所规定的。显然,新陈代谢的矛盾只能规定任何生物最终必然要死亡,却不能规定杜勒斯为什么正是死于癌症而不是死于遇刺,肯尼迪为什么正是死于遇刺而不是死于癌症。生产的社会性和占有的私人性的矛盾只能规定资本主义社会必然要被社会主义社会所代替,却不能规定各个资本主义国家的无产阶级取得政权的时日。这种并非由过程的根本矛盾所规定的可以移易的现象,对于过程说来就是偶然性。

偶然性虽然不是由过程的根本矛盾规定的,但它并不是没有原因、没有根据的。一般说来,偶然性的根据有以下两种情形:

第一种情形:偶然性的根据在于过程内部的非根本的矛盾。

对立统一规律告诉我们,过程的非根本矛盾虽然不是贯穿于过程的始终、规定事物的当前性质和发展前途的力量,但是对于根本矛盾也起着一定的影响作用。非根本矛盾在发展过程中的具体情况如何,例如有的发生了,有的暂时解决了,有的激化了,有的缓和了,等等,虽然不能改变过程的必然趋势,却可以给过程造成一些具体特点。这种由非根本矛盾的变化造成的具体特点,对于这个过程的全体说来就是偶然的。例如资本主义社会为社会主义社会所代替的必然性,当然是由资产阶级和无产阶级的矛盾(即生产的社会性和占有的私人性的矛盾的阶级表现)这个根本矛盾规定的,但是,其他种种非根本的矛盾,例如封建残余和资产阶级的矛盾,农民小资产阶级和资产阶级的矛盾,无产阶级和农民小资产阶级的矛盾,自由资产阶级和垄断资产阶级的矛盾,以及其他的矛盾,都会给资本主义的发展过程带来许多偶然的特点,从而使各个资本主义国家发展的实际进程以及社会主义取得胜利的具体情况表现出许多差异。

第二种情形:偶然性的根据在于其他过程对本过程的影响。

对立统一规律告诉我们,一切过程都处在同其他过程的相互联系和相互制约之中,过程的发展不但决定于内因,而且也要受到外因的影响,即是说要受到其他过程的影响或干扰。这种影响或干扰就会使过程的发展发生种种摇摆和偏离,造成许多偶然现象。例如植物的生长过程固然是由它内部的根本矛盾规定的,但却不能不受到其他过程的影响或干扰。仅就气候一项来看,如果风调雨顺,阳光充足,温度适宜,植物就会长得茁壮一些;如果气候条件不好,植物就会长得瘦弱一些;如果碰上严重的旱灾、水灾、风灾或者冰雹,还可能中途夭折。可见,仅仅气候一种外界因素,就可以使植物的生长过程出现许多偶然现象。当然,对植物的生长发生影响或干扰作用的外界因素,实际上决不只气候一项。因此,植物的生长过程出现无数的偶然现象就很容易理解了。

由此可知,必然性是由特定过程内部的根本矛盾规定的;偶然性则是由特定过程内部的非根本矛盾以及其他过程的影响规定的。这就是事物发展过程中必然性和偶然性这样两重因素的客观根据。

二、必然性与偶然性的关系

必然性和偶然性是互相对立的,必然性不是偶然性,偶然性也不是必然性。然而必然性和偶然性是互相依赖的,没有离开偶然性的必然性,也没有离开必然性的偶然性。

首先,必然性只有通过大量的偶然现象才能表现出来,偶然性是必然性的表现形式和补充。

有人问:既然偶然性是由过程的非根本矛盾或者其他过程的影响造成的,

那么,对于那些单纯到只有一对矛盾而又不受外界影响的过程说来不是就没有偶然性了吗?这种过程的必然性不是就可以不通过偶然性的形式而直接地表现出来吗?这个问题是提得不合理的。因为:第一,只有一对矛盾的单纯的过程,在实际生活中是非常罕见的。第二,不论是只有一对矛盾的单纯过程还是具有多对矛盾的复杂过程,都不可能不受外界的影响。当然,有些过程受外界的影响不很显著,但这只是影响的大小问题,不是影响的有无问题。在某些精密的科学实验中,我们可以把外界的影响减少到最低的程度,从而使过程的必然性以比较"纯粹"的形式表现出来,但是即令在这种情况下,也不可能把外界的影响绝对地排除掉,因而实验结果的误差仍然是不可避免的。科学公式是必然性的抽象表述,在现实中要完全排除偶然性是不可能的。我们可以根据弹道学的公式相当准确地预测炮弹降落的地点,但是也不可能绝对没有误差,原因就在于炮弹的发射过程不可能不受到许多别种外界因素(例如气流的方向和速度)的影响。我们可以根据战争双方的基本矛盾预言战争的一般趋势,但是事先造出一本战争的"流年",断定这个战争将碰到哪些战役和战斗,各次战役和战斗具体情况怎样,胜负的决定将在何日何时,却是不可能的,原因就在于战争的具体进程将受到无数外界因素的影响,诸如战争双方指挥者的经验、修养和性格,作战计划的是否周密,保密工作的是否完善,甚至地形、气候的利弊等等,都将造成一系列的偶然现象,从而赋予战争的实际进程以曲折多变的外貌。可见,不通过偶然性而表现出来的赤裸裸的必然性是不存在的,否则我们预见事变的进程就会比演算一次方程式还容易了。

其次,偶然性的背后总是隐藏着必然性,必然性是偶然性的支配力量。

事物的发展过程是由一系列的具体事件构成的,每一个具体事件个别地说来都是偶然的,但是,这些杂乱无章的偶然现象都受隐藏在背后的必然性的支配。例如,人类的历史表现为无数抱着不同目的的个人的活动,历史上的个别事件是可以发生也可以不发生,或者是可以早一些发生也可以晚一些发生的,似乎人类历史只是无数偶然现象的堆积。但是,就在这些似乎纷繁混乱的偶然现象背后,由社会的基本矛盾所规定的历史发展的必然性起着支配作用,决定着历史发展的基本轨道。今天世界人民反对帝国主义和各国反动派,争取世界和平、民族解放,人民民主和社会主义的斗争的具体进程是极其曲折复杂的,每天都有无数的具体事件发生,这些具体事件个别地说来并不是不可移易的;但是,在这些可以移易的具体事件背后,却隐藏着一种不可移易的趋势,那就是帝国主义和各国反动派一定要失败,世界人民一定要胜利,没有帝国主义、没有资本主义、没有剥削制度的新世界一定要出现,这是由当代世界的基本矛盾所规定了的必然性。

必然性和偶然性不仅是互相依赖的,而且在一定的条件下还可以互相转化。

首先,对于前一个过程说来是必然性的东西,对于后一个过程说来就可能转化为偶然性;反过来也是一样。这是因为前一个过程的根本矛盾到了后一个过程可能变成非根本矛盾,前一个过程的非根本矛盾到了后一个过程可能变成根本矛盾的缘故。例如在封建制度下,封建性的剥削是必然的;到了资本主义社会,却变成偶然的了。在社会分工和私有制出现以前,交换行为是偶然的,到了社会分工和私有制出现以后,却变成必然的了。

其次,对于某一过程说来是偶然的东西,对于相邻的另一过程说来却可能是必然的;反过来也是一样。这是因为在甲过程中没有根据的东西,在乙过程中可能有根据;在甲过程中有根据的东西,在乙过程中可能没有根据。同一品种的植物在南方生长和在北方生长将遇到不同的气候条件,这对植物的生长过程说来是偶然的,因为植物内部的根本矛盾并不能决定它们将遇到什么样的气候条件。但是这件事对于地球表面气温的变化过程说来却是必然的,因为南北气候的不同是由地球与太阳的关系决定的,生长在南方的植物和生长在北方的植物将遇到不同的气候条件是确定不移的。

再次,在大范围内说来是必然的东西,对于小范围说来可能变成偶然的;反过来也是一样。这是因为大范围的根本矛盾同小范围的根本矛盾不一定是一致的。例如,封建主义的旧中国在 19 世纪中叶受到外国资本的侵略而沦为殖民地半殖民地,如果单从中国社会来考察,是偶然的,因为中国封建社会的根本矛盾并不能说明中国何以要受到外来的侵略。但是,如果把整个世界当作一个统一的过程来考察,就会发现中国在那时受到外国资本的侵略是必然的,因为资本主义的发展决定了它要侵略落后国家,而中国的封建制度又决定了中国正是一个落后国家。这正是由世界的根本矛盾所规定的必然性。

由此可见,必然性和偶然性的区别只有对确定的过程说来才有绝对的意义。

三、必然性和偶然性在事物发展过程中的作用

那么,对于一个确定的过程说来,必然性和偶然性对事物的发展起着什么作用呢?

必然性对于事物发展的总方向起着决定性的作用。无论在事物发展过程中出现了什么样的偶然事件,也不会改变由必然性所规定的发展方向,必然性终究是要为自己开辟道路的。

例如,历史上的重大事变往往伴随着杰出人物的作用;这就容易使人们产生一种观念,似乎这种重大事变的发生完全是由于这个杰出人物造成的,假如这个杰出人物没有出生或者早年夭亡了,这种重大事变就永远不会发生,历史也就会朝着另一种方向发展。这种观念是完全错误的。事实上,历史的发展方向是由社会的基本矛盾所规定的必然性支配的。即令没有某一个特定的杰出人物,也会有别的杰出人物来代替他的作用。这个代替他的人也许比他强一些或弱一些,那种体现历史必然性的重大事变也许发生得早一些或迟一些,在具体细节上也许有所不同,但是事变的方向终究是不会改变的,历史的必然性终究还是要为自己开辟道路的。在某些场合下,由别的过程的影响所造成的偶然事件可以强大到打断某一必然过程的程度,例如水稻的生长因冰灾而夭折等等。但是即使在这种场合下,偶然性也没有取消必然性,因为水稻的生长规律并没有因水灾而改变,正如地球上的物体因受他物支持而停止下落并不能取消自由落体定律一样。

唯物辩证法在强调必然性对事物发展过程的决定作用的时候,并不抹杀偶然性的作用。相反地,它认为必须对偶然性的作用给予恰当的估计。偶然性虽然不能改变事物发展的方向,但是却可以加速或延缓事物的发展,赋予发展过程以不同的外貌。马克思说:"如果'偶然性'不起任何作用的话,那么世界历史就会带有非常神秘的性质。这些偶然性本身自然纳入总的发展过程中,并且为其他偶然性所补偿。但是,发展的加速和延缓在很大程度上是取决于这些'偶然性'的,其中也包括一开始就站在运动最前面的那些人物的性格

这样一种'偶然'情况。"①共产主义在全世界的胜利是历史发展的必然趋势，这是任何力量也改变不了的；但是，许多偶然因素，例如革命政党的政策是否正确、领导人物是否坚强等等，却可以使共产主义的最终胜利到来得早一些或者迟一些，走的弯路少一些或者多一些。中国革命的胜利是必然的，中国是帝国主义时代的各种矛盾在东方的集合点这一情况使中国产生杰出的革命领袖人物也是必然的；但是中国革命能够得到像毛泽东同志这样伟大的马克思列宁主义者的领导，却使中国革命的胜利大大加速了。

四、关于必然性与偶然性的反唯物辩证法的见解

关于必然性和偶然性的客观根据、相互关系及其在事物发展过程中的作用问题，只有唯物辩证法才作出了科学的解决。其他任何哲学派别对于这个问题的见解，总的说来都是错误的。

第一种错误见解，是只承认偶然性，不承认必然性。这是唯心论的非决定论的观点。按照这种观点，自然界和人类社会的发展都没有什么必然的规律，只不过是无数偶然现象的堆积。事物发展中任何一个细节的变动，都可以根本改变事物发展的方向。中国的封建制度是由秦始皇、唐太宗这样的几十个人物造成的；如果没有他们，中国两千多年的历史就会完全变样。万有引力定律之所以被发现，是因为世界上偶然性地出现了牛顿这个人；如果牛顿在幼年得病死了，也许人类就永远不会发现万有引力。放射性现象之所以被发现，是因为柏克勒尔偶然地把铀结晶盐和照相底片放在一个抽屉内；如果当时不发生这件事，也许人类永远不会发现放射性现象。这种观点，在现代资产阶级哲学中特别突出。例如德国的新康德主义者史达木莱尔认为历史发展过程是没有任何规律性的，谁如果主张历史发展过程的规律性，就是"宿命论"。他用这种荒谬观点来攻击马克思主义，硬说马克思主义承认历史发展的规律性而又主张革命政党的自觉斗争是"自相矛盾"的。当代美国实用主义的主要代表人物、反共的急先锋胡克硬说，十月革命及其世界性的影响是由于出现了列宁这个人而偶然发生的，而不是不可避免的。假如没有列宁这个人，无产阶级

---

① 马克思：《致路·库格曼》，载《马克思恩格斯选集》第4卷，第393页。

专政的国家就不会出现，"全世界的文化、政治和一部分经济生活就会大不相同"。实用主义的贩子胡适宣称，任何微小的偶然事件都可以在世界上留下"不可磨灭的结果和影响"，"他吐一口痰在地上，也许可以毁灭一村一族，他起一个念头，也许可以引起几十年的血战。他也许'一言可以兴邦，一言可以丧邦'"①。他认为历史发展的必然规律是不存在的，人们只能像玻璃窗上的苍蝇和粪窖里的蛆虫一样，乱碰乱撞，爬上爬下，应付环境。显然，这些观点都是同科学毫不相干的，这是没落的资产阶级陷入绝望境地的反映，也是他们欺骗人民群众、阻挠革命斗争的一种手段。

第二种观点，是只承认必然性，否认偶然性。这是一种机械论、宿命论的观点。这种观点把偶然性同因果性对立起来，把必然性同因果性等同起来，认为既然一切现象都是有原因的，那么一切现象就都是必然的，而偶然性不过是人们为了掩盖自己对因果联系的无知而虚构出来的概念。恩格斯在嘲笑这种观点的时候写道：按照这种观点，"这一个豌豆荚中有五粒豌豆，而不是四粒或六粒；这条狗的尾巴是五英寸长，不长一丝一毫，也不短一丝一毫；这一朵苜蓿花今年已由蜜蜂授粉，而那一朵却没有，而且这一朵还是由这只特定的蜜蜂在这一特定的时间内授粉的；这一粒特定的被风吹来的蒲公英种子发了芽，而那一粒却没有；今早四点钟一只跳蚤咬了我一口，而不是三点钟或五点钟，而且是咬在右肩上，而不是咬在左腿上——这一切都是由一种不可更动的因果连锁、由一种坚定不移的必然性所引起的事实，而且产生太阳系的气团早就构造得使这些事情只能这样发生，而不能按另外的方式发生。"②持这种观点的人似乎很强调必然性，但是实际上他们所谓的必然性正是不折不扣的偶然性，只不过他们把偶然性另外取了一个名字，叫做必然性而已。这不是把偶然性提高到必然性，而恰恰是把必然性降低到偶然性。把事物发展中的任何细节都说成是"必然"的，这同把它们说成是由"天数"、"神意"决定的，实际上并没有什么区别。恩格斯说得好："承认这种必然性，我们也还是没有从神学的自然观中走出来。"③这种观点把必然的东西和偶然的东西，本质的东西和非

① 胡适：《介绍我自己的思想》，载《胡适论学近著》第1集。
② 恩格斯：《自然辩证法》，人民出版社1971年版，第196—197页。
③ 恩格斯：《自然辩证法》，人民出版社1971年版，第197页。

本质的东西、经常起作用的东西和临时起作用的东西混为一谈,使人们不能透过现象抓住本质,因而是非常有害的。

第三种观点,是把必然性和偶然性机械地割裂开来。持这种观点的人似乎既承认必然性,又承认偶然性。但是,在他们那里,必然性和偶然性是毫不相干的。一个过程要么是必然的,要么是偶然的;必然性不能通过偶然性来表现自己,偶然性背后也不能潜藏着必然性。他们所说的必然性,实际上就是指那些能够用科学规律来解释的现象,也就是已经知道了原因的现象;而他们所说的偶然性,则是指那些还不能用科学规律来解释的现象,实际上也就是还不知道原因的现象。这种对必然性和偶然性的观念本身就是错误的。必然性和偶然性都是不以人们的认识为转移的客观的东西,难道必然性会因为我们还不知道它的原因,就成为偶然性,偶然性会因为我们已经知道它的原因,就成为必然性吗? 持这种观点的人还认为,只有必然性才对科学有意义,而偶然性对科学是无意义的。这就无异乎说,科学只应当去研究那些已经知道了原因、已经能够用科学规律来解释的东西,而不应当去研究那些还不知道原因、还不能够用科学规律来解释的东西。这当然更是错误的。科学的任务正在于探求现象的因果联系和规律性,如果把那些还不知道其原因的现象叫作偶然性而撇在一边,不予理睬,科学还有什么存在的必要呢? 难道科学的任务不正是在于探求现象的因果联系吗? 正如恩格斯所指出的,把那些目前还不知道其原因的现象说成是由"偶然性"引起的,或者说成是由"上帝"决定的,这在实质上并没有什么区别。这种观点不仅是形而上学的,而且归根到底是唯心论的。

在马克思主义以前,只有黑格尔在必然性与偶然性的关系问题上提出过比较深刻的辩证法见解。但是,黑格尔的这些见解是建筑在唯心论的基础之上的,他的出发点是根本错误的;也正因为如此,他的见解本身也充满着神秘晦涩和牵强附会的东西。只有唯物辩证法才第一次对必然性和偶然性的概念及其辩证关系问题作了科学的解决。

五、必然性与偶然性原理的实践意义

唯物辩证法关于必然性与偶然性的原理,对于无产阶级的实践活动具有重大的意义。

　　这个原理告诉我们,尽管历史的行程要通过无数的偶然现象,但是在这些偶然现象的背后却潜藏着决定历史发展方向的必然性。偶然现象是变化无常的,偶然现象背后的必然性却是确定不移的。因此,无产阶级的政党和无产阶级的革命家在观察问题和处理问题的时候,决不应当停留在偶然现象的记录上,决不应当为偶然现象所迷惑,而应当透过纷纭多变的偶然现象抓住事物发展的必然趋势。党的纲领、路线、战略、策略,只能建立在对必然性的科学认识的基础上,而决不可以跟在偶然事件的后面就事论事,敷衍应付。马克思主义认为,无论出现了什么"惊人"的偶然事件,历史发展的必然趋势仍然不会改变,因而根据这种必然趋势而制定的纲领、路线、战略、策略仍然是不可动摇的。随波逐流,迁就一时的细小事变,以几件偶然事件为借口而企图取消无产阶级革命的根本任务,这正是一切机会主义者的共同特点。

　　现代修正主义者极力夸大偶然性而抹杀必然性,把偶然性的作用夸大到足以取消必然性的程度。例如他们认为,帝国主义有了"核牙齿",就不再是纸老虎了。其实,帝国主义用什么武器把自己装备起来,这对于帝国主义制度说来完全是偶然的。帝国主义可以有"飞机牙齿"、"大炮牙齿"、"毒气牙齿",也可以有"核牙齿"或者别的什么"牙齿",但是无论什么"牙齿"都不可能取消帝国主义制度的根本矛盾,因而也就改变不了它走向灭亡的必然趋势。难道帝国主义一装上了"核牙齿",就可以万古长存了吗? 又如他们认为,帝国主义的侵略政策和战争政策,是由一些好战分子所决定的。其实,帝国主义的政策是由帝国主义制度的本质决定的,而不是由个别人物决定的。无论这些个别人物的"性格"有什么不同,怎样好战,他们都是垄断资本的工具,都不能不执行垄断资本的意志。又如他们认为,苏美两国首脑坐在一起,人类历史就进入了"新的转折点";这两个国家的"大人物"一握手,国际关系就会出现"新纪元";只要两国一达成协议,"决定人类命运的国际问题就会得到解决"。其实,像这样的事件即使发生一千件一万件,难道能够取消当代世界的基本矛盾,能够改变由这些基本矛盾所规定的阶级斗争的必然规律吗? 现代修正主义者是不可救药的主观唯心主义者,尽管他们的这些如意算盘一次又一次地被事实砸得粉碎,他们还是有勇气喋喋不休地把这样的胡言乱语拿来到处推销。这只能说明他们被美苏合作、主宰世界的好梦迷住了心窍!

必然性和偶然性的原理又告诉我们，偶然性虽然不能改变历史发展的方向，但是却可以加速或延缓历史的进程，可以使革命任务的实现顺利一些或者困难一些，付出的代价少一些或者多一些。因此，无产阶级政党和无产阶级革命家在把自己的行动方针建立在必然性基础上的同时，对偶然性也应当给予必要的重视，特别是对那些在加速或延缓革命进程方面有重大作用的偶然事件，更应当予以重视，在行动中估计到它们。对于那些可以加速革命进程的偶然事件，要及时地加以利用；对于那些可以延缓革命进程的偶然事件，要"防患于未然"，如果发生了，就要努力减少它的消极影响，并且努力创造条件，使坏事变成好事。

第五节　可能与现实

一、可能与现实的一般含义

世界上各种各样的事物或现象，有些是曾经存在过而现在已经不存在了的，有些是要等到将来才出现而现在还不存在的，有些则是当前存在着的。现实这个范畴，就是标志当前存在着的事物或现象的哲学范畴。例如，亚洲、非洲和拉丁美洲民族解放运动的风起云涌，我国社会主义革命和社会主义建设的突飞猛进等等，都是我们面前存在着的现实。

在当前存在着的事物或现象中，有的是同历史发展的要求相一致的、具有发展前途的新生事物，这是生长着的现实；有的则是同历史发展的要求相违反的，丧失了发展前途的腐朽事物，这是衰亡着的现实。前者的存在是合理的，我们应当促使它更快地发展；后者的存在是不合理的，我们应当促使它更快地灭亡。

可能是同现实相对立的范畴。可能不是指当前已经实际存在着的事物，而是指包含在现存事物中的、预示事物发展前途的种种趋势。一切现存事物归根到底总是要转化为自己的对立面，变成别种事物的。但是，只要这种转化还没有实现，那么别种事物的出现就还不是现实，而只是可能。

事物的可能是由什么决定的呢？是由事物内部所包含的矛盾决定的。对立统一规律告诉我们，任何事物内部都包含着矛盾，矛盾双方的斗争推动事物的发展变化,事物的性质是由取得支配地位的矛盾的主要方面决定的。矛盾双方斗争的结果决定着事物发展的前途。在每一具体场合下,矛盾双方斗争的结果不外是甲方战胜乙方,或者乙方战胜甲方。因此,事物的发展就具有两种相反的可能。例如,在社会主义国家中贯穿着无产阶级和资产阶级、社会主义道路和资本主义道路的矛盾,这就决定了社会主义国家的发展具有两种相反的可能:向共产主义前进的可能和向资本主义倒退的可能。如果一个事物包含着多种矛盾、而主要矛盾和非主要矛盾又可以互相转化的话,则事物的发展将具有多种可能。不过必须指出,所谓具有两种可能或多种可能,是就一定的具体场合来说的。如果说的是事物发展的总的趋势或最终的结果,那就不是有两种可能或多种可能,而是只有一种可能,因为归根到底,一定是矛盾的新的一方战胜旧的一方,而不是旧的一方战胜新的一方。在这种情形下,可能性就同必然性重合起来了,这样的可能性就是还没有实现的必然性。例如,社会主义国家就一定的具体场合来说虽然既具有向共产主义前进的可能,也具有向资本主义倒退的可能,但是就发展的总的趋势和最终结果来看,却只有向共产主义前进一种可能。由此可见,可能的内在根据就是现实中的矛盾。

把可能同现实区别开来,是十分重要的。无产阶级的政党制定政策,革命工作人员制定工作计划,都必须从现实出发,而不能从可能出发。列宁说:"马克思主义者在分析时局时,不应当从可能出发,而应当从现实出发。"①毛泽东同志也是一贯强调必须"从客观存在着的实际事物出发"②。这当然不是说不要去估计事物发展的种种可能。但是问题在于,可能毕竟只是可能,是尚未实现的东西,它不能作为我们当前活动的立足点。而且,为了要正确地估计事物发展的种种可能,也只有从现实出发,对现实的矛盾进行科学的分析,才能做到,否则不过是主观猜测而已。我国第二次国内革命战争期间,毛泽东同志科学地分析了当时中国革命战争的主要特点:中国是一个经过了一次大革命的政治经济发展不平衡的大国,敌人的强大,红军的弱小,共产党领导的土地革命。这就是当时我党我军所面临的现实。毛泽东同志从这样的现实出

---

① 列宁:《论策略书》,载《列宁全集》第24卷,第26页。
② 毛泽东:《改造我们的学习》,载《毛泽东选集》第三卷,第757页。

发,正确地规定了这一时期中国革命战争的战略战术,指出了当时基本上只能实行运动战,而不能实行阵地战。他说:"我们应该准备抛弃游击性,但是今天还不能抛弃。游击性在将来一定是可羞的和必须抛弃的东西,但在今天却是宝贵的和必须坚持的东西。"①在毛泽东同志的英明的战略思想指导下,数量很小、技术装备很差的红军胜利地打破了蒋介石的四次"围剿"。当时的教条主义者不懂得这个道理,他们反对所谓"游击主义",硬要实行所谓"正规战争"的战略方针。他们"贸然地脱离现阶段,盲目地跑向可望而不可即的、在当前没有现实意义的所谓'新阶段'"②,结果事与愿违,造成了第五次反"围剿"的失败。

除了必须把可能同现实区别开来以外,还必须把可能同不可能区别开来。可能是由现实中的矛盾决定的,现实中的矛盾就是可能的内在根据。现实中存在着什么样的矛盾,就有什么样的可能。如果现实中并不存在着某种特定的矛盾,那么为这种矛盾所决定的可能也就不存在,这就叫作不可能。例如受了精的鸡蛋变成小鸡是可能的,但是石头变成小鸡却是不可能的。同样,事物的性质是由它内部的矛盾的特殊性决定的,在它的矛盾的特殊性没有改变以前,也就是矛盾没有解决以前,要改变它的性质也是不可能的。例如帝国主义的本性是由它内部的特殊矛盾决定的,只要这些矛盾还没有解决,帝国主义还没有死亡,要改变它的本性就是不可能的。把可能同不可能区别开来,意义是很大的。因为无产阶级为了实现认识世界和改造世界的任务,必须既立足于现实,又估计到未来的种种可能,并为实现那种推动历史前进的、有利于人民的可能而斗争。只有正确地估计了可能,才能进行有成效的斗争。如果把可能误认为不可能,就会把那些可以办到的好事情说成办不到的,或者把那些可能发生的坏事情说成不会发生的,就会放松了当前应有的努力。反之,如果把不可能误认为可能,就会把那些虽然美好但是办不到的事情说成办得到的,或者把那些本来不会发生的坏事情说成会发生的。按照这样的想法去办事就会使我们白费气力。

---

① 毛泽东:《中国革命战争的战略问题》,载《毛泽东选集》第一卷,第213页。
② 毛泽东:《中国革命战争的战略问题》,载《毛泽东选集》第一卷,第216页。

以上说的可能都是指现实的可能。这种可能是在现实中有充分根据的，是在下一阶段可以转化为现实的。这种可能是决定我们当前奋斗目标的客观依据。同现实的可能性相对立的，还有抽象的可能。

所谓抽象的可能，就是在事物发展的下一阶段不会变成现实的那种可能。抽象的可能同不可能是有区别的，因为它在现实中并不是完全没有根据，而是有某种根据的；但是，它又不同于现实的可能。一般说来，由下列几种情形决定的可能是抽象的可能：（1）有根据，但根据还没有展开，还没有达到足以解决矛盾的程度。例如，在资本主义社会的初期，无产阶级同资产阶级的矛盾虽然已经存在，但这个矛盾还没有展开（其标志就是无产阶级还没有从"自在的"阶级变成"自为的"阶级），在这种情况下，实现社会主义还只是抽象的可能。（2）有根据，也已经展开，但这个根据本身并不是现实的主要矛盾，例如，在半封建半殖民地的旧中国，无产阶级同民族资产阶级的矛盾是存在着并且展开了的，但是它并不是旧中国的主要矛盾，因此为它所决定的可能，即实现社会主义或者实现资本主义两种可能，对旧中国说来都还只是抽象的可能。（3）有根据，也已经展开，但是缺乏一定的必要条件。例如，在简单的商品生产中就已经包含着使用价值和价值的矛盾，也就是包含着危机的可能。但是只有当货币财富积累到一定的程度、并且劳动力本身也变成了商品的时候，也就是当资本主义生产出现了的时候，危机才成为现实的可能；而在此前的几千年中，由于缺乏必要的条件，危机只是抽象的可能。

抽象的可能对于我们的实践活动并不是毫无意义的。抽象的可能并不是绝对不能变为现实，而只是不能在现阶段直接变为现实。我们在实践中往往不仅需要估计到现阶段的可能，而且需要估计到下一个阶段甚至下几个阶段的可能。认识抽象的可能，对于我们作比较长远的预见是有益的。但是，我们决不可以把抽象的可能同现实的可能混为一谈。如果把抽象的可能当成了现实的可能，把它提到当前的日程上来，作为当前的奋斗目标，那就同把不可能当作可能一样错误。如果把现实的可能当成了抽象的可能，把它仅仅作为将来的奋斗目标，不在现阶段促其实现，那就同把可能当作不可能同样错误。

上面说到的抽象的可能是客观的，此外，还有一种主观虚构的抽象的可能。这种"可能"在现实中毫无根据，不过是人们把各种事物的各种因素在想象任意拼凑起来,造成假根据,从而虚构出来的"可能"。例如,狐狸变成人,帝国主义的头子变成和平战士等等,就属于这种"可能"。这种"可能",实际上等于不可能。如果把这种"可能"当成客观的可能,一定会给革命实践造成危害。

现代修正主义者为了给自己的叛徒行径作辩护,为了欺骗本国的和全世界的人民,在可能和现实的问题上玩弄了种种诡辩的手法。(1)他们故意歪曲现实的本来面貌。例如,明明是由于赫鲁晓夫集团篡夺了苏联党和国家的领导权,使苏联发生了资本主义复辟的严重情况,他们却硬说苏联正在向共产主义社会过渡。明明摆在亚洲、非洲和拉丁美洲人民面前的反对帝国主义和殖民主义的斗争任务还远远没有结束,他们却硬说"殖民主义帝国已经崩溃"①,"殖民主义的根子已经拔除"②,"现在消灭殖民主义制度的过程已进入了完成阶段"③。(2)他们故意把可能的说成不可能的,把不可能的说成可能的。例如,历史和现实证明,殖民地半殖民地人民依靠劣势装备打败凶恶的帝国主义是完全可能的,他们却硬说这是不可能的,硬说民族解放战争只是"死尸运动",只能在"死后"得到自由。另一方面,几千年的阶级斗争史证明,任何反动统治阶级决不会自动退出历史舞台,革命人民不通过革命战争而取得政权是不可能的,他们却大肆宣扬通过"议会道路"和平过渡是可能的。(3)他们还虚构一些极其荒唐的抽象的"可能"。例如,他们硬说帝国主义的头子"可能"不代表垄断资产阶级的利益,"可能"放弃侵略政策和战争政策,等等。但是,修正主义者玩弄的这些诡辩手法并没有能够欺骗本国和世界人民,相反,只是更加暴露了他们丑恶的叛徒嘴脸。

二、由可能性向现实的转化

在了解了什么是现实,什么是可能之后,最重要的问题就是要研究由可能向现实的转化。

任何事物的发展都是一个过程。现实中包含着可能,可能转化为新的现

---

① 赫鲁晓夫 1960 年 10 月 20 日在莫斯科群众大会上的讲话。
② 赫鲁晓夫 1960 年 3 月 5 日在莫斯科群众大会上的讲话。
③ 赫鲁晓夫答记者问,(苏)《消息报》1963 年 12 月 21 日。

实,新的现实又包含着更新的可能,等等,这就是事物发展的总的大致的图景。

那么,由可能向现实的转化,取决于哪些因素呢?

由可能向现实转化,最基本的因素是根据(内因),即事物内部矛盾的斗争。不同的矛盾以及矛盾的不同方面代表着不同的可能。哪一对矛盾或矛盾的哪一方面在斗争中取得支配地位,它所代表的那种可能就转化为现实。究竟何种可能性转化为现实,归根到底是取决于矛盾斗争的结果如何。例如一个社会主义国家内部工人阶级和资产阶级的矛盾规定了它既有前进到共产主义的可能,也有倒退到资本主义的可能。究竟哪一种可能变为现实,归根到底取决于这一对矛盾斗争的结果。如果工人阶级最终战胜了资产阶级(这意味着彻底消灭阶级),前进到共产主义的可能就变为现实;如果资产阶级暂时地战胜了工人阶级,倒退到资本主义的可能就变为现实。对立统一规律告诉我们,内因是事物变化的根本原因。在理解由可能向现实的转化时,必须坚持这个原理。

由可能向现实转化的另一重要因素是事物所处的外部环境或条件。任何事物的发展都不是孤立地进行的,而是在同其他事物的相互联系、相互制约中进行的。因此,在由可能向现实的转化中,根据(内因)固然是根本的、第一位的原因,条件(外因)也是不可缺少的、第二位的原因。在某些情况下,条件甚至可以起决定作用(当然,这仍然需要通过根据)。社会主义国家要使过渡到共产主义社会的可能变成现实,首先当然取决于国内的阶级斗争,即把"兴无灭资"的斗争进行到底。但是,只有在全世界消灭了帝国主义、资本主义和一切剥削制度以后,共产主义才会变为现实。没这样的条件,要想在单独一个国家内实现共产主义,是办不到的。因此,取得了政权的无产阶级政党除了必须在国内把社会主义革命进行到底以外,还必须大力支持各国人民的革命斗争,只有这样才能促使共产主义社会早日变成现实。

人们的主观能动性在由可能向现实的转化过程中起着巨大的作用。就社会现象来说,人们创造着自己的历史,运动的主体就是人本身,人的实践活动本身就是构成根据的东西。社会过程的不同的可能性正是由不同的阶级、不同的社会集团的斗争所决定的。显然,离开了人的主观能动性,就无所谓由可能向现实的转化。例如,尽管革命的客观形势已经成熟,如果没有革命阶级的正确行动,革命胜利的可能性就不会转化为现实。同敌人作战,客观因素具备着胜利的可能,但要使胜利变成现实,还"需要正确的方针和主观的努力。这时候,主观作用是决定的了。"①就自然现象来说,运动的主体虽然是物而不是人,但只要是人力所能干预的自然过程,主观能动性都是由可能向现实转化的重要条件。例如,农作物的生长是一种自然过程,但主观能动作用对于提高产量、改进品种却可以起巨大的作用。原子内部潜藏着的巨大能量具有释放出来的可能,但只有当人们认识了原子内部的运动规律,采取一定的技术措施时,这种可能才转化为现实。

具体地说来,主观能动性在由可能转化为现实中的作用表现在如下两种情形中。

第一,依靠人的主观能动性,可以在不同的可能之间进行选择。

客观上存在着的不同的可能,对于各个阶级或集团的利害关系是不同的。任何阶级或集团都不会坐视有利的可能的丧失和不利的可能的实现,必然要选择对它有利的可能,并为之实现而奋斗。于是各为其有利的可能的实现而斗争就成了主观能力的竞赛。最后究竟哪种可能性转化为现实,除了取决于客观条件之外,还要看主观能力竞赛的结果如何,即双方的主观能动性发挥的结果如何。例如,在抗日战争时期,客观上存在着好坏两种可能性。一种可能是巩固和扩大抗日力量,打败日本侵略者;另一种可能是分裂抗日统一战线,使抗日战争受到挫折。党和毛泽东同志客观地估计了这两种可能,实行了发展进步势力、争取中间势力、孤立顽固势力的方针,结果就壮大了抗日力量,打败了日本侵略者。作为一个革命者,我们在一切工作中,必须最大限度地发挥主观能动性,促使那些有利于人民的、推动历史前进的好的可能变为现实,阻止那些不利于人民的、违背历史潮流的坏的可能变为现实。遇到两种都是好的可能性而又只容许选择其中的一种的时候,应该争取其中较好的可能性;遇到两种坏的可能性而又不可避免地要作出选择的时候,要尽量避免最坏的可能性。总之,我们要尽可能地发挥人的主观能动性,最大限度地维护人民的利益。

---

① 毛泽东:《论持久战》,载《毛泽东选集》第二卷,第454—455页。

为要使可能变为现实，必须坚持一个重要的原则，就是必须同时估计到好坏两种可能，而又把工作的基点放在应付最坏的可能上面，从最坏处着想，向最好处努力。实际上，向着最坏的一种可能性作准备，正是为争取好的可能性并使之变为现实的一个条件。反过来，如果我们不向着最坏的一种可能作准备，一旦发生突然严重的事变，就会束手无策，把好的可能丢掉了。只有准备两种可能，并且把基点放在应付坏的可能上，我们才能有备无患，应付裕如，立于不败之地。这是经过多次革命实践检验过的真理。例如，抗日战争结束后，中国有两种可能的发展前途：一是在全国人民反对内战、争取和平，反对独裁、争取民主，反对卖国、争取独立的斗争不断高涨的情况下出现国内和平的局面；二是由蒋介石挑动全面内战。当时我们党同时承认了这两种可能。一方面争取最好的可能，即实现国内的和平；同时准备应付最坏的可能，即准备应付蒋介石发动全面内战，并把全部工作的基点放在壮大自己的力量、应付最坏的可能性上面。历史证明，正是因为党和毛泽东同志采取这种英明的方针，我们才能够在蒋介石背信弃义地悍然发动全面内战的时候确有把握地予以还击，只用了三年多的时间就推翻了蒋家王朝，赢得了伟大的胜利。

第二，依靠人的主观能动性，可以加速或延缓由可能向现实转化的过程。

由可能向现实的转化是一个过程。这个过程进行得快慢，对于各个阶级的利益并不是无关紧要的。对于无产阶级和革命的劳动群众说来，不但要力争实现好的可能，避免坏的可能，而且要以最高的速度实现好的可能。例如我们国内的社会主义革命和社会主义建设，就不仅要力争巩固和扩大社会主义的成果，防止资本主义复辟，而且要使革命建设的各项工作做到多快好省，而不是少慢差费。在这里，同在选择不同的可能的问题上一样，主观能动性的作用也是十分巨大的。在同样的客观因素的"舞台"上，如果我们的主观能动性发挥得好一些，如果我们能够运用毛泽东思想来指导自己的行动，敢于斗争，敢于胜利，善于总结经验，善于提出正确的方针和计划，就能够大大加速使好的可能转化为现实的过程；反之，就会延缓这个过程。山西省昔阳县大寨人民公社大寨大队本来是一个很穷的队。在合作化刚刚完成的时候穷的面貌还没有什么改变，那时大寨人所面对的现实就是穷。今后的前途怎样呢？有两种相反的可能：一种是安于现状，继续穷下去；一种是奋发图强，逐渐富起来。大寨的英雄选择了后一种可能,并使这种可能以最高的速度变成了现实。他们在毛泽东思想的指导下,以顽强的精神和正确的方法同穷山恶水英勇奋战,克服了由于劳力不足、工具缺乏、自然条件恶劣、阶级敌人破坏和富裕中农动摇等原因而造成的无数困难,只用了 11 年的时间,就使大地换装,山河变样,用双手送走了贫困,用双肩担来了幸福。今天我国各条战线上涌现出来的无数动人的事例,都生动地说明了主观能动性在加速由可能到现实的转化过程中的伟大作用。

第 五 篇

当作认识论和逻辑学看的唯物辩证法

前言　辩证法、认识论和逻辑学的同一性

我们在前篇中所论述的,是从自然、社会和思维三大领域中抽引出来的最一般的规律,即辩证法的规律。本篇要论述的,是思维或认识的规律。①

思维的规律是怎样一种性质的规律呢? 这种规律同物质世界的规律即存在的规律的关系是怎样的呢?

恩格斯指出:"两个系列的规律在本质上是同一的,但是在表现上是不同的"。②

首先,我们来说明思维规律和存在规律在本质上的同一性。

17 世纪的英国唯物论者和 18 世纪法国唯物论者证明了一切思维的内容都起源于感性经验,这就是说,证明了思维的内容和存在的同一性。但是,思维的规律是不是也同存在的规律同一呢? 这个问题,他们不仅不能解决,而且甚至也不能提出。这也是很自然的。他们是形而上学者,他们把人们的认识看成镜面式的,一次完成的反映,而不了解认识是"一系列的抽象过程,即概念、规律等等的构成、形成过程"③,因此他们当然不了解认识过程的规律,也不可能提出这两个系列的规律的关系问题。

把思维规律同存在规律割裂开来的见解,在康德那里得到了最典型的表现。康德认为,存在(即他所说的"自在之物")是处在思维的"彼岸"的,是思维所永远不能达到的。思维的形式是先天的、超经验的,与客观世界无关的,

---

① 在讲到思维规律和存在规律的关系时,"思维"一词是在广义上使用的,它是指全部认识(与存在相对立),而不是仅指理性认识(同感觉相对立)。在这里,思维规律就是认识规律的同义语。

② 恩格斯:《路德维希·费尔巴哈和德国古典哲学的终结》,载《马克思恩格斯选集》第 4 卷,第 239 页。

③ 列宁:《哲学笔记》,载《列宁全集》第 38 卷,第 194 页。

思维规律同存在规律之间没有任何联系。

在哲学史上,第一个提出了思维规律与存在规律的同一性的哲学家,是黑格尔。黑格尔认为,在自然界和人类社会出现以前,就存在着所谓"绝对观念"。这个绝对观念经过了由低级到高级的辩证发展过程(他在《逻辑学》中描绘了这个过程),然后就使自己"外化"为自然界。在这个阶段,绝对观念仍然作为自然界的内容,躲在自然界的外壳背后秘密地活动,使自然界在空间上展示出自己的多样性(他在《自然哲学》中描绘了这个过程)。然后,在自然界的高级发展阶段上出现了人类,于是就进入人类社会。随着人类和人类社会的出现,绝对观念又返回到精神阶段。在这个阶段,绝对观念通过一系列的环节,最后在黑格尔的哲学中认识了自己,完全回复到了自己(他在《精神哲学》中描绘了这个过程)。这样,按照他的说法,整个世界的发展就是绝对观念的发展,而自然和社会不过是绝对观念发展过程中的特殊阶段;自然和社会的发展不过是应用逻辑学,不过是逻辑概念的表现,而他在《逻辑学》中所阐明的那些规律就是自然和社会的灵魂。因此,不言而喻,自然和社会的发展都服从于同一的规律,即逻辑的规律。在这里,黑格尔"在概念的辩证法中天才地猜测到了事物(现象、世界、自然界)的辩证法"①,"证明了思维过程同自然过程和历史过程是类似的,反之亦然,而且同样的规律对所有这些过程都是适用的。"②这是黑格尔的重大的贡献。但是,黑格尔是从完全错误的唯心论的前提出发而得出这个结论的。在他看来,思维过程是先于现实世界的独立存在的主体,是现实世界的创造主。存在的规律之所以同思维的规律同一,正因为存在是思维的"反光"。"这些规律是作为思维规律强加于自然界和历史的,而不是从它们当中抽引出来的。"③因此,黑格尔的这种神秘的、晦涩的理论,完全颠倒了思维和存在的真实关系。

马克思主义哲学否定了黑格尔的思维与存在同一论的唯心论的前提,救出了被唯心论的迷雾淹没了的合理内核,把它放在唯物论的基础上加以批判的改造,因而第一次科学地解决了思维规律同存在规律的同一性问题。马克

---

① 列宁:《哲学笔记》,载《列宁全集》第 38 卷,第 210 页。

② 恩格斯:《自然辩证法》,人民出版社 1971 年版,第 244 页。

③ 恩格斯:《自然辩证法》,人民出版社 1971 年版,第 46 页。

思主义指出,被黑格尔叫作绝对观念的第一阶段即逻辑阶段的那个过程,实际上就是人们的思维过程;他在《逻辑学》中所描述的那些规律,实际上就是人们的思维规律。这些规律并不是像黑格尔自己所说的那样是什么先于现实世界的东西,恰恰相反,它正是从人们对自然规律和社会规律的认识的历史中概括出来的,是"思想史的概括"①。正如马克思所揭露的:"黑格尔认为,世界上过去发生的一切和现在还在发生的一切,就是他自己的思维中发生的一切……他以为他是在通过思想的运动建设世界;其实,他只是根据自己的绝对方法把所有人们头脑中的思想加以系统的改组和排列而已。"②这样,在马克思主义把黑格尔的哲学从"头脚倒立"的状态顺过来之后,"在唯心主义哲学中显得极端神秘的辩证法规律也立刻就会变成简单而明白的了"③。

那么,在马克思主义看来,究竟为什么思维的规律同存在的规律在本质上是同一的呢?

第一,这是因为思维本身就是物质世界长期发展的产物。

列宁多次指出过,意识和物质的对立只有在认识论的领域中(即当我们研究哪个是第一性的、哪个是第二性的,哪个是被反映者、哪个是反映者的时候)才有绝对的意义;如果从本体论的观点来看,它们二者的对立仅仅是相对的。意识无非是高度组织起来了的物质(人脑)的特性,是物质世界长期发展的最高产物,而绝不是与物质世界无关的另一种独立的实体。因此,它服从于整个物质世界的一般发展规律,是很自然的。恩格斯说:"如果完全自然主义地把'意识'、'思维'当作某种现成的东西,当作一开始就和存在、自然界相对立的东西看待,……那末意识和自然,思维和存在,思维规律和自然规律如此密切地相适合,就非常奇怪了。可是,如果进一步问:究竟什么是思维和意识,它们是从哪里来的,那末就会发现,它们都是人脑的产物,而人本身是自然界的产物,是在他们的环境中并且和这个环境一起发展起来的;不言而喻,人脑的产物,归根到底亦即自然界的产物,并不同自然界的其他联系相矛盾,而是

---

① 列宁:《哲学笔记》,载《列宁全集》第38卷,第355页。
② 马克思:《哲学的贫困》,载《马克思恩格斯全集》第4卷,第143页。
③ 恩格斯:《自然辩证法》,人民出版社1971年版,第46页。

相适应的。"①

第二,这是因为思维是存在的反映。

思维是存在的反映,思维中的一切都是从存在中得来的。不仅思维的内容是来源于存在的,而且思维的规律也是来源于存在的。如果思维竟然服从于本质上不同于存在规律的另一套规律,那么思维就根本无法反映存在。正如列宁所说:"如果一切都发展着,那末这点是否也同思维的最一般的概念和范畴有关?如果无关,那就是说,思维和存在不相联系。如果有关,那就是说,存在着具有客观意义的概念的辩证法和认识的辩证法。"②这就是说,如果客观现象本身是相互联系和发展变化的,那么人们的思维也必然是相互联系和发展变化的,只有这样,思维才能反映存在。所以经典作家反复强调:"头脑的辩证法只是现实世界(自然界和历史)的运动形式的反映。"③"逻辑规律就是客观事物在人的主观意识中的反映。"④"事物的辩证法创造观念的辩证法,而不是相反。"⑤

由此可见,支配着思维领域的,并不是本质上不同于存在规律的另一套规律;相反地,思维和存在"服从于同样的规律,因而两者在自己的结果中不能互相矛盾,而必须彼此一致"。⑥按照恩格斯的说法,这是"我们的理论思维的不自觉的和无条件的前提"⑦。这就是说,思维规律也是以对立统一规律为核心的辩证规律,而不是别的什么规律。

这是问题的一方面。

另一方面,马克思主义又认为,思维规律和存在规律虽然在本质上是同一的,但是在表现上却是各异的。

为什么呢?

第一,思维与存在虽然在本质上服从于辩证规律,但是思维过程却具有不

---

① 恩格斯:《反杜林论》,载《马克思恩格斯选集》第3卷,第74—75页。
② 列宁:《哲学笔记》,载《列宁全集》第38卷,第280页。
③ 恩格斯:《自然辩证法》,人民出版社1971年版,第181页。
④ 列宁:《哲学笔记》,载《列宁全集》第38卷,第195页。
⑤ 列宁:《哲学笔记》,载《列宁全集》第38卷,第210页。
⑥ 恩格斯:《自然辩证法》,人民出版社1971年版,第243页。
⑦ 恩格斯:《自然辩证法》,人民出版社1971年版,第243页。

同于现实过程的特点。思维中的每一条规律在物质世界中都有它的客观基础,但是思维规律并不是现实原型的简单模写。例如,现实世界中现象和本质的关系,就是思维中感性认识和理性认识的关系的客观基础,后者是前者的反映。但是,在现实世界中,事物的现象和本质是同时存在的,本质就包含在现象之中,并不是先有现象后有本质;而在思维过程中,却是先有感性认识后有理性认识。又如,现实世界中特殊与一般的关系,就是思维中特殊与一般的关系的客观基础,后者是前者的反映。但是,在现实世界中,特殊和一般是同时存在的,一般就寓于特殊之中,并不是先有特殊后有一般;而在思维过程中,却是先有特殊认识后有一般认识。

第二,思维与存在虽然在本质上服从于同一的辩证规律,但是思维规律同存在规律起作用的方式是不同的。存在的规律是在人们的头脑之外发生的、不以人们的意识为转移的客观过程的发展规律,这些规律只能"在无穷无尽的表面的偶然性中为自己开辟道路"。[①] 即使在人们认识了这些规律,并且利用它们为自己的目的服务的时候,也不可能要求它们不受偶然性的扰乱,而以纯粹的姿态发生作用。思维的规律则不同,它是在人们头脑中发生的那些过程的发展规律。当人们不认识这些规律的时候,它当然也同存在的规律一样自发地、通过大量的偶然性而发生作用(例如,在人类认识史上的情形,在不懂得辩证思维的人的认识过程中的情形,就是如此);可是只要人们认识了这些规律,人们就完全可以自觉地、有意识地避开那些偶然现象的扰乱,避开那些不必要的曲折情况,而使思维规律以比较纯粹的姿态发生作用(在辩证地思维着的人们的头脑中发生的情形就是如此)。如恩格斯所说:"在历史的发展中,偶然性起着自己的作用,而它(指概念。——引者)在辩证的思维中,就像在胚胎的发展中一样包括在必然性中。"[②]

由此可见,对于思维规律和存在规律的关系,既要看到它们本质上、内容上的同一,又要看到它们在表现上、形式上的差别。在阐明思维规律的时候,既要指出思维规律实质上就是辩证规律,又要揭示它的特点,即辩证规律在思

---

① 恩格斯:《路德维希·费尔巴哈和德国古典哲学的终结》,载《马克思恩格斯选集》第4卷,第239页。

② 恩格斯:《自然辩证法》,人民出版社1971年版,第200页。

维领域中的特殊表现。只有从这种观点出发，才能正确地理解和阐明思维规律。

从思维规律和存在规律的同一性原理出发，列宁提出了辩证法、认识论和逻辑学的同一性的原理。他说："在《资本论》中，逻辑、辩证法和唯物主义的认识论[不必要三个词：它们是同一个东西]都应用于同一门科学……"①

应当怎样理解列宁的这段话呢？

列宁的这段话所涉及的，绝不仅仅是名词的问题，而是唯物辩证法这门科学的实质问题。

从古以来，哲学家们通常把哲学分成三个部分：本体论、认识论和逻辑学。本体论是关于存在的学说（它研究世界的本原问题），认识论是关于认识的学说（它研究认识的能力、认识的源泉、认识的途径以及真理等问题），逻辑学是关于思维②的学说（它研究思维的外在形式以及这些形式的规律）。这三个部分是各自分离、互不相关的。这种特点在康德哲学中达到了典型的表现。由于康德割裂了思维和存在的关系，因而把本体论、认识论和逻辑学也割裂开来了。在他的哲学中，认识论和逻辑学与本体论无关，逻辑学也和认识论无关，三者各有各的规律，没有任何同一性。应当指出，这种把本体论、认识论和逻辑学机械地割裂开来的做法，在现代资产阶级哲学中，仍然以拙劣的形式重复着。它们宣称，他们讲认识论时是不管本体论的（它们硬说关于世界是物质的还是精神的、世界本身有什么发展规律等是无意义的问题），讲逻辑学时是不管本体论和认识论的（它们硬说逻辑学只应当研究思维的形式，至于思维的对象是什么，思维在何种条件下才能达到真理，用什么来检验真理等等都是不应当涉及的问题）。当然，它们的所谓"不管"，并不是（也不可能是）真正的不管，而只不过是掩盖它们偷运唯心论的一种幌子而已。

黑格尔是哲学史上第一个试图把本体论、认识论和逻辑学统一起来的哲学家。如我们在前面指出过的，他认为世界的本体就是"绝对观念"，世界的发展规律就是"绝对观念"的发展规律，即逻辑的规律，因而，本体论也就是逻

---

① 列宁：《哲学笔记》，载《列宁全集》第38卷，第357页。

② 指狭义的思维，即理性认识。

辑学。他又认为,所谓认识世界,就是"绝对观念"自己认识自己,认识的规律就是"绝对观念"如何认识自己的规律,这也仍然是"绝对观念"的发展规律,即逻辑的规律,因而,认识论也就是逻辑学。总之,在黑格尔那里,逻辑的规律是囊括一切、支配一切的规律,本体论和认识论都被消解在逻辑学之中,成了同一个东西。可以说,一部黑格尔哲学就是一部逻辑学。黑格尔天才地猜测到了辩证法、认识论和逻辑学的同一性,这是对人类思想史的巨大贡献。但是,由于他的错误的唯心论的前提,他竟然把思维的辩证法看成第一性的东西,而把现实世界的辩证法看成第二性的东西,竟然认为思维的辩证法创造了现实的辩证法。这显然是颠倒实际情况的说法。所以,黑格尔所做的工作仅仅在于透过思维的辩证法而猜测到了现实世界的辩证法,猜测到了辩证法、认识论和逻辑的同一性(正如列宁所指出的:"正是猜测到了,再没有别的。"①)。至于科学地解决这个问题,他是无能为力的。

辩证法、认识论和逻辑学的同一性问题,只有在马克思主义哲学中,在唯物论的基础上,在思维规律是存在规律的反映这一科学原理的指导下,才得到了真正科学的解决。

首先,我们来考察辩证法和认识论的关系问题。

在马克思主义哲学中,认识论就是辩证法,就是认识的辩证法。

我们知道,辩证法的规律首先是物质世界的最一般的发展规律,即存在的规律。由于认识是存在的反映,所以人们的认识也服从于辩证法的规律,也是一个辩证的发展过程。马克思主义的认识论,就是关于认识运动的辩证法规律的科学理论。它要研究和阐明认识和实践的辩证法、感性认识和理性认识的辩证法、分析和综合的辩证法、归纳和演绎的辩证法、抽象和具体的辩证法、真理和错误的辩证法、绝对真理和相对真理的辩证法等一系列的辩证法问题。列宁说:"形而上学的唯物主义的根本缺陷就是不能把辩证法应用于反映论,应用于认识的过程和发展。"②马克思主义哲学的根本特点之一,则恰恰是把辩证法应用于反映论,应用于认识过程的发展。所以我们说,马克思主义的认

① 列宁:《哲学笔记》,载《列宁全集》第 38 卷,第 210 页。
② 列宁:《哲学笔记》,载《列宁全集》第 38 卷,第 411 页。

识论就是辩证法,就是认识的辩证法。

反过来说,辩证法也就是马克思主义的认识论。

在马克思主义的经典著作中,辩证法这个概念通常在三种含义下使用:一种是指贯穿于三大领域中的辩证法,一种是指物质世界的辩证法(客观辩证法),一种是指认识的辩证法(主观辩证法)。

如果我们说的是贯穿于三大领域的辩证法,那就应当把认识论看作辩证法的局部情况。恩格斯说:辩证法是一门"关于外部世界运动和人类思维运动一般规律的科学"。列宁在引证这句话以后接着说:"辩证法本身包括现时所谓的认识论,这种认识论同样应当历史地观察自己的对象,研究并概括认识的起源和发展即从不知到知的转化。"①可见,在这种情况下,正确的提法就应当是辩证法"包括"认识论。二者在内容上是同一的,但在范围上是有区别的。

如果我们说的是客观辩证法,那就应当把认识论看作辩证法的自觉的反映。恩格斯所说的"头脑的辩证法只是现实世界……的运动形式的反映"②,列宁所说的"事物的辩证法创造观念的辩证法"③,就是从这种意义说的。在这种情况下,认识论和辩证法在内容上是同一的,但在表现形式上是有区别的。

如果我们说的是主观辩证法,那么就应当把认识论和辩证法看成完全等同的东西。经典作家在许多场合都是在这个意义上使用辩证法一词的。例如列宁在说到"辩证法是什么?"的时候写道:"概念的相互依赖,一切概念的毫无例外的相互依赖,一个概念向另一个概念的转化,一切概念的毫无例外的转化。概念之间对立的相对性……,概念之间对立面的同一。"④显然,在这里列宁说的正是概念的辩证法、思维的辩证法或主观辩证法,并且是把这种辩证法同认识论作为同义语看待的。在这种情况下,辩证法和认识论就完全是一个东西,无论在内容上和形式上都是同一的。

---

① 列宁:《卡尔·马克思》,载《列宁全集》第21卷,第36页。
② 恩格斯:《自然辩证法》,人民出版社1971年版,第181页。
③ 列宁:《哲学笔记》,载《列宁全集》第38卷,第210页。
④ 列宁:《哲学笔记》,载《列宁全集》第38卷,第210页。

　　总之，无论上述哪一种意义上的辩证法，在内容上、本质上都是和认识论同一的。列宁说："辩证法也就是（黑格尔和）马克思主义的认识论"，这正是"问题的本质"①。在列宁看来，许多马克思主义者（包括曾经是马克思主义者的普列汉诺夫）在这个问题上的错误，就正在于不理解问题的本质。②

　　由此可见，在马克思主义看来，认识论就是辩证法，辩证法也就是认识论，辩证法和认识论是同一的。

　　现在我们再考察认识论和逻辑学的关系。

　　按照黑格尔以前的传统看法（以及现代资产阶级哲学的看法），逻辑学和认识论是完全不同的东西。当然，如果把逻辑学仅仅理解为形式逻辑，那它确实是与认识论不同的。因为形式逻辑只研究思维的外部形式，而且只从孤立的、静止的方面来加以研究，它不可能成为关于认识的哲学理论。但是，形式逻辑只是初等的逻辑，还有高等的逻辑即辩证逻辑。把逻辑仅仅理解为形式逻辑，这种见解本身就是错误的。黑格尔从唯心论的立场批判了以往的哲学对于逻辑的看法，指出了形式逻辑的局限性。他认为，逻辑学不能只研究思维的外在形式（如果这样，它就不能把握真理），而必须研究主体对客体的关系问题、概念的源泉及其形成过程问题、概念的相互联系和发展变化问题、真理问题、实践在认识过程中的作用问题等。列宁说："黑格尔则要求这样的逻辑：其中形式是具有内容的形式，是活生生的实在的内容的形式，是和内容不可分离地联系着的形式。"③这样的逻辑学，实际上就是认识论。列宁对黑格尔的这个思想是赞扬的（同时严厉地批判了他的唯心论的出发点），他多次指出，黑格尔"特别天才地指明了逻辑和认识论的一致"④。他说："逻辑学是关于认识的学说，是认识的理论。"⑤又说："逻辑学＝关于真理的问题。"⑥又说："逻辑不是关于思维的外在形式的学说，而是关于'一切物质的、自然的和精神的事物'的发展规律的学说，即关于世界的全部具体内容及对它的认识的

---

①　列宁：《哲学笔记》，载《列宁全集》第38卷，第410页。
②　参见列宁：《哲学笔记》，载《列宁全集》第38卷，第216—217页。
③　列宁：《哲学笔记》，载《列宁全集》第38卷，第89页。
④　列宁：《哲学笔记》，载《列宁全集》第38卷，第205页。
⑤　列宁：《哲学笔记》，载《列宁全集》第38卷，第194页。
⑥　列宁：《哲学笔记》，载《列宁全集》第38卷，第186页。

发展规律的学说。换句话说,逻辑是对世界的认识的历史的总计、总和、结论。"①由这些提法中可以看出,列宁是把逻辑学(指辩证逻辑)同认识论看作同一个东西的。

有一种意见认为,认识论的研究对象是全部认识过程,而逻辑学的研究对象则仅仅是理性认识阶段,因而断言逻辑学只是认识论的一部分。这种意见,是同上述列宁的指示不相符合的。辩证逻辑决不能只孤立地研究理性认识的种种形式,而不研究认识论的一般问题。列宁在谈到黑格尔对这个问题的见解时写道:"'按照关于逻辑的通常观念来看',在逻辑中是不谈生命问题的。(按:这里的"生命"就是指认识的主体,即人)但是,如果逻辑的对象是真理,而'真理的本身实质上又包含在认识中',那末就不得不论述认识,——既然谈到认识,那就应该谈到生命。"②他接着指出:"从客观世界在人的意识(最初是个体的)中的反映过程和以实践来检验这个意识(反映)的观点来看,把生命包括在逻辑中的思想是可以理解的——并且是天才的"③。显然,在列宁看来,逻辑学必须研究认识的主体对客观的关系,必须研究全部认识过程,必须研究真理和检验真理的标准等一系列的问题。而这些问题也就是认识论所研究的问题。可见,认为辩证逻辑只研究理性认识阶段而不研究一般认识论问题的见解,仍然是"关于逻辑的通常观念",这种观念是早被黑格尔和马克思主义批判过了的。

由此可见,列宁关于辩证法、认识论和逻辑学的同一性的原理,深刻地体现了唯物辩证法这门哲学科学的特点和实质。本篇的标题"当作认识论和逻辑学看的唯物辩证法",就是从这一原理出发的。

列宁在帝国主义和无产阶级革命时代,为了教导革命人民用正确的观点观察复杂的斗争形势,为了粉碎资产阶级的反动思潮向马克思主义的进攻,写出了《唯物主义和经验批判主义》、《哲学笔记》等一系列伟大著作,对认识的辩证规律作了精辟的阐发。但是,他还来不及对整个认识论问题作出系统的正面论述,就逝世了。毛泽东同志在领导中国人民的革命斗争的过程中,为了

① 列宁:《哲学笔记》,载《列宁全集》第38卷,第89—90页。
② 列宁:《哲学笔记》,载《列宁全集》第38卷,第215—210页。
③ 列宁:《哲学笔记》,载《列宁全集》第38卷,第216页。

捍卫党的理论基础,为了武装全体革命人民,为了同党内外各种反马克思主义的错误思想进行斗争,概括了中国人民革命斗争以及整个国际共产主义运动的新经验,对认识的辩证规律作了空前系统和空前深刻的论述,大大发展了马克思主义的认识论,把它推进到了一个新的境界。他的《实践论》、《矛盾论》、《关于领导方法的若干问题》、《关于正确处理人民内部矛盾的问题》、《人的正确思想是从哪里来的?》等一系列的著作,代表着当代马克思主义认识论的伟大发展。我们研究马克思主义认识论,首先就要认真领会毛泽东同志的著作,学习毛泽东同志对马克思主义认识论的创造性的论述,并把它运用到改造客观世界和改造主观世界的斗争中去。

目前,我们在国内面临着社会主义革命和社会主义建设的新形势,在国际上面临着反对帝国主义和现代修正主义的严重斗争,斗争的规模空前巨大,内容空前丰富,问题空前复杂,有无数的新问题、新情况、新事物等待着我们去认识和处理。怎样才能使我们把工作做得更出色呢? 这就要求我们能够自觉地按照马克思主义认识论的道理去进行工作。毛泽东同志在这个新的形势下面,特别突出地强调了学习马克思主义认识论的重要性。他说:"现在我们的同志中,有很多人还不懂得这个认识论的道理。问他的思想、意见、政策、方法、计划、结论、滔滔不绝的演说、大块的文章,是从哪里得来的,他觉得是个怪问题,回答不出来。对于物质可以变成精神,精神可以变成物质这样日常生活中常见的飞跃现象,也觉得不可理解。因此,对我们的同志,应当进行辩证唯物论的认识论的教育,以便端正思想,善于调查研究,总结经验,克服困难,少犯错误,做好工作,努力奋斗,建设一个社会主义的伟大强国,并且帮助世界被压迫被剥削的广大人民,完成我们应当担负的国际主义的伟大义务。"①由此可见,按照毛泽东同志的指示认真学习马克思主义的认识论,是我们义不容辞的责任。

---

① 毛泽东:《人的正确思想是从哪里来的?》,人民出版社 1964 年版,第 3 页。

第一章　唯物辩证法的认识论是
科学的革命的认识论

第一节　反　映　论

一、认识的唯一泉源是物质世界

两千多年来,许多哲学家提出了各种各样的认识论。但是,唯物辩证法以前的认识论,或者是唯心论的,或者是形而上学的,或者既是唯心论又是形而上学的,没有一种认识论科学地揭示了人们认识的本质和认识的规律,也没有一种认识论能够成为劳动群众革命地改造世界的精神武器。只有马克思主义的唯物辩证法的认识论,才是唯一科学的和革命的认识论。这样的认识论,毛泽东同志把它叫作"能动的革命的反映论"①。

为什么叫作能动的革命的反映论呢?

要回答这个问题,先要说明什么是反映论。

反映论,就是唯物论的认识论。所有的唯物论(那种把意识也看作物质的庸俗唯物论除外)的认识论,实质上都是反映论。反映论是建立在两个基本观点之上的:一个是承认认识的最终泉源是客观的物质世界,另一个是承认认识能够提供关于客观物质世界的正确映象。现在先说明第一个基本观点。

如前所述,唯心论是否认有不依赖于意识的物质世界的。因此,它当然否认认识的泉源是物质世界。在主观唯心论看来,认识的对象是所谓"观念的集合"或"感觉的复合"等,认识的主体则是所谓"自我",是所谓"一束以不可思议的速度向前飞逝的印象"等(其实也还是感觉或观念)。在客观唯心论看

---

①　毛泽东:《新民主主义论》,载《毛泽东选集》第二卷,第 625 页。

346

来,认识的对象是所谓"理念"、"绝对观念"、"人格"等,认识的主体则是这些"理念"或"观念"的某种产物。总之,在各种形式的唯心论看来,所谓认识,不过是观念认识观念,精神认识精神。

唯物论的看法与此相反。唯物论的根本前提就是承认在意识之外独立存在着的物质世界。因此,它认为认识的唯一泉源就是物质世界。认识的对象是物质世界的种种事物,认识的主体(人们的头脑)也是物质世界的一部分。所谓认识,就是客观的物质对象作用于人们头脑的结果,就是人们的头脑对于客观物质世界的反映。离开了物质世界,就无所谓认识。除了物质世界,认识再也没有第二个最终的泉源。

上面两种相反的看法哪一种是正确的呢? 凡是不怀偏见的人都不难看到,唯物论的看法是正确的,唯心论的看法是荒谬的。现代科学已经充分证明,在人类出现以前、甚至在任何有感觉的生命出现以前,物质世界早就存在着,这时候根本没有认识的主体,当然也谈不到有认识。认识只是在人类出现以后才有的,而人类及其认识器官也是物质世界长期发展的产物。没有物质世界,就没有认识的对象,也没有认识的主体,哪里还有什么认识可言呢? 由此可见,只有把物质世界是认识的唯一泉源的唯物论观点才是正确的,而把那种实际上并不存在的所谓独立的精神实体看作认识的唯一泉源的唯心论观点是自欺欺人的。

二、认识能够提供客观世界的正确映象

单单承认认识的泉源是物质世界,还不一定就是反映论,因为这还没有涉及认识能不能正确地反映客观物质世界的问题。因此,还必须进一步说明反映论的第二个基本观点。

如前所述,康德也承认有不依赖于意识的"自在之物",并且承认人们的表象是由"自在之物"作用于人们而产生的。在这一点上,他承认了物质世界是认识的泉源。但是,康德的认识论是不是反映论呢? 不是的。因为按照康德的说法,尽管人们的表象是由"自在之物"引起的,可是表象同"自在之物"并没有同一性,并不能提供关于"自在之物"的正确映象。这正是不可知论。黑尔姆霍兹蹈袭康德的不可知论,提出所谓"符号论",主张"感觉可以看作是

外部影响的记号,但不能看作是它的模写。因为模写必须同被模写的对象有一定程度的相似之处,……而记号却不需要同它所代表的东西有任何相似之处。"①普列汉诺夫把感觉说成"象形文字",实质上也是"符号论",也是不可知论。

唯物论的看法与此相反。唯物论认为,认识就是人们的头脑对于客观物质世界的反映,人们的感觉和思维不仅是由客观物质世界引起的,而且能够成为客观物质世界的正确的映象或模写。

上面两种相反的观点,哪一种是正确的呢? 只要我们依据实践的经验和科学的材料,就可以判定唯物论是正确的,不可知论是错误的。

首先我们来看看人们的感觉。不可知论者列举了许多"事实"来证明感觉不是客观对象的映象。例如有人说,把一根直的木棒的半截浸在水里,看起来是弯的;冬天用手去接触同样温度的铁器和木器,会感到铁器比木器更冷;可见感觉不能成为对象的正确模写。这种议论是似是而非的。半截浸在水里的木棒看起来是弯的,不是正确地反映了空气和水对光线具有不同的折射率吗? 铁会比同温度的木头使人感到更冷些,不正是正确地反映了铁比木头具有更高的导热能力吗? 还有人说,同一客观对象作用于不同的感觉器官可以引起不同的感觉,而不同的客观对象作用于同一感觉器官却可以引起同样的感觉,可见感觉的内容并不取决于客观对象,而取决于感觉器官的生理结构。这种议论也是站不住脚的。同一种客观对象作用于不同的感觉器官之所以引起不同的感觉,是因为不同的感觉器官所感受的是客观对象的不同方面的属性(例如视觉器官所感受到的是苹果的颜色和形状,因而产生"红"、"绿"和"圆"的感觉;味觉器官所感受到的是苹果的滋味,因而产生"甜"、"酸"的感觉,等等),而这些不同的感觉正是这个对象的不同方面的属性的正确映象(例如"红"、"绿"、"圆"、"甜"、"酸"等正是苹果的颜色、形状、滋味的正确反映)。至于不同的客观对象作用于同一感觉器官引起相同的感觉(例如苹果和盐接触舌头都产生味觉,接触皮肤都产生触觉,等等),是因为这些对象都具有可以为特定的感觉器官所能感知的客观属性(苹果和盐都是有味的,又

---

① 转引自列宁:《唯物主义和经验批判主义》,载《列宁全集》第14卷,第246页。

都是有一定的硬度、温度和形状的),而特定的感觉器官之所以只能感知客观对象的某种特定的属性(例如耳能听而不能嗅,眼能视而不能尝),正是有机体反映外间世界、在千百万年的进化过程中形成的分工。用歪曲地解释感官生理学的某些成就的办法否认感觉能够提供客观世界的正确映象,是完全错误的。有人问,人们的头脑可以杜撰许多荒诞的表象,例如狮身人首、牛头马面之类,这样的表象难道也是客观对象的正确映象吗? 客观世界里哪里有这样的事物呢? 其实,客观世界中虽然没有狮身人首、牛头马面这样的事物,然而构成这些表象的要素在客观世界中却是存在的,这些表象不过是人们把这些要素(例如狮的身、人的头、牛的头、马的面)组合起来的产物罢了。试问:如果世界上根本没有狮、人、牛、马,如果人们没有关于狮、人、牛、马的映象,能够形成狮身人首、牛头马面的表象吗? 显然是不能的。还有人说,人们是会产生错觉的,错觉总不能说是客观世界的正确映象。当然,产生错觉是完全可能的,而错觉也确实不是客观世界的正确映象。但是,错觉的存在并不能证明感觉按其本性说来不能提供客观世界的正确映象。而且,人们产生了错觉,总可以找到产生错觉的原因,从而纠正错觉。可见,以上种种否认感觉能够提供客观世界的正确映象的说法,都是毫无根据的。实际上,人类的实践早已确凿地证明了感觉能够提供客观世界的正确映象。如果感觉根本不能正确反映客观事物的属性,人们就可能把火当成水,把泥土当成粮食,把悬崖峭壁当成康庄大道,那么人们就将连像普通动物一样适应自然、保存种族都不可能了,还谈得上什么改造世界呢? 可是,人类不仅至今已经生存了一百万年之久,而且不断地改造着自然和社会,将来还将创造着比现在高千百倍的文明,这个基本的事实就充分证明了感觉是能够提供关于客观世界的正确映象的。

感觉如此,思维又怎样呢? 当然,思维不是客观对象作用于感觉器官的直接结果,它的形式是抽象的。但是,无论多么抽象的思维,归根到底仍然是客观世界的反映。许多唯心论者硬说数学是"理性的自由创造物",与客观世界无关。事实上,如恩格斯指出的,数学的概念是从现实的数量和形状中抽象出来的,甚至数学的运算方法(例如微分法和积分法)也是从现实世界的某些实际过程中抽象出来的,它们在物质世界中都有"原型",都是物质的东西在人们头脑中的抽象的反映。① 许多唯心论者又硬说逻辑规律是与客观世界无关的。事实上,如列宁所指出的,"最普通的逻辑的'格'……是事物的被描绘得很幼稚的……最普通的关系。"②"逻辑形式和逻辑规律不是空洞的外壳,而是客观世界的反映。"③数学和逻辑是这样,一切思维也都是这样。思维和感觉的区别,在于感觉是客观世界的现象的反映,思维是客观世界的本质的反映;至于它们都是客观世界的反映,则是相同的。当然,思维也有错误的。错误的思维不能正确地反映客观事物的本质。但是,正如错觉的存在不能否定感觉能够提供客观世界的正确映象一样,错误思维的存在也不能否定思维能够提供客观世界的正确映象。错误思维也是完全可以为实践所纠正的。人们在生产斗争、阶级斗争和科学实验中能够以思维作指导而达到预期的目的,这个事实就是思维能够正确地反映客观世界的证明。马克思列宁主义的社会科学理论正确地反映着社会发展的客观规律,真正的自然科学理论正确地反映着自然界各个领域的发展规律,这是千百万次的实践充分证明了的事实。

不仅承认物质世界是认识的唯一泉源,而且承认认识能够提供关于客观对象的正确映象,这就是唯物论的认识论即反映论的基本观点。这种观点同唯心论、不可知论是根本对立的。

第二节 能动的革命的反映论

一、实践观点

反映论的观点是一切唯物论(庸俗唯物论除外)的共同观点,对于科学的唯物论即唯物辩证法说来还只是起码的、初步的真理。讲认识论如果只讲到反映论为止,还不是唯物辩证法的认识论。如果把唯物辩证法的认识论归结为反映论,就会把唯物辩证法同形而上学的唯物论混淆起来,把唯物辩证法降低为形而上学的唯物论。当然,唯物辩证法的认识论也是反映论,而不是非反

---

① 参见恩格斯:《反杜林论》,载《马克思恩格斯选集》第 3 卷,第 77—78 页;《自然辩证法》,人民出版社 1971 年版,第 245—249 页。

② 列宁:《哲学笔记》,载《列宁全集》第 38 卷,第 189 页。

③ 列宁:《哲学笔记》,载《列宁全集》第 38 卷,第 192 页。

映论;但是它又不是随便一种反映论,而是能动的革命的反映论。它不仅同唯心论的、不可知论的认识论根本对立,而且同形而上学唯物论的认识论也有原则的区别。在学习唯物辩证法的认识论的时候,不仅要划清唯物论的认识论同唯心论的认识论的界限,而且要划清唯物辩证法的认识论同形而上学唯物论的认识论的界限。

唯物辩证法的反映论同形而上学唯物论的反映论的原则区别,集中地表现在两个问题上:第一,形而上学唯物论的反映论不了解认识对实践的依赖关系,而唯物辩证法的反映论把实践作为认识的基础;第二,形而上学唯物论的反映论不了解认识是一种辩证的发展过程,而唯物辩证法的反映论则把辩证法应用于反映论,充分揭示了认识过程的辩证规律。

形而上学唯物论在认识问题上的第一个根本缺陷,在于离开了人的社会性和人的历史发展去观察认识问题,因此不能了解认识对社会实践的依赖关系。以费尔巴哈为例。费尔巴哈在旧唯物论者当中对反映论的论证是比较深刻的。他把认识的对象了解为不以人们的意识为转移的自然界,把认识的主体了解为作为自然界的产物的肉体的人,把认识了解为自然界在人们头脑中的反映,驳斥了唯心论和不可知论的谬说。这是他的功绩。但是,他是不是科学地说明了认识问题,驳倒了唯心论和不可知论呢? 没有。原来他心目中的"人",并不是在一定的历史发展阶段上和一定社会关系中实践着的现实的人,而是只有两性差别而无阶级差别的生物学意义上的抽象的"人"。这样的"人",在现实生活中实际上是没有的。当费尔巴哈宣布认识的主体是肉体的人而不是独立的精神实体的时候,他自以为抓住了非常具体、非常实际的东西,而其实他所抓住的仍然是非常抽象、非常空洞的东西。这是他的致命的弱点。正因为如此,他就没有能力理解认识对实践的依赖关系。在他看来,认识是生物的人对自然界进行消极直观的产物,而不是社会的人对客观世界进行改造的产物。这个缺陷在费尔巴哈尚且不能免,在别的旧唯物论者就更不用说了。

同形而上学唯物论的认识论相反,唯物辩证法的认识论把实践理解为认识的基础,认为只有从实践的观点出发,才能科学地理解认识问题。首先,从认识的主体看,作为认识主体的人固然是自然界的产物,但是人们并不是像普通动物一样消极地适应自然,而是积极地改造自然,即进行生产斗争的实践;在进行生产实践的过程中,人们就造成了一定的生产力状况,并结成了与一定的生产力状况相适应的生产关系;由于在生产关系中所处的地位不同,人们就分成具有不同利益的阶级,并进行着阶级斗争的实践。不同历史时期、不同阶级的人们,具有不同的本性、不同的本质。像形而上学唯物论者那样把作为认识主体的人了解为只有两性差别而无阶级差别的生物学意义的人,就根本不能了解认识的主体。其次,从认识的对象看,自然界固然是人们认识的对象,但是作为认识对象的自然界并不是同人们的实践活动无关的。自然界只有在作为人的改造对象的时候才成为人的认识对象。如恩格斯所指出的,"人的思维的最本质和最切近的基础,正是人所引起的自然界的变化,而不单独是自然界本身"。[①] 而且,人的认识对象决不限于自然界。人们的社会存在,人们的物质生活条件,也是人的认识对象,而这些正是人们的实践活动造成的。而且实践本身就是客观的物质活动,也是认识的对象。像形而上学唯物论者那样把认识对象归结为与实践活动无关的自然界,就不能真正理解认识的对象。最后,从认识的过程看,认识固然是客观事物在人们头脑中的反映,但是只有当人们通过实践活动去改造那些事物的时候,才能接触那些事物的现象,暴露那些事物的本质,使那些事物反映到头脑中来,取得对那些事物的认识。人们进行认识活动的目的,又正是为了改造客观事物。认识的正确与否,要靠在实践中能否实现预期的目的才能判定。总之,实践是认识的来源,是认识的目的,又是检验认识的标准。离开实践的认识是不可能的。像形而上学唯物论者那样只看到认识是客观事物在人们头脑中的反映,而看不到这种反映只有在人们改造客观事物的基础上才能实现,就不能真正理解认识的过程。毛泽东同志说:"辩证唯物论的认识论把实践提到第一的地位,认为人的认识一点也不能离开实践,排斥一切否认实践重要性、使认识离开实践的错误理论。"[②]这是唯物辩证法的认识论同形而上学唯物论的认识论的第一个根本区别。

---

① 恩格斯:《自然辩证法》,人民出版社 1971 年版,第 200 页。
② 毛泽东:《实践论》,载《毛泽东选集》第一卷,第 261 页。

二、辩证观点

形而上学唯物论的认识论的第二个根本缺陷,在于不能用辩证法的观点来处理反映论问题。这主要地表现在如下几个问题上:第一,它不理解思维与存在的辩证关系,只看到思维内容是被存在所决定的,而看不到思维对存在的巨大的反作用,即看不到思维一旦反映了存在就能够通过实践改造存在,变革存在。换句话说,它只看到物质变精神,而看不到精神变物质。第二,它不理解认识运动的辩证规律,不了解认识是一个基于实践的由浅入深的辩证过程,而简单地把认识看成一次完成的动作,如同镜面对于物象的反映一样。第三,它也不理解认识过程的诸因素、诸环节(如感性认识和理性认识、真理和错误、绝对真理和相对真理等)的辩证关系。例如在感性认识和理性认识的关系问题上,它或者片面地夸大感性认识的作用而贬低理性认识的作用,或者片面地夸大理性认识的作用而贬低感性认识的作用,并且看不到感性认识和理性认识的质的区别。如列宁指出的:"形而上学的唯物主义的根本缺陷就是不能把辩证法应用于反映论,应用于认识的过程和发展。"①这个根本缺陷,是同它的第一个根本缺陷即缺乏实践观点的缺陷分不开的。

同形而上学唯物论相反,唯物辩证法把辩证法应用于反映论,充分揭示了认识的辩证规律。它指出,唯心论不承认思维是存在的反映,固然是错误的;形而上学唯物论看不到思维对存在的反作用,也是错误的。实际的情形是:首先,人们通过实践使客观外界的情况反映到头脑中来,形成思想、理论、计划、方案,这是变客观的东西为主观的东西的过程,也就是物质变精神的过程;然后,人们依据这样的思想、理论、计划、方案去改造客观世界,把它们变成现实,这又是变主观的东西为客观的东西的过程,也就是精神变物质的过程。它又指出,人们对客观事物的认识不是一次完成的动作,而是充满矛盾的辩证运动的过程。列宁说:"认识是思维对客体的永远的、没有止境的接近。自然界在人的思想中的反映,应当了解为不是'僵死的',不是'抽象的',不是没有运动的,不是没有矛盾的,而是处在运动的永恒过程中,处在矛盾的产生和解决的

---

① 列宁:《哲学笔记》,载《列宁全集》第38卷,第411页。

永恒过程中的。"①毛泽东同志说:"客观过程的发展是充满着矛盾和斗争的发展,人的认识运动的发展也是充满着矛盾和斗争的发展。"②唯物辩证法的认识论依据对立统一规律解决了认识过程中的诸因素、诸环节如感性认识和理性认识、分析和综合、归纳和演绎、真理和错误、绝对真理和相对真理等等的相互关系问题,从而科学地揭示了认识过程的规律性。

综上所述,形而上学唯物论的认识论是缺乏实践观点和辩证观点的反映论,是一种消极的直观的反映论。按照这种理论,人们要取得认识,并不需要投身到变革现实的实践中去,只要坐着不动,对自然界进行静止的观察就行了。取得了认识以后,也无需以认识为指导去进一步从事变革现实的实践,并在实践中检验和发展认识,只要对世界作一些自以为正确的说明就够了。这样的理论,不符合于认识的实际情况,也不能成为指导人们进行实际斗争的武器,既不是科学的理论,也不是革命的理论。唯物辩证法的认识论则是贯穿着实践观点和辩证观点的反映论,是能动的革命的反映论。按照这种理论,人们要取得正确的认识,必须参加变革现实的革命实践;取得认识的目的,又是为了革命实践;判定认识是否正确,也要依实践的结果如何而定。而且,人们的认识不是僵死的、一成不变的,而是在实践基础上由浅入深、由片面到更多的方面的辩证的发展过程,只有在实践的基础上不断地坚持真理,修正错误,才能越来越深刻、越来越全面地反映客观世界。这样的认识论,是自有人类历史以来唯一正确地揭示了人类认识的实质的科学的认识论,也是自有人类历史以来唯一能够指导革命人民进行实际斗争的革命的认识论。

---

① 列宁:《哲学笔记》,载《列宁全集》第 38 卷,第 208 页。
② 毛泽东:《实践论》,载《毛泽东选集》第一卷,第 272 页。

第二章　认识对实践的依赖关系

第一节　实践的概念

一、马克思主义以前哲学中的实践概念

认识依赖于实践,这是唯物辩证法的认识论的最根本的原理。但是,实践这个概念是在马克思主义以前早就有了的,各派哲学对它作了各种不同的解释。如果我们不弄清楚唯物辩证法对这个概念的科学规定,而按照唯心论或旧唯物论的解释来了解这个概念,就会错误地了解唯物辩证法关于认识依赖于实践的原理。因此,我们有必要首先对实践的概念作一些说明。

唯心论者经常使用"实践"这个名词,并且往往十分强调"实践"的重要性。但是他们所谓的"实践"是指的什么呢? 主观唯心论者所谓的"实践",有的是指脱离现实斗争的"修身养性"的活动,如中国儒家所谓"修身"、"养气"、"静坐"、"致良知"之类;有的是指封建礼仪活动,如"洒扫、应对、进退"之类;有的是指生物式的本能活动,如"应付环境"、"争取生存"之类;有的是指个人的投机冒险活动。客观唯心论者所谓的"实践"则是指所谓独立于人脑之外的"客观"精神实体的活动。例如,黑格尔所谓的"实践"就是指"绝对观念"发展的一个环节(按照他的说法,不是人们通过实践取得逻辑观念,倒是逻辑观念通过人们的实践来实现自己)。所有这些对实践概念的规定,都是同唯物辩证法毫不相干的。

旧唯物论者也讲"实践",但是他们所谓的"实践"通常是指饮食起居之类的日常生活,或者是商人的营业牟利活动。例如费尔巴哈就"没有把人的活动本身理解为客观的活动。所以,他……仅仅把理论的活动看作是真正人的活动,而对于实践则只是从它的卑污的犹太人活动的表现形式去理解

355

和确定。"①显然,这样来理解实践概念也是同唯物辩证法绝不相同的。

为什么唯心论和旧唯物论都不能提出科学的实践概念呢?这不是偶然的。这首先是因为这些哲学都是剥削阶级的世界观。一切剥削阶级都是脱离劳动、鄙视劳动的,他们当然不可能理解生产劳动对社会发展和认识发展的意义;同时,他们同劳动群众相对立的狭隘利益又决定了他们必然要经常歪曲社会历史的真象,故意贬低劳动群众的革命活动的意义。其次也因为许多哲学是在生产规模比较狭小的历史条件下产生的,这种条件限制了人们的眼界,使人们不可能对社会历史作全面的了解,因而也就不可能形成关于实践活动的科学概念。

二、唯物辩证法的实践概念

唯物辩证法第一次对实践的概念作了科学的规定。

唯物辩证法认为,最基本的实践活动就是生产活动,即人们制造并使用生产工具改造自然对象以谋取物质生活资料的活动。人类生活的基本事实,就是"人们首先必须吃、喝、住、穿,然后才能从事政治、科学、艺术、宗教等等;所以,直接的物质的生活资料的生产,因而一个民族或一个时代的一定的经济发展阶段,便构成为基础,人们的国家制度、法的观点、艺术以至宗教观念,就是从这个基础上发展起来的,因而,也必须由这个基础来解释,而不是像过去那样做得相反。"②很容易理解,假如人们停止了生产活动,人们就将没有食物,没有衣服,没有住所,没有交通工具,人类社会就根本不能存在,哪里还谈得到从事政治、科学、艺术、宗教等等的活动呢?所以毛泽东同志说:"人类的生产活动是最基本的实践活动,是决定其他一切活动的东西。"③

但是,人们的实践活动不限于生产活动一种形式。在阶级社会中,由于人们在生产关系中所处的地位以及由此决定的物质利益的不同,人们便划分为不同的阶级和集团,进行着各种形式的阶级斗争(在原始公社和未来的共产主义社会中,人与人之间也存在着斗争,不过不具有阶级斗争的性质),这是

---

① 马克思:《关于费尔巴哈的提纲》,载《马克思恩格斯全集》第3卷,第3页。
② 恩格斯:《在马克思墓前的讲话》,载《马克思恩格斯选集》第3卷,第574页。
③ 毛泽东:《实践论》,载《毛泽东选集》第一卷,第259页。

推动阶级社会发展的直接动力。为了服务于生产斗争和阶级斗争的需要，人们还采取一定的手段使自然过程以纯粹化典型化的形式表现出来，进行观察和研究，这就是科学实验。

生产斗争、阶级斗争和科学实验，就是唯物辩证法的实践概念的内容。

在理解唯物辩证法的实践概念时应当注意如下的要点：第一，实践是客观的物质的活动。实践当然是在思想的指导下进行的，但是它不同于思想活动。思想活动是主观的东西，它本身不引起客观世界的任何变化，而实践活动则是主观见之于客观的东西，它一定引起客观世界的某种变化。第二，实践是社会的历史的活动。任何实践活动都是由隶属于一定阶级、一定社会集团的人在一定的历史时期和一定的社会关系中进行的，都要受到历史条件和人们的阶级地位的制约，不同历史时期，不同阶级的人们的实践具有不同的内容。第三，最主要的实践是人民群众的革命实践。各个阶级和社会集团都按照自己的特殊利益进行着实践活动，但是只有人民群众、特别是劳动群众的革命实践（改造自然和改造社会）才是推动生产发展和社会进步的力量。当我们说到实践的时候，主要地是指千百万人民群众的革命实践。

第二节　认识依赖于实践

一、实践是认识的动力

认识对实践的依赖关系，主要地表现在以下几个方面：第一，实践是认识的动力；第二，实践决定认识的内容；第三，实践是检验认识正确与否的标准。

人们为什么要进行认识活动？是什么力量推动着人们去认识这种事物或那种事物？这个问题在马克思主义以前是一直没有弄清楚的。以往的哲学家们总是说，认识的动力是人们的"求知欲"、"好奇心"、"理论的兴趣"等，所谓"为科学而科学"、"为理论而理论"之类的论调，就是这种看法的具体表现。这种看法对不对呢？完全不对。事实上，人们之所以进行认识活动，是由于实践的需要。

以人们对自然现象的认识为例。在整个古代，只有天文学、数学和力学的知识比较发达。这三个部门是由于什么原因而发展起来的呢？天文学的发展是由于当时的畜牧业和农业需要确定季节;数学的发展是由于当时的农业需要丈量土地、衡量容积、计算时间,同时也由于天文学发展的需要;力学的发展是由于当时水利、建筑、造船、航海等方面的需要。为什么中世纪的欧洲自然科学大大衰落了呢?除了政治和宗教的压迫之外,根本的原因是生产的停滞。为什么在文艺复兴时期自然科学又恢复了自己的生命力,突飞猛进地发展起来了呢?根本的原因就是新兴的资产阶级"为了发展它的工业生产,需要有探察自然物体的物理特性和自然力的活动方式的科学"①。为什么在社会主义制度下自然科学的发展速度远远超过资本主义呢?根本的原因在于社会主义制度给了生产力的发展以前所未有的广阔地盘,因而向自然科学提出了日新月异的要求。恩格斯说得好:"科学的发生和发展一开始就是由生产决定的。"②又说:"社会方面一旦发生了技术上的需要,则这种需要就会比十数个大学更加把科学推向前进。"③在现代,自然科学和技术的研究是在生产斗争和阶级斗争的需要的推动下发展的,更是明显的事实了。

再以人们对社会现象的认识为例。任何阶级的人对社会现象的研究、理解和说明,归根到底都是由他们的阶级地位所决定,并且是为着维护本阶级的利益而进行的。任何社会学说的提出,都是适应一定的阶级斗争的需要,不管学说的创立者是否自觉到这一点,都是一样。奴隶主阶级、地主阶级和资产阶级的思想家创造了千百种社会学说,对社会作了各种各样的解释,归根到底是为了论证本阶级的统治的合理性和永恒性,不过他们极力掩盖这一点罢了。无产阶级由于自己的根本利益同社会发展的客观要求相一致,所以公然声明,它之所以需要对社会发展的规律进行科学的研究和说明,正是为了消灭剥削和压迫,求得自己和一切劳动群众的彻底解放。

由此可见,无论是对自然和社会的认识,都是在实践需要的推动下进行的。当然,有些科学探讨同实践需要之间存在着若干的中间环节,往往不容易清晰地看到它们同实践需要的联系。但是这种联系毕竟还是存在的。有些科学研究的课题从表面上看来似乎完全是由于理论体系的需要而不是由于实践

---

① 恩格斯:《社会主义从空想到科学的发展》,载《马克思恩格斯选集》第3卷,第390页。
② 恩格斯:《自然辩证法》,人民出版社1971年版,第162页。
③ 恩格斯:《致亨·施塔尔肯堡》,载《马克思恩格斯文选(两卷集)》第2卷,第504页。

的需要,但是如果追本溯源,那么,它还是由实践的需要所决定的。

二、实践决定认识的内容

认识是客观对象在人们头脑中的反映。但是,要使头脑反映特定的客观对象,形成关于特定客观对象的认识,就必须通过实践。只有在实践的过程中,人们的肉体感官(眼、耳、鼻、舌、身)才能同客观对象相接触,客观对象才能反映到头脑里来。如果不去接触某种事物,这种事物怎么可能反映到头脑里来呢? 这是任何不带成见的人都能够理解的道理。毛泽东同志说:"无论何人要认识什么事物,除了同那个事物接触,即生活于(实践于)那个事物的环境中,是没有法子解决的。"①"你要有知识,你就得参加变革现实的实践。你要知道梨子的滋味,你就得变革梨子,亲口吃一吃。你要知道原子的组织同性质,你就得实行物理学和化学的实验,变革原子的情况。你要知道革命的理论和方法,你就得参加革命。"②马克思、恩格斯、列宁、斯大林和毛泽东同志这些伟大的革命导师之所以能够创立和发展无产阶级革命的科学理论,指导革命事业从胜利走向胜利,除了他们的天才条件之外,主要地是由于他们亲自参加了现实的阶级斗争和科学实验,没有后一个条件,任何天才也是不能成功的。历史上自然科学和技术方面的发明创造,绝大部分都是由那些与生产实践密切联系、被剥削阶级视为"卑贱者"的人们作出来的。新中国成立以来、特别是"大跃进"以来的无数发明创造,都出自工农群众以及同工农群众相结合的革命知识分子。那些"纸上谈兵"的人,"闭门造车"的人,只会冥思苦想或者引经据典的人,至多只能拾取别人的牙慧,要想对事物有创造性的科学认识是不可能的。世界上根本没有什么"生而知之"的人,而只有在实践中"学而知之"或"困而知之"的人。只有勇于实践、善于总结,才能获得真正的知识。党的任何一条正确的路线、方针或办法,都不可能在一定的实践尚未发生的时候预先产生出来,而且也不可能在实践的初期很快地产生出来。无论民主革命的路线或社会主义革命的路线以及各种具体的方针政策,都是经过长

---

① 毛泽东:《实践论》,载《毛泽东选集》第一卷,第263页。
② 毛泽东:《实践论》,载《毛泽东选集》第一卷,第264页。

期的反复的实践,积累了极其丰富的经验,加以科学的总结,才逐步地形成起来和完善起来的。我党历史上的教条主义者不承认这个真理,他们轻视实践,以为只凭现成的书本知识和革命的热情就可以提出正确的路线和方针,结果是一再地遭到碰壁,使革命事业受到很大的损失。

根据这条马克思主义的原理和中国革命的经验教训,毛泽东同志经常地反复地强调一切革命者到实践中去学习的极端重要性。他在说到革命战争的时候指出:"读书是学习,使用也是学习,而且是更重要的学习。从战争学习战争——这是我们的主要方法。没有进学校机会的人,仍然可以学习战争,就是从战争中学习。革命战争是民众的事,常常不是先学好了再干,而是干起来再学习,干就是学习。"①在说到社会主义革命的时候,他指出;社会主义革命的经验,不能"用坐着不动的方法去取得",而只能"用走进社会主义革命的斗争中去、在斗争中学习的方法去取得"。② 对于干部的培养不应当采取"前怕龙后怕虎的态度",而"要让他们做,在做的中间得到教训,增长才干③。他教导各级干部,要能够正确地领导社会主义革命和社会主义建设,就必须懂得社会主义条件下阶级斗争的新形势、新特点,懂得生产发展的规律,而为了做到这一点,就必须亲自蹲点,亲自参加生产劳动,参加社会主义教育运动,自己积累经验,总结经验。

强调亲身参加实践的重要性,不是忽视间接经验。任何个人,由于活动范围和精力、寿命等的限制,所能取得的直接经验总是有限的,事实上多数的知识还是来自间接经验。拒绝或轻视间接经验是错误的。只有有分析、有鉴别地学习别人的经验,学习古代的和外域的知识,才能丰富自己的认识,扩大自己的眼界。毛泽东同志说:"如果样样要待自己经验,否则固执己见拒不接受,这就是十足的'狭隘经验论'。"④毛泽东同志在制定中国革命建设的路线时,就不仅总结了中国革命建设的经验,也参照了国际革命的经验和历史的经

①　毛泽东:《中国革命战争的战略问题》,载《毛泽东选集》第一卷,第 105 页。
②　毛泽东:《关于农业合作化问题》,载《毛泽东文集》第六卷,人民出版社 1999 年版,第 430 页。
③　毛泽东:《关于农业合作化问题》,载《毛泽东文集》第六卷,人民出版社 1999 年版,第 419 页。
④　毛泽东:《中国革命战争的战略问题》,载《毛泽东选集》第一卷,第 197 页。

验。但是，能否由此得出结论说，认识有两个来源呢？不能。因为对我来说是间接经验的东西，对别人来说还是直接经验。追本溯源，认识还是来源于直接经验，来源于实践。而且，在学习别人的经验的时候，也还必须同自己的直接经验联系起来，从自己的直接经验中考证它们，"吸收那些用得着的东西，拒绝那些用不着的东西，增加那些自己所特有的东西"。① 否则间接经验也不可能真正变成自己的知识。

彻底地承认认识来源于实践的原理，是破除迷信、解放思想的必要条件。以发展科学技术的问题为例：有的人总认为我们不可能在科学技术上作出重大的发现或发明，不敢设想赶上和超过世界先进水平的问题。这种怯懦的想法究竟有什么根据呢？一点根据也没有。这些人不懂得，科学技术并不是什么"祖传丸散，秘制膏丹"，而仅仅是客观规律的反映。客观规律对一切敢于实践善于学习的人都是敞开着大门的。我国近百年来在科学技术上之所以落后，完全是帝国主义和封建主义压迫的结果。现在我们有如此优越的社会制度，有几亿意气风发的人民，有毛泽东思想这个锐利的思想武器作指导，为什么我们就不能通过实践、通过学习世界各国一切先进的东西，把直接经验和间接经验结合起来，发现更多的客观规律，从而在科学技术上有所发现、有所发明、有所创造、有所前进呢？难道西方资产阶级可以做到的事情，东方无产阶级就做不到吗？事实已经证明而且还将继续证明，只要我们勇于实践，善于学习，在科学技术上是没有什么"禁地"不能进去的。科学技术如此，社会主义革命和社会主义建设的各项工作也无不如此。只要勇于在马克思列宁主义、毛泽东思想指导下坚持严肃的实践和认真的学习，就可以得到新的认识，开辟新的天地，创造新的奇迹。

三、实践是检验认识的标准

不仅认识的来源离不开实践，而且检验认识的正确与否也不能离开实践。根据什么标准来判定认识正确与否，这是两千多年来哲学史上争论不休的问题。在马克思主义以前，没有一个哲学派别对这个问题作出过正确的回答。

---

① 毛泽东：《中国革命战争的战略问题》，载《毛泽东选集》第一卷，第 165 页。

我们试举几种有代表性的意见来分析一下：

有人认为，应当以"圣人"的意见为标准。如在我国封建社会里，人们常以孔子的言论为标准，即所谓"以孔子之是非为是非"。汉代的扬雄说："万物纷纭，则悬诸天；众言淆乱，则折诸圣。"在欧洲，《圣经》成了鉴别是非的标准。凡是《圣经》上载了的，哪怕是最荒谬的胡说，也被捧为"真理"；凡是违背《圣经》的，哪怕是颠扑不破的真理，也被斥为"邪说"。哥白尼的太阳中心说，达尔文的进化论，都曾经被反动统治者根据这种"标准"宣布为谬说。显然，这根本谈不到什么认识的标准，这完全是蒙昧主义，是迷信。

还有人认为，应当以我自己的意见为标准。这一派反对盲目崇拜"圣人"，主张凡事要"求之于心"，即通过自己的脑子想一想。这种主张在一定的条件下也未尝不可以起一定的反迷信的作用。但是这种主张本身也是一种迷信，不过是反对对"圣人"的迷信而提倡对自己的迷信，或者说不过是把自己当成"圣人"罢了。明代的李贽说："以吾心之是非为是非"。这就等于说：我认为正确的就是正确的，我认为错误是错误的。这不是十足的主观主义吗？如果每人都把自己的意见作为是非的标准，那才真是"公说公有理，婆说婆有理"了，哪里还有什么是非标准可言呢？

还有人认为，应当以多数人的意见为标准。就是说，多数人同意的就是正确的，多数人反对的就是错误的。这种主张从表面上看来似乎比前两种主张"客观"一点，好像既不迷信"圣人"，也不迷信自己。其实，这种主张同样是主观主义的。多数人的意见也仍然是意见，仍然是主观范围内的东西，用意见去衡量意见，用认识去鉴别认识，怎么能有客观标准呢？历史证明，一种正确的认识，在开始的时候总是掌握在少数先进分子手里的，只有经过长期的曲折的斗争，才能逐步掌握多数群众，为大家所公认。现在世界上多数人还信奉宗教，但宗教其实是谬说。马克思主义一出世就受到资产阶级的咒骂，劳动群众起初也不了解它，但马克思主义从来就是最正确的理论。毛泽东思想在我们党内开始也没有为多数同志所了解，但历史证明它是最正确的思想。当然，凡是正确的思想，归根到底是要为多数人所同意的，但是正确思想之所以为正确思想，却与多数人是否同意无关。

还有人认为，应当以"有用"或"效果"为标准。这种主张是帝国主义哲学——实用主义提出来的。它虽然不属于马克思主义产生以前的哲学派别，但因为具有颇大的欺骗性，帝国主义和现代修正主义又正在利用它作为理论武器，所以也有必要说到。按照这种主张，一个观念，只要能带来"利益"或"效果"，只要"有用"，就是真理；否则就不是真理。例如实用主义的头目詹姆斯就公然宣称"上帝"的观念是真理，理由是"上帝的观念至少能给人以安慰的效果"，"至少可以给我们以休息日的利益"。按照这种标准，使个骗术，骗得到钱，这骗术便是"真理"；打个主意，害得着人，这主意便是"真理"。只要对我有利，我可以随意混淆是非，颠倒黑白，把任何胡说谬论都说成是"真理"。这真是不折不扣的强盗哲学，骗子哲学！这种哲学完全是为帝国主义和各种反动派服务的。根据这种哲学帝国主义的侵略政策和战争政策对一小撮垄断资产阶级有利，他们就可以把它说成是"真理"；马克思列宁主义对他们不利，他们就可以硬说它不是真理。这种是非标准，说穿了，就是以帝国主义的利益为标准。现代修正主义也是奉行这种原则的。他们评判理论、纲领、路线、方针等的标准，就是看是否对一小撮工人贵族和特权阶层有"利益"，是否对保住他们的特权地位有"效果"，其他一切他们都是不管的。

以上所举的只是几种典型的例子。除此之外，还有以概念的是否清楚明晰为标准的，以认识是否合乎以往的理论为标准的，以对方是否同意为标准的，形形色色，不一而足。这些说法的共同之点，就是把检验认识的标准放在主观范围之内，都是用认识去检验认识，都是"依主观上觉得如何而定"①。这样的标准，实际上等于没有标准。还有干脆否认任何标准，主张"此亦一是非，彼亦一是非"的。总之，除了马克思主义哲学以外，古往今来的任何一种哲学派别都没有找到检验认识的客观标准。

在马克思主义看来，检验认识正确与否的唯一标准，只能是社会实践。毛泽东同志说："马克思主义者认为，只有人们的社会实践，才是人们对于外界认识的真理性的标准。实际的情形是这样的，只有在社会实践过程中（物质生产过程中，阶级斗争过程中，科学实验过程中），人们达到了思想中所预想

---

① 毛泽东：《实践论》，载《毛泽东选集》第一卷，第261页。

的结果时,人们的认识才被证实了。"①人们在实践中形成认识(理论、政策、计划、办法等)的过程,就是由物质到精神、由存在到思想的过程,也就是客观对象反映到人们头脑中来的过程。如果仅仅停留在这个阶段,认识是否符合客观对象的问题是不能确定的。因为认识是主观的东西,它无法同客观对象直接比较。但是,当人们根据这种认识去实践,去改造客观对象,因而造成一定的结果时,这就是由精神到物质、由思想到存在的过程,即头脑中的认识变成客观现实的过程了。这个由实践造成的结果,完全是客观的东西,是完全可以观察、可以比较的东西。如果根据一定的认识而作出了某种预想,然后又通过实践把预想变成了现实,那么认识的正确性就得到了客观的证明了。这才是检验认识的唯一的客观标准。例如,我党历史上犯路线错误的人自认为他们的路线是正确的,在一段时间里也有相当一部分人以为他们的路线是正确的。但是当他们按照他们的路线去实践的时候,他们的预想却被现实碰得粉碎。与此相反,按照毛泽东同志的路线去实践,中国的革命和建设就从胜利走向胜利。这就是说,几十年来千百万人民群众的革命实践证明了毛泽东同志的路线是正确的,而"左"右倾机会主义路线是错误的。现代修正主义者也把他们的路线说成是"列宁主义的"路线,可是凡属在这条路线的指导或影响下的地方,革命事业都遭到了失败和挫折,这条路线在实践中的不断破产,充分证明了它的错误。这是现代修正主义者鼓其如簧之舌也无法否认的。

当然,对于实践标准应当作辩证的、历史的理解。实践对于一个认识的证明,往往需要一个过程。在这个过程的初期出现的某些实践结果,往往不足以作为判定认识正确与否的标准。"在社会斗争中,代表先进阶级的势力,有时候有些失败,并不是因为思想不正确,而是因为在斗争力量的对比上,先进势力这一方,暂时还不如反动势力那一方,所以暂时失败了,但是以后总有一天会要成功的。"②如果对情况不作具体分析,不看斗争的最终结局,只根据先进势力的一两次失败就断定指导先进势力的思想不正确,那是错误的。

说实践是检验认识正确与否的标准,绝不是否认或轻视逻辑证明的作用。

---

① 毛泽东:《实践论》,载《毛泽东选集》第一卷,第 261 页。
② 毛泽东:《人的正确思想是从哪里来的?》,人民出版社 1964 年版,第 2 页。

要判定认识正确与否,逻辑证明是重要的手段。例如某项计划、方针或工程设计等在付诸实行以前,是可以而且应当从逻辑上加以检验的。在某些学科中,逻辑的推导和证明甚至起着主要的作用。否认或者轻视逻辑证明,是完全错误的。但是能否由此得出结论,说逻辑标准是同实践标准相并列的另一个标准呢? 不能。逻辑标准毕竟只是一种派生的标准。因为逻辑规则本身就是在千百万次的实践中产生出来、并且又是被千百万次的实践检验过的;而为要得到正确的结论,逻辑推理的前提又必须是已被实践证明过了的可靠的知识;对许多事情的认识,逻辑证明也还不能作出最后判定,还要经过实践的检验才能最后判定它的正确与否。有些理论在一定时期内似乎只能从逻辑上证明,无法实践上证明,但是只要是真理,经过或长或短的时间,终究会以某种方式在实践中得到证明。可见,归根到底,只有实践才是认识的唯一的最终的标准。

　　由此可见,认识的动力是实践的需要,认识的来源是实践的经验,而检验认识正确与否的标准是实践的结果。认识完全依赖于实践,离开实践的认识是不可能的。

第三章　认识的低级阶段——感性认识

第一节　感性认识的形式

一、感觉

认识对实践的依赖关系，已如上述。现在进一步问：人们的认识是怎样从实践发生，为实践服务，又在实践中得到检验和发展的呢？弄清楚这个认识过程的规律是极其重要的。只有懂得了认识过程的规律，自觉地按照它去进行认识活动，才能比较顺利地取得正确的认识。

人们对任何具体事物的认识，包括两个在实践的基础上互相联系着的过程：一个是变客观的东西为主观的东西的过程，即物质变精神的过程；一个是变主观的东西为客观的东西的过程，即精神变物质的过程。前一个过程又包括两个阶段：一个是感性认识阶段，这是认识的低级阶段；一个是理性认识阶段，这是认识的高级阶段。本章先说明感性认识阶段。

感性认识有感觉、知觉、表象诸形式。

当人们在实践中改造客观对象的时候，客观对象就同人们的感觉器官（眼、耳、鼻、舌、身）相接触，引起人们的感觉。例如，可见光线（一定波长的电磁波）通过人的眼睛的折光系统（角膜、水样液、水晶体和玻璃体），落在视网膜的表面，引起神经兴奋，传入大脑皮层的枕叶部分，就产生视觉。物体的振动使空气发生疏密相间的音波，由人的外耳、中耳经卵圆窗传入内耳，引起外淋巴、内淋巴和底膜纤维的相继振动，使上面的毛细胞与盖膜接触，引起神经兴奋，经听神经蜗枝传入大脑皮层的颞叶，就产生听觉。空气中有气味的分子刺激鼻腔的嗅上皮，引起神经兴奋，传入大脑半球内侧面的海马区，就产生嗅觉。物体上的各种分子刺激舌头表面的味蕾，引起神经兴奋，传入中央前围下方靠近舌肌的运动区（一说是嗅区附近,尚不能肯定）,就引起味觉。物体接触皮肤,引起神经兴奋并传入大脑皮层,就引起触觉。总之,"感觉是物质作用于我们的感觉器官的结果"①。

感觉是人们在实践中接触客观对象时最初发生的东西,是"意识和外部世界的直接联系"②,在感觉和客观世界之间再也没有什么中间环节了。不通过感觉,外部世界就无从反映到人们头脑中来,认识就无从开始。列宁说:"不通过感觉,我们就不能知道实物的任何形式,也不能知道运动的任何形式"③。所以说,感觉是感性认识的起点,也是整个认识的起点。

感觉是认识的起点这个命题,许多唯心论者和形而上学唯物论者也可以承认;但是他们对感觉的解释是同唯物辩证法的解释根本不同的。

许多唯心论者虽然也讲感觉是认识的起点,但是他们根本不把感觉看作外部世界在人们头脑中的反映,相反地,他们竟把事物说成是"感觉的复合"。如列宁所尖锐地指出的:"唯心主义哲学的诡辩就在于:它把感觉不是看作意识和外部世界的联系,而是看作隔离意识和外部世界的屏障、墙壁;不是看作同感觉相符合的外部现象的映象,而是看作'唯一的存在'。"④唯物辩证法坚决反对唯心论对感觉的荒谬解释,它指出"我们的感觉反映客观实在,即反映不依赖于人类和人的感觉而存在的东西"⑤。

许多形而上学唯物论者也讲感觉是认识的起点,并且也承认感觉是客观实在的反映,但是他们对感觉的理解是没有实践观点的。他们不了解感觉只有在实践的基础上才能发生和发展。唯物辩证法坚决反对这种错误的理解,指出感觉的发生和发展一点也不能离开实践。首先,人们要想获得关于某种客观对象的感觉,就必须投身到变革这种客观对象的实践中去,使自己的肉体感官同客观对象相接触;闭目塞听,与外界隔离,是不能获得感觉经验的。其次,人们的感觉能力的发展变化,也是实践造成的。例如,人的感觉器官的敏

---

① 列宁:《唯物主义和经验批判主义》,载《列宁全集》第14卷,第46页。
② 列宁:《唯物主义和经验批判主义》,载《列宁全集》第14卷,第119页。
③ 列宁:《唯物主义和经验批判主义》,载《列宁全集》第14卷,第319页。
④ 列宁:《唯物主义和经验批判主义》,载《列宁全集》第14卷,第40页。
⑤ 列宁:《唯物主义和经验批判主义》,载《列宁全集》第14卷,第319页。

锐程度个别地说来往往不如某些动物,但是人的感觉能力却为任何动物所不能比拟。"鹰比人看得远得多,但是人的眼睛识别东西却远胜于鹰。狗比人具有更敏锐得多的嗅觉,但是它不能辨别在人看来是各种东西的特定标志的气味的百分之一。至于触觉(猿类刚刚有一点儿最粗糙的萌芽),只是由于劳动才随着人手本身的形成而形成。"①又如,现代人的感觉比原始人的感觉要高级得多。原始人不能精细地辨别外物的色、声、味、香及形状,而现代人则能够做到这一点;从事某种特殊职业的人还能具有某些特异的感觉能力(例如专门制造黑色纺织品的有经验的工人可以辨别四十多种不同色度的黑色)。这些情形,都是由社会实践造成的。形而上学唯物论者离开了实践观点来理解感觉,是错误的。

二、知觉

比感觉高一级的感性认识形式是知觉。

感觉是客观对象的个别属性的反映。人们在取得各种感觉的基础上把这些感觉综合起来,形成关于客观对象的整个形象,这就是知觉。例如我们到一个钢铁厂去参加劳动的时候,我们看到巨大的高炉和平炉,看到钢花四溅、铁水奔流,看到工人们热情的劳动,听到工厂的领导人和工人们介绍他们的生产情况和经验,同工人们一起劳动,一起生活,一起学习,于是我们就得到了许许多多的感觉。我们的头脑把这些感觉综合起来,就形成了一个关于这个钢铁厂的形象,这就是知觉。

知觉的形成也离不开社会实践。这不仅因为作为知觉的要素的感觉离不开实践,而且因为知觉本身要受到社会实践的制约。人们的阶级地位、思想意识、生活习惯和生活经验等,对知觉的形成起着很大的影响作用。例如一个唯物论者和一个宗教信徒在看到一座神像的时候,虽然得到许多同样的感觉,但在这些感觉的基础上形成的知觉却是有所不同的。唯物论者所知觉到的不过是一座泥塑或木雕的东西,至多可以把它作为一种艺术品;而宗教信徒则可以

---

① 恩格斯:《劳动在从猿到人转变过程中的作用》,载《自然辩证法》,人民出版社 1971 年版,第 153 页。

把许多虚幻的东西(例如神的威严、智慧、慈悲心等)加进神像的形象中去。一个在车床旁边工作过多年的老工人和一个初次接触车床的新工人对车床的知觉会有很大的不同;一个久经战斗的老战士和一个入伍不久的新战士对枪炮声和战争场面的知觉也会有很大的不同。所有这些,只要从实践的观点来看,都可以作出正确的解释。

三、表象

比知觉更高级的感性认识形式是表象。

表象是曾经作用于感官的那些客观对象的形象的再现,也就是知觉的再现。表象的存在是不以客观对象直接作用于感觉器官为条件的。即使某种知觉已经消失了多年,也仍然可以在头脑中使它再现出来,形成表象。例如一个翻身农民可以回忆起他在旧社会受地主剥削压迫的悲惨景象,一个解放军战士可以回忆起他在某次战斗中冲锋杀敌的情景。其次,表象又是知觉的初步的概括。知觉只能反映个别对象,但人们在取得了许多对象的知觉以后,就可以在头脑中进行初步的概括,把知觉中的共同的东西抽取出来,形成一个一般的形象。例如我们在参观了若干个钢铁厂,取得了对各个钢铁厂的知觉之后,就可以把这些钢铁厂的共同特征抽取出来,构成一个一般的钢铁厂的形象,这就是表象。再次,人们还可以把感觉和知觉的要素任意地结合起来,造成一些虚构的表象,例如牛头马面、狮身人首之类。由此可见,表象比感觉和知觉具有更大的普遍性,更接近于理性认识。

表象虽然是感觉材料的初步概括,更接近于理性认识,但是它仍然不是理性认识,而是感性认识。因为表象虽然舍弃了对象的某些外部特征和外部联系,但是它保留的仍然是另一些外部特征和外部联系,所提供的仍然是可以描绘、可以模拟的感性形象,而不是事物的内部联系。它同反映事物的内部联系而不提供外部形象的概念是有质的区别的。

表象的产生也受实践的制约。首先,没有在实践中获得的特定的感觉和知觉,就不可能形成特定的表象。从来没有见过钢铁厂的人,不能有钢铁厂的正确的表象;从来没有同工农兵接触过的人,不能有工农兵的正确的表象。一个文艺工作者如果不到实际斗争中去体验生活,去接触各种人,熟悉各种人,就不能在作品中创造出有血有肉、栩栩如生的形象。其次,像知觉一样,人们的表象也受人们的实践地位和生活经验的影响。《庄子》上有一个《庖丁解牛》的寓言,说的是一位厨师解剖牛的故事。这位厨师开始时没有解剖牛的经验,他对牛的表象同常人差不多,解剖牛的时候常常碰到些硬骨头,把刀口弄坏了。经过三年的实践,他弄清楚了牛的身体里哪些地方是缝隙,哪些地方是硬骨头,于是他就避开硬骨头,专从缝隙处下刀,结果是"动刀甚微,謋然已解",一把刀用了十九年,解剖了几千头牛,还像刚磨过的一样。这时他对牛的表象就比常人的丰富多了,他已经把牛的身体结构纳入了牛的表象,已经达到了"目无全牛"的境界。① 为什么这样呢? 因为他有解剖牛的实践经验,而常人没有。同样,一个有经验的农民关于一亩地的表象包含着这亩地的产量,而一个没有农业生产经验的人关于一亩地的表象却没有这个内容;一个木匠关于椅子的表象包括椅子的原料和生产过程,而普通人关于椅子的表象却没有这个内容。

知觉和表象都是提供客观对象的全体形象的东西,可以合称为印象。感觉和印象都是感性认识,也就是通常所说的经验②。

第二节　感性认识的地位和作用

一、感性认识的重要性

感性认识在认识过程中的地位和作用如何呢?

感性认识是认识过程的第一阶段,是人们在社会实践中接触客观事物时首先取得的东西。它所反映的是事物的现象和事物的外部联系,因而是认识的低级阶段。然而这个阶段是认识过程的必经阶段。人们只有首先取得关于某种事物的感性认识,才可能进一步取得关于这种事物的理性认识。为什么

---

①　参见《庄子·养生主》。《庄子》的原意是用这个寓言说明所谓"养生之道"的。我们在这里借用这个寓言,作了新的解释。

②　"经验"一词除了有唯物论的解释和唯心论的解释的区别外,在唯物论的解释中还有广义与狭义的区别。广义的经验不仅指感性认识,也包括如通常说的中国革命的经验、农业生产的经验等;狭义的经验则专指感性认识。在讲认识论问题时,我们只在狭义上使用"经验"这个名词。

呢？因为理性认识是事物的本质和事物的内部联系的反映，而事物的本质就存在于现象之中，而不是存在于事物的现象之外。如果不首先认识事物的现象，人们从哪里去认识事物的本质呢？人们认识的实际过程，总是首先积累了关于某一事物的感性材料，然后对这些材料进行去粗取精、去伪存真、由此及彼、由表及里的整理和改造工作，才达到关于这一事物的理性认识的。离开了感性认识，理性认识就成了无源之水、无本之木。毛泽东同志强调指出，理性认识是依赖于感性认识的，"认识开始于经验——这就是认识论的唯物论"[1]。"如果以为理性认识可以不从感性认识得来，他就是一个唯心论者。"[2]

哲学史上有唯理论一派，不承认理性认识依赖于感性认识的真理。唯理论有唯心论和唯物论之分。唯心论的唯理论不但认为理性认识不依赖于感性认识，而且也不把理性认识看作客观事物的本质的反映。例如莱布尼茨认为，理性认识的普遍性、必然性不来源于外界事物，而来源于"理性本身"。这完全是唯心论的谬论。唯物论的唯理论承认理性认识是客观事物的本质的反映，从这一点来说它是唯物论的；但是它又认为理性认识不依赖于感性认识，这一点却又是唯心论的。例如斯宾诺莎，他反对笛卡儿的天赋观念说，主张一切观念都是对自然本身的认识，这显然是唯物论的。但是他又认为感性认识与其说是反映了客观事物的本性，不如说是反映了认识主体的状态，因而是模糊的、不可靠的；理性认识不需要在感性认识的基础上形成，而可以通过所谓"直觉"来把握"实体"，这又是唯心论的了。总之，这两种类型的唯理论尽管在对理性认识是不是客观世界的反映这个问题的解释上有唯物论和唯心论之分，但在否认理性认识依赖于感性认识这一点上却都是唯心论的。按照这种见解，人们要获得理性认识，不仅不需要在实践中占有大量的感性材料，反而应该避免感性认识的扰乱，关起门来去作主观的冥想和推论。这是完全错误的。

我们党的历史上犯教条主义错误的同志，其思想实质就具有唯理论的性质，主要是唯物论的唯理论。他们相信马克思列宁主义著作中所阐明的原理

---

[1] 毛泽东：《实践论》，载《毛泽东选集》第一卷，第267页。

[2] 毛泽东：《实践论》，载《毛泽东选集》第一卷，第267页。

是反映客观规律的理性认识,从这一点说来他们还有一点唯物论。但是在下面两个问题上他们就陷入唯理论的错误了;第一,他们不了解马克思列宁主义的原理是从哪里来的。从唯物辩证法的观点看来,马克思列宁主义的原理之所以能够正确地反映客观规律,成为科学真理,是因为马克思主义的经典作家亲身参加了群众性的革命实践,对当时的生产斗争、阶级斗争和科学实验的丰富经验作了科学的概括;如果不占有丰富的感性材料,任何天才也不可能创造出科学的理论来。可是教条主义者却把马克思列宁主义的原理看作从经典作家的天才头脑中长出来的东西,把它当作宗教教条看待。第二,更重要的是,他们不了解中国革命的理论和路线应当从哪里产生。从唯物辩证法的观点看来,中国革命的理论和路线应当是中国革命的规律的正确反映,这种科学的理性认识,当然只能在马克思列宁主义的一般原理的指导下,从中国革命的实践经验中,从大量的感性材料中总结出来。可是教条主义者却认为,只要把马克思列宁主义著作上的词句拿来硬套就行了,而详细地占有材料是不必要的。他们从来不肯认真地搜集和整理中国的政治、经济、军事、文化等各方面的材料,更谈不上去研究这些材料,只知道生吞活剥地搬用书本上的现成结论。这样,他们当然不可能取得反映中国革命的特殊规律的理性认识,他们的理论和路线当然非错误不可。教条主义者口头上似乎是很重视理性认识的,但是实际上,因为他们否认了感性认识,否认了理性认识的来源,也就把理性认识变成了主观自生的靠不住的东西了。他们否认了认识过程的正常秩序,企图不经过认识的低级阶段而直接跳到认识的高级阶段去,这就使他们陷入了唯心论。

毛泽东同志根据认识开始于经验的原理和中国革命的经验教训,一贯强调向实际作调查的极端重要性。他有一句名言:"没有调查就没有发言权。"这句名言曾经被教条主义者讥为"狭隘经验论"。其实,毛泽东同志的这句名言是马克思主义的天经地义,是反对不了的。理性认识是依赖于感性认识的,如果不首先取得关于某一事物的感性材料,试问你从何处产生关于这一事物的理性认识呢?在这种情况下如果你一定要发言,还不是瞎说一顿吗?有的人跑到一个地方,根本不去了解情况,就哇啦哇啦地发议论,出主意,这种议论或主意,只能是"无源之水,无本之木",只能是主观主义的无知妄说,只能把革命工作弄糟。这样的"发言权"难道不应该取消吗？难道革命者有瞎说一顿的权利吗？

要取得正确的理性认识，不但首先必须取得感性认识，而且还必须使感性认识十分丰富和合于实际。因为理性认识的根据全在于感性认识，如果感性认识本身只是一些零碎不全的东西，甚至是一些错觉，是不可能据以得出正确的理性认识来的。有些同志在作出某种结论之前也不是完全没有作调查，也不是一点感性认识也没有取得，他们自认为他们的结论还是"从实际出发"的，以"事实"为根据的。当他们发现自己的结论错了的时候，他们觉得很奇怪，甚至认为调查研究不"灵"了。其实，这是没有什么可奇怪的。因为他们所作的调查，只是一种肤浅的调查；他们所取得的感性材料，只是一些零碎不全的甚至错误的材料。由此得出的结论，当然不能不发生错误了。在1955年我国农业合作化高潮中犯右倾机会主义错误的同志在作出合作化"冒进"了的错误结论的时候，也自以为是作了"调查"、有"事实"为根据的。他们引为根据的事实是什么呢？原来就是资产阶级、富农和一部分具有资本主义自发倾向的富裕中农反对合作化的叫喊声。至于占全国农村人口百分之六十到七十的贫农下中农坚决要求走合作化道路的呼声，他们就听不见了。这真是所谓"明足以察秋毫之末，而不见舆薪"，怎么能不犯错误呢？当然，他们之所以犯错误，首先是由他们的错误的立场、错误的世界观决定的；但是从认识根源上说来，感性材料的零碎不全和不合实际却是一个重要的原因。毛泽东同志说："只有感觉的材料十分丰富（不是零碎不全）和合于实际（不是错觉），才能根据这样的材料造出正确的概念和论理来。"①

要取得十分丰富和合于实际的感性认识，决不能依靠东张西望，道听途说，而只能依靠亲身参加变革现实的实践。我党中央提出的干部参加劳动和蹲点的伟大革命意义之一，就在于只有这样做才能使我们在新的形势面前取得正确思想的来源。"不入虎穴，焉得虎子？"只有到生产斗争、阶级斗争和科学实验的革命实践中去，接触各种各样的事情和各种各样的人，听取各种各样的意见，才能得到关于客观过程的历史和现状、正面和反面的十分丰富的感性

---

① 毛泽东：《实践论》，载《毛泽东选集》第一卷，第267页。

材料,才能为正确的思想打下可靠的基础。谁要是怕麻烦,怕艰苦,不愿意做详细占有材料的工作,而企图寻找别的什么"捷径",那就只能使自己陷入主观主义。我国社会主义革命和社会主义建设的各个战线上不断地涌现出各种振奋人心的成果,这些成果的创造者们都有一个共同的特点,那就是坚持从实际出发的原则,坚持调查研究,狠抓第一性的材料。这就为他们深刻地认识客观规律奠定了牢固的基础。

二、感性认识的局限性

感性认识是认识过程的第一阶段,是理性认识的来源,没有它就不可能有理性认识,它的重要意义就在于此。但是,感性认识本身是有局限性的。感性认识,即使是十分丰富和合于实际的感性认识,也只是关于事物的表面现象的认识,它不能揭示事物的本质、事物的内部联系、事物的规律,它只是认识的低级阶段。如果人们的认识停留在感性的阶段,就不能通观客观过程的全体,把握事物的发展规律,有成效地改造客观世界。因此,仅有感性认识是远远不够的。毛泽东同志说:"认识的真正任务在于经过感觉而到达于思维,到达于逐步了解客观事物的内部矛盾,了解它的规律性,了解这一过程和那一过程间的内部联系,即到达于论理的认识。"[1]因此,在指出理性认识依赖于感性认识的同时,还必须指出感性认识有待于上升到理性认识。"认识的感性阶段有待于发展到理性阶段——这就是认识论的辩证法。"[2]

哲学史上有经验论一派,只承认感觉经验的可靠性,不承认理性认识的可靠性。经验论也有唯心论和唯物论之分。唯心论的经验论认为感觉就是唯一的存在,不但不承认理性认识,而且也不承认感觉是物质世界的反映。这是赤裸裸的主观唯心论,荒谬性是很明显的。唯物论的经验论承认感觉经验是客观世界的反映,主张要获得正确认识必须搜集材料,进行实验,这基本上是正确的。但是它不了解理性认识的意义,不了解感性认识同理性认识的质的区别,认为理性认识的作用不过是对感性材料进行分类和整理,并作出一些描述

---

① 毛泽东:《实践论》,载《毛泽东选集》第一卷,第262—263页。
② 毛泽东:《实践论》,载《毛泽东选集》第一卷,第267页。

性的说明,这就错误了。这一派在 19 世纪初期在同唯理论进行斗争中占了上风,对自然科学家有很大的影响。当时的多数自然科学家都极力贬低理论思维的意义,只致力于埋头搜集事实,进行实验,而不去思考问题的本质。他们自以为只有这种态度才是科学的态度。其实,这种态度恰恰是违反科学的。科学的任务正在于透过现象揭示本质,不去揭示事物的本质,算什么科学呢?这一类经验论者的出发点是唯物论的(因为他们承认感觉是客观世界的反映),但是由于他们错误地贬低了理性认识,结果有的竟然走到出发点的反面,陷入了唯心论。当时竟有著名的自然科学家郑重其事地运用许多物理仪器来研究"灵魂学",竟然相信江湖术士的骗术,就是活的例证。正如恩格斯所指出的,由于蔑视理论思维,"连某些最清醒的经验主义者也陷入最荒唐的迷信中,陷入现代降神术中去了"①。

　　革命队伍中的经验主义者,从思想实质上说来,同哲学史上的唯物论的经验论差不多。这些同志拥有一定的实际工作经验,这本来是极可宝贵的东西。如果把这些经验科学地总结起来,使它们带上综合性、条理性,上升为理性认识,那就不是经验主义,而是马克思主义了。但是他们不理解或者不承认感性认识有上升到理性认识的必要,不理解或者不承认理性认识是更高级的认识,结果他们就只能使自己的认识停留在低级的感性阶段,把局部的经验当成了全体,抓不住事物的规律性,没有通观全局和驾驭事变发展的能力,变成了庸俗的事务主义者。经验主义者主观上是重视感性认识的,但是因为他们否认了理性认识,结果就限制了感性认识,使本来很宝贵的感性认识归于无用。

　　由此可见,在实践中取得感性认识,还只是物质变精神的过程的第一步,更重要的一步还在于对感性材料进行整理和改造,造成概念和逻辑的系统,跃进到认识的高级阶段即理性认识的阶段。

---

① 恩格斯:《自然辩证法》,人民出版社 1971 年版,第 44 页。

第四章　认识的高级阶段——理性认识

第一节　理性认识的形式

一、概念

人们在反复的社会实践中，积累了丰富的感性材料，于是人们的头脑就对这些感性材料进行去粗取精、去伪存真、由此及彼、由表及里的改造和制作，抽象出贯穿于其中的一般的本质的东西，并用一定的物质外壳即词把它标志起来，这就是概念。"概念这种东西已经不是事物的现象，不是事物的各个片面，不是它们的外部联系，而是抓着了事物的本质，事物的全体，事物的内部联系了。概念同感觉，不但是数量上的差别，而且有了性质上的差别。"①概念的产生是认识过程中的质变，表明人们的认识已经由感性认识飞跃到了理性认识，由低级阶段飞跃到了高级阶段。

概念是思维的细胞，是认识成果的凝结体。列宁说："自然科学的成果是概念"②。一切科学的理性认识都必须借助于概念才能进行，每门科学都表现为概念的系统。例如数学中的正数、负数，微分、积分，物理学中的基本粒子、场，社会科学中的生产力、生产关系、阶级、国家、革命等，都是概念。离开了概念，科学的认识是不可能的。

概念是头脑对感性材料进行抽象的产物，它不包含"感性的原子"，因此，从形式上看，它仿佛远离了客观对象，仿佛是不可靠的东西。现代主观唯心论者就以此为理由，把概念说成是符号的系统，是整理主观经验的手段，是约定

① 毛泽东：《实践论》，载《毛泽东选集》第一卷，第 262 页。
② 列宁：《哲学笔记》，载《列宁全集》第 38 卷，第 290 页。

俗成的东西。例如物理学中的哥本哈根学派认为,凡是不能或者还没有为仪器所直接探测到的物理概念都是主观的虚构。有些形而上学唯物论者(爬行的经验论者)也认为只有可感知的东西才是真实的,而概念既然不可感知,就是虚假的。恩格斯说得好:人们"先从可以感觉到的事物造成抽象,然后又希望从感觉去认识这些抽象的东西,希望看到时间,嗅到空间。经验论者深深地陷入了体会经验的习惯之中"①。唯心论者和形而上学唯物论者的这种看法是完全错误的,极其有害的。它不但严重阻碍着科学认识的发展,而且会引出反动的政治结论。现代资产阶级哲学中的某些流派(例如语义哲学)就宣称,像资本主义、社会主义、资产阶级、无产阶级、剥削、经济危机、阶级斗争、革命等等都不是反映客观现实的科学概念,而只是一些没有客观内容的语词。只要去掉这些语词,现实的斗争就可以取消了。这显然是为垂死的帝国主义作辩护的反动呓语。在唯物辩证法看来,只要是在实践的基础上对丰富的感性材料进行科学的加工而形成的概念,尽管仿佛远离了客观对象,实际上却更深刻、更正确、更完全地反映了客观对象,因为它抓住了事物的本质、事物的全体和事物的内部联系。列宁说:"人的概念就其抽象性、隔离性来说是主观的,可是就整体、过程、总和、趋势、泉源来说却是客观的。"②

客观世界是运动变化发展的,反映客观世界的概念也是运动、变化,发展的。列宁说:"人的概念并不是不动的,而是永恒运动的,相互转化的,往返流动的;否则,它们就不能反映活生生的生活。"③一般说来,概念的运动、变化、发展表现为如下几种情形:第一,当客观世界的发展出现了前所未有的新现象时,人们需要创造新的概念来反映这种新现象的内部联系。例如当人类社会发展到资本主义时代,就产生了反映资本主义社会的内部联系的种种概念,这些概念是在资本主义社会出现以前不可能产生的。第二,客观世界中有些现象虽然早已存在,或者从来就存在,但是人们的实践还没有接触到这些现象,这时也不可能有关于这些现象的概念;当人们的实践踏进了这些现象的领域时,就产生了反映这些现象的内部联系的新概念了。例如在 20 世纪以前,人

① 恩格斯:《自然辩证法》,人民出版社 1971 年版,第 213 页。
② 列宁:《哲学笔记》,载《列宁全集》第 38 卷,第 223 页。
③ 列宁:《哲学笔记》,《列宁全集》第 38 卷,第 277 页。

们根本不知道接近光速的高速现象,不知道物质的等离子态,等等,也没有关于这些现象的概念,可是现在这些新的科学概念却产生了。第三,对于同一种现象,由于人们的深入研究,发现了更深刻的本质、更多的内部联系,这时也需要创造新的概念来反映它,或者使原有的概念进一步丰富和精确化。例如物理学对物质结构的研究就愈来愈深刻,因而不断地形成新的概念,物质的概念本身也日益获得丰富的内容。又如,马克思主义的无产阶级专政概念也是随着无产阶级革命经验的积累而逐步丰富和深刻化的。1845—1847 年马克思和恩格斯在《共产党宣言》中就提出了无产阶级专政的概念,指出"工人革命的第一步是无产阶级变成统治阶级,争得民主"。但对如何取得统治的问题则还没有说到。有了 1848—1851 年法国革命的经验以后,马克思在《路易·波拿巴政变记》中就阐述了应当摧毁和打碎资产阶级的国家机器的思想,发展了无产阶级专政的概念。但对资产阶级国家机器打碎以后用什么东西来代替它的问题还没有提出。有了 1870—1871 年巴黎公社的经验以后,马克思就在《法兰西内战》中指出"公社是同帝国绝对相反的东西",应当用公社来代替被打碎了的资产阶级专政,这就又发展了无产阶级专政的概念。到了帝国主义时代,无产阶级专政已成为提上行动日程的问题,列宁在《国家与革命》中总结了无产阶级革命的历史经验,对无产阶级专政的理论作了更具体更深刻的发挥。十月革命的胜利、中国革命的胜利以及其他一系列社会主义国家的出现,又使无产阶级专政变成了现实,更充实了无产阶级专政概念的内容。毛泽东同志在列宁工作的基础上根据新的经验对无产阶级专政的理论作了更全面更深刻的论述,这集中地表现在他的《论人民民主专政》和《关于正确处理人民内部矛盾的问题》两部著作中。在新的形势下,又出现了社会主义国家蜕化为资本主义国家的现象,尖锐地提出了如何巩固无产阶级专政、如何把社会主义革命进行到底的问题。毛泽东同志总结了国际共产主义运动中正面和反面的经验,提出了关于防止资本主义复辟的系统的理论和政策,这就使无产阶级专政的概念更加丰富和发展了。

　　形而上学者不了解概念的灵活性,不了解概念应当随着客观世界的发展而发展,随着实践的发展而发展。他们把概念看成僵死的、一成不变的东西。当他们发现旧的概念同新的实践经验、新的事实发生矛盾的时候,就觉得不可理解。他们不是去修改、补充和丰富原有的概念,或者创造新的概念,以便更精确、更深刻地反映客观实际,而是顽固地不承认新的实践经验和新的事实,或者把一切概念都说成是虚假的东西。在这种场合,他们就由于不懂得概念的辩证法而陷入唯心论了。

但是,概念的灵活性不能脱离它的客观基础。毛泽东同志说:"人的概念的每一差异,都应当把它看作是客观矛盾的反映。客观矛盾反映入主观的思想,组成概念的矛盾运动,推动了思想的发展,不断地解决了人们的思想问题。"①只有以实践经验和客观事实为依据而提出新概念或者修改旧概念,才是概念的辩证法的发展;否则只能是主观的虚构。列宁说:概念的灵活性"如果加以主观的应用=折中主义与诡辩。客观地应用的灵活性,即反映物质过程的全面性及其统一的灵活性,就是辩证法,就是世界的永恒发展的正确反映。"②现代修正主义者在主观地应用概念的灵活性方面已经达到了无所不用其极的地步。他们一方面对马克思列宁主义的科学概念任意曲解,例如把和平共处曲解为阶级调和,把共产主义曲解为资产阶级人道主义,等等;一方面又"创造"出一些不能反映任何客观实际的非科学的概念,例如"全民国家"、"全民党"等。他们竟然把这种糟蹋马克思列宁主义的行径叫作对马克思列宁主义的"发展",真是荒谬绝伦!

二、判断

概念产生了,人们就可以循此继进,进行判断和推理。

判断是比较概念高级的思维形式。概念虽然是客观事物的本质、全体和内部联系的反映,但是这种反映还是没有充分展开的。要充分地明确地揭示事物的本质、全体和内部联系,就必须发展为判断。判断就是展开了的概念,反过来说,概念就是浓缩了的判断。一个概念如果不借助于一个或者一系列的判断来规定它,就不能获得明晰的内容。例如"社会主义社会"这个概念,在不同的人们头脑里是具有不同的内容的,如果不展示为某种或某些判断,是

① 毛泽东:《矛盾论》,载《毛泽东选集》第一卷,第281页。
② 列宁:《哲学笔记》,载《列宁全集》第38卷,第112页。

看不出来的;但是如果展示为某种或某些判断,就十分清楚了。现代修正主义者说:社会主义社会是一个没有阶级和阶级斗争的社会;马克思列宁主义者说:社会主义社会是一个无产阶级专政条件下存在着阶级斗争的社会,在社会主义社会中还存在着无产阶级和资产阶级、社会主义道路和资本主义道路的斗争。这两个针锋相对的判断就使得两种社会主义概念的对立明朗化了。在日常生活中我们都有这样的经验:我们对于某个事物只能说出一个名词的时候,我们对于这个事物的认识还不是很清楚的;等到我们能够用一个句子来表述它时,我们的认识就清楚了。概念是由名词来表达的,而判断则是由句子来表达的。

概念是客观事物的矛盾的反映,判断也是客观事物的矛盾的反映,但是判断对事物矛盾的反映更公开化、明朗化。判断包含着两个要素:主词和宾词。客观事物的个别(或特殊)与一般、个性与共性的矛盾反映在判断表现为主词与宾词的矛盾。例如在"松树是植物"这个判断就反映出个别与一般的矛盾:松树是个别,植物是一般。松树是植物,但并非所有的植物都是松树,松树的个别特性不能完全地包在植物之中,正如列宁所说:"个别一定与一般相联而存在。一般只能在个别中存在,只能通过个别而存在。任何个别(不论怎样)都是一般。任何一般都是个别的(一部分,或一方面,或本质)。任何一般只是大致地包括一切个别事物。任何个别都不能完全地包括在一般之中。等等。"①

判断反映事物的客观矛盾,还表现在辩证判断的形式中。例如,"运动着的物体在同一瞬间既在这一点上,又不在这一点上";"光既具有微粒的特性,又具有波的特性";"社会主义的生产关系同生产力既相适应,又不相适应",等等。这种辩证判断,正确地反映了客观上存在着的现实的矛盾,同那种由于思维丧失一贯性而产生的逻辑矛盾是根本不同的。

判断也是随着实践的发展而发展的。判断发展的途径是由特殊到一般,又由一般到特殊。人们总是首先认识特殊的事物的本质,形成特殊性的判断;然后逐步扩大到认识诸种事物的共同本质,形成一般性的判断;然后又以一般

---

① 列宁:《哲学笔记》,载《列宁全集》第38卷,第409页。

性的判断为指导来研究新的特殊事物,形成新的特殊判断;如此循环往复,使判断的内容日益深刻地反映发展着的客观实际。

三、推理

推理是比较判断更高级的思维形式,是由已有的判断过渡到新判断的理性活动。通过推理,人们可以扩大认识的成果,从现有的知识中推出新的知识,从已知推出未知。它不仅能反映出事物的现在的内部联系,而且能反映出事物的发展趋势。

推理的客观基础是什么呢？就是客观事物的内在本性。客观事物在内部矛盾的推动之下,必然从一个过程推移到另一个过程。推理活动不过是这种客观的必然性在思维中的反映罢了。例如,马克思基于对资本主义社会的矛盾的分析,推出资本主义必然灭亡和社会主义必然胜利;列宁基于对帝国主义时代各种矛盾的分析,推出社会主义革命必然在一国或少数几国首先胜利;毛泽东同志基于对中国和全世界的矛盾分析,推出中国革命必然要分为民主主义革命和社会主义革命两个步骤。显然,这些科学的推理都是历史发展的客观必然过程在思维中的反映。

形式逻辑是一种重要的专门科学,它对思维的形式作了许多精密的研究,规定了许多推理的规则,这些规则对于保证我们思维的一贯性、避免混乱不清和自相矛盾是有很大意义的。但是这些规则有很大的局限性。因为这些规则虽然是客观事物的真实联系的反映(它们是通过亿万次的实践反映到头脑中来的),但是毕竟是静态的反映;而实际事物在发展过程中的具体联系却带有这些规则所包括不了的无数特点。因此,如果仅以遵守这些规则为满足,而不对具体事物作具体分析,那么要正确地反映复杂事物在发展中的必然联系是很困难的。在复杂的政治问题和科学问题上,如果以不违反形式逻辑的规则为满足,而不对生动复杂的具体情况作具体的分析,往往要犯严重的错误。我党在民主革命时期的"左"右倾机会主义者在中国革命的基本问题上所犯的错误,如果单从思维方法上来说,是同这个问题有联系的。陈独秀的右倾机会主义路线实际上是建筑在这样一个三段论的基础上的:一切资产阶级民主革命都只能由资产阶级领导,并得到资产阶级专政的结果(大前提),中国现阶段的革命是资产阶级民主革命(小前提),所以中国现阶段的革命只能由资产阶级领导,并得到资产阶级专政的结果(结论)。"左"倾机会主义路线则实际上是建筑在这样一个三段论的基础上的:一切无产阶级领导的革命都是社会主义革命(大前提),中国现阶段的革命是无产阶级领导的革命(小前提),所以中国现阶段的革命是社会主义革命(结论)。这两个推理都符合形式逻辑的规则,然而结论却是极端错误的,原因就在于"左"右倾机会主义者没有对中国以及整个世界的具体情况进行具体的分析,只是依靠形式逻辑的规则作简单的抽象的推理。毛泽东同志与他们相反,他指出中国现阶段的革命既不是旧式的资产阶级民主革命,也不是社会主义的革命,而是新民主主义的革命,即在无产阶级领导之下的人民大众反帝反封建的革命;这种革命不是属于旧的资产阶级世界革命的一部分,而是世界无产阶级社会主义革命的一部分;革命的结果不是建立资产阶级专政,而是建立一个以无产阶级为领导的联合其他革命阶级的专政。这种专政实质上是无产阶级专政,但在形式上又不同于当时苏联的无产阶级专政。因为它在一定的历史时期,不是整个地反对资产阶级,消灭资本主义经济,而是经过同资产阶级的斗争,迫使其一部分(民族资产阶级)和无产阶级建立联盟关系,以便把民主革命进行到底,并在一定条件下过渡到社会主义革命。这种专政的形式,是一切殖民地半殖民地国家的革命在一定历史时期中所必然要采取的形式。[①] 毛泽东同志在这里也进行了一系列的推理,这些推理的结论反映了殖民地半殖民地国家革命的规律性,是对马克思主义的创造性的发展。毛泽东同志的这些科学的结论绝不是仅仅依靠形式逻辑的规则抽象地推论出来的,而是把马克思列宁主义的普遍真理同中国革命的具体实践结合起来,对中国革命的全局和世界形势的全局进行具体分析的结果。

第二节　思维方法

一、归纳和演绎

概念的形成,判断的确定,推理的进行,都离不开一定的方法。要使概念

---

① 参见《新民主主义论》,载《毛泽东选集》第二卷,第656—668页。

明确,判断恰当,推理合乎逻辑,就应当自觉地运用科学的思维方法。什么是科学的思维方法呢? 总的说来就是唯物辩证的思维方法。唯物辩证的思维方法是一个总体,它是由许多互相区别而又密切联系着具体方法组成起来或体现出来的。这些具体方法主要的有归纳和演绎、分析和综合、历史的方法和逻辑的方法等。在这里我们不可能能深入地探讨这些方法,只能极简略地说一说他们的特点以及它们在认识过程中的作用。

归纳和演绎是运用得极其广泛的推理方法。如前所述,人们认识的前进运动,总是在由特殊到一般、由一般到特殊的循环往复中实现的。由特殊到一般,就不能没有归纳(虽不能归结为归纳)。因为如果不从许多个别或特殊的事物中抽出某种共同的东西,就无从得到一般的知识。例如"帝国主义和一切反动派都是纸老虎"这个一般性的论断,虽然主要地不是靠归纳分析得来的(后面还要说到这一点),但是却离不开归纳的作用(这是考察了中外反动派貌似强大而终归灭亡的成千成万的事实而发现的共同的东西)。同样,由一般到特殊也不能没有演绎(虽然不能归结为演绎)。因为如果不把某种一般性的知识应用于特殊的场合,就不能有指导地去认识特殊事物。例如"美帝国主义也是完全可以打败的"这个特殊性的论断,虽然主要地不是靠演绎得来的(而是靠对美帝国主义的本质以及世界人民力量的具体情况进行具体分析得来的),但是却离不开演绎的作用(对美帝国主义的分析是在"一切帝国主义和反动派都是纸老虎"这个一般性论断的指导下进行的)。不仅如此,归纳和演绎并且是其他思维方法的基础。实际上,人们总是首先在实践中碰到许多个别事例,从个别事例中发现了共同的反复出现的东西(这也就是在头脑中进行归纳的过程),然后才迫使人们去分析研究这种共同的反复出现的东西,思考问题的本质。例如,从1840年鸦片战争失败的时候起,中国的先进人物就经过千辛万苦向西方国家寻找救国救民的真理,可是他们碰到的事实却是"先生老是侵略学生"。无数的事实使人们得出一个结论:"西方的一套在中国行不通"。这个结论开始是从许多个别事例中归纳而来的,是还没有完全理解的。但是,这个结论却迫使人们进一步研究问题:为什么"先生"老是侵略"学生"? 为什么资产阶级的共和国外国有过而中国却不能有? 中国要走什么道路? 正是为了解决这些问题,中国的先进分子才迅速地接受了十月革命送来的马克思列宁主义,并在这个思想武器的指导之下认识了中国和世界的形势,认识了帝国主义的本质,深刻地理解了为什么中国不能走西方国家的老路的原因,得出了"走俄国人的路"的科学结论。试想:如果开始时没有一个归纳的过程,人们怎么会提出上述的问题,又怎么会去思考上述问题的本质呢? 同样,人们在一般原理的指导下去研究特殊事物时,开始也有一个演绎的过程作基础。例如,在以马克思列宁主义为指导研究中国革命问题时,首先就得承认马克思列宁主义是放之四海而皆准的普遍真理,对中国也适用。这就是一个演绎过程。只有从这一点出发,才能动手去具体地研究中国革命问题,才谈得到"马克思主义在中国具体化,使之在其每一表现中带着必须有的中国的特性,即是说,按照中国的特点去应用它"①。试想:如果开始没有一个演绎过程,不肯定马克思列宁主义适用于中国,怎么谈得到应用马克思列宁主义来研究中国革命问题呢? 由此可见,归纳和演绎是思维活动中不可缺少的基本因素。

归纳和演绎是矛盾的双方,它们是互相依赖并在一定的条件下互相转化的。没有归纳,演绎的前提就无从产生;没有演绎,归纳的成果就不能扩大和加深。归纳和演绎总是交替进行,互相补充的。哲学史上的归纳派片面抬高归纳的作用而贬低演绎的作用,演绎派则片面地抬高演绎的作用而贬低归纳的作用,都是错误的。恩格斯说得好:"归纳和演绎,正如分析和综合一样,是必然相互联系着的。不应当牺牲一个而把另一个捧到天上去,应当把每一个都用到该用的地方,而要做到这点,就只有注意它们的相互联系,它们的相互补充。"②

归纳和演绎虽然是思维活动的不可缺少的基本因素,但是仅靠归纳和演绎是远远不够的。

先看归纳。如前所述,归纳对于帮助我们从特殊上升到一般是起着一定的作用的。但是,它本身具有重大的缺点。第一,归纳过程实质上是从许多个别事物中抽出共同的、经常出现的东西的过程,然而这种共同的、经常出现的

---

① 毛泽东:《中国共产党在民族战争中的地位》,载《毛泽东选集》第二卷,第500页。
② 恩格斯:《自然辩证法》,人民出版社1971年版,第206页。

东西并不一定是这些事物的共同的本质。例如观察了许多人之后,可以归纳出一个结论:人是两足无羽毛的动物。这个结论就显然没有抓住人的本质。第二,即令归纳的结论已经接触到了事物的本质,也不能帮助人们理解这个本质,只能"知其然",而不能"知其所以然"。例如在观察了蒸汽冲开壶盖之类的许多个别事例之后,可以归纳出一个结论:从热中可以得到机械运动。这个结论是接触到了事物的本质的,根据这样的认识人们甚至可以制造出蒸汽机来。可是为什么从热中可以得出机械运动呢? 即令我们观察了十万部蒸汽机,也不能回答这个问题。所以恩格斯说:"我们用世界上的一切归纳法都永远不能把归纳过程弄清楚。"①第三,由于归纳所抓住的往往不是事物的本质,因而归纳推理就不能保证从真的前提一定得到真的结论,而只能肯定结论有一定程度的可靠性。换句话说,归纳推理的结论只是或然的,不是必然的。归纳法的结论被新的事实所推翻的情况在科学史上是层出不穷的。例如从前的动物学家从观察所及的现象中归纳出结论:鱼类是终生专门用鳃呼吸的动物(为什么鱼类只能用鳃呼吸呢? 他们也讲不出什么道理),可是后来发现了用肺呼吸的鱼。黑格尔曾经说过:归纳推理本质上是一种尚成疑问的推理,恩格斯对这个论断表示称赞。② 由此可见,仅靠归纳法是得不出真正科学的结论来的。例如,前面所说的"帝国主义和一切反动派都是纸老虎"这个论断的得出,固然也有归纳的因素,但主要地却是基于对帝国主义和一切反动派的本质的马克思列宁主义的分析。因此这个结论就不是"尚成疑问"的,而是完全可靠的了。现代修正主义者硬说,我们认为无产阶级不可能通过议会道路和平地从资产阶级手里取得政权的唯一根据就是历史上没有先例,他们发问道:难道没有先例的事情今后也不可能发生吗? 十月革命的成功也是没有先例的呀! 现代修正主义者在这里企图给人们造成一个印象,似乎马克思列宁主义者关于"和平过渡"不可能的结论是仅仅通过对历史事件的归纳而得出来的,因而是"尚成疑问"的结论。这完全是撒谎。实际上,我们的这个结论绝不是仅仅通过归纳得出来的,而首先是通过对一切反动统治阶级的本性的马克思

---

① 　恩格斯:《自然辩证法》,人民出版社 1971 年版,第 206 页。
② 　参见恩格斯:《自然辩证法》,人民出版社 1971 年版,第 205 页。

列宁主义的科学分析得出来的。只是在作了这样的科学分析之后,我们才断言所谓"和平过渡"的事情在历史上没有先例,在现实生活中也不会发生。现代修正主义者的煞费苦心的歪曲,是达不到目的的。

再说演绎。一般说来,演绎推理的前提和结论之间的联系是必然的。如果前提是真的,而推理的形式又是正确的,那么得出的结论就是真的。这不是很可靠了吗?其实不然。演绎也有它的缺点。第一,要想通过演绎得出正确的结论,就必须有正确的前提。但是演绎本身怎么能保证前提是正确的呢?如果演绎推理的前提是仅仅通过归纳得出的结论,那就是"尚成疑问"的东西;从尚成疑问的前提演绎出来的结论,当然也就不完全可靠了。例如我们在上一节中说到的"左"右倾机会主义对中国革命的性质和领导权问题的论断,从推理的形式说来是并无错误的,其所以得出错误的结论,是由于从错误的前提出发("一切由无产阶级领导的革命都是社会主义革命","一切资产阶级性的民主革命都是由资产阶级领导的")。第二,即令演绎推理的前提不是仅仅依靠归纳得出来的"尚成疑问"的结论,而是通过一切科学方法的综合运用而得出来的并且经过实践检验是完全可靠的结论,也还是不够的。因为在这种情况下,虽然演绎推理的结论的正确性有了保证,但是如果只停留在演绎推理本身的范围之内,不对新的事物作具体的研究,结论的意义还是极为有限的。例如,从"马克思列宁主义是放之四海而皆准的普遍真理"的前提中,推出"马克思列宁主义也适用于中国"。这个结论当然是完全正确的。但是如果我们仅仅停留在这种认识上,却不去进一步对中国革命的特殊规律进行具体研究,能够得出关于中国革命的理论、路线、方法等来吗?显然是不能的。可见,单靠演绎法同单靠归纳法一样,也不能给我们提供深刻的科学知识。

由此可见,归纳和演绎虽然在认识过程中起着重要的作用,但是决不能夸大它们的作用,决不能把它们看成是实现由特殊到一般又由一般到特殊这个总的认识过程的唯一起作用的方法。这两种方法都还不能揭示事物的本质。要揭示事物的本质,还须在它们的基础上运用其他的方法。这里我们说到分析和综合。

二、分析和综合

客观事物是具有许多规定的复杂的统一体。当我们对它的认识达到了表象的阶段时,对象是作为一个具体的整体反映到我们的头脑里来的。这时我们认识可以说是一种具体的认识。但是,这样的具体,还只是感性具体或直接的具体,还只是一种混沌的未经理解的东西,还不能反映事物的本质。按照认识的真正的任务说来,按照人们对事物理解程度说来,这种认识还是很贫乏的东西。认识决不能停留在混沌的表象的阶段,而必须上升到理性认识去。通过什么样途径才能上升到理性认识去呢? 首先就是要从混沌的表象中把些偶然的、非本质的东西舍弃掉,抽象出那些必然的、本质的东西,得到一些单纯的规定。这种工作,就是分析的工作。但是,这单纯的规定,一个一个地说来,只能反映对象的一个侧面或一种联系,如果停留在这个阶段,就会使作为一个整体的对象在我们头脑中处于肢解的状态,就不能获得关于对象的全面的具体的认识。这时我们的认识虽然超出了感性的具体,但是还处在理性的抽象阶段,并没有完成认识的任务。因此,还必须进一步探求这些规定之间的复杂的联系,使它们形成一个概念和逻辑的系统,从而把对象作为整体在思维中再现出来。这种工作,就是综合的工作。综合成果又达到了一种具体的认识,然而这已经不是感性的或直接的具体,而是理性的或媒介的具体了。由此可见,分析的过程就是由感性的具体到理性的抽象的过程,也就是"完整的表象蒸发为抽象的规定"①的过程;综合的过程则是由理性的抽象到理性的具体的过程,也就是"抽象的规定在思维行程中导致具体的再现"②的过程。

分析和综合是两个互相对立、互相排斥的过程,然而又是互相依赖、互相转化的过程。首先,分析和综合是互相依赖的。综合必须以分析为基础。恩格斯说:"没有分析就没有综合。"③这是很清楚的。没有分析,就得不到反映对象的各个侧面的各种规定,当然无从进行综合。但是另一方面,分析又总是以在它之前进行的某种综合的成果为指导的,并且分析的唯一目的又是为了下一步的综合。没有综合也就无所谓分析。分析和综合又是在一定的条件下互相转化的,分析到了一定的程度,思维的行程就倒转过来,转化为综合;综合得到了一定的成果,又要开始进一步的分析;认识的深化过程是伴随着分析和

---

① 马克思:《政治经济学批判》,载《马克思恩格斯选集》第2卷,第103页。
② 马克思:《政治经济学批判》,载《马克思恩格斯选集》第2卷,第103页。
③ 恩格斯:《反杜林论》,载《马克思恩格斯选集》第3卷,第81页。

综合的交替过程的。

分析和综合的实质是什么呢？毛泽东同志对这个问题作了精辟的说明。他说："什么叫问题？问题就是事物的矛盾。那里有没有解决的矛盾，那里就有问题。既有问题，你总得赞成一方面，反对另一方面，你就得把问题提出来。提出问题，首先就要对于问题即矛盾的两个基本方面加以大略的调查和研究，才能懂得矛盾的性质是什么，这就是发现问题的过程。大略的调查和研究可以发现问题，提出问题，但是还不能解决问题。要解决问题，还须作系统的周密的调查工作和研究工作，这就是分析的过程。提出问题也要用分析，不然，对着模糊杂乱的一大堆事物的现象，你就不能知道问题即矛盾的所在。这里所讲的分析过程，是指系统的周密的分析过程。常常问题是提出了，但还不能解决，就是因为还没有暴露事物的内部联系，就是因为还没有经过这种系统的周密的分析过程，因而问题的面貌还不明晰，还不能做综合工作，也就不能好好地解决问题。一篇文章或一篇演说，如果是重要的带指导性质的，总得要提出一个什么问题，接着加以分析，然后综合起来，指明问题的性质，给以解决的办法，这样，就不是形式主义的方法所能济事。"① 由此可见，分析和综合的方法，归根到底就是建立在调查研究基础上的暴露矛盾的方法。事物就是矛盾。要把事物整个地、具体地在思维中再现出来，就是要"暴露事物发展过程中的矛盾在其总体上，在其相互联结上的特殊性"②。怎样达到这个目的呢？首先就要进行分析工作。就是说，要在大略的调查研究的基础上发现矛盾，并对矛盾的各个方面进行深入的研究，掌握它们的具体特点，也就是"暴露过程中矛盾各方面的特殊性"③。这一步工作是十分必要的，因为"只有从矛盾的各个方面着手研究，才有可能了解其总体"。④ 但是，如果我们的工作只做到这一步为止，是不是够了呢？还不够。因为尽管我们对每一对矛盾的各方面的特点已经了解（其成果表现为许多概念，即许多"单纯的规定"），但是我们还不了解每一对矛盾的双方的相互关系，还不了解每一对矛盾在事物的发展过程

---

① 毛泽东：《反对党八股》，载《毛泽东选集》第三卷，第796页。
② 毛泽东：《矛盾论》，载《毛泽东选集》第一卷，第286页。
③ 毛泽东：《矛盾论》，载《毛泽东选集》第一卷，第286页。
④ 毛泽东：《矛盾论》，载《毛泽东选集》第一卷，第287页。

中各占什么地位,还不了解各对矛盾之间的关系如何。这样,我们还不能整个地、具体地认识事物,我们的认识还是抽象的。因此,在分析的基础上,还必须进行综合的工作,把这些问题弄清楚。只有做好了这一步工作,才能暴露事物发展过程中的矛盾在其总体上,在其相互联结上的特殊性(其成果表现为一系列概念、判断和推理组成的系统),达到把事物整个地、具体地在思维中再现出来的目的。显然,这是符合于事物的客观本性的科学方法。

　　分析和综合的方法,在马克思列宁主义经典作家那里得到了模范的运用。马克思在《资本论》中进行了一系列的分析和综合。他抓住商品交换这一资本主义社会中最基本的事实,从最单纯的规定——价值和使用价值出发,依次增加新的规定,说明各种规定之间的相互联系和相互转化,结果就以概念和逻辑的系统把资本主义经济结构的全部丰富内容清楚地揭示出来了。列宁在《帝国主义是资本主义的最高阶段》中,首先依据巨量的材料,指出了帝国主义的五大特征,并对每一个特征分别作了分析,然后进行综合工作,指出帝国主义是资本主义的最高阶段,是无产阶级革命的前夜。毛泽东同志在《中国社会各阶级的分析》中,首先对中国社会的各个阶级的经济地位和政治态度分别地进行了分析,然后综合起来,指出:"一切勾结帝国主义的军阀,官僚、买办阶级、大地主阶级以及附属于他们的一部分反动知识界,是我们的敌人。工业无产阶级是我们革命的领导力量。一切半无产阶级、小资产阶级,是我们最接近的朋友。那动摇不定的中产阶级,其右翼可能是我们的敌人,其左翼可能是我们的朋友——但我们要时常提防他们,不要让他们扰乱了我们的阵线。"①在《中国革命和中国共产党》中,他首先对中国三千年来的社会状况以及帝国主义武装侵略中国之后所引起的变化分别作了分析,然后综合起来,指出当时的中国社会是一个殖民地、半殖民地、半封建的社会,中华民族和帝国主义的矛盾、人民大众和封建主义的矛盾是当时中国社会的主要矛盾。接着,他又从这个综合的结论出发,对新的问题进行分析,这些问题就是中国革命的对象、任务、动力、性质和前途。他对这些问题中的每一个,都是先分析,再综合,得出结论,然后引出下一个问题,再继续进行分析和综合。最后,他对以上

---

　　①　毛泽东:《中国社会各阶级的分析》,载《毛泽东选集》第一卷,第9页。

所作的全部分析作了一个总的综合,指出中国革命包括民主主义革命和社会主义革命两重任务;民主主义革命是社会主义革命的必要准备,社会主义革命是民主主义革命的必然趋势;这两重革命任务的领导都担负在中国无产阶级的政党中国共产党的肩上。在《论持久战》中,他首先指出中日双方的互相矛盾着的特点:日本是强国、小国、战争的退步性、国际上的寡助;中国是大国、弱国、战争的进步性、国际上的多助;接着具体地分析了每一个特点;然后把分析的结果综合起来,得出结论:"抗日战争是持久战,最后胜利是中国的"[1]。在毛泽东同志的全部著作中,到处都可以看到这种辉煌的范例。

三、历史的方法和逻辑的方法

为了要深刻地把握事物的本质,不仅要考察事物的现状,而且要考察事物的历史。在辩证法看来,任何事物都不是从来如此,而是由它的先行阶段合乎规律地准备起来的。如果不了解它的过去,就不能深刻地了解它的现在,也不能准确地预见它的将来。列宁在说到研究国家问题时说:"这个问题也和所有的问题……一样,要正确地认识它,要有把握地切实地解决它,就必须从历史上把它的全部发展过程加以考察。"[2]毛泽东同志在向全党发出改造我们的学习的号召时,指出要注重研究现状、注重研究历史和注重马克思列宁主义的应用;其中说到研究历史时指出:"今天的中国是历史的中国的一个发展;我们是马克思主义的历史主义者,我们不应当割断历史。"[3]这些指示都表明了对事物作历史考察的必要性。

怎样对事物做历史的考察呢? 有两种不同的方法。一种是对事物的历史的自然行程进行研究。这种方法在某些情况下也是必要的,但是有它的缺点。"历史常常是跳跃式地和曲折地前进的,如果必须处处跟随着它,那就势必不仅会注意许多无关紧要的材料,而且也会常常打断思想进程"。[4] 另一种方法

---

① 毛泽东:《论持久战》,载《毛泽东选集》第二卷,第481页。

② 列宁:《论国家》,载《列宁全集》第29卷,第431页。

③ 毛泽东:《中国共产党在民族战争中的地位》,载《毛泽东选集》第二卷,第499页。

④ 恩格斯:《论卡尔·马克思著政治经济学批判一书》,载《马克思恩格斯选集》第2卷,第122页。

则是撇开那些起干扰作用的偶然现象,抓住事物的内部矛盾,去研究"事物发展过程的自始至终的矛盾运动"①,把事物的发展进程以逻辑的形式表现出来。这种方法实质上就是分析和综合的方法在历史研究中的运用,它最能体现事物发展过程的本质,因而是"研究任何事物发展过程所必须应用的方法"②。这种方法与前一种方法实质上是一致的,逻辑的方法只不过是撇开了偶然因素的历史的方法而已。而且,"采用这个方法时,逻辑的发展完全不必限于纯抽象的领域。相反,它需要历史的例证,需要不断接触现实。"③

马克思在研究资本主义经济结构时,就不仅分析了资本主义社会的现状,而且追溯了由简单的商品生产发展到资本主义生产的历史。但是,他并没有去详细论述各国资本主义如何由简单商品经济发展而来的具体过程,因为如果这样做,就会陷在材料的汪洋大海里,使一些偶然的细节掩盖了问题的实质。他采用的是逻辑的方法,即"首先分析资产阶级社会(商品社会)里最简单、最普通、最基本、最常见、最平凡、碰到过亿万次的关系——商品交换。这一分析从这个最简单的现象中(在资产阶级社会的这个"细胞"中)揭示出现代社会的一切矛盾(或一切矛盾的胚芽)。往后的叙述为我们揭明了这些矛盾以及这个社会在这个社会的各个部分的总和中,在这个社会的开始直到终结的过程中的发展(和生长,和运动)。"④

列宁在研究资产阶级国家的实质时,也不仅研究它的现状,而且追溯了从原始社会到资本主义社会的历史。但是,他并没有逐一地去叙述人类史上几十个几百个国家的具体发展过程以及各种国家形式(政体),而是用逻辑的方法,"对国家的产生和发展情况作一个概括的历史的考察。"⑤他依次分析了由原始社会的无国家状态怎样过渡到奴隶占有制国家、农奴制国家以至资产阶级国家,指出:"国家是维护一个阶级对另一个阶级的统治的机器。"⑥而资产

---

① 毛泽东:《矛盾论》,载《毛泽东选集》第一卷,第282页。
② 毛泽东:《矛盾论》,载《毛泽东选集》第一卷,第282页。
③ 恩格斯:《论卡尔·马克思著政治经济学批判一书》,载《马克思恩格斯选集》第2卷,第124页。
④ 列宁:《哲学笔记》,载《列宁全集》第38卷,第409页。
⑤ 列宁:《论国家》,载《列宁全集》第29卷,第430页。
⑥ 列宁:《论国家》,载《列宁全集》第29卷,第435页。

阶级国家决不像资本主义的辩护士们所说的那样是什么"人民意志的表现、全民决定的总汇、民族意志的表现等等",而只能是"使本国资本家能够维持其对工农的统治权力的机器"①;无产阶级必须打碎资产阶级国家,建立自己的国家,并以此为武器去消灭一切剥削,等到全世界已经彻底消灭了剥削和产生剥削的可能时,国家才会自行消亡。这样,列宁就把资本主义国家的本质充分地深刻地揭示出来,把国家的发生、发展以及消灭的过程清晰地描绘出来了。

毛泽东同志在考察旧中国的社会性质时,不仅考察了旧中国当时的状况,而且一直追溯了周秦以来的三千年左右的历史。但是,毛泽东同志并没有去详细叙述中国三千多年历史发展的细节,而是用逻辑的方法,对中国的历史作了概括的考察。他指出,中国的封建制度自周秦以来一直延续了三千年左右,分析了中国封建时代的经济制度和政治制度的主要特点,分析了地主阶级对农民的残酷压榨和农民的英勇反抗,指出了中国封建社会的主要矛盾是农民阶级和地主阶级的矛盾。接着,他又分析了1840年以后外国资本主义侵入中国以后的变化,指出这种侵入一方面对中国封建经济的基础起了解体的作用,给中国资本主义的发展造成了某些客观的条件和可能,另一方面又使中国一步一步地变成了半殖民地和殖民地。然后,他指出近代和当时中国社会是一个半封建半殖民地的社会,这个社会的基本矛盾是帝国主义和中华民族的矛盾、封建主义和人民大众的矛盾。这样,毛泽东同志就把近代和现代的中国社会的性质和中国革命发生、发展的客观根据科学地揭示出来了。

以上,我们对归纳和演绎、分析和综合、历史方法和逻辑方法作了简略的论述。应当指出,这些方法并不是思维方法的全部;而且,在实际思维过程中,人们绝不是孤立地运用某一种方法,而是综合地运用着各种方法的。所有这些方法,都服务于一个目的,那就是对感性材料实行去粗取精、去伪存真、由此及彼、由表及里的改造制作工夫,造成概念和逻辑的系统,从而达到深刻的理性认识。

---

① 列宁:《论国家》,载《列宁全集》第29卷,第440—441页。

第五章　认识的检验和发展

第一节　由认识到实践

一、认识世界的目的在于改造世界

我们在上面两章中论述了物质变精神即由实践到认识的过程(包括感性认识和理性认识两个阶段)。但是人们的认识到这里完成了没有呢? 还没有。毛泽东同志说:"辩证唯物论的认识运动,如果只到理性认识为止,那末还只说到问题的一半。而且对于马克思主义的哲学说来,还只说到非十分重要的那一半。马克思主义的哲学认为十分重要的问题,不在于懂得了客观世界规律性,因而能够解释世界,而在于拿了这种对于客观规律性的认识去能动地改造世界。"[1]又说:"认识从实践始,经过实践得到了理论的认识,还需再回到实践去。认识的能动作用,不但表现于感性的认识到理性的认识之能动的飞跃,更重要的还须表现于从理性的认识到革命的实践这一个飞跃。"[2]由此可见,由理性认识到实践的过程是整个认识过程的继续。

为什么说理性认识到实践是认识运动的更重要的一半呢?

这首先是因为实践是认识的唯一目的。

毛泽东同志说,"无产阶级认识世界的目的,只是为了改造世界,此外再无别的目的。"[3]因此,从实践中取得感性认识,并使之上升到理性认识,虽然是一件艰巨的工作,但是对于认识的最终目的说来,还只是一种准备工作。如果我们费了很大的气力去做这件准备工作,可是做完之后就此止步,半途而

---

[1]　列宁:《论国家》,载《列宁全集》第29卷,第268页。
[2]　列宁:《论国家》,载《列宁全集》第29卷,第269页。
[3]　毛泽东:《人的正确思想是从哪里来的?》,人民出版社1964年版,第2—3页。

废,不动手去改造世界,这种准备工作不是白做了吗? 有了正确的工作计划而不去执行,有了正确的设计而不去施工,这样的计划和设计不是一点意义也没有吗? 当然,马克思主义是十分重视理论(理性认识)的。马克思说:"理论一经掌握群众,也会变成物质力量。"① 列宁说:"没有革命的理论也就不可能有革命的运动。"② 毛泽东同志更明确地指出,在一定的条件下,理论可以对实践起主要的决定的作用。③ 这些论断都充分说明了马克思主义者对于理论的重视。但是,马克思主义者重视理论,不为别的,正是为了它能够指导实践,给人们以解决问题、确定方针、判明前途的力量。毛泽东同志说:"对于马克思主义的理论,要能够精通它、应用它,精通的目的全在于应用。"④ 教条主义者不但不肯从亲身的实践中去取得认识,而且对于从书本上学来的科学认识成果也不肯拿到实践中去应用。他们或者是无的放矢,或者是有矢不放,这种态度是根本违反马克思列宁主义的。

强调认识必须回到实践中去,这是马克思主义认识论的革命精神的最重要的标志,是马克思主义认识论区别于任何别的认识论的最重要的标志。马克思说过:"哲学家们只是用不同的方式解释世界,而问题在于改变世界。"⑤从来的哲学家总是以为,只要对世界作出一种正确的说明,世界就改变得合理了(当然,他们总是把他们自己对世界的说明说成唯一正确的说明,而把他们所理想的世界说成唯一合理的世界)。马克思主义反对这种见解,它指出:即使我们对世界作出了正确的说明,提出了非常科学的理论,这件事本身也不会引起世界的任何改变。要改变世界,只有使理论回到实践中去,对世界进行物质的改造。"批判的武器当然不能代替武器的批判,物质力量只能用物质力量来摧毁"。⑥ 资产阶级及其走狗害怕马克思主义,就怕在"应用"二字上。因为马克思主义一旦被革命群众"应用"起来,就马上变成了物质力量,他们的国家机器就要被打碎,人剥削人的制度就要被摧毁。反之,如果我们手里拿

---

① 马克思:《黑格尔法哲学批判导言》,载《马克思恩格斯全集》第1卷,第460页。
② 列宁:《怎么办?》,载《列宁全集》第5卷,第336页。
③ 参见毛泽东:《矛盾论》,载《毛泽东选集》第一卷,第300页。
④ 毛泽东:《整顿党的作风》,载《毛泽东选集》第三卷,第773页。
⑤ 马克思:《关于费尔巴哈的提纲》,载《马克思恩格斯全集》第3卷,第6页。
⑥ 马克思:《黑格尔法哲学批判导言》,载《马克思恩格斯全集》第1卷,第460页。

着马克思主义的理论,只是把它背诵一番,欣赏一番,并不用它来教育群众,组织群众起来进行革命斗争,那就不会触动旧世界一根毫毛。这种口头上的"马克思主义",资产阶级是完全不会害怕,并且可以接受的。

在我国社会主义革命和建设时期,出现了学习毛泽东思想的高潮。千百万革命群众在各个战线上把毛泽东思想运用于指导自己的工作,运用于改造自己的思想,产生了史无前例的成效,迅速地改变着祖国的面貌。越来越多的人在毛泽东思想的指导下学会了深入实际,调查研究,总结经验,取得正确认识,又以正确认识来指导工作的本领。这是无可比拟的巨大的物质力量。有了这种力量,什么人间的奇迹都是可以创造出来的。像大庆油田和大寨大队的成就,就是灿烂的范例。

在马克思列宁主义,毛泽东思想被千百万革命群众运用到实践中去,发挥出巨大的物质力量的时候,有些站在资产阶级立场的人看不惯、忍不住了。他们害怕他们所维护的资产阶级王国陷入灭顶之灾,因此急急忙忙跑出来反对。他们当中有的人,极力贬低革命群众学习和运用毛泽东思想的意义,甚至把学习和运用毛泽东思想诬蔑为"庸俗化"。按照他们的意见,让他们在讲堂上背诵马克思列宁主义、毛泽东思想的词句,是可以的;革命群众用马克思列宁主义、毛泽东思想来指导自己的革命工作,是万万不行的。这是什么意思呢?这就是要禁止马克思列宁主义、毛泽东思想回到群众的革命实践中去变成改造世界的物质力量,企图使它变成对改造世界不起作用的"古董",对资产阶级"无害"的教条。当然,他们的这种妄想是无法实现的。

二、认识只有通过实践才能得到检验和发展

从理性认识到实践其所以是认识运动的更重要的一半,还因为认识只有通过实践才能得到检验和发展。

理性认识是从实践中来的,是对感性材料进行"加工"所得到的"成品"。这个"成品"是否合用呢?这个认识是否正确地反映了客观外界的规律性呢?如果不解决这个问题,连认识是否正确都还没有确定,认识当然不能算是已经完成了。但是,怎样才能检验认识正确不正确呢?这个问题在由感性认识到理性认识的过程中是无法解决的,正像产品的生产过程不能检验产品是否合

格一样。只有拿这种认识去指导实践,才能解决这个问题。这个问题,我们在第二章第二节中已有论述,这里就不详说了。

其次,理性认识不但需要检验,而且需要发展,否则它就不能反映不断发展着的客观实际。但是,理性认识归根到底是实践经验的概括和总结。它只有同实践紧密联系,仔细倾听实践的呼声,才能不断地汲取新的经验,随着实践的发展而发展,不致停留在原有的地方,变成枯槁的东西。马克思列宁主义、毛泽东思想之所以永远生机勃勃,威力无穷,就因为它一刻也不脱离实践,不断地从实践中汲取新的养分,丰富和发展自己。

综上所述,只有经过由理性认识到实践的过程,也就是精神变物质的过程,才能实现认识的目的,才能检验认识和发展认识,所以说这是比由感性认识到理性认识的过程更重要的一半。"这次飞跃,比起前一次飞跃来,意义更加伟大。"①

第二节　认识的无限发展过程

一、对于一个具体事物的认识过程

以上我们说明了由物质到精神(由实践到认识)、又由精神到物质(由认识到实践)这样两个互相联系的过程,这是认识过程的一次循环。现在要问:是不是经过这样的一次循环,人们就能够取得对于一个事物的正确认识呢? 一般说来,这是做不到的。"一个正确的认识,往往需要经过由物质到精神,由精神到物质,即由实践到认识,由认识到实践这样多次的反复,才能够完成。"②

为什么呢? 因为人们在认识世界和改造世界的时候,不可能不受到各种客观条件和主观条件的限制,因而从实践中得来的认识不符合或者不完全符合客观外界的规律性的情形是常常会发生的。也就是说,在认识过程中产生这样或那样的错误是难免的。

首先,就取得感性认识的过程来看,尽管人们力求取得十分丰富和合乎实际的感性材料,但是要想一下子就做到这一点却是不可能的。一方面,这是因

---

① 毛泽东:《人的正确思想是从哪里来的?》,人民出版社 1964 年版,第 2 页。
② 毛泽东:《人的正确思想是从哪里来的?》,人民出版社 1964 年版,第 3 页。

为客观现象的表现本身就需要一个过程。当客观现象还没有充分展开、还没有鲜明地暴露出来的时候，人们就无法取得关于这一过程的十分丰富的感性材料；另一方面，也是由于人们自己不能不受到许多条件的限制（例如本人的具体知识的限制，本人所处的环境给予他眼界上的限制，等等），以致对于客观上已经暴露出来了的现象也不一定能够完全把握。因此，在实践的初期，感性认识不十分丰富，不完全合乎实际，是很难避免的。这就是使人们在认识过程中发生错误的一个因素。

其次，就由感性认识上升到理性认识的过程来看，即令有了十分丰富和合乎实际的感性材料，也不可能一下子就取得正确的理性认识。因为要取得正确的理性认识，就是要在总体上正确地反映事物的矛盾。而事物的矛盾是极其复杂的。就每一对矛盾来说，它的双方就往往不是同样鲜明地呈现着的：有时甲方比较突出，乙方比较隐蔽，有时乙方比较突出，甲方又比较隐蔽。这就使人们比较难于全面地把握矛盾。况且事物绝不止包含着一对矛盾，而是包含着许多矛盾，各对矛盾之间又具有很复杂的关系。这就给全面地认识事物的规律性带来很大的艰巨性。尽管我们力求全面地深刻地看问题，努力防止片面性和表面性，但是要想在一开始就看得十分全面、十分深刻，是做不到的。这又是使人们在认识过程中发生错误的一个因素。

由上面的分析可知，即令按照马克思主义的世界观去进行认识活动，也不可能一次就取得正确认识。对于任何具体事物的认识，总是要经过由实践到认识，由认识到实践的多次反复，不断地总结经验，纠正错误，才能逐步地达到主观同客观的一致，从而实现预期的目的。不犯任何错误的"神人"是从来没有，也永远不会有的。历史上和现实中的任何一项新的发现、新的发明、新的创造、新的进步，没有不是经过反复的实践，反复的总结，克服大大小小的错误，然后才产生出来的。上学要付学费。要想在实践这所伟大的学校中学到关于客观规律的知识，也要付"学费"。在认识过程中犯的错误，付的代价，就是一种"学费"。这种犯错误的经验，只要善于总结，是同成功的经验同样宝贵。"错误常常是正确的先导。"①这条马克思主义的原理，对于鼓舞革命人

---

① 毛泽东：《改造我们的学习》，载《毛泽东选集》第三卷，第761页。

民去创造性地进行改造世界的斗争,有非常重大的意义。它告诉人们,只要方向正确,只要是在马克思列宁主义、毛泽东思想的指导之下,就应当敢想、敢说、敢做,敢于做前人没有做过的事,敢于当革命的"闯将"。在做和"闯"的过程中,是必然会出现这样那样的错误的,这并没有什么可怕。只要善于总结,善于接受教训,就能够变错误为正确。当然,错误总会给工作造成某些损失,因此我们在实践的过程中必须力争少犯一些错误,力争用较小的代价换得较大的成果,这是应该做到、也可以做到的。但是,要做到这一点,唯一正确的办法就是紧紧地依靠马克思列宁主义、毛泽东思想的指导,调查研究,实事求是,而决不能采取谨小慎微,畏首畏尾,人云亦云,无所作为的态度。有些庸人懦夫为了避免错误,就老是跟在别人的背后亦步亦趋,照猫画虎,永远走别人走过了的老路,不敢越雷池一步,永远不敢把自己的手脚伸进新的领域,自以为这是最"安全"的办法,可以保证永远不犯错误。但是,第一,走别人走过的老路并不能保证不犯错误。因为客观事物是发展的,别人过去那样做是对的,你今天照着做就可能错了。第二,即使没有犯错误,可是也永远不能有所发现、有所发明、有所创造、有所前进。如果从古以来的人们都是这样,那我们就会直到今天还生活在穴居野处、茹毛饮血的时代,还谈得到什么改造世界,还谈得到什么实现共产主义的理想呢? 如果把这种庸人哲学或懦夫哲学贯彻到底,那就应该说,坐着不动,什么事也不干,是最能避免错误的了。但是,一个革命者竟然什么事也不干,就根本不成其为革命者了,这本身不就是最大的错误吗?

有人提倡一种理论:凡是主观不符合于客观,就是唯心论思想。这是对马克思主义认识论的公然歪曲,对毛泽东同志的《实践论》的公然歪曲。我们说,唯心论(和机械唯物论)是以主观和客观相分裂为特征的,如果陷入了唯心论,就会陷入主观和客观相分裂的境地。这就是说,唯心论是主观不符合于客观的,并且是经常的、一贯的不符合。但是,能不能反过来说,凡是主观不符合于客观都是唯心论呢? 当然不能这样说。毛泽东同志明确地指出:"一般地说来,不论在变革自然或变革社会的实践中,人们原定的思想、理论、计划、方案,毫无改变地实现出来的事,是很少的。这是因为从事变革现实的人们,常常受着许多的限制,不但常常受着科学条件和技术条件的限制,而且也受着客观过程的发展及其表现程度的限制(客观过程的方面及本质尚未充分暴露)。在这种情形之下,由于实践中发现前所未料的情况,因而部分地改变思想、理论、计划、方案的事是常有的,全部地改变的事也是有的。即是说,原定的思想、理论、计划、方案,部分地或全部地不合于实际,部分错了或全部错了的事,都是有的。许多时候须反复失败过多次,才能纠正错误的认识,才能到达于和客观过程的规律性相符合,因而才能够变主观的东西为客观的东西,即在实践中得到预想的结果。"①这是人类实践的历史千百万次地证明了的真理。就拿大庆油田和大寨大队的典型事例来说吧,他们的伟大成就,就是经过了试验、失败、再试验、再失败、再试验的多次反复,才取得的。大庆的同志们仅仅在铺设一条输油管线的过程中,为了取得精确的数据,就在泥泞和风雪中奋战了十个月,观察了一千六百个点,取得了五万多个数据,进行了一千一百多次的对比,最后才达到预期的目的。大寨的同志们仅仅为了把一条乱石山沟——狼窝掌治好,就曾先后遭到两次大的失败(小的失败次数更多),第三次才获得成功。可是有人却硬要人们一次就达到主观和客观的符合,不允许在认识过程中发生任何错误;如有错误,那就不分青红皂白,一概说成是唯心论。这不是十足的形而上学的谬论吗? 按照这种谬论,像大庆、大寨的英雄们,以及一切在生产斗争、阶级斗争和科学实验中努力改造世界、探索客观规律的先进人物们,岂不统统是唯心论者吗? 提倡这种谬论,就是要用它来诬蔑革命人民,恐吓革命人民,禁止他们去进行革命的创造。因此,这种谬论的实质是非常反动的。

二、认识的无限发展过程

　　人们对于一个具体事物,经过由实践到认识、由认识到实践的多次循环,克服了种种错误,最后达到了主观和客观相符合,因而在实践中实现了预期的目的,到了这个时候,人们对这个具体事物的认识算是完成了。但是,认识是不是不再前进了呢? 不是的。认识运动是永远不会停止,不会到"顶"的。

　　任何具体过程,由于内部矛盾的推动,总是不断地向前推移和发展的,因

---

　　① 毛泽东:《实践论》,载《毛泽东选集》第一卷,第 270—271 页。

此，作为客观实际之反映的认识也必须跟着推移和发展。如果客观过程已经推移发展，而认识却仍然停留在原来的地方，那么，本来是正确的认识也会变成错误的认识，这就叫作思想落后于实际。由于人们的认识受了许多社会条件的限制，思想落后于实际的事是常有的。如果不能及时地意识到这种情况，使自己的认识赶上客观过程的发展，反而固守着已经落后于实际的认识，就可能成为革命队伍中的顽固派，或右倾机会主义者。有些人之所以在我国社会主义革命时期犯了右倾机会主义的错误，除了阶级立场根本错误之外，其认识论的根源之一就是思想落后于实际。他们生活在 20 世纪中叶的社会主义的中国，思想却停留在 18 世纪的资产阶级革命时期，把当时资产阶级革命家提出的一些观点和口号（例如"自由、平等、博爱"）作为衡量社会主义革命的尺度，这就无怪乎他们要犯错误。当然，如果思想超过了客观过程的一定发展阶段，把仅在将来有现实可能性的理想提上当前的行动日程，例如在社会主义阶段就企图否定商品生产、价值规律、按劳分配等，就可能犯"左"倾冒险主义的错误。这也是必须反对的。总之，我们要求的主观和客观的统一，不是抽象的统一（这样的"统一"是没有的），而是具体的、历史的统一。

基于这一原理，毛泽东同志指出："依社会运动来说，真正的革命的指导者，不但在于当自己的思想、理论、计划、方案有错误时须得善于改正，如同上面已经说到的，而且在于当某一客观过程已经从某一发展阶段向另一发展阶段推移转变的时候，须得善于使自己和参加革命的一切人员在主观认识上也跟着推移转变，即是要使新的革命任务和新的工作方案的提出，适合于新的情况的变化。革命时期情况的变化是很急速的，如果革命党人的认识不能随之而急速变化，就不能引导革命走向胜利。"[1]毛泽东同志就是最善于根据情况的变化而推进认识的伟大的革命指导者。在我国民主革命时期，在第一次国内革命战争、第二次国内革命战争、抗日战争和解放战争等几个阶段之间的转折关头，毛泽东同志总是迅速地引导全党提高认识，实行战略上的转变。在社会主义革命和社会主义建设时期，毛泽东同志又指出："我们必须学会自己不

---

[1]　毛泽东：《实践论》，载《毛泽东选集》第一卷，第 271 页。

懂的东西。"①"人们的思想必须适应已经变化了的情况"②,他在实践中科学地总结了社会主义革命和社会主义建设的丰富经验,深刻地揭示了由资本主义向共产主义过渡时期的客观规律,并制定了正确地反映过渡时期客观规律的基本路线和各项方针、政策,把全党全民提高到一个新的认识水平,为胜利地完成新的历史任务而奋斗。

我们说认识是无限的发展过程,除了上面所讲的人们的认识必须随着某一具体过程的发展而发展以外,还有另一方面的意义。这就是人们不仅要认识某一具体过程,而且要认识许多别的具体过程,并概括这些过程。不仅要向纵的方面前进,而且要向横的方面扩大。所以毛泽东同志又指出:"就人类认识运动的秩序说来,总是由认识个别的和特殊的事物,逐步地扩大到认识一般的事物。人们总是首先认识了许多不同事物的特殊的本质,然后才有可能更进一步地进行概括工作,认识诸种事物的共同的本质。当着人们已经认识了这种共同的本质以后,就以这种共同的认识为指导,继续地向着尚未研究过的或者尚未深入地研究过的各种具体的事物进行研究,找出其特殊的本质,这样才可以补充、丰富和发展这种共同的本质的认识,而使这种共同的本质的认识不致变成枯槁的和僵死的东西。这是两个认识的过程:一个是由特殊到一般,一个是由一般到特殊。人类的认识总是这样循环往复地进行的,而每一次的循环(只要是严格地按照科学的方法)都可能使人类的认识提高一步,使人类的认识不断地深化。"③"由特殊到一般,又由一般到特殊",这是马克思主义认识论的又一个重要公式。这个公式表明,人们经过由感性认识到理性认识、又由理性认识到实践的反复,达到了对于某一发展阶段上的某一具体过程的特殊本质的认识以后,不但必须随着这一具体过程的推移而推移,而且还须逐步地扩大到认识诸种具体过程的共同本质,并以这种关于共同本质的认识为指导,继续研究新的具体过程。马克思列宁主义的一般原理同各国革命的具体实践的关系,就是一般和特殊的关系。

---

① 毛泽东:《论人民民主专政》,载《毛泽东选集》第四卷,第1370页。

② 毛泽东:《〈中国农村的社会主义高潮〉的序言》,转引自《中共中央文件选集(一九四九年十月——一九六六年五月)》第28册,人民出版社2013年版,第15页。

③ 毛泽东:《矛盾论》,载《毛泽东选集》第一卷,第284—285页。

由感性认识到理性认识、又由理性认识到实践,由特殊到一般、又由一般到特殊,都是在实践的基础上进行的,一点也不能离开实践。这是由浅入深、由低到高的无限发展过程,是永远没有完结的。毛泽东同志用一个总的公式深刻地完整地概括了人类认识运动的无限发展过程,那就是:"实践、认识、再实践、再认识,这种形式,循环往复以至无穷,而实践和认识之每一循环的内容,都比较地进到了高一级的程度。"①这是对马克思主义认识论的光辉的贡献,对于指导革命和建设工作具有极为重大的意义。我们党在革命工作和建设工作中每一项路线、方针、政策、办法都不是突然提出来的,而是经过了"实践、认识、再实践、再认识"的反复过程然后形成的,即是说,都是自觉地按照毛泽东同志所概括的这个公式进行的。例如我们的社会主义建设总路线,在八大二次会议正式提出以前,就经历了一个相当长的酝酿过程,即按照"实践、认识、再实践、再认识"的公式循环往复的过程;在正式提出以后,还在继续经历着这样的循环往复的过程,并在这一过程中得到了极大的丰富和发展。我国社会主义革命和社会主义建设的各个战线上所取得的各项巨大的成就,也都是按照"实践、认识、再实践、再认识"的途径取得的。现在,无论在革命或者建设方面,都还有层出不穷的新事物有待于我们去认识。我们必须反对那些停止的论点、悲观的论点、无所作为和骄傲自满的论点,永远按照"实践、认识、再实践、再认识"的公式,不断地从"必然的王国"向"自由的王国"前进。

三、马克思主义认识论与群众路线

把认识论同党的群众路线的工作方法结合起来,融为一体,使认识论的科学原理直接成为每一个革命工作者进行工作的锐利武器,这是毛泽东同志的又一伟大贡献。

群众路线是党的根本路线,它包括两个方面的意义:其一是说,人民群众是历史的创造者,进行一切革命工作都必须依靠群众,为了群众。其二是说,党的领导能否保持正确,决定于党是否采取"从群众中来,到群众中去"的领导方法。这两方面是不可分离地联系着的。在这里要着重说明的是第二方

---

① 毛泽东:《实践论》,载《毛泽东选集》第一卷,第273页。

面,即认识论的方面。

党的领导能否保持正确,对于革命工作能否取得成绩以及成绩的大小具有头等重要的意义。所谓保持正确的领导,就是说要使领导者的意见符合于客观外界的规律性。但是,领导者的意见如何才能符合于客观外界的规律性呢? 首要的条件就是要使领导者的意见的形成过程(以及检验过程)完全符合于认识的正常秩序,符合于认识过程的规律性。因此,如何使党的领导方法同马克思主义的认识论结合起来,就成为能否使党的领导保持正确的一个极为重大的理论问题和实践问题。不是别人,正是毛泽东同志解决了这个问题。

毛泽东同志写道:"在我党的一切实际工作中,凡属正确的领导,必须是从群众中来,到群众中去。这就是说,将群众的意见(分散的无系统的意见)集中起来(经过研究,化为集中的系统的意见),又到群众中去做宣传解释,化为群众的意见,使群众坚持下去,见之于行动,并在群众行动中考验这些意见是否正确。然后再从群众中集中起来,再到群众中坚持下去。如此无限循环,一次比一次地更正确、更生动、更丰富。这就是马克思主义的认识论。"①

同时,毛泽东同志又写道:"从群众中集中起来又到群众中坚持下去,以形成正确的领导意见,这是基本的领导方法。在集中和坚持过程中,必须采取一般号召和个别指导相结合的方法,这是前一个方法的组成部分。从许多个别指导中形成一般意见(一般号召),又拿这一般意见到许多个别单位中去考验(不但自己这样做,而且告诉别人也这样做),然后集中新的经验(总结经验),做成新的指示去普遍地指导群众。"②

为什么毛泽东同志说:"从群众中来,到群众中去""就是马克思主义的认识论"呢?

第一,"从群众中来,到群众中去"的领导方法的公式,同"从感性认识而能动地发展到理性认识,又从理性认识而能动地指导革命实践"的认识论的公式,是完全一致的。我们在前面已经分析过,马克思主义所说的实践,主要地是指群众的革命实践(领导者是群众的一员,是站在群众之中而不是站在

---

① 毛泽东:《关于领导方法的若干问题》,载《毛泽东选集》第三卷,第854页。
② 毛泽东:《关于领导方法的若干问题》,载《毛泽东选集》第三卷,第855页。

群众之外领导群众的,因此,当我们说到群众的实践时,当然也是把领导者个人的实践包括在内的)。因此,毛泽东同志在这里所说的"分散的无系统的意见",就是指的群众(包括领导者在内)在革命实践中获得的感性认识(这里应当指出,所谓感性认识,是对所要认识的问题的全局而言的,并不是说群众对一切局部问题也只能有感性认识。对于所了解的总问题中的某一或某些局部问题,群众可能有很深刻的理性认识)。所谓"集中起来(经过研究,化为集中的系统的意见)",就是指对感性材料进行"去粗取精、去伪存真、由此及彼、由表及里"的改造制作工夫,使之上升到理性认识。所以,"从群众中来"的过程,也就是"从感性认识而能动地发展到理性认识"的过程。所谓调查研究,制定政策,所谓"当群众的学生",等等,都是指的这一段认识过程。同样地,毛泽东同志所说的"又到群众中去做宣传解释,化为群众的意见,使群众坚持下去,见之于行动,并在群众运动中考验这些意见是否正确",则是指的"从理性认识而能动地指导革命实践"的过程。所谓掌握政策,所谓"做群众的先生",就是指的这一段认识过程。"从群众中来,到群众中去"的一次比一次高级的无限循环,也就是"实践、认识、再实践、再认识"的一次比一次更高级的无限循环。

由此可见,要把马克思主义认识论的科学原理贯彻到实际工作中去,就必须坚持领导和群众相结合的思想。首先是要有群众。领导者的头脑不过是"加工厂",其"原料"或"半成品"只能来自群众的实践,而不能来自其他。因此,毛泽东同志一贯极端重视深入群众。他再三强调,只有先当群众的学生,才能当群众的先生,并且只有继续当学生,才能继续当先生,坚决反对脱离群众的命令主义,反对瞎指挥。其次是要有领导。群众在实践中所获得的认识,就全体来说,毕竟是分散的无系统的感性认识。其中有先进的,有中间的,有落后的;有正确的,有错误的;有真实的,有不真实的;有关于这一个片面的,有关于那一个片面的;必须加以整理、分析、批判和概括,才能提高到理性认识,指导群众继续前进,这就是领导的工作。因此,毛泽东同志又一贯坚持党的领导,坚持"领导群众前进一步"的原则,坚决反对削弱党的领导,反对尾巴主义。只要领导不要群众,或者只要群众不要领导,都是完全错误的。

第二,"从个别指导到一般号召,又从一般号召到个别指导"的领导方法的公式,同"从特殊到一般,又从一般到特殊"的认识论公式,也是完全一致的。所谓个别指导，就是"从下级的个别单位的个别人员、个别事件取得具体经验"。从认识论的角度说，这就是"认识个别的和特殊的事物"，或"认识许多不同事物的特殊的本质"。所谓"从个别指导到一般号召"，就是"从许多个别指导中形成一般意见"。从认识论的角度说，这就是"由认识个别的和特殊的事物，逐步地扩大到认识一般的事物"，就是"更进一步地进行概括工作，认识诸种事物的共同本质"。这是领导者的意见的形成过程，即从特殊到一般的认识过程。这一个过程是很重要的。"任何领导人员，凡不从下级个别单位的个别人员、个别事件取得具体经验者，必不能向一切单位作普遍的指导"。另一个过程是"从一般号召到个别指导"。所谓"从一般号召到个别指导"，就是"在任何一般号召之后，紧紧地接着从事于个别的具体的指导"。从认识论的意义说，这就是"当着人们已经认识了这种共同的本质以后，就以这种共同的认识为指导，继续地向着尚未研究过的或者尚未深入地研究过的各种具体事物进行研究，找出其特殊的本质"。这是领导者的意见见之实行的过程，即从一般到特殊的过程。这一过程也是很重要的。任何领导者"如果满足于工作任务的一般号召"，就会"变为官僚主义的领导"。

毛泽东同志的上述两个公式，把党的群众路线的领导方法与马克思主义的认识论完全科学地统一起来，不仅解决了必须依靠群众的问题，而且解决了如何依靠群众的问题。这两个公式，是对于极端丰富的革命经验的科学总结，是放之四海而皆准的普遍真理，是共产党人和革命干部进行一切工作都必须遵循的最基本的原则。这两个公式的内容，是随着革命实践的发展而日益丰富的。广大干部所创造的工作方法的种种新形式，例如"试验田"、"跟班劳动"、"现场会议"等等，都是上述两个基本公式在新形势下的运用和发展。党中央概括了这些工作方法新形式的共同的精神，强调提出了"领导干部深入生产第一线"的号召，要求领导干部进一步深入实际，深入群众，同群众一道实践，一道取得丰富的感性材料，同时又要求他们及时地对这些感性材料进行提炼和加工，把它们上升成为方针、政策、意见、办法、规章、制度，引导群众前进。这就是说，既要求干部做一个普通劳动者，又要求他们做一个领导者；既要求他们当"演员"，又要求他们当"导演"。这就使毛泽东同志所提出的上述两个公式更加具体化了。

第六章　真　理　论

第一节　真理的客观性

一、真理是符合客观实际的认识

如前所述,认识的目的在于改造世界,而要能够在改造世界的斗争中实现预期的目的,就须使认识具有真理性。因此,在唯物辩证法看来,认识的过程也就是"通过实践而发现真理,又通过实践而证实真理和发展真理"①的过程,但是,什么是真理?真理有哪些特性?真理是怎样发展的?在这些问题上,各派哲学之间从来就进行着激烈的斗争。从来的唯心论和形而上学唯物论都不能正确地解决这些问题。帝国主义者和现代修正主义者更是在这些问题上大肆歪曲,作为攻击马克思列宁主义、阻挠人民革命斗争的一种手段。因此,把唯物辩证法关于真理问题的理论特别提出来加以论述,驳斥各种反马克思主义的谬论,是必要的。

在真理问题上,首先要解决的是真理的客观性问题,也就是有没有客观真理的问题。

"有没有客观真理?就是说,在人的表象中能否有不依赖于主体、不依赖于人、不依赖于人类的内容?"②所有的唯物论者对于这个问题的回答都是肯定的。唯物论的基本前提,就是承认有不依赖于人们的意识而存在的客观物质世界。依据这一基本前提,人们认识的最终的和唯一的泉源,就是客观物质世界,此外再没有别的泉源。人们的认识就是、而且仅仅是客观物质世界在人

---

① 毛泽东:《实践论》,载《毛泽东选集》第一卷,第273页。

② 列宁:《唯物主义和经验批判主义》,载《列宁全集》第14卷,第120页。

们头脑中的反映(摄影、复写、映象)。因此,人们的认识就其形式来说虽然是主观的,但就其内容来说却是客观的。所谓真理,就是符合客观实际的认识。一切不符合于客观实际的认识都是错误的。真理总是客观的,主观的"真理"就不是真理。一种思想、理论、计划、方案是不是真理,不决定于人们主观上承认不承认,爱好不爱好,而决定于它是否符合于客观实际。自然科学中那些为实践所证明了的理论、定律、公式等之所以是客观真理,就因为它们正确地反映了自然界的客观规律;马克思列宁主义的学说之所以是客观真理,就因为它正确地反映了社会发展的客观规律;我们党的总路线之所以是客观真理,就因为它正确地反映了我国社会主义革命和社会主义建设的客观规律;现代修正主义者关于国际形势、关于社会主义革命的道路、关于战争与和平等一系列根本问题的言论之所以是谬说,就因为它们根本歪曲了社会生活的实际情况。真理和谬说的界限仅仅在这一点。这就是由唯物论的基本前提逻辑地得出来的结论,是认识论的唯物论。列宁说得好:"认为我们的感觉是外部世界的映象;承认客观真理;坚持唯物主义认识论的观点,——这都是一回事。"①

二、对真理的客观性的歪曲

一切唯心论者归根到底都否认真理的客观性,一切否认真理的客观性的也归根到底都是唯心论者。

像黑格尔这样的客观唯心论者并不直接否认真理的客观性。相反,他还很强调真理是不依赖于人的意识的。但是,由于他把真理看作所谓"绝对观念"的自我认识,所以在他看来,真理虽然不依赖于人的意识,却是依赖于"绝对观念"的。而所谓"绝对观念",实质上也还是人的概念,不过被他说成是某种独立的精神实体罢了。因此,归根到底,他还是否认了不依赖于任何意识的客观真理。至于形形色色的主观唯心论者,则更是直接否认客观真理。例如当年被列宁严厉批判过的俄国马赫主义者波格丹诺夫就主张真理是"社会地

---

① 列宁:《唯物主义和经验批判主义》,载《列宁全集》第14卷,第128页。

一致起来的、社会地协调起来的经验"，或"社会地组织起来的经验"①。这其实就是说，社会上多数人同意的就是真理。实用主义者主张凡是符合于自己的利益的、对自己有用的就是真理。詹姆士说："真理是我们的观念的一个性质。"又说："真理是有用的。"又说："在实用主义上，如上帝的假设，有满足的功用，这一假设便是真的。"杜威说："真理是给人满意的。"实用主义的徒孙胡适说："真理原来是人造的，是人造出来供人使用的，是因为它大有用处，所以才给它以'真理'的美名的。我们所谓真理，原不过是人的一种工具，真理和我手里这张纸、这条粉笔、这块黑板、这把茶壶是一样的东西，都是我们的工具。"按照这种理论，一切谎言、欺骗、胡说、谬论，只要是对于"我"有用的，都是真理。这些我们在前面讲到实践是检验认识的标准的时候已经批判过，这里就不赘述了。②

现代修正主义者是披上了马克思主义外衣的主观唯心论者。他们当然不会像公开的主观唯心论者那样赤裸裸地宣布他们否认客观真理。但是如果把他们的思想、言论、行动考察一下，就会发现他们是完全否认客观真理的。试看那些被他们吹嘘为"列宁主义的真理"的东西，难道同客观实际有丝毫的符合之处吗？明明由于赫鲁晓夫修正主义的统治，伟大的苏联人民用血汗创立的世界上第一个社会主义国家已经发生了空前严重的资本主义复辟的情况，他们却硬说"苏联已经没有敌对阶级和阶级斗争"，并且"在二十年之内我们将基本上建成共产主义社会"；明明赫鲁晓夫修正主义者正在把具有光荣历史的苏联共产党变成修正主义的党，正在把无产阶级专政的苏维埃国家变成修正主义集团专政的国家，他们却硬说在苏联出现了什么"全民党"、"全民国家"，如此等等，完全是一派梦呓。为什么他们要把这些梦呓叫做"真理"呢？没有别的，就是因为这些东西对他们所代表的特权阶层"大有用处"。他们是完全按照实用主义的信条行事的。

---

① 参见列宁：《唯物主义和经验批判主义》，载《列宁全集》第14卷，第122页。

② "什么是真理？（或有没有客观真理？）"同"以什么做标准来检验或判定真理？"本来是两个不同的问题。只有首先回答了前一个问题，才能回答后一个问题。可是主观唯心论者、特别是实用主义者却故意把这两个问题混为一谈，用后一个问题去顶替前一个问题，以便回避正面回答前一个问题。

第二节　绝对真理和相对真理

一、绝对真理和相对真理的关系

承认真理的客观性,是一切唯物论的共同原则。但是,仅仅承认真理的客观性,还不足以说明真理的发展过程,还不能科学地解释认识史上的复杂现象。因此,还必须提出另一个问题:"如果有客观真理,那末表现客观真理的人的表象能否立即地、完全地、无条件地、绝对地表现它,或者只能近似地、相对地表现它?"①这就是绝对真理和相对真理的相互关系问题。恩格斯在反对形而上学者杜林的斗争中,列宁在反对马赫主义者的斗争中,都对这个问题作了深刻的论述;毛泽东同志又在反对"左"右倾机会主义的斗争中对这个问题作了进一步的发挥。

唯物辩证法首先是承认客观真理的。承认客观真理,也就是承认了绝对真理。因为当我们说人们的认识是客观物质世界的反映时,就等于承认了认识的对象是永久的绝对的物质世界,并且承认人们能够认识永久的绝对的物质世界。但是唯物辩证法又指出,人们对绝对的总的宇宙发展过程的认识是不能一下子完全地达到的。"马克思主义者承认,在绝对的总的宇宙发展过程中,各个具体过程的发展都是相对的,因而在绝对真理的长河中,人们对于在各个一定发展阶段上的具体过程的认识只具有相对的真理性。无数相对的真理之总和,就是绝对的真理。"②相对真理同绝对真理并不是两种不同的真理,而是同一个客观真理的两种不同因素。每一个客观真理,因为是对于一定发展阶段上的具体过程的认识,所以具有相对性;然而它同时又是对于整个宇宙发展过程的认识的一个部分,一个颗粒,所以又具有绝对性。绝对真理同相对真理的差别也是相对的,它们之间并没有不可逾越的鸿沟。相对真理就是绝对真理的成分或阶梯。人们对于客观世界的认识,就是通过一个一个的相对真理逐步地走向绝对真理的过程。人们每发现一个相对真理,也就是为绝

---

① 列宁:《唯物主义和经验批判主义》,载《列宁全集》第 14 卷,第 120 页。
② 毛泽东:《实践论》,载《毛泽东选集》第一卷,第 272 页。

对真理添加了一个新的成分或颗粒,也就是向绝对真理前进了一步。这就是绝对真理同相对真理的辩证关系。

二、对绝对真理和相对真理的关系的歪曲

形而上学的唯物论者只承认绝对真理,不承认相对真理。他们把一切科学的定理、公式等说成永远不能发展变化的僵死的教条,其中有些人甚至把他们自己的谬见也宣布为"永恒真理"。他们不了解,对任何具体过程的认识,即使是真理性的认识,也不可能穷尽过程的一切方面和一切联系,总还有进一步深化的余地;而且,客观过程本身是向前推移发展的,人们的认识也必须跟着推移发展。形而上学唯物论者的这种观点是有害的。由于他们否认真理有进一步深化的必要,把一切现有的真理都看作"至矣尽矣"的东西,这就阻滞了人们的认识向事物的更深刻的本质前进;由于他们否认真理有随着客观过程的推移变化而推移变化的必要,把每一个真理都看成可以现成地拿到各地使用的"硬币"一样的东西,这就使他们常常把真理夸大到超出了它的适用范围,使真理变成了错误;再则,由于他们的观点同科学发展的事实相抵触,不能科学地解释认识史上的现象,这就给了唯心论者以歪曲地解释科学史和攻击唯物论的借口;而且在某些情况下,他们自己也因为抵抗不住唯心论的侵袭而陷入了唯心论。革命队伍中的教条主义者的错误,基本上属于这一类。他们相信马克思主义是客观真理,这是对的;但是他们只看到真理的绝对性的一面,看不到真理的相对性的一面,把马克思主义的个别结论当成一成不变的教条,不加分析地机械地搬用到一切场合,结果既弄坏了革命事业,也阻碍了马克思主义的发展。马克思列宁主义的导师们对于这种危害革命的教条主义是从不调和的。20世纪40年代由毛泽东同志亲自领导的整风运动,就是以扫除教条主义为主要目标的,这次运动取得了具有伟大历史意义的成果。

如前所述,唯心论者是否认客观真理的,但是有些唯心论者不是直接否认客观真理,而是通过片面夸大真理的相对性而否认真理的绝对性的手法来达到这个结论。他们看到科学发展过程中出现了旧概念和旧公式被新概念和新公式所代替的情况(这种情况是每过一段时间必然要出现的),就如获至宝,立刻抓住,用来"证明"世界上没有绝对真理,因而也就没有客观真理。他们

的逻辑是:既然那些被人们叫作真理的那些科学理论到头来都不免要"崩溃",可见一切真理都仅仅是相对的而不是绝对的;既然真理是相对的而不是绝对的,可见它就不是客观的,而不过是"方便的假设"、"符号的系统"、"智慧的创造"等。除了这些唯心论的哲学家故意利用这种情况来否定客观真理、从而否定唯物论以外,还有些自然科学家由于不懂唯物辩证法,也在旧理论为新理论所代替的事实面前弄昏了头脑,"常常经过相对主义滚入主观主义和唯心主义"①。如列宁所指出的:"不懂得唯物主义辩证法,就必然会从相对主义走到哲学唯心主义。"②这是因为,"否定绝对真理而不否定客观真理的存在,是不可能的"③。

现代修正主义者还没有胆量直截了当地否认马克思列宁主义是真理。于是他们说,马克思列宁主义关于无产阶级革命和无产阶级专政的原理固然是真理,但只是"在特定的历史条件下是正确的"相对真理;现在情况变了,这些原理就"过时"了,就应当用"和平共处"、"和平竞赛"、"和平过渡"、"全民国家"、"全民党"的"新的理论原理"来代替它们了,这就叫做"创造性地发展着马克思列宁主义理论"④。谁要是不同意这样做,谁就是"教条主义"、"粗暴的反历史主义"、"真理木乃伊的学究主义",就是提倡"经院哲学",就是"与马克思列宁主义的新结论为敌"。

现代修正主义者的这种叫喊,是帮不了他们的忙的。当然,马克思列宁主义关于无产阶级革命和无产阶级专政的学说是社会发展长途中的一个特定阶段(由资本主义到共产主义的过渡时期)的客观规律的正确反映,并不适用于别的社会发展阶段(例如过去的封建时代和未来的共产主义时代);而且,对于这个阶段而言,它也还必须不断地总结新的经验,使自己不断地丰富和发展,才能更深刻更具体地反映这个阶段的客观规律。就这个意义说,这个真理是具有相对性的。但是,这个真理之同这个阶段的客观规律相符合,却是绝对

---

① 列宁:《唯物主义和经验批判主义》,载《列宁全集》第 14 卷,第 327 页。
② 列宁:《唯物主义和经验批判主义》,载《列宁全集》第 14 卷,第 326 页。
③ 列宁:《唯物主义和经验批判主义》,载《列宁全集》第 14 卷,第 120 页。
④ (苏)《共产党人》杂志 1963 年第 12 期社论:《苏共创造性地发展马克思列宁主义理论》。

的。只要帝国主义、资本主义和剥削制度还没有从地球上彻底消灭,共产主义还没有在全世界实现,这个学说所反映的那些规律就仍然起着作用,这个学说就不会过时。现代修正主义者企图用真理的相对性来否认真理的绝对性,从而证明马克思列宁主义关于无产阶级革命和无产阶级专政的学说的"过时",这是达不到目的的。试问:难道现在地球上已经没有帝国主义了吗? 难道现在已经不是无产阶级革命和无产阶级专政的时代了吗? 难道现在已经世界大同、共产主义已经彻底胜利了吗? 难道现在帝国主义的基本矛盾不是更加尖锐,世界范围内的革命浪潮不是更加汹涌澎湃了吗? 现代修正主义者先生们,既然现在仍然是帝国主义和无产阶级革命的时代,你们有什么理由硬说马克思列宁主义关于无产阶级革命和无产阶级专政的学说是不适合"新情况"的"旧原理"、"死公式",而你们的那一套叛徒理论倒是适合"新情况"的"新原理"、"新结论"呢? 其实,你们的"原理"和"结论"也并不"新",你们的前辈伯恩施坦、考茨基之流早在几十年前就发明创造了出来,你们不过是把他们的陈货贴上新的标签,拿来沿街叫卖罢了。很奇怪,这些发霉发臭的修正主义陈货放了几十年,你们不但不觉得"过时",反而觉得越陈越香,唯独马克思列宁主义就使你们感到"过时"了,这除了说明你们是一伙无耻的叛徒、马克思主义的凶恶敌人而外,还能说明什么呢?

第三节 真理的具体性和普遍性

一、真理的具体性

唯物辩证法认为,没有抽象的真理,真理是具体的。

为什么真理总是具体的呢? 因为客观过程是具体的。真理既然是客观过程的正确反映,它也就不能不是具体的。列宁说得很精辟:"真理就是由现象、现实的一切方面的总和以及它们的(相互)关系构成的。"①什么叫"抽象真理"? "抽象真理"就是不反映任何具体过程的"真理",这种"真理"根本不是真理。一切严肃的马克思主义者,在一切问题上都是坚持真理的具体性,反

---

① 列宁:《哲学笔记》,载《列宁全集》第38卷,第210页。

对抽象"真理"的。例如,马克思主义者从来不去抽象地谈论什么"一般的社会"、"一般的进步"、"一般的人类",而是对阶级矛盾和阶级斗争的全局的具体情况进行具体分析,提出严格的科学规定,从而彻底揭露问题的本质。毛泽东同志经常发挥列宁关于对具体问题作具体分析的思想,指出这是"马克思主义的最本质的东西,马克思主义的活的灵魂"①。毛泽东同志把马克思列宁主义的普遍真理同中国革命的具体实践结合起来,创造性地解决了中国民主革命和社会主义革命的理论和政策问题,这是在当代条件下对具体问题作具体分析的模范。

现代修正主义者为了证明马克思列宁主义的一系列根本原理的"过时",也从书本上抄下了"没有抽象的真理,真理总是具体的"这句话,企图从这里捞一把。他们硬说中国共产党和其他马克思列宁主义的党所坚持的原理是"抽象推论"出来的,是"用空谈代替了对世界上形成的历史环境的理论分析"②,是"死公式"③,是"抽象真理";而他们的那一套修正主义的谬论倒是"对具体情况作具体分析"的结果,倒是"具体真理"。现代修正主义者的这种姿态,是再滑稽也没有了。谁都知道,中国共产党和其他马克思列宁主义的党所坚持的一系列的根本原理,正是从当代阶级斗争的具体情况的科学分析中引出来的,是天天都在被革命实践证实着的具体真理,连现代修正主义者自己也从来拿不出一条站得住脚的理由来驳倒这些原理。而现代修正主义者所谓的"具体真理",却是从一小撮特权阶层的狭隘利益中引出来的,是天天都在被革命实践驳斥着的谬论,这才真是纯粹的虚构、绝顶的抽象。现代修正主义者是行动中的实用主义者,是根本不要客观真理的。只要对他们有利,他们完全可以翻手为云,覆手为雨,忽儿这样说,忽儿那样说,经常自己打自己的耳光,这就是他们的所谓"对具体情况作具体分析"! 现代修正主义者先生们,你们已经堕落到靠撒谎过日子的地步了,还有什么资格谈论"对具体情况作具体分析"呢? 你们的"具体分析"不就是撒谎的同义语吗?

---

① 毛泽东:《矛盾论》,载《毛泽东选集》第一卷,第287页。
② (苏)《共产党人》杂志1963年第12期社论:《苏共创造性地发展着马克思列宁主义理论》。
③ 苏联政府1963年8月21日声明。

二、真理的普遍性

唯物辩证法认为,真理的具体性并不排斥它的普遍性。相反地,真理的具体性和普遍性是不可分割的。

真理之所以是具体的,正因为它是从个别和特殊的东西出发,经过科学抽象的途径而达到的普遍性的认识,是包含着个别和特殊的丰富内容的普遍。普遍是具体的普遍,具体是普遍的具体。凡是具体真理,就必然同时是普遍真理。这种普遍性表现在:第一,作为一定发展阶段上的某一具体过程的规律之正确反映的具体真理,对于这一过程的全体必然是普遍的。例如社会主义革命和社会主义建设的共同规律,是从人类历史的现阶段的全部具体情况、世界无产阶级革命和建设的全部经验中概括出来的规律性的认识,是具体真理。但正因为这样,它在人类历史的现阶段又是"放之四海而皆准"的普遍真理。第二,由于具体真理是一定发展阶段上一定具体过程的本质的概括,因而,当别的过程也出现了与这一过程完全相同或部分相同的特点或条件时,这一具体真理对于别的过程也具有普遍意义。例如我国革命和建设的经验是带有自己国家的特点的,但是某些重要的特点也可能在别的国家重新出现,因而中国革命和建设的经验这个具体真理又具有国际的普遍意义。由此可见,把普遍同具体对立起来,是毫无根据的。当然,普遍真理虽然包含着个别和特殊的丰富内容,但只能包括本质的东西,而不能包括一切东西(个别决不能完全进入一般)。因此,在把普遍真理运用于特殊场合的时候,还必须与当时当地的特殊条件相结合。普遍真理总是通过特殊的形式表现出来的。

现代修正主义者大卖气力地反对毛泽东思想。他们主要的手法当然还是像上面所说的那样,把毛泽东同志对马克思列宁主义的发展说成"抽象真理"或"教条"。但是,中国革命在毛泽东思想的指导之下取得了伟大胜利,这是人所共见的铁的事实,公然否认这个事实,对他们毕竟是不大方便的。所以他们又不得不在某些场合下改变一下腔调,说什么毛泽东同志的某些结论即使是正确的,也只适用于中国,对别的国家不适用。这就是说,毛泽东思想既然是具体真理,就不能是普遍真理。这种伎俩是并不能把他们救出泥坑的。毛泽东思想当然是具体真理。但正因为是具体真理,也就具有普遍意义。毛泽东思想不但是中国革命的产物,而且带有我们这个时代的特征。第二次世界大战以后各国人民革命斗争的新经验不断证明,毛泽东思想是世界革命人民的共同财富,具有伟大的国际意义。这是现代修正主义者否认不了的。很奇怪,现代修正主义者一方面说具体真理就没有普遍意义,另一方面又把他们自称为"具体真理"的那一套荒谬绝伦的修正主义货色说成是"整个世界共产主义运动的强大的思想武器"①。这又一次地表明他们是完全不顾什么逻辑的。

第四节　真理在斗争中发展

一、真理发展的规律

真理是随着实践的发展而发展的。真理的发展过程,就是一个不断地同错误作斗争并且战胜错误的过程。毛泽东同志说:"正确的东西总是在同错误的东西作斗争的过程中发展起来的。真的、善的、美的东西总是在同假的、恶的、丑的东西相比较而存在,相斗争而发展的。当着某一种错误的东西被人类普遍地抛弃,某一种真理被人类普遍地接受的时候,更加新的真理又在同新的错误意见作斗争。这种斗争永远不会完结。这是真理发展的规律,当然也是马克思主义发展的规律。"②

毛泽东同志的这个对于认识史的科学总结,竟然也成了现代修正主义者攻击的对象。他们说,如果认为真理和错误的斗争永远不会完结,就是"永久循环"论,就是"根本不想消灭世界上的恶与丑、千年万代的谬误和虚假"③。我们不能不说,只有对唯物辩证法一窍不通或者蓄意歪曲唯物辩证法的人,才可能提出这样的"批评"。这些勇士们大概相信,有那么一天,人们的主观同客观再也没有矛盾了,人们的认识每一分钟都同客观实际完全符合,不差分毫了,世界上再也没有错误,只有真理了,人们获得客观真理就像"探囊取物"一

---

① （苏）《共产党人》杂志 l963 年第 12 期社论:《苏共创造性地发展着马克思列宁主义理论》。

② 毛泽东:《关于正确处理人民内部矛盾的问题》,载《毛泽东文集》第七卷,人民出版社 1999 年版,第 230 页。

③ （苏）弗兰采夫:《北京理论家的糊涂论断》,《消息报》1963 年 10 月 12 日。

样容易，而不必去纠正什么错误了。这倒真是一个白璧无瑕的"真理世界"！可是，我们倒要问问这些先生们：你们到底是在讲认识论呢，还是在讲童话呢？你高谈阔论的这个"消灭"了一切错误的世界，除了在童话里可以找到以外，还能在什么地方找到呢？究竟有哪一个马克思列宁主义的经典作家说过，人们可以一劳永逸地消灭错误呢？当然，认识中的每一个具体的错误都是必然要被克服的，不这样认识就不能前进；但是，一种错误被克服了，另一种新的错误又会产生，又有待于人们去克服。人们的认识就是这样前进的。这同"永久循环"论有什么相干呢？恩格斯早就说过："拥有无条件的真理权的那种认识，实现于相对的错误的系列之中"①。你们为什么不索性再勇敢一点，把恩格斯也叫作"永久循环"论者呢？

从唯物辩证法的观点看来，真理和错误总是相比较而存在的。为什么世界上总会有错误的东西呢？这一方面是因为，在阶级社会里，反动阶级为了自己的利益，总是要歪曲事物的本来面貌，总是要巩固和坚持错误的东西，反对正确的东西。历史上反动阶级为了扼杀真理，采取了种种卑鄙残酷的手段。在现代，帝国主义者及其走狗更是倾巢而出，不择手段地反对马克思主义的真理。另一方面也还因为，在人民内部，或者是由于受了错误的世界观和思想方法的影响，或者是由于受到认识过程中主客观条件的限制，也会产生这样那样的错误思想。错误思想的存在是事实，不承认它是不行的。即使到了阶级和阶级影响彻底消灭了的时候，也还会有新的错误思想出现，更不用说在无产阶级同资产阶级作殊死斗争的今天了。真理同错误是对立的统一，不承认真理同错误相比较而存在的观点，完全是形而上学的观点，是不合乎客观实际的。

真理不但同错误相比较而存在，而且是在同错误作斗争的过程中发展起来的。为什么真理只能在斗争中发展？难道不可能"和平地"发展吗？不可能。历史证明，一种新的真理在刚刚出现的时候常常得不到多数人的承认。反动阶级要来压迫它（不但用错误的思想来压迫它，而且用政治手段来压迫它，历史上许多先进人物为此牺牲了生命），人民群众也往往不能一下子认识它。如果不斗争，它就不能战胜反动阶级的压迫，也不能使人民群众认识自

---

① 恩格斯：《反杜林论》，载《马克思恩格斯选集》第3卷，第126页。

己,怎么谈得到发展呢? 马克思主义一产生,反动派就在"消灭"它,直到今天,帝国主义及其走狗现代修正主义者还在继续"消灭"它,如果不斗争,马克思主义还能够存在和发展吗? 历史和现实都证明:不批判唯心论,就不能发展唯物论;不批判形而上学,就不能发展辩证法;不批判修正主义和教条主义,就不能发展马克思列宁主义。

那么,真理通过斗争就一定能够发展吗? 是的,这是必然的。同错误思想作斗争,彻底揭露了它,批判了它,显示了自己的正确,就能使越来越多的人民群众认识真理,扩大真理的阵地,这不是真理的发展吗? 向错误思想作斗争,真理这一方就必须回答许多新的问题,总结新的经验,使自己更丰富、更深刻、更完善,这不是真理的发展吗? 马克思主义的真理正是在斗争的风雨中间成长起来和发展起来的。一部马克思主义发展史,就是马克思主义同各种错误思想不断地进行斗争并且战胜它们的历史。目前,全世界的马克思列宁主义者正在同现代修正主义的反动思潮进行大论战,这场论战已经使马克思列宁主义的真理获得了伟大的发展,并且还将继续获得更加伟大的发展。

二、百花齐放百家争鸣的方针

中国共产党制定的"百花齐放、百家争鸣"的方针,是促进艺术发展和科学进步的方针,是促进我国社会主义文化繁荣的方针,推而广之,也是解决人民内部是非问题的方针。这是我们党在社会主义条件下对真理发展规律的自觉运用。

无产阶级的阶级性同科学性完全一致,它的根本利益决定它需要在意识形态和科学技术领域中为真理开辟广阔的道路,它总是支持真理、反对错误的。因此,在无产阶级专政的社会主义社会里,真理的发展比在剥削阶级专政的旧社会里有优越得多的条件。但这绝不是说,党和国家可以用强制的、行政命令的简单办法来解决艺术和科学中的是非问题。艺术和科学中的是非问题往往是很复杂的,要鉴别什么是真理? 什么是错误? 需要有考验的时间,需要以实践为标准。如果仓促地作出判断,往往容易弄错,使真理受到压抑,错误反而滋长。其次,即使判断是正确的,如果只是用行政命令的办法去处理,也不能解决人们的思想问题,使人们真正认识到某种意见何以是真理,某种意见何以是错误,结果还是不能发展真理,克服错误。再次,艺术和科学中的不同意见,往往不一定是一方绝对正确,一方绝对错误,而是各有真理的成分和错误的成分,如果作简单的判决式的处理,就很容易压抑了真理的成分而放过了错误的成分。而且,如果用行政命令的办法来解决艺术和科学中的是非问题,真理就没有同错误作斗争的机会,这种在温室里培养出来的真理也是没有强大的生命力,得不到发展的。因此,在艺术或科学上用强制的办法推行或禁止一种流派或学说,特别是随便在学术问题上贴阶级的标签来加以全盘肯定或全盘否定,是有害无益的。正确的做法只能是在党的领导下容许不同形式和风格的艺术流派自由发展,不同学派的学术观点自由争论,这样才能促进真理的发展,使社会主义的文化繁荣兴旺。

社会主义社会里还存在着阶级斗争。在意识形态领域中,"灭资兴无"的斗争仍然是长期的、曲折的,有时甚至是很激烈的。怎样才能取得这一斗争的胜利呢? 对于明显的反革命分子,剥夺他们的言论自由就行了。对于人民内部的资产阶级思想或小资产阶级思想,则决不能采取禁止的办法。禁止这些思想发表,结果它还是在人们的头脑里存在着,并不能克服它,无产阶级思想也不能扩大自己的阵地。正确的办法是允许人民内部的资产阶级思想或小资产阶级思想发表,然后用说服的方法、讨论的方法、讲理的方法来加以克服。这就要求放手让大家讲意见,放手让大家争论。当然,这中间难免冒出一些反社会主义的毒草。在一切优势属于无产阶级和劳动人民的社会主义国家里,这并不可怕。让毒草以本来面目长出地面,正便于锄掉它们,正有利于提高广大群众同毒草作斗争的本领。

帝国主义者和现代修正主义者恶意歪曲"双百"方针,把它同资产阶级的"自由化"混为一谈。这是荒谬的。我们的"双百"方针是以坚持共产党的领导和走社会主义道路为前提的,是以马克思主义、列宁主义、毛泽东思想为指导的。实行"双百"方针,正是为了促进社会主义文化的繁荣,扩大无产阶级思想的阵地,巩固无产阶级专政,加速社会主义革命和社会主义建设,这同听任资产阶级思想泛滥,以复辟资本主义为目的的资产阶级自由化政策有什么共同之处呢? 当帝国主义者和现代修正主义者看到我们实行"双百"方针,有成效地批判了资产阶级思想的时候,又大失所望,说我们"放弃"了这个方针。

这也是胡说。批判资产阶级思想就是"双百"方针的一项重要内容,怎么能说是"放弃"了"双百"方针呢? 反动派的一切攻击,正好从反面说明了"双百"方针是完全正确的方针,是党在社会主义条件下处理思想文化问题必须坚持的根本方针。

马克思主义的真理是无产阶级根本利益的科学表现,它必然要受到一切反动派、首先是帝国主义和现代修正主义的仇视、歪曲和攻击。我们要有抗逆流、顶歪风的英雄气概,要有为真理而冲锋陷阵、披荆斩棘的大无畏精神。越是反马克思主义的邪说谬论喧嚣一时,我们越是要坚定不移地站在马克思主义的基本理论阵地上进行战斗。毛泽东同志本人就是我们的伟大榜样。在当前同帝国主义和现代修正主义的严重斗争中,我们必须遵照毛泽东同志的一贯教导,学习他为真理而斗争的崇高品质,把斗争进行到底。真理是不可战胜的,胜利是属于我们的。

责任编辑：洪　琼

图书在版编目(CIP)数据

唯物辩证法大纲/李达　主编. —北京：人民出版社，2022.6(2024.8 重印)
ISBN 978－7－01－024672－7

Ⅰ.①唯…　Ⅱ.①李…　Ⅲ.①唯物辩证法-研究　Ⅳ.①B024

中国版本图书馆 CIP 数据核字(2022)第 062874 号

唯物辩证法大纲

WEIWU BIANZHENGFA DAGANG

李　达　主编

人民出版社 出版发行
(100706　北京市东城区隆福寺街 99 号)

北京中科印刷有限公司印刷　新华书店经销

2022 年 6 月第 1 版　2024 年 8 月北京第 4 次印刷
开本：710 毫米×1000 毫米 1/16　印张：26.5
字数：420 千字

ISBN 978－7－01－024672－7　定价：79.80 元

邮购地址　100706　北京市东城区隆福寺街 99 号
人民东方图书销售中心　电话 (010)65250042　65289539